Nāṭyaśāstra and the Indian Dramatic Tradition

Saṁīkṣikā Series
No. 3

General Editor
DIPTI S. TRIPATHI

The Saṁīkṣikā Series is aimed at publishing the papers presented by the experts in the conservation related seminars and workshops organized by the National Mission for Manuscripts, IGNCA. The seminars provide an interactive forum for experts to present to the interested audience ideas related to the conservation of manuscripts.

In keeping with the title, this Saṁīkṣikā (conservation) series deals primarily with the techniques of conservation of rare support materials used for the writing. The Series contains research papers of distinguished people who are specialized in the related field.

Nāṭyaśāstra and the Indian Dramatic Tradition

Edited by

Radhavallabh Tripathi

राष्ट्रीय पाण्डुलिपि मिशन

।। विज्ञानमुपास्व ।।

National Mission for Manuscripts

Dev Publishers & Distributors

Published by:
National Mission for Manuscripts
11 Man Singh Road
New Delhi 110 001
Phone: 91 11 23383894
E-mail: director.namami@nic.in
Website: www.namami.org

and Co-published by:
Dev Publishers & Distributors
2nd Floor, Prakash Deep,
4735/22, Ansari Road,
Darya Ganj,
New Delhi-110002
Phone : 011 4357 2647
e-mail: devbooks@hotmail.com
website: www.devbooks.co.in

ISBN 81–904029–6–X (Series)
ISBN 978–93–80829–11–1 (Vol. III)
First published 2012

Contents

पुरोवाक्

भारतीय नाट्यशास्त्रीय परम्परा में आचार्य भरतकृत नाट्यशास्त्र को कलाओं का विश्वकोश कहना अत्युक्ति नहीं होगी। यह सही है कि जिस रूप में यह ग्रन्थ आज उपलब्ध होता है उसको लेकर विद्वानों में लेखक तथा काल दोनों के विषय में मत-मतान्तर प्रचलित हैं। यहाँ पर इसकी सविस्तर चर्चा का अवकाश नहीं है। अतः बिना इसके विस्तार में गये जो सर्वमान्य और निर्विवाद है वहीं तक सीमित रहना समीचीन होगा। नाट्यशास्त्र में वर्णित विषयों के आयाम एवं सूक्ष्म विवेचन को लेकर विद्वानों में कोई विप्रतिपत्ति नहीं है।

वास्तविकता तो यह है कि भारतीय काव्यशास्त्र एवं नाट्यशास्त्र दोनों के मूलस्रोत के रूप में इस ग्रन्थ को मान्यता प्राप्त है। काव्यास्वाद सम्बन्धी रस-सिद्धान्त हो अथवा नाटकों के मंचन की सूक्ष्मातिसूक्ष्म विवेचना, सब कुछ इस ग्रन्थ में सविस्तर एवं सांगोपांग उपलब्ध होता है। अभिनय के विभिन्न प्रकारों से लेकर नाटक-लेखन में ध्यातव्य बिन्दुओं तक सभी ओर आचार्य भरत का ध्यान गया है। यहाँ तक कि लेखन प्रक्रिया की चर्चा के प्रसंग में वे व्याकरण के नियमों का वर्णन करना भी नहीं भूले। काव्यशास्त्रीय परम्परा में भी परवर्ती आचार्यों ने नाट्यशास्त्र को आकर ग्रन्थ के रूप में स्वीकार किया है।

इतना होने पर भी इस ग्रन्थ के स्वरूप के विषय में इदमित्थम् नहीं कहा जा सकता। इसका प्रमुख कारण विषय विस्तार के साथ उपलब्ध पाठभेद भी हैं। यह भेद कितना गहरा है, इसका अनुमान लगाने के लिए इसके अध्यायों की संख्या में भेद की ओर इंगित करना पर्याप्त है। एक पाठ में 17 अध्याय हैं वहीं अन्य पाठ में संख्या बढ़कर 22 हो जाती है। यह पाठ भेद शोधकर्ताओं एवं विद्वानों के लिए ऐसी गुत्थी है जिसे अभी तक सुलझाया नहीं जा सका।

जब हम नाट्यशास्त्र को कलाओं का विश्वकोश कहते हैं तो यह केवल

प्रशंसात्मक वचन न हो कर तथ्य का उपस्थापन होता है। नाट्य, नृत्य, नृत्त, शिल्प इन सभी क्षेत्रों में ज्ञातव्य एवं ध्यातव्य समस्त विषयों का आकलन नाट्यशास्त्र में किया गया है। अतः नाट्यशास्त्र पर विचार अनेक पहलुओं से किया जा सकता है। इस ग्रन्थ की उपलब्ध पाण्डुलिपियों से लेकर इसमें विवेचित विषयों और परवर्ती शास्त्रों पर इस ग्रन्थ के प्रभाव तक सभी विचार-विमर्श की अपेक्षा रखते हैं।

राष्ट्रीय पाण्डुलिपि मिशन पाण्डुलिपियों के क्षेत्र में संरक्षण एवं सूचीकरण के साथ प्राचीन भारतीय ज्ञान को शोधकर्ताओं एवं विद्वानों के लिए सुगमतापूर्वक उपलब्ध कराने तथा वर्तमान सन्दर्भ में उस ज्ञान के उपयोग को प्रेरित करने के लिए कृतसंकल्प है। इसलिए भारतीय ज्ञान की परम्परा को उद्घाटित करने के लिए वह अलग-अलग विषयों पर निरन्तर संगोष्ठियों का आयोजन करता रहता है। इन संगोष्ठियों के माध्यम से विद्वज्जन सम्बद्ध विषयों पर चर्चा करने का अवसर प्राप्त करते हैं और 'वादे वादे जायते तत्त्वबोधः' की प्रसिद्ध उक्ति के अनुसार सत्य को उद्घाटित करने की दिशा में आगे बढ़ते हैं।

इसी क्रम में सन् 2006 में डॉ. हरि सिंह गौड़ विश्वविद्यालय, सागर में 18-20 नवम्बर तक 'नाट्यशास्त्र एवं भारतीय नाट्य की परम्परा' विषय पर संगोष्ठी का आयोजन किया गया। इस संगोष्ठी में इस क्षेत्र के लब्धप्रतिष्ठ एवं ख्यातनामा विद्वानों के साथ नयी पीढ़ी के उदीयमान शोधकर्ता भी सम्मिलित हुए। तीन दिनों में 31 शोधपत्र उपस्थापित किये गये जिनमें नाट्यशास्त्र की पाण्डुलिपियों से लेकर नाट्य प्रस्तुति की विभिन्न शैलियों तक पर चर्चा हुई। प्रो. कमलेशदत्त त्रिपाठी, प्रो. राधावल्लभ त्रिपाठी, प्रो. अभिराज राजेन्द्र मिश्र, प्रो. तपस्वि नान्दी जैसे आचार्यों ने नाट्यशास्त्र के विभिन्न पक्षों पर अपना सुविचारित मत रखा।

प्रस्तुत संकलन में संगृहीत शोध-निबन्धों में वसन्त कुमार भट्ट एवं सविता ओझा ने उत्तररामचरित तथा कालिदास को अपने शोधपत्र का केन्द्रबिन्दु बनाया है। कुसुम भूरिया, इच्छाराम द्विवेदी, कमल वासिष्ठ, निरुपमा त्रिपाठी, गोपबन्धु मिश्र, पी.सी. मुरलीमाधवन् एवं राधावल्लभ त्रिपाठी के शोधपत्र नाट्यप्रयोग के अनेक पक्षों पर प्रकाश डालते हैं। पी.सी. मुरलीमाधवन् ने कूट्टियाटम् की वाचन शैली पर विचार किया है, गोपबन्धु मिश्र ने वाचिक अभिनय को अपने शोधपत्र का विषय बनाया है। राधावल्लभ त्रिपाठी नाट्यप्रदीप में प्रस्तुति की परम्परा पर विचार करते हैं और इच्छाराम द्विवेदी नाट्यशास्त्र की लोकधर्मी परम्परा के एक

विलुप्त पक्ष— निरतरंग— पर विचार करते हैं। नारायण दाश ने भारतीय नाट्य-परम्परा में श्री भोजदेव के प्रयोगविज्ञान को विवेचन का विषय बनाया है एवं निरुपमा त्रिपाठी ने प्रतिमानाटक के सन्दर्भ में आहार्य अभिनय के सिद्धान्तों का आकलन करने का प्रयत्न किया है। परम्परा एवं आधुनिक प्रयोग का मूल्यांकन मञ्जुलता शर्मा, वनमाली बिस्वाल एवं सत्यवती त्रिपाठी के पत्रों में देखने को मिलता है।

इस संगोष्ठी में नाट्यशास्त्र की उपलब्ध पाण्डुलिपियों को भी चर्चा का विषय बनाया गया। विरूपाक्ष जड्डीपाल का शोध पत्र नाट्यशास्त्र की पाठ संशोधन परम्परा से सम्बन्धित है। मनसुख के. मोलिया हेमचन्द्राचार्य के छन्दोऽनुशासन के सन्दर्भ में नाट्यशास्त्र के पाठ की समीक्षा करते हैं। आचार्य राममूर्ति त्रिपाठी ने नाट्यशास्त्र के दो अध्यायों पर में अपना सुविचारित मत स्थापित किया है। तपस्वि नान्दी नाट्यशास्त्र की 'एन' पाण्डुलिपि की चर्चा करते हैं एवं जयन्ती त्रिपाठी ने नाट्यशास्त्र में सम्पादनगत समस्याओं की ओर इंगित किया है। श्वेता प्रजापति ने प्रभावती-प्रद्युम्न-नाटक के आलोचनात्मक सम्पादन का विवरण दिया है तथा रवीन्द्र कुमार पण्डा ने संस्कृत नाटकों के सम्पादन के सन्दर्भ में उठने वाली प्राकृत की समस्या की ओर विद्वानों का ध्यान आकर्षित किया है। एस. रामरत्नम् वीथी एवं वीथ्यङ्ग पर विचार प्रस्तुत करते हैं तथा जयश्री राजगोपालन् ने नाट्यशास्त्र के नृत्त करण की चर्चा की है। प्रफुल्ल कुमार मिश्र ओड़िशा में उपलब्ध नाट्यशास्त्र की परम्परा एवं श्रीजगन्नाथ मन्दिर, पुरी में प्रयोग में लाये जाने वाले नाटकों का विवरण प्रस्तुत करते हैं। सुधा गोपालकृष्णन् ने शास्त्रीय नाटकों तथा नाट्यशास्त्र में हास्य की अनुभूति पर विचार किया है।

उपर्युक्त सूची से स्पष्ट है कि इस संगोष्ठी में विचार विमर्श का आयाम अत्यधिक विस्तृत था और वक्ताओं ने सम्यक् शोधपूर्वक प्रस्तुति की थी। इस संगोष्ठी को आयोजित हुए पाँच वर्ष व्यतीत हो चुके हैं। इन पत्रों का प्रकाशन अपरिहार्य कारणों से अब तक रुका रहा। लेकिन इस प्रकार की चर्चा काल सापेक्ष नहीं होती अतः इसे प्रकाशित कर सुधी पाठकों के समक्ष लाना समीचीन माना गया। यह खेद का विषय है कि डॉ. अच्युतानन्द दाश, जिन्होंने इस संगोष्ठी के शोधपत्रों का सम्पादन आरम्भ किया था, अकाल कालकवलित हो गये। हमें उनके परलोकगमन का कष्ट है और उनकी कमी का अनुभव निरन्तर होता रहा है।

प्रो. राधावल्लभ त्रिपाठी ने कुलपति पद के अतिव्यस्त एवं कार्यसंकुल जीवन में सम्पादन के भार का सम्यक् निर्वाह किया एवं इस संग्रह की भूमिका भी

लिखी, जिसके लिए हम उनके आभारी हैं।

यह आशा की जाती है कि शोधपत्रों के प्रकाशन से पाठकों के लिए विचार के कई मार्ग खुलेंगे। यह ग्रन्थ नाट्यशास्त्र से सम्बद्ध समस्याओं के समाधान का दावा नहीं करता लेकिन यदि इसके द्वारा समाधान का दिशानिर्देश मिल सके तो हम अपना प्रयत्न सार्थक मानेंगे। सुधी पाठकों से सुविचारित प्रतिक्रिया की प्रतीक्षा भी हमें रहेगी।

दीप्ति एस. त्रिपाठी
निदेशक,
राष्ट्रीय पाण्डुलिपि मिशन

नयी दिल्ली
2 दिसम्बर, 2011

Introduction

There is a saying about the Mahābhārata—*yanna bhārate tanna bhārate*—that this great epic contains everything encompassed by this vast peninsula, i.e., the Bhāratavarṣa, and whatever this great epic does not contain, this Bhāratavarṣa also does not have it. With a slight variation, the same can be applied to the *Nāṭyaśātra* of Bharatamuni. The *Nāṭyaśāstra* encompasses all that belongs to the Indian tradition of art and aesthetics. Bharatamuni stands as a Vyāsa in the Indian theatric universe. His text has remained an *ākaragrantha,* an authentic source book, for the whole tradition of performing and literary arts that has continued in India for more than two millenia.

The word '*Nāṭya*' in Sanskrit stands for the art of drama and practice of theatre. Nāṭyaśāstra (NŚ), literally meaning a discourse on the discipline of *Nāṭya,* is the most comprehensive and voluminous text in this language on *Nāṭya.* It is composed in verse-form and comprises around 6000 stanzas in thirtysix chapters.

A *śāstra* is a scientific work supposed to serve two-fold purpose *śaṃsana* (documentation) and *śāsana* (reagulation). A *śāstra* presents an analytical and descriptive account of the practices, models and standards related to a particular discipline. This is *śaṃsana* or documentation. A text becomes a *śāstra* by *śaṃsana* (*śaṃsanācchāstram*). Alongside the analysis of the real practices, a *śāstra* should also establish norms, evolving the set of rules and regulations. This is *śāsana.* A text assumes the function of a *śāstra* by *śāsana* also (*śāsanācchāstram*). *Nāṭya* is the practice or the very dharma of a *naṭa* or an actor. The discipline describing this practice and regulating it is *Nāṭyaśāstra.* Assuming both narrative and prescriptive functions for the *naṭas* or actors, the *Nāṭyaśāstra* gives an account of the practices of thearte and it also establishes the norms and standards for the artists connected with theatre, including the poet or the dramatist. Abhinavagupta, a very authentic commentator of the *Nāṭyaśāstra* has aptly defined the purpose of this text *Nāṭyasya naṭavṛttasya śāstraṃ śāsanopāyaṃ grantham. . . .* (*Abhinava-bhāratī Abh* Vol. I, p. 3). i.e., it is a text for disciplining the conducts of an actor. He has also termed this Śāstra as *bharatasiddhasadupāyopadeśaparakaśāstra*—a *śāstra* showing the ways testified by skilled actors (*Abh*, Vol. I, p. 4).

The earliest reference to Bharatamuni as a great master of theatre is by Kālidāsa, Shri Ramakrishna Kavi, whose name has assumed legendary proportions for having brought out the first critical edition of the *Nāṭyaśāstra* with *Abhinavabhāratī* of Abhinavagupta, places Bharatamuni sometime around 500 BC. On the basis of linguistic and anthropological evidences, Harprasad Shastri establishes that *NŚ* was composed around second century BCE whereas scholars like P.V. Kane and S.K. De tried to fix different periods for different portions of *NŚ* accepting it as a text which grew through ages.

The *Yamalāṣṭakatantra* records a tradition regarding the three recensions of *NŚ*. Accordingly, Brahmā created a Nāṭyaveda of 36,000 verses, which was abridged into 12,000 verses. This was further simplified and abridged by Bharatamuni in 6000 stanzas. Abhinavagupta has referred to two recensions of, *Nāṭyaśāstra,* Dvādaśasāhasrī (having twelve thousand stanzas) and Ṣaṭsāhasrī (with six thousand stanzas). The *Nāṭyaśāstra* of Brahmā must have been in vogue till 8th century, as Dāmodara (*Kuṭṭanīmatam, v.* 75) tells that his hero is adept in the *Nāṭyaśāstra* by Brahmā.

Kavi classified the manuscript traditions of the *Nāṭyaśāstra* into the categories of A and B, manitaining that the recension A is of later origin, and is influenced by the Sphoṭa school of

Kashmir Saivism. Recension B, older in origin was followed by the adherents of Nyāya and Mīmāṃsā systems like Lollaṭa, Śaṅkuka et al. The manuscripts obtained from Tamil and Andhra regions belong to the older recension i.e., B whereas the manuscripts availed from Ujjain and northern parts of the country represent recension A. The Kāvyamālā and Kashi editions follow recension A, while some chapters of the *NŚ* published by Hall are close to B. Other editors of the *NŚ* e.g., M.M. Ghosh and K.S. Ramaswami, did not agree with Kavi. Ramaswami argued that the duality of recensions is not responsible for changes evinced form the manuscripts, but the amendments by the commentators. R.I. Nanavati finds two versions of the *NŚ*—one that accompanies *Abhinavabhāratī*, the only commentary available to us, and the other that goes without the commentary. The manuscripts have been divided by him in two groups, the Northern and the Southern. They have been termed as the Longer Version and the Southern Version (SV). SV is close to the *Abhinavabhāratī.*

Abhinavagupta presents a threadbare analysis of the problem to establish that the complete text of the *NŚ* is homognenous and authored by a single person named Bharatamuni. The text of the *NŚ* has evolved in answer to the five questions; therefore, it is a homogeneous text (*Abh*, vol. I, p. 9). There five questions are spelled out in the first chapter of the *Nāṭyaśāstra* in the following way (1) How did Nāṭyaveda originate; (2) Whom, is it meant for; (3) What are its branches; (4) What is its extent and what are the criteria which authenticate it; (5) How is it practised. The discussions on these five questions lead to the elaboration of the *Nāṭyasaṅgraha,* the fundamentals of theatre. Bharata-muni says that there are five elements constituting *Nāṭya* three types of Abhinayas, music and songs (*Abh.*, vol. I., p. 264). Kohala, said to be the disciple of Bharatamuni on the other hand, has enumerated eleven or thirteen constituents of *Nāṭya.* The whole text of the *NŚ* consists of a systematic exposition of these eleven or thirteen elements as recounted in the *NŚ* VI. 10, with their divisions and different varieties.

The *NŚ* also hints upon the interaction between the regional (*deśī*) and the refined (*mārgī*) traditions that has been a mark of Sanskrit theatre right from its inception. Bharata indicates that there are diverse traditions in *loka* too, and what an actor cannot gather from the *śāstra*, he must understand from *loka.* The concept of *loka* in the *NŚ* however, does not visualize any difference between classical and folk. *Loka* is one of the three parameters of *Nāṭya,* other two being Veda and adhyātma, and it is an ever lasting source for the practising artist, because *śāstra* is not the solution for all his problems, and for the questions the *śāstra* does not slove, *loka* has to be resorted to (XXV.120–23).

Abhinavagupta explains *loka* as the people living in *janapadas,* with all their regional customs and behavioural patterns (Abh on XII. 69). These *Janapadas* taken together, form a deśa. Therefore, loka also means the people of a *deśa.* The concept of *loka* in thus way encompasses the regional or *deśī* traditions of art also.

From the references to Kohala by Abhinavagupta, Rāmacandra Guṇacandra, Sāgaranandin, Hemacandra and other Ācāryas, it is clear that he was a great exponent of deśī traditions; he standardized the definitions of minor forms of drama, for the first time which are termed as *Uparūpakas* later. The definitions of *Uparūpakas* as given by the later authors indicate that the folk-forms of drama are being classfied.

Bharata was not unaware of this *Uparūpaka* tradition, even though this tradition has not been dealt with by him. In the last chapter of the *NŚ* Bharata informs that his sons, trained by him in the Nāṭyaveda later on began to perform *śilpakas* of rustic nature (*Grāmyadharmaka*). *Śilpaka* is one of the *Uparūpakas.* Parallel to the tradition which Bharata had dealt with in the *NŚ,* Kohala introduced indigenous elements in performing art. He is said to have authored a text on *Nāṭya* after Bharata. Kohalīya *Nāṭyaśāstra* is not available to us now. Abhinavagupta, however, tells us that Kohala's concepts or the *Kārikās* from his work have crept in the present text of the *NŚ*. The very concept of *Nāṭyasaṅgraha,* comprising eleven fundamental elements including *Rasa, Bhāva, Abhinaya, Dharmī, Vṛttis, Parvṛttis, Siddhi, Svara, Ātodya (instruments), Gāna (music)* and *Raṅga* (*theatre*) has been given by Kohala. Abhinavagupta also tells us that it was Kohala who stood for allowing more scope for music and dance in a theatric performance. In the text of the *NŚ* as available to us now, we can discern Bharata's vision of the classic and superb in theatre, intermingled with Kohala's concepts. Take the concept of *Siddhi* amongst the elements of the *Nāṭyasaṅgraha* for example. *Siddhi* is of two types daivī and mānuṣī. In the former, the audience is completely merged in the dramatic world, but in the latter they are free to applause, to cheer up or appreciate the performance of the actor by alienating themselves from the *deśa-kāla* of the play in performance. There is thus equal scope for the aesthetics of ecstasy and aesthetics of distance in the *Nāṭyaśāstra.* In his discourse on *Bhūmikāvikalpa,* Bharata has classified the *Bhūmikā* or assuming of roles by the actors in three types *anurūpā, virūpā* and *Rūpānusāriṇī,* depending on the apititude of the performer, i.e., whether he or she is alike to the role is unlike to it, or tends to become alike with it. Bharata would prefer the *anurūpā* type only, but at the same time, he allows the other two types also depending on the circumstances. This brings out the multiplicity of theatric traditions that have influenced the *Śāstra. Śāstra* in such treatments creates sufficient scope for *deśī* traditions also.

The very concept of *Prayoga* or the types of theatric performance confirms the tendency in the *NŚ* for such allowances. *Prayoga* is mainly of two types *ābhyantara* and *bāhya.* The *ābhyantara prayoga* stands in total commitment to *śāstra,* it is performed by the artists who are adept in the *śāstra.* But the performers of *bāhya prayoga* may be completely ignorant of the *śāstra,* they might not have studied it with any Nāṭyācārya, they are guided by their own intuition or skill (*NŚ,* XII. 75-80). *Bāhya prayoga* is thus a theatre of the people. Here also Bharata finds the *ābhyantara prayoga* as the ideal one, but at the same time he shows extreme generosity for the performers of *bāhya prayoga.* The *śāstra* itself makes room for the violation of the *śāstra.* An *apaprayoga,* however, stands in sharp contrasts to these two types of *prayogas,* because *śāstra* is deliberately violated there by those who were trained in it, and in Bharata's system, *apaprayoga* can never be allowed (III. 69)

The *Nāṭyaśāstra* thus has an invariable link with the performance traditions. As Kālidāsa says *prayogapradhānaṃ hi Nāṭyaśāstram* performance is the core of the *Nāṭyaśāstra.* The discovery of the text of the *Nāṭyaśāstra* in the modern world has led to an era of new dimensions in the field of performing arts, with Sanskrit theatre assuming an added significance in the context of global theatre. The study of the *Nāṭyaśāstra* requires acquiantance with its intricate textual problems and its manuscript traditions as well as its exposition by the performing artists. The present volume rightly views both these perspectives.

The National Mission for Manuscripts has taken an initiative in the right direction for protection and preservation of a rich heritage of manuscripts in India. The Manuscript Resource Centres established under its auspices all across the country have unearthed valuable treasures of knowledge in the form of manuscripts. One such MRC was created in the Sanskrit Department of Dr. H.S. Gour University, Sagar. Late Prof. Achyutanand Dash, a promising scholar who has been a young colleague of mine in this Department was entrusted with the responsibility of running this centre. He organised a number of programmes under the auspices of this centre in consultation with me. National Seminar on "*The Manuscript Tradition of Nāṭyāśastra, Drama and Stage Performance*" was organised under the auspices of the MRC of the Sanskrit Department of Dr. H.S. Gour University, Sagar from 18th to 20th November in 2006. The papers collected in this volume were presented in that Seminar. Prof. Dash had done hard work in collecting the papers and started editing them. Further more, he wanted that I could check the final draft in his life time.

The thirty-two articles collected in this volume bring out diverse traditions of theatre. They also establish the interaction between the manuscript traditions and performance traditions of the *Nāṭyaśāstra*. Dr. Kamleshdatta Tripathi in his inaugural lecture had set the tone for the deliberations of the seminar which brings out the changing scenario of the *Nāṭyaśāstra*. In the context of the milieu, modernity and the post-modern scenario. Rajendra Mishra makes an assessment of the ritualistic character of Sanskrit Theatre, that is a mark of all eastern traditions. The need to study the performance traditions on the basis of the commentaries of Sanskrit dramas and the various works written in the tradition of *Nāṭya* has been underlined in the remarks by the present author. Ajit Thakore makes a brilliant analysis of the textual stucture of the *Nāṭyaśāstra*. The paper by Pt. Rammurti Tripathi closely examines some of the textual problems and highlight the importance of the manuscript traditions of the *Nāṭyasāstra*. The papers by Ichcharam Dwivedi and Baldevanand Sagar not only provide information with regard to unknown repositories of manuscripts and the manuscripts related to the *Nāṭyaśāsta* as preserved therein, they also establish the continuity of performance traditions in the areas where the manuscripts related to the *Nāṭyaśāstra* traditions were produced and preserved. Some of the authors have brought out various facets of performance traditions originating from the *Nāṭyaśāstra*.

The present volume will hopefully regenerate interest in the *Nāṭyaśāstra* studies and go a long way for resuscitating performance traditions.

—Radhavallabh Tripathi

New Delhi
2nd December, 2011

Key to Transliteration

VOWELS

अ a	आ ā	इ i	ई ī	उ u	ऊ ū
(but)	(palm)	(it)	(beet)	(put)	(pool)
ऋ ṛ	ए e	ऐ ai	ओ o	औ au	
(rhythm)	(play)	(air)	(toe)	(loud)	

CONSONANTS

Guttural	क ka	ख* kha	ग ga	घ gha	ङ ṅa
	(skate)	(blockhead)	(gate)	(ghost)	(sing)
Palatal	च ca	छ cha	ज ja	झ jha	ञ ña
	(chunk)	(catchhim)	(john)	(hedgehog)	(bunch)
Cerebral	ट ṭa	ठ* ṭha	ड/ड़ ḍa	ढ*/ढ़ ḍha	ण* ṇa
	(start)	(anthill)	(dart)	(godhead)	(under)
Dental	त ta	थ tha	द da	ध dha	न na
	(path)	(thunder)	(that)	(breathe)	(numb)
Labial	प pa	फ* pha	ब ba	भ bha	म ma
	(spin)	(philosophy)	(bin)	(abhor)	(much)
Semi-vowels	य ya	र ra	ल la	व va	
	(young)	(drama)	(luck)	(vile)	
Sibilants	श śa	ष ṣa	स sa	ह ha	
	(shove)	(bushel)	(so)	(hum)	
Others	क्ष kṣa	त्र tra	ज्ञ jña	ळ* l	ॠ* ṝ
	(*kṣātriya*)	(*triśūla*)	(*jñānī*)	(play)	

अं *(—)* *ṁ* or *ṃ amusūra* (nasalisation of preceding vowel) like *saṁskṛti/or soṃskṛti*

अः *visarga* = *ḥ* (aspiration of preceding vowel like (*prātaḥ*)

ऽ *Avagraha* consonant #' consonant (like-*imé vasthitā*)

Anusvāra at the end of a line is presented by m (म्) and not *ṁ*

*No exact English equivalents for these letters.

1

नाट्यशास्त्रीय परम्परा

कमलेशदत्त त्रिपाठी

नाट्य एक समग्र तथा स्वतंत्र कला है, किन्तु उस में अनेक शास्त्रों का समाहार है। इस सर्वसमावेशिता के कारण उस का विच्छेद भी हुआ— यह भी सत्य है। लेकिन उस की एक शाश्वतता है, एक नैरन्तर्य है इस को भी देखना आवश्यक है। नाट्यशास्त्र की वह परम्परा अनेक लोगों के लिए अपरिचित हो गईं उन के लिए अपरिचित हो गई है, जो पश्चिम से उधार लिये गये रङ्गमञ्च को देखने के आदी हो गये हैं और उन्होंने रङ्गमञ्च का पर्याय पश्चिम की परम्परा को मान लिया है। वे सोचते हैं यह जो पश्चिमी रङ्गमञ्च है, यही एक मात्र रङ्गमञ्च है। जिस प्रेक्षागृह पर आज नये नाटक खेले जा रहे हैं, वह मध्यकालीन चिन्तन की तथा मध्यवर्गीय चिन्तन की उपज है, जो पूरी तरह से पश्चिम से प्रभावित हो कर ही अपने विचारों को और अपनी कलाओं को भी पहचानने की कोशिश करता है। किन्तु पारम्परिक रङ्गपरम्परा महानगरों में जीवित भले न हो, पर वह परम्परा गाँवों में और केरल की 'कूटियाट्टम्' जैसी परम्पराओं में, कथकळि में, सारी उस नृत्यशैली में, जो सारे भारत में प्रचलित हैं, जो सारी शास्त्र शैलियाँ हैं और जो लोक शैलियाँ हैं, उनमें वह जीवित है। यह परम्परा उनके लिए अजनबी है, जो उसे उधार के चश्मे से देखते हैं। जो इसे करते आये हैं और अभी भी कर रहे हैं, वे चारों तरफ बिखरे हुए हैं। यह ऐसी समूहबद्ध परम्परा है, जिसके लिए, जिसके प्रति पीटर ब्रुक को भारत आना पड़ता है। यदि उसको महाभारत की फिल्म बनानी पड़ती है, उस को आ की इन परम्पराओं को देखना आवश्यक

है, सारे एशिया में वह जाता है, सारे अफ्रीका में वह जाता है। और उन रङ्गपरम्पराओं में से अपने लिए वह मुहावरे ढूंढता है। उस के लिए रिचर्ड शेख़नर् को भारत आना पड़ता है, वाराणसी में रामलीला का अध्ययन करने के लिए वर्षों रहना पड़ता है। उस के लिए यूजिनो बार्बा को डेनमार्क से भारत आना पड़ता है। जापानी–परम्परा से लेकर कोरिया तक की परम्परा में नाट्यशास्त्रीय परम्परा की व्याप्ति है। इस अर्थ में यह परम्परा विच्छिन्न परम्परा नहीं है।

यह परम्परा केरल में पद्मश्री मणि माधव चाक्यार के प्रयोगों में आज भी जीवित है। वास्तव में यह एक गतिशील परम्परा है। यह नितान्त सजीव परम्परा है और उस सजीवता को चुनौती अब इस शताब्दी में अन्तिम चरण में मिल रही है। अब इस को यह चुनौती उत्तराधुनिकता से मिल रही है। और इसीलिए उस को बचाने का काम ऐसे ही संगोष्ठियों से सम्भव है। इस देश में तथा विश्व में गिने चुने विद्वान इस समस्या से रू–ब–रू हो रहे हैं। पाण्डुलिपि की यह जो परम्परा, मूलतः दृश्यकाव्य की वह परम्परा है। वह अपनी संरचना में यह एक अद्‌भुत परम्परा है।

नाट्यशास्त्र की सृष्टि वेद से हुईं वेद सनातन है। नाट्य भी वेद है। इसे वेद कहने का तात्पर्य यह है कि नाट्य एक अविच्छिन्न शाश्वत परम्परा है। अपने उस आन्तरज्ञान के रूप में, अनादि ज्ञान के रूप में यह मनुष्यों में प्रतिष्ठित है, मनुष्य को अपनी ओर से आन्तरज्ञान को फिर से भावित करना पड़ता है। वहाँ से वह वाचिक, आँगिक, सात्त्विक, आहार्य और रस के अनुभव को ग्रहण करता है। उसकी सदातनता को नकारने के लिये कहा गया कि भारतीय नाटक किसी पश्चिमी प्रभाव से विकसित हुए हैं, यूनानी प्रभाव से विकसित हुए। सौ साल तक यह बहस चलती रही कि भारतीय नाटक इसी ज़मीन से आए या यूनानी प्रभाव से आए? प्रो. क्वाइपर और प्रो. बिर्स्कि के अनुसन्धान ऐसी भ्रामक धारणाओं का निराकरण किया गया। इन दोनों ने इस पर काम किया है।

हमारा नाट्य वैदिक विश्वचिन्तन के भीतर से, वैदिक विश्वदृष्टि के भीतर से यह नाटक आता है और उस का मञ्च वह है जो त्रैलोक्य का अनुकीर्तन करता है। जो त्रैलोक्य की अनुकृति करता है, उस का मञ्च तो त्रैलोक्यपरक होगा ही। उसमें तो त्रिलोक की स्थापना होगी ही। वह जो वस्तुतः वास्तविक सृष्टि का एक अनुकृत्य है, उस के केन्द्र में जहाँ ब्रह्मा हैं वहीं तो सूत्रधार आएगा। इसीलिए एक अपर सृष्टि जो हम करते रहे हैं, वह भी तो ब्रह्मा है और इसलिए वह सम्पूर्ण

त्रैलोक्य की छाया इस मञ्च के ऊपर दिखाई पड़ती है। सिद्धान्त के रूप में भरत ने इस को वेद से ग्रहण किया है। आगमों से ग्रहण किया है। केवल वेद से ग्रहण किया है— यह कहना आधा सही है। आगमों से भी देखना है क्योंकि वेदान्त की परम्परा में जहाँ जगत् मिथ्या है, उस मिथ्या में सौन्दर्य कैसा, जो बाधित हो जाए, उस में सौन्दर्य कहाँ से आएगा? सौन्दर्य तो सत्य में होगा। और इस सृष्टि को जगत् को सत्य कहने की जो बात है वह तो आगमों की है। इसीलिए जहाँ सौन्दर्य की चिन्ता है वहाँ कला की चिन्ता है, वहाँ आगम आवश्यक है। वह अमूर्त को मूर्त करने, अमूर्त की उपासना को मूर्त रूप में भावित करने के लिए मूर्त्ति की जरूरत है। मूर्त्ति के भी विभिन्न रूप हैं, चित्र हैं। प्रासाद की ज़रूरत है जिस में वह प्रतिष्ठित किया जाए। सारे भारतीय कला का उद्‌गम इस आगमों से है और इसलिए नाट्यशास्त्र में वेद और आगम दोनों आधारभूत रूप से उपस्थित हैं।

नाट्यशास्त्र की जो पाण्डुलिपि परम्परा सारे देश में फैली हुई है, उस में यह सारी बातें वाचनाएँ आएगी। दो वाचनाएँ हैं या एक— इसकी मूलतः परीक्षा करने की ज़रूरत है। दो से अधिक हैं या एक ही वाचना है जो अनेक रूप में हमारे सामने आई है। यह प्रश्न तभी चला आया था, खड़ा हो गया था, जब उद्‌भट ने नाट्यशास्त्र पर चिन्तन किया होगा। यह प्रश्न तभी जागरूक हो गया था, कि नाट्य का अनुभव केन्द्र क्या हैं वह शान्त रस सहित नवरस हैं या आठ ही रस हैं। इस की वह वाचना, जो बड़ी ही समृद्ध वाचना है, जो आज हमें प्राप्त है, उस वाचना की छाया अगर आप को देखना है तो विष्णुधर्मोत्तर को देखिए। विष्णुधर्मोत्तर में अपने संक्षिप्त रूप में दो वाचनाएँ विद्यमान हैं। आठ रस हैं या नौ रस हैं-यह कालिदास के सामने प्रश्न है। कालिदास उस पूरे के पूरे नाट्यशास्त्र के साथ सुपरिचित और प्रथम कवि हैं। उस परम्परा में भावित कवि हैं। उस की सारी की सारी परम्परा फिर बढ़ती हुए दो धाराओं में, तीन धाराओं में होती है।

इस बहुविध परम्परासमुच्चय में एक परम्परा धनंजय की है, एक रामचन्द्र-गुणचन्द्र की है। जो केवल नाट्यालेख की संरचना तक ही सीमित रह जाते हैं। पर उस को प्रयोग करने की जो परम्परा है, वह दूसरी परम्परा है, जो शारदातनय की है, जो शार्ङ्गदेव की है, जो मल्लिनाथ की है, फिर वही परम्परा सारे देश में जैसे अनेक धाराओं में विभक्त होती है, दक्षिण में बालरामायण में राम के द्वारा वह सामने आती है। कुटियाट्टम् की परम्परा के रूप में वह अपना नया रूप गढती

है। सार सुदूर असम में दामोदर के रूप में वह आती है। मध्यदेश में नर्तननिर्णय के द्वारा कथक से सम्बद्ध है, कथक के द्वारा, कथकली के द्वारा, कुटियाट्टम् के द्वारा यह परम्परा देशज़ रूपों से जुड़ती है। ओडीशा, जहाँ उत्तर और दक्षिण दोनों मिलते हैं, वह सन्धि है, जो एक हमारे पास कुंजी है जिस के द्वारा हम अपने दक्षिण और उत्तर की परम्पराओं को देख सकते हैं, ओडीशा की वह परम्परा है। मध्यदेश की वह परम्परा है। यह परम्परा कभी मरी नहीं, इस का प्रमाण है कि नेपाल में अभी नई सामग्री प्राप्त हुई है, अप्रयुक्त पाण्डुलिपियों की। पाण्डुलिपियाँ कौन लिखता था? लिखनेवाले कौन थे? पण्डित लिखते थे अपने छात्रों के लिए। छात्र लिखते थे पढ़ने के लिए। अभी डेनमार्क के मेरे एक मित्र ने जौनपुर के आसपास की पाण्डुलिपियों को इकट्ठा किया। इनमें नाट्यशास्त्र की पाण्डुलिपियाँ भी थीं। वह जो एक पढ़ने की परम्परा थी, छात्रों की परम्परा थी, दो सौ साल की। वस्तुतः जो प्रयोगशास्त्र हैं उनकी पाण्डुलिपि क्यों लिखी गई? मीमांसा की लिखी गई ताकि यज्ञ किया जा सके। नाट्यशास्त्र की लिखी गई ताकि नाट्यशास्त्र का प्रयोग हो सके। इन पाण्डुलिपियों को प्रयोक्ताओं ने लिखा है।

यह कहा जाता रहा है कि उत्तर भारत में और खास तौर से हिन्दी क्षेत्र में नाट्य की परम्परा सर्वथा विलुप्त हो गई, विच्छिन्न हो गई है। ठाकुर जयदेव सिंह जैसे बड़े विद्वान् ने यह बात कही, पर यह पूर्णतः सत्य नहीं है। एक पाण्डुलिपि जयपुर में लिखी गई है। जयपुर में इस के प्रमाण हैं क्योंकि जयपुर नर्तन का केन्द्र रहा है। जयपुर घराना है कथक का। तो जयपुर में वे जो करने वाले थे, वे सीखते कहाँ से? उस के लिए जो डाइजेस्ट बना है, नाट्यशास्त्र से बनाया गया है। इस प्रकार यह जीवित परम्परा है। जो यहाँ भी हिन्दी में एक पाण्डुलिपि मिली है नाट्यास्त्र की, वरधनपुर से मिली है। वरधनपुर वास्तव में आगरा है। आगरा है, क्योंकि यहाँ ब्रज है, वहाँ रास है। और रास के लिए नाट्यशास्त्र की ज़रूरत थी। रामलीला के लिए नाट्यशास्त्र की ज़रूरत थी। वह परम्परा निरन्तर थी। ऐसी ही पाण्डुलिपियां प्रयोक्ताओं के द्वारा लिखी जाने वाली पाण्डुलिपियाँ भरी पड़ी हैं। तंजौर में एक ऐसी पाण्डुलिपि देखी 16वीं शताब्दी की, जिस में रङ्गमञ्च का दृश्य लिखा हुआ है। रङ्गमञ्च का चित्र मिलता है। हमारे वास्तु में और उस में तो बहुत सारे चित्र हैं ही। यह प्रयोग की परम्परा कुट्टनीमत में अंकित है। मल्लिनाथ के द्वारा अंकित की गई है। कैसे प्रयोग किया जाए, इस पर कूटियाट्टम् में अट्टप्रकारम् है। गीतगोविन्द की पाण्डुलिपियाँ हैं जिनमें एक-एक

शब्द का कैसे अभिनटन किया जाए, इस को बता रहे हैं। यह परम्परा तामिलनाडु में भी है, यह राजस्थान में भी है, और ओडीशा में भी है। तो हम कैसे कह सकते हैं कि नाट्यशास्त्र की परम्परा एक मृत परम्परा, भुलाई हुई परम्परा है? हम स्वयं उससे अपरिचित हो रहे हैं। हम को उस को देखने के लिए दृष्टि चाहिए। और वैकल्पिक पाठों को हम को उस में से जांचना पड़ेगा, देखना पड़ेगा, प्रयोग करके जांचना पड़ेगा। अलग-अलग क्षेत्रों की उन प्रयोग परम्पराओं से उस को मिलाना पड़ेगा। और इस तरह से नाट्यशास्त्र की कोई एक ही पाठ परम्परा होगी— ऐसा तय करना मुश्किल है, जैसे कि महाभारत की एक ही पाठ परम्परा होगी— यह कहना उचित नहीं है। यह तो वाचिक परम्परा है, मौखिक परम्परा है। मौखिक परम्परा में कालान्तर में अनेक पाठ जुड़ते जाते हैं और वे सब प्रामाणिक हैं। यह कहना गलत है कि— एक ही प्रामाणिक है बाकी सब अप्रामाणिक हैं। तो इन सारी बातों को, पाठ के इन सिद्धान्तों को अपने-सामने रखते हुए विविध पाठ परम्पराओं पर विचार होना चाहिये।

नाट्य परम्परा की कई कड़ियाँ नहीं मिल रही हैं। जैसे कि वार्तिक नहीं मिल रहा है। कीर्तिधर की बात नहीं मिल रही है। स्वयं अभिनवगुप्त के सामने भट्टतौत का पाठ था। और भट्टतौत का पाठ हमारे पास नहीं है। चारों टीकाकार हैं, उन का पाठ हमारे पास नहीं है। परन्तु 50 लाख पाण्डुलिपियाँ जिस देश में हैं उस की परम्परा लुप्त कैसे हो सकती है? वह सब मिलेगी। जो अभी हम नहीं जान पाते हैं। यह सब सामने आएगी। और जितना है उस के जरिए हम उसको पूरी तरह से खड़ा कर सकते हैं। यह जो अजनबीपन आया है, यह केवल सौ साल का है। सौ साल से यह विचार होता रहा है कि नाट्य और नृत्य में क्या सम्बन्ध है।

नाट्यशास्त्र जैसे पिछली शताब्दी, वेदान्त की शताब्दी थी, जैसे बौद्ध दर्शन बीसवीं शताब्दी के आरम्भिक दशकों में केन्द्र में था, वैसे ही अब भाषा का दर्शन, कश्मीर शैव दर्शन और नाट्यशास्त्र सम्पूर्ण भारतीय अध्ययन के केन्द्र में हो गया है।

भारतीय सौन्दर्यदृष्टि जो पश्चिमीय सौन्दर्यदृष्टि से बिलकुल अलग है, ध्रुवान्त पर खड़ी है। अगर उसी सौन्दर्यदृष्टि को, उस कलादर्श को, उस कला प्रयोग को इस बाजारवाद की सर्वग्रासी आक्रामक संस्कृति से बचाना है और मनुष्य के लिए भविष्य की कोई बात कहनी है, जो उसको बचा सके तो उसके लिए नाट्यशास्त्र का अध्ययन जरूरी है। कश्मीर शैवदर्शन को जानना जरूरी है और उसमें भी पहले भारत के भाषादर्शन को जानना जरूरी है। जो बात पाणिनि के

साथ है वही बात भरत के साथ है, जो बात शङ्कराचार्य के साथ है वही बात अभिनवगुप्त के साथ है। हम इन बातों को समझते हुए और इन चुनौतियों की गम्भीरता को समझते हुए यह कहना संगत है कि नाट्यशास्त्रीय विमर्श आज सार्थक है।

2

Some Observations on the Manuscripts of the *Nāṭyaśastra* and Performance Traditions

Radhavallabh Tripathi

The *Nāṭyaśāstra* of Bharatamuni has been extensively quoted in several works, Many other works written after the *Nāṭyaśāstra* though lost, but have been quoted by other authors. The compilation of all such excerpts from the *Nāṭyaśāstra* and from these lost works may not only reveal some significant variants in the readings of the *Nāṭyaśāstra*, but may also bring out undiscovered facets of Indian traditions of performing arts.

One attempt to compile the excerpts quoted in the commentaries of Sanskrit dramas and works on dramaturgy was initiated by Kalidasa Akademi at Ujjain about twenty years ago and an Uddharaṇakoṣa was compiled by Dr. Jagdish Sharma, Dr. Balkrishna Shrama and Miss Ajita Trivedi under the supervision of Pt. Bachchulal Awasthi. This compilation is yet to be published.

There are a number of significant omissions in Uddharaṇakoṣa. It does not refer to several important sources. The *Madanaprabodhinī* or *Śukasārikā* manuscripts in Bhandarkar Oriental Research Institute (BORI), presents an extensive discussion on Musicology and therein it reproduces seventy two *kārikās* mostly from the *Naṭyaśāstra* and from various other texts. Different readings in these *kārikās* are worth to be considered. *Nāṭyapradīpa* by Sundaramiśra or Sundararājakavi is another work, which profusely reproduces the *kārikās* from the *Nāṭyaśāstra.*

An attempt to reconstruct the lost Sanskrit texts related to Nāṭyaśāstra–tradition was made by me under the research project "Restoration of the lost works related to the *Nāṭyaśāstra.*' The work done under the project has been published in book-form. The project tended to conjure the excerpts of the following works and restore their texts to the possible extant *Nāṭyaśāstravyākhyāna* of Matṛgupta *Vasantarājīya* by Kumāragiri, *Kohaliyanāṭyaśastra, Nāṭya-vārtika* by Śrīharṣa *Hṛdayadarpaṇa* by *Bhaṭṭanāyaka,* and references to the views of Udbhaṭa, Kīrtidhara, Tīkākāra, Rāhula, Lollaṭa and Śaṅkuka were also noted, and a manuscript of the work *Sabhāyāṁ Nāṭaka-paṭhana-śraveṇariti* by anonymous author has also been published as a part of this study. Fourteen Sanskrit texts related to *Nāṭyaśāstra* and *Alaṁkāraśāstra* as well as eight commentaries on Sanskrit plays along with *Sarvaṁkaṣā* of Mallinātha (on *Śiśupālavadha*) were used as source material for the study.

However, there are many other works and authors waiting for their possible resurrection. The following works related to Nāṭyaśāstra are often quoted or mentioned by the commentators and a sizable portion from them might be recovered if carefully reconstructed out of the excerpts reproduced in the commentaries–

(i) *Sārasvatālaṁkāra*—quoted by Mallinātha in his commentary on *Meghadūta, Raghuvaṁśa* and *Kumārasambhava* a number of times.

(ii) *Rasaratnākara*—quoted by Mallinātha four times in his commentary on Meghadūta.

(iii) *Rasākara*—quoted by Mallinātha thrice in his commentary on *Meghadūta.*

(iv) Devapāṇi's commentary on *Daśarūpaka*—quoted by

the author of *Prakāśikā.*

(v) *Jyotirśvara*—quoted by the author of *Prakāśikā* on *Vikramorvāśīya*

(vi) *Bādarāyaṇa*—quoted in *Koṇeśvarī* on *Vikramorvaśīya.*

(vii) *Kohala*—quoted thrice in *Koṇeśvarī* in *Nāṭakalakṣaṇa-ratnakośa* and other works.

(viii) *Nāṭyavārtika* of Śrīharṣa—quoted by Abhinavagupta and Sāgaranandin

(ix) *Nāṭyalocana*—quoted by the author of *Prakāśikā* on *Vikramorvaśīya.*

(x) *Saṅgītakalpataru*—quoted by the author of *Prakāśikā* on *Vikramorvaśīya* and in *Arthadyotanikā* of Rāghavabhaṭṭa.

(xi) *Mataṅgaṭīkā*—quoted in *Koṇeśvarī*

(xii) *Rājakandarpa*—quoted by Mallinātha thrice in his commentary on *Kumārasambkava* in connection with the definition of *Karaṇas.*

(xiii) *Saṁgītasarvasva*—quoted in *Arthadyotanikā* of Rāghavabhaṭṭa.

(xiv) *Nāṭyapradīpa*—quoted twice in *Arthadyotanikā* of Rāghavabhaṭṭa.

(xv) *Ādibharata*—quoted in *Arthadyotaṅikā* of Rāghavabhaṭṭa. A work named *Nāṭyasarvasvadīpika* edited. by Pt. Rudradeva Tripathi is claimed to be the actual *Ādibharata.* The claim is doubtful.

Some portions of original works or commentaries of Udbhaṭa (his work on Nāṭyaśāstra), Lollaṭa, Śaṁkuka, Bhaṭṭyantra Vindhyavāsi Drauhiṇi Bharatavṛddha can also be retrieved in the same way.

Kāvyakautuka of Bhaṭṭatauta was a *magnum opus,* which has been cited or referred by Abhinavagupta a number of times. An attempt for its reconstruction was made by the editors of *Sāgarikā* in vol. XXII.1. This work also needs careful study from the point of view of performance traditions. Compilation of various excerpts of these authors and their works may reveal various facets of traditions in performing arts. *Nāṭyalocana*–quoted by the author of *Prakāśikā* on *Vikramorvasīya* gives a very vivid definition of Nāndī summing up the whole concept of Nāndī in Bharata's tradition—

आशीर्यत्र नमस्क्रिया च शशिनः सङ्कीर्तनं वस्तुनो
निर्देशो गुरुसंस्तुतिर्मधुलिहां मोदाय पुष्पाञ्जलिः।
श्रव्यैर्द्वादशभिः पदैरथ समैर्यद्वाष्टभिर्निर्मिता
सद्वृत्तेन सुसन्धिना च कथिता नान्दीति सर्वागमे।।

Prakāśikā also quotes *Jyotirīśvara* on the practice of Pūrvaraṅga

आरम्भं भरतः कृत्वा सालङ्कारं शुभाकृतिः।
सूत्रधारः पठेन्नान्दीं मध्यमं स्वरमाश्रितः।। (विक्रमोर्वशीय, पृ० 15)

The problem of two recessions of the *Nāṭyaśāstra* was first raised by Ramakrishna Kavi in the preface of the first volume of his edition. The scholars who edited the volumes after him disagreed with him. The problem however needs further scrutiny in the light of two parallel readings of definitions of thirty six *lakṣaṇas* in the sixteenth chapter (termed as Anuṣṭuppāṭha and Upajālipāṭha and the two traditions holding eight *rasas* and nine *rasas.*

Performance traditions as revealed in commentaries on Sanskrit Plays, like *Prakāśika* and *Koṇeśrarī* on *Vikramorvaśīya, Abhijñānaśākuntalacarcā, Diṅmātradarśinī,* etc. also require further studies. The detailed discussion on staging the scene of Duṣyanta chasing the deer in the first act of Śākuntala in *Abhijñānaśākuntalacarcā* or *Rāghavabhaṭṭa* identifying *hastas* and *Karaṇas* in the performance of Śākuntāla–have been discussed by me and other scholars. There are several other passages in various commentaries, which need to be studied from the point of view of performance and theatric traditions. For example *Prakāśikā* on *Vikramorvaśīya* of

Kalidāsa says on ततः प्रविशान्त्यप्सरसः in the first act—

> कुत्रचित् ततः प्रविशन्त्यपटीक्षेपेणेति पाठः। स नाटकग्रन्था-दर्शननिबन्धनः। यतः नासूचितस्य पात्रस्य प्रवेशो नाटके मतः इति नाटकसमयप्रसिद्धेर्यत्रासूचितपात्रप्रवेशस्तत्राकस्मिकप्रवेशोऽपटीक्षेपेणेति वचनमयुक्तम्। अत्र तु प्रस्तावनान्ते सूचित एवं अप्सरसां प्रवेशः।
>
> विक्रमोर्वशीय, पृ० 27

The author of *Prakāśikā* is either misunderstanding the tradition, (because entry by tossing aside the curtain when there is some chaos or some emergence is prescribed), or he is referring to an alternative in the performance of *Vikramorvasīya.* Again, *Prakāśikā* gives an important note on the tradition of Jarjara, according to which Indra's Staff śakradhvaja was renamed as Jarjara by ancient masters (*Vikramorvaśīya* p. 15)

Explaining the term *nepathya, Prakāśikā* provides three interpretations - (i) it is a synonym for the curtain, it is the place behind the curtain used by the actors for make up (iii) it is stage proper. (*Vikramorvaśīya,* p. 15)

References

1. Prakhyā series (II spanda), 1998, Delhi. pp. 12-19
2. *Aprāpta Nāṭyaśāstrīya grantha* Ed. Radhavallabh Tripathi, Sagar, 1988.
3. *Nāṭyasarvasvadīpikā—Ādibharata* Ed. Rudradev Tripathi, Prachya Vidya Niketan, Ujjain, 1988
4. *Kalidās kī samīkṣā paramparā,* author–ibid, Sagar, 1988.

3

नाट्यशास्त्रस्य पाठसंशोधनपरम्परा तत्र विदुषां कृतित्वं च

विरूपाक्ष वि. जड्डीपाल्

भरतमुनिप्रणीतया विद्वद्भिश्चरं परिगृहीतं 'नाट्यशास्त्रं' नानाविधानां भारतीयकलानां चोपदर्शकम्।[1] 'वेद' इव कलाज्ञानराशे रुपज्ञकमिति हेतोः पञ्चमवेद–नाट्यवेदपदाभ्यां ससम्मानं कीर्त्यतेऽयं षट्साहस्रीसंहितापराभिधो ग्रन्थराशिः। ग्रन्थपरिशीलनेनेदं परिज्ञायते यत् नाट्यशास्त्रमिदं स्वयम्भूपरम्परया प्राप्तं सत्, प्रायशः द्वादशसहस्रतोऽप्य–धिकैः श्लोकैः परिबृंहितमासीदिति। गच्छत्सु सत्स्वपि नाट्यबोधकेषु नानासूत्रेषु, गद्यात्मकेषु ग्रन्थेषु केवलं भरतोपदिष्टं नाट्यशास्त्रं प्राचीनैः सूत्रैः, कारिकाग्रन्थैश्च समायोजितं सत् चिरात् प्रसिद्धं समवलोक्यते।

इदं हि नाट्यशास्त्रं भारतमभिव्याप्य प्रचारेऽवर्तत इति मातृकाप्रसरादेव ज्ञायते। अर्थात् नाट्यशास्त्रमातृकाः काश्मीरेषु, नेपालेषु, लाहोरप्रदेशे, ढाकावङ्गालप्रान्तेषु, तिरुवनन्तपुर–समीपे, ताम्रपर्णीनद्यास्तीरे, धारानगरपार्श्वे च समुपलब्धा गवेषकैः।[2] 1880तम वर्षतः पूर्वमेव नाट्यशास्त्रस्य प्राचीना मातृकाः मलयालम्–शारदा–नागरी–ग्रन्थलिप्युपनिबद्धाः विदेशं नीता आसन् इत्यत्र वैदेशिकग्रन्थालयेषूप–लब्धा मातृका एव स्वयं प्रमाणम्। एवञ्चास्य नाट्यशास्त्रस्य विभिन्नपाठशाखासु सम्प्रविष्टस्य प्रधानतया पाठसम्प्रदायद्वयमासीदिति विमर्शका आमनन्ति[3] योऽयमभिप्रायो विमृश्यते पुरस्तात्।

एतावत्पर्यन्तं नाट्यशास्त्रस्य उपरिष्टाद्वक्ष्यमाणानि संस्करणानि प्राप्यन्ते[3]—

1. 1865 तमे वर्षे Fitz-edward Hall महाशयेन प्राप्तानां मातृकाशकलाना–

माधारेण दशरूपकग्रन्थपरिशिष्टरूपेण प्रकाशिताः अष्टादशैकोनविंशचतुस्त्रिंशदिति चत्वारोऽध्यायाः किन्तु हालमहाशयः अन्यानि मातृकाशकलानि सम्प्राप्यापि तासां मातृकाणां खण्डितत्वात् प्रकाशनं कर्तुं न शशाक।

2. 1880तमे वर्षे फ्रान्स-देशीयो विद्वान् Paul Regnaud, नाट्यशास्त्रस्य पञ्चदशषोडशाध्यायौ समीक्षात्मकतया सम्पाद्य प्राकाशयत्। तदनु 1884-तमे वर्षे स एव षष्ठसप्तमाध्यायावपि समीक्षात्मकतया समपादयत्।
3. 1888तमे वर्षे Jonny Grosset महाशयः, नाट्यशास्त्रस्य अष्टाविंशाध्यायं सम्पाद्य प्राकाश्यम् अनयत्।
4. भारते विभिन्नानां विदुषां प्रयत्नेन विविधप्रदेशेषु विद्यमानाः मातृकाः बहिरुन्नीताः, विद्वद्वरैः सम्पादनप्रयत्नाश्च समारब्धाः। अतः 1894 तमे वर्षे पण्डितशिवदत्त-शर्म-काशीनाथपाण्डुरङ्गपरबमहाशयाभ्यां मातृकाद्वयमवलम्ब्य षट्त्रिंशद-ध्यायात्मकं नाट्यशास्त्रं काव्यमालायां प्राकाश्यं प्रापितम्। इदं संस्करणं काश्मीरसम्प्रदायमातृकाद्वयम् अवलम्ब्य प्रकाशितम्।
5. 1898तमे वर्षे प्राक्तनप्रकाशनैर्निर्वृतिमलभमानाः J. Grosset महाशयः समीक्षात्मकपद्धत्या प्रथमतश्चश्चतुर्दशपर्यन्तानामध्यायानां नाट्यशास्त्रभागं प्राकाशयत्। अत्र 'A' एवं 'B' पाठसम्प्रदाययोः मातृकाणां परिशीलनपुरस्सरं 'B' मातृकासम्प्रदायगतानामधिकांशानां 'A' सम्प्रदाये योजनमवलोक्यते।[4]
6. 1929तमे वर्षे बलदेवोपाध्याय-बटुकनाथशर्मभ्यां षट्त्रिंशाध्यायात्मकं सम्पूर्णं नाट्यशास्त्रं काशीस्थसंस्कृतसीरीजकार्यालयात् प्रकाशितम्। किन्तु मातृकाणां स्पष्टनिर्देशाभावात् अत्र प्रामाण्यसन्देहो वरीवर्ति।
7. 1943तमे वर्षे काव्यमालाप्रकाशने पण्डितकेदारनाथशर्मणा, Grosset महाशयस्य चतुर्दशाध्यायात्मकग्रन्थं 1929 वर्षीयकाशीप्रकाशनं, अष्टादशा-ध्यायपर्यन्तं बरोडाप्रकाशनभागं, बीकानेरग्रन्थालयमातृकाञ्च समाश्रित्य नूतनं नाट्यशास्त्रसंस्करणं प्राकाशि।[5]
8. गायकवाडप्राच्यग्रन्थमालायां एम. रामकृष्णकविवर्याणां सम्पादकत्वे नाट्यशास्त्रस्य अभिनवभारतीसहितस्य प्रकाशनं चतुर्षु सम्पुटेषु समभवत्। तद्यथा—

   (अ) प्रथमं सम्पुटम्-प्रथमतः सप्तमाध्यायपर्यन्तम्, 1926।

   (आ) द्वितीयं सम्पुटम्-अष्टमतोऽष्टादशाध्यायपर्यन्तम्, 1934।

   (इ) तृतीयं सम्पुटम्-एकोनविंशतोः सप्तविंशाध्यायपर्यन्तम्, 1954।

   (ई) चतुर्थं सम्पुटम्-अष्टाविंशतः सप्तत्रिंशाध्यायपर्यन्तम्, 1964।

   अस्मिन् संस्करणे चतुश्चत्वारिंशत् मातृकाः समुपयुक्ताः। उपरिनिर्दिष्टं

प्रथमं संस्करणं 1956तमे वर्षे के. एस्. रामस्वामिशास्त्रिणा पुनः नवीनमातृकाः प्रकाशितसंस्करणानि च दृष्ट्वा समाकलय्य प्राकाश्यं नीतम्। एतेषु प्रथमद्वितीयतृतीयसंपुटानां पुनस्संशोधितानि संस्करणानि 1992— 2001 – 2003 तमेषु वर्षेषु प्रकाशितानि सन्ति। यद्यपि एतेषु नवीनसंस्करणेषु एका मातृका पूर्वमुपयुक्तापि पाठसंशोधन-दोषसंशोधनाय पुनः परिशीलिता इति डॉ. के. कृष्णमूर्ति— वि. एम्. कुलकर्णि-तपस्विनन्दिमहाशयाः समुल्लिखन्ति।[6]

9. प्रसिद्धेन आचार्येण मनमोहनघोषेण 1956 तम-1967तम वर्षयोः नाट्यशास्त्रस्य सामीक्षिकसंस्करणं प्राकाश्यमानीतम्। अत्र 1956 तमवर्षपर्यन्तं प्रकाशितानि सर्वाणि संस्करणानि समुपयुक्तानि तथा India Office Library, London मध्ये विद्यमाना काचित् मातृका पूर्वं न केनापि सङ्कलनाय उपयुक्ता पर्यालोचिता। नागरीप्रतिलिपिरप्युपयुक्ता आसीत्। इदं तु संस्करणं विद्वद्भिः प्रतिमानत्वेनाङ्गीकृतं सत् बहुत्र अनुवादाय चाङ्गीकृतं विद्योतते।[7]

10. 1983तमे वर्षे रविशङ्करनागरमहाशयेन अभिनवभारतीसहितं नाट्यशास्त्रं प्राकाश्यं नीतम्। तत्र गायकवाडप्राच्यग्रन्थावल्याः, काशीग्रन्थावल्याः काव्यमालायाः, मनमोहनघोषसम्पादितायाश्च नाट्यशास्त्रपाठभेदा उल्लिखिताः। क्वचित् पाठानां परिष्करणे दोषदूरीकरणे च प्रयत्नो दृश्यते।

11. 2005तमे वर्षे आचार्यरेवाप्रसादद्विवेदीमहाशयाः नाट्यशास्त्रस्य हिन्द्यनुवादसहितस्य सम्पादनमकार्षुः। तच्च शिमलातः भारतीयोच्चाध्ययन-संस्थानतः प्रकाशितमस्ति। अत्र प्रथमखण्डे 1.3, 6, 7, 13.27, 35, 36 अध्याया एव सन्ति।

अत्र आयार्यैः 'उपलब्धेषु पाठेषु समीचीनतमपाठचयनात्मिका पद्धतिः' (eclectic) समाश्रिता। पद्धतिविषये आचार्यैः विस्तरेण निरुच्यते।[8] किन्तु भूमिकायां संक्षेपेण इत्थमुक्तम्-

'हमारी संपादन विधि में केवल हस्तलेखों पर आश्रित न होकर परम्परा के संवाद को भी निर्णायक माना है। (पृ. 20) तदुक्तं तैः—

'यत्प्राचीनं निखिलमपि तन्मातृकाभ्यो यथावद्
ग्राह्यं, यद्वा विमलमतिभिर्यद्धि शुद्धं तदेव।
पक्षद्वन्द्वे त्विह मम परः प्रीतये, यश्च पूर्वः
श्रद्धेयोऽसौ भवति विदुषां डाकुमेण्टेशनार्थम्।।' (पृ० 802)

पाठशोधने प्राचीनविदुषां यत्नः

प्राचीनकालादेव, प्रायशः नाट्यशास्त्रस्य षट्साहस्रीरूपेण प्रणयनानन्तरमेव पाठभेदाः समभूवन् इति अनुमितिर्न निर्मूला। स्मर्यन्ते किल व्याख्याकाराः मातृगुप्त-उद्भट-लोल्लट-शङ्कुक-भट्टनायक-हर्ष-कीर्तिधर-घुण्टक-अभिनवगुप्त-नान्यदेवनाम्ना प्रथिताः[9]। इमे तु स्मर्यन्ते व्याख्याकारत्वेन, किन्त्वभिनवभारत्यां विभिन्नेषु अध्यायेषु अन्येऽपि स्मृताः यथा भट्टयन्त्रः (नाट्यनृत्तयोर्विवेचनावसरे) भट्टसुमनस् (ताल-विवेचनावसरे) भट्टगोपालः (तालविवेचनावसरे) भट्टयरङ्करः (वृत्तप्रकरणे) घण्टकः (नाटिकाभेदविचारप्रसङ्गे)। एतेषां नामानि आचार्याभिनवगुप्तेन व्याख्यानभेदमुद्दिश्य पाठगतवर्णादिभेदमुद्दिश्य वा प्रामाण्यसन्देहस्य अपनोदनाय तत्र तत्र प्रकरणे उदाहृतानि।

न केवलमेतावत्, आचार्यः अभिनवगुप्तः नाट्यशास्त्रग्रन्थग्रन्थि-भेदनकुञ्चिकायाम् अभिनवभारत्यां पाठविषयिणीं विचिकित्सां समुत्थाप्य तत्र तत्र पाठपरम्पराभेदान् निर्दिशति। तथाहि -

"मध्येऽत्र षट्त्रिंशदध्याय्यां यानि प्रश्न-प्रतिवचन-योजनवचनानि तानि तच्छिष्यवचनान्येवेत्याहुः।"

बरोडा संस्करणम्, (प्रथमसंपुटम्) अ.भा.पृ. 9।

"अन्यस्त्वाह-शतमेवेति पठितम्। तत्र तु कैशिक्यपि प्रयुक्ता स्यात् इत्युत्तरग्रन्थावकाशाभाव इत्यलमसहृदयाभिनिवेशव्याख्याभिः।"

बरोडा संस्करणम्, (प्रथमसंपुटम्) अ.भा.पृ. 19।

"स च परिपूर्णो विन्यासो यथावच्छब्देन दर्शितः। अनुपूर्वशः इति पाठे प्रत्याहारावतरणाद्यङ्गजातं सूचयति।"

बरोडा संस्करणम्, (प्रथमसंपुटम्) अ.भा.पृ. 182।

"शङ्कुकस्तु पठति-'उत्तरस्तथा चैव' इति स्थाने 'उत्तरस्तथा द्विकलः' इति। 'एककल' इत्यत्र च स्थाने 'निर्दिष्ट' इति।"

बरोडा संस्करणम्, (प्रथमसंपुटम्) अ.भा.पष्ट. 219।

"तेन प्रथमं रसाः। ते च नव। शान्तापलापिनस्त्वष्टविति तत्र पठन्ति।"

बरोडा संस्करणम्, (प्रथमसंपुटम्) अ.भा.पष्ट. 261 ।

पाठभेदसञ्जातान् अर्थवैमत्यसन्दोहान् निरसितुं गुरूक्तपाठपरम्परामेव मूलपाठं मत्वा तदाश्रयेणैव पाठभ्रान्तिं निरस्य सुपाठं प्रतिष्ठापयामास। अभिनवभारत्याः सुपरीक्षणेनेदमवगम्यते यद्धि प्राचीनकालादेव नाट्यपरम्परायां (अर्थात् प्रयोगपरम्परायां) नाट्यशास्त्रग्रन्थपरम्परायां च प्रयोग-ग्रन्थपाठयोः सापेक्षिकभेदा आसन् इति। अन्यच्च

नाट्यशास्त्रप्रवक्तृणाम् उपाध्यायानाम् पदार्थव्याख्याने परम्पराभेदात् तत्तदुपाध्यायानुसृतपरम्परायामपि नानापाठशाखाः समभवन्। अत एव नाट्यादिललितकलानामेकं निकेतनं नाट्यशास्त्रं मातृकापरम्परायां प्रवहमानं सत् मुख्येषु अंशेषु पाठभेदान् परम्पराभेदान् च भजते।

गच्छति काले नाट्यशास्त्रं नाना पाठपरम्परासु प्रचलत् विभिन्नग्रन्थेषु समाहितमभूत्। अत एव कल्पलताविवेक-काव्यानुशासन-प्रभृतिषु ग्रन्थेषु नाट्यशास्त्रपङ्क्तयः परिदृश्यन्ते।[10] एतदाश्रित्य डॉ. के. कृष्णमूर्ति-डॉ. कुलकर्णिप्रभृतिभिः पाठशोधनं कृतम्।

NOTES

1. न तच्छास्त्रं न तच्छिल्पं न सा विद्या न सा कला।
नासौ योगो न तत्कर्म नाट्येऽस्मिन् यन्न दृश्यते।।
सर्वशास्त्रार्थसम्पन्नं सर्वशिल्पप्रवर्तकम् ना. शा. 1.113
नाट्याख्यं पञ्चमं वेदं सेतिहासं करोम्यहम् ना. शा. 19.130
2. षट्त्रिंशकं भरतसूत्रमिदम् (पृ. 1)
अपि तु महावाक्यात्मना षट्साहस्त्रीरूपेण प्रधानतया प्रश्नपञ्चकनिरूपणपरेण शास्त्रेण निर्णीयते— अ. भा. (पृ. 9) (बरोडा)
नाट्यवेदाच्च भरताः सारमुद्धृत्य सर्वतः।
सङ्ग्रहं सम्प्रयोगार्हं मनुना प्रार्थितं व्यधुः।।
एकं द्वादशसाहस्रैः श्लोकैरेकं तदर्धतः।
षड्भिः श्लोकसहस्रैर्यो नाट्यवेदस्य सम्भवः।। भावप्रकाशनम्— 10.34-35।
3. Though no two of them taken at random fully coincide in their readings, an examination of all of them convinces us that there are two recessions of the text. . . . A recension seems to be of later origin, closely fostered by the Sphota School of Kashmir critics to which Abhinavagupta and his preceptor Tota, Utpaladeva and Bhaṭṭendurāja belong.
The earlier recession, which we call B seems to have been followed by the Mīmāṁsā and Nyāya schools of literary critics represented by Śaṅkuka and his predecessors, Lollaṭa, Udbhaṭa etc. GOS, Nāṭyaśāstra, Vol. I, Introduction p. 65.
नाट्यशास्त्र के मुख्य दो संस्करण हैं 1. काशीसंस्करण 2. बडौदा संस्करण दोनों संस्करणों का पाठ दो भिन्न परम्पराओं का था। प्रथम में परम्परा थी अनुष्टप् पाठ की और द्वितीय में उपजाति की। उपजाति परम्परा में अभिनवगुप्त ने अनुष्टुप् परम्परा का भी उपयोग किया। पूरा नाट्यशास्त्र अनुष्टुप् परम्परा में ही अनुष्टुप् छन्द में लिखा

गया है और हस्तलिखित प्रतियों में भी मूलपाठ में अनुष्टुप् परम्परा ही अधिक मात्रा में मिलती है। उपजाति परम्परा को अभिनवगुप्त ने यह कहते हुए अपनाया कि उनके गुरु की उसी परम्परा का पाठ लेकर चलते थे।

दोनों परम्पराओं का एकीकृतरूप दुष्कर है। बडौदा संस्करण में पादटिप्पणियाँ विपुलमात्रा में अङ्कित हैं। उन सबके पीछे भी पाठ की एक-एक परम्परा रही होगी। प्रो. रेवाप्रसादद्विवेदी, नाट्यशास्त्र, पृ. 15.17 (2005, भारतीय उच्च अध्ययन संस्थान)

4. As for fn. 3
5. अस्माकं काव्यमालायां प्रकाशितपूर्वोऽप्ययं ग्रन्थोऽशुद्धलिखितपुस्तकद्वयाधारकत्वान्नासीत् सुमनोमनोरञ्जंकः।

   केदारनाथः, भरतमुनिकृतनाट्यशास्त्रभूमिका, पृ. 2 ।
6. Now, the present editors also have decided to revise the text in the light of the new material indicated above [transcript from Beer Library Kathmandu, Nepal] and have endeavored to incorporate either in the text or in the critical apparatus—all the variants found in the new material.

   R.I. Nanavti in his Foreword to Vol. II, revised edition, 2001.
7. Manmohan Ghosh . The Nāṭyaśāstra Vol. I (Text) I-XXVII, Manisha Granthalaya, Calcutta, 1967, Vol. II (Text) XXVIIXXXVI, Asiatic Society Calcutta, 1956.
8. द्रष्टव्यम्. नाट्यशास्त्र, पृ. 799, डॉ. रेवाप्रसाद द्विवेदी, शिमला।
9. व्याख्याकारो भारतीये लोल्लटोरटशङ्कुकाः।

   भट्टाभिनगुप्तश्च श्रीमत्कीर्तिधरोऽपरः।।

   As quoted by S.K. De, HSP Vol. I, p. 32.
10. कल्पलताविवेक Which really proved the existence of a Kalpalatā in recovering the bulk of Abhinavabhāratī Text on भावाध्याय। GOS, Nāṭyaśāstra, Vol. I, Introduction p. 6, Dr. K. Krishna Moorthy.

4

भारतीयनाट्यपरम्परायां श्रीभोजदेवस्य प्रयोगविज्ञानम्

नारायणदाशः

पुरातनप्राच्यविद्यायाः सकलज्ञानविज्ञानशाखाः पाणिनिपतञ्जलिकणादाक्ष-पादभामहदण्डिवामनभोजवात्स्यायनप्रभृतिभिः प्रस्थानाचार्यैः यथाकालं समीक्षिताः सुव्यवस्थिताश्च सन्ति। भोजदेवेन (1010–1055 A.D.) प्रणीताः चतुरशीतिः विश्वविश्रुतग्रन्थाः, ये च तत्तत्तन्त्रं सम्यक् व्यवस्थापयन्ति। भोजदेवस्य शृङ्गारप्रकाशस्तथाविधः कश्चन विशालकायो विश्वकोशः आकरग्रन्थो वा वर्तते, यत्र विविधकाव्यशास्त्रीयविषयैः सह केचन अवान्तरविषयाः अपि व्यवस्थापिताः सन्ति। अस्मिन् प्रबन्धे केवलं भारतीयनाट्यपरम्परायां श्रीभोजदेवस्य कृतित्वं संक्षेपतः आलोच्यते।

प्राचीननाट्यपरम्परा

भरतस्य नाट्यशास्त्रपरिशीलनेन ज्ञायते यत् संस्कृतनाट्यपरम्परायां त्रिविधाः मञ्चाभिनयाः भवन्ति,-ताण्डवं, लास्यं रूपकमिति, गेयं नृत्यं, नाट्यं वेति। एतेषां सर्वेषां सङ्गीत-नृत्य-विषयविन्यास-स्वरूपादिभिः प्रभाविताः नाट्यकाराः तत्तत्प्रकारभेदानां प्रयोगं कुर्वन्ति। ततः परिभाष्यन्ते ते प्रकाराः शास्त्रकारैः। एवमेव नित्यनूतनविधाभिः भारतीयनाट्यपरम्परा अग्रेसरति। उपर्युक्तत्रिविधभेदेषु प्रथमभेदोदयस्तु नृत्यमेव। एतदतिरिच्य तृतीयो नाट्यवर्गो दशरूपकनाम्ना प्रसिद्धो यस्योल्लेखो नाट्यशास्त्रस्य विंशतितमाध्याये दृश्यते। वस्तुत इदानीन्तु नाट्यशास्त्रे नाटकप्रकरणयो-र्मध्ये नाटिका परिभाषिता। मूलग्रन्थे नाटिका परिगणितेति अभिनवगुप्तस्य मतं समीचीनं न प्रतिभाति! इदमत्र अनुमातुं शक्यते यत्-दशरूपकमिति नाट्यवर्गस्य नाम प्रसिद्धमासीत्, तेन सह समान्तरालेन एकादशस्थाने नाटिका अपि। तैः सह

सङ्कीर्णरूपकाणां वर्गोऽपि विकसितो यस्य व्यवहारो देशीरूपक–नृत्तप्रबन्ध–नृत्तकाव्य–नृत्तनाट्य–गेयरूपक–गेयप्रबन्ध–गौणरूपकान्यरूपक–पदार्थाभिनयादि–रूपेण जातः। अमृतानन्दयोगिनः अलङ्कारसंग्रहे प्रथमतया एतेषां सरहस्यवर्णनं नाटकलक्षणरत्नकोश–शृङ्गारप्रकाश–भावप्रकाश–साहित्य–दर्पणादिग्रन्थेषु चापि विवेचनं समुपलभ्यते। मुख्यतया अत्र रूपकशब्देन भासकालिदास–भवभूति–राजशेखरादिप्रणीतानि संस्कृतस्य 'प्राचीन'–नाटकानि बोध्यन्ते। उपरूपकशब्देन च नृत्यसंगीतमयास्ते नाट्यप्रकाराः गृह्यन्ते, ये रूपकोत्पत्तेपूर्वमेव सहजभावेन साधारणनानां मध्ये प्रचलिताः आसन्, प्राचीनयुगस्य प्रामुख्ये लुप्तप्रायाः अपि मध्ययुगे पुनरुन्मीलिताः जाताः।

0.2 भोजस्य वैशिष्ट्यम्

उपरूपकं नाम रूपकस्य समीपे आसीत् अथवा किञ्चिद् रूपकतत्त्वन्तु तत्रासीत्, परं तद्रूपककोट्यां पूर्णतया परिगणितं नासीत्। तदर्थं तद् हीनकोट्या स्वीकृतमुपरूपकनाम्ना च प्रसिद्धम्। रूपकेषु अभिनयतत्त्वस्य प्रामुख्यमासीत्, परन्तूपरूपकेषु तदति–रिक्तमपरतत्त्वानामपि संमिश्रणमासीत्। रूपकाणामिव उपरूपकाणामपि परिभाषाः निर्धारिताः आसन्, किन्तु तासामनुपालनं न जातम्। तत्र कारणमेतेषां परिवर्तनशीलत्वं, संख्यायां वृद्धिश्च, यतो हि लिखितरूपापेक्षया मौखिकरूपेण एतेषां विकासो जातः। यदुक्तमभिनवभारत्याम्–

"शेषमुत्तरतन्त्रेण कोहलः कथयिष्यति · · · · उक्तव्याख्याने तु कोहलकालादलक्षिततोटकसेकरासकादिसंग्रहः।" तथैव वात्स्यायन–भामह–दण्डि–कुमारिल–धनञ्जयप्रभृतीनां ग्रन्थेषु विविधरूपकोपरूपकाणां नामानि दृश्यन्ते। उपरूपकाणामभ्युदयकाले केषाञ्चन निश्चितप्रकाराणां नामानि यथा–नाटिका, सट्टकम्, प्रकरणी, त्रोटकम्, भाणिका, शिल्पकम्, प्रेङ्गणम्, गोष्ठी, नाट्यरासकम्, श्रीगदितम्, हल्लीसकम्, द्विपदी, कल्पवल्ली, शम्पा, छलितमित्यादि। विश्वनाथस्तु अष्टादशोपरूपकाणि गणयति निरङ्कुशकवीनां नाटक–काराणाञ्च प्रयोगविज्ञानं दर्शं दर्शं ग्रन्थान् प्रणयति आचार्यकुलम्। एतेषां सर्वेषां रूपकाणां तथा चोपरूपकाणां प्रयोगं दृष्ट्वा सम्यक्तया विभागः कृतः वर्तते श्रीभोजदेवेन। शृङ्गारप्रकाशस्य एकादशप्रकाशे द्वादशरूपकाणां द्वादशोपरूपकाणाञ्च श्रेणिविभागे भोजस्य प्रयोगविज्ञानं वर्णनकौशलं समीक्षणवैशारद्यञ्च हृद्यं स्तुत्यं च वर्तते, यत् परवर्त्तिभिराचार्यैरपि स्वीकृतं वर्तते। समयक्रमेण प्रादेशिकविशेषताः स्वीकृत्य पारम्परिक–प्रादेशिक–नाट्येषु एतान्युपररूपकाणि समाहितानि जातानि। भोजस्य प्रेक्ष्य(दृश्य)–प्रबन्धभेदाः यथा

प्रेक्ष्य-(दृश्य)-प्रबन्धानां 24 भेदाः

रूपकम्-12 भेदाः (वाक्यार्थाभिनयात्मकम्)	उपरूपकम् -12 भेदाः (पदार्थाभिनयात्मकम्)
1. नाटकम्	1. श्रीगदितम्
2. प्रकरणम्	2. दुम्मिलिलका
3. व्यायोगः	3. प्रस्थानम्
4. ईहामृगः	4. काव्यम्
5. समवकारः	5. भाणकम्
6. डिमः	6. भाणिका
7. उत्सृष्टिकाङ्कः	7. गोष्ठी
8. भाणम्	8. हल्लीसकम्
9. प्रहसनम्	9. नर्तनकम्
10. वीथी	10. प्रेक्षणकम्
11. नाटिका	11. नाट्यम्
12. सट्टकः	12. रासकम्

नाट्यपरम्परायां श्रीभोजदेवस्य योगदानमिति विषयः सुमहान् वर्तते। अतः तत्र उपरूपकाणां रूपकाणां च केषाञ्चन विशेषभेदानां विषये एवात्र संक्षेपतः आलोचनं प्रस्तुयते। ते भेदाः यथा—

(1) नाटिकासट्टकयोः

(2) हल्लीसक-रासक-नाट्यरासकानाम्

(3) भाण-भाणी-भाणिका-डोम्बीनाम्।

नाटिका-सेक-वर्गः

ग्रन्थनामानुसारेण दशरूपककारस्य गुरुत्वं दशसंख्यायाः उपरि भवति। अतः "दशधैव रसाश्रयम्" इति स दशविधानामेव रूपकाणां रसाश्रयत्वं स्वीकरोति। रूपकोपरूपकाणां भेदप्रसङ्गे भोजो विना कारणं दशरूपकस्य शैलीं भाषाञ्चानुहरति। प्रथमपर्याये दशविधरूपकाणां रसाश्रयत्वं स्वीकृत्य तेन अग्रे नाटिकासट्टके च योजिते रसाश्रयसूच्याम्। एते सर्वे भेदाश्च तेन प्रबन्धभेदरूपेण कल्पिताः। यथा—

"प्रबन्धश्चेह द्विविधः प्रेक्ष्यः श्रव्यश्च। तयोरभिनेयः प्रेक्ष्यः। सः नाटकादिभेदात् चतुर्विंशतिप्रकारो भवति— नाटकं रासकं, नाट्यरासकम् इति। अनभिनेयः श्रव्यः।"

दशरूपके नाटिकाप्रकरणाभ्यां परं भरतानुकरणेन नाटिका परिभाषिता। अवलोककारेणोक्तं

यत्— दशरूपकात् पूर्वं कैश्चित् नाटिका प्रकरणिका च अवान्तरभेदरूपेण स्वीकृते आस्ताम्। अभिनवभारती-दशरूपकावलोक-काव्यानुशासन-(वाग्भट)-नाट्यदर्पण-साहित्यदर्पण--प्रभृतिग्रन्थेषु प्रकरणिका वर्णिता। विष्णुधर्मोत्तरपुराणे नाटिकया सह प्रकरणी परिभाषिता। गणरत्नमहोदधिकारो वर्धमानः नाटिका-प्रकरण्यौ भरतसम्मते मनुते। अस्मिन् विषये मौनमवलम्बमानः अभिनवगुप्तः लोचने प्रकरणीविषये आलोचयति। भोजस्तु नाटिकां स्वीकृत्य प्रकरणिकां निराकरोति। द्वादशरूपकेषु स सट्टकं परिगणयति। दशरूपके सट्टकस्य नामोल्लेखोऽपि नास्ति। कोहलसम्मतेन तोटकेन सह सट्टको निरूपितोऽभिनवगुप्तेन किन्तु भोजस्य सट्टकः तस्माद् भिन्न एव। शारदातनयस्तु नाटिकया सह तोटकं योजयति।

ऐदम्प्राथम्येन भोजः शृङ्गारप्रकाशे दशरूपकाणां संख्यां वर्धयित्वा नाटिकां सट्टकं च रसाश्रयसूच्यां योजयितुं साहसं कृतवान्। अभिनवगुप्तेन सट्टकस्योदाहरणरूपेण कर्पूरमञ्जरी उदाहृता, तस्याः प्रस्तावनायां नाट्यकारः राजशेखरः सट्टकस्य लक्षणमुदाहरति। एतत्तु हेमचन्द्र-रामचन्द्र-गुणचन्द्र-वाग्भट-वादिजंघाल-सागर-नन्दिप्रभृतीनां सम्मतमेव।

भोजदेवो भरतस्य नाट्यशास्त्रमेव पुनर्वदति। प्रेक्षाप्रबन्धादि भेदनिरूपणे, भावरसादीनां निरूपणे स धनिक-धनञ्जययोः साम्यं वर्तते। पूर्वं तूपरूपकनामानि बहुधा नाममात्रं स्वीकृतानि सन्ति, यानि प्रथमतया भोजदेवः साङ्गोपाङ्गं लक्षयति। अभिनवभारत्याः कोहलस्य परिभाषाः अनुमातुं शक्याः। उपरूपकवर्णनप्रसङ्गे भावप्रकाशनस्य नवमाध्याये शारदातनयः बहुषु स्थलेषु शृङ्गारप्रकाशस्यैवानृण्यमावहति।

नाट्यदर्पणकारो रामचन्द्रः अभिनवभारत्या परिचयेऽपि भोजस्येव उपरूपकाणां सूचीं परिभाषाश्च पुनर्वदति। रूपकाणां प्रधान-(रसाश्रय)-विभागे सट्टकं परित्यज्य नाटिकां प्रकरणीं च निरूप्य, अपरभेदान् स 'रूपम्' इत्युक्त्वा अलङ्कारविभागे परिगणयति। ग्रन्थारम्भे भावप्रकाशनकारेण प्रतिज्ञातं यत्तेन दशरूपकाणि विंशत्युपरूपकणि प्रत्यक्षीकृतानीति, किन्तु ग्रन्थे तेषां लक्षणानि, उदाहरणानि वा नोपलभ्यन्ते। भोजस्योपरूपकाणि अतिरिच्य तेन सल्लापक-शिल्पक- उल्लोप्यक-मल्लिका-कल्पवल्ली-पारिजातादीनि लक्षितानि, येभ्यः सागरनन्दिना विश्वनाथेन च "उल्लोप्यकं" स्वीकृतम्। सागरनन्दिनो नाटकलक्षणरत्नकोशः सर्वथा भावप्रकाशं साहित्यदर्पणं चानुसरति। एवंरूपेण सत्साहसेन भोजदेवो नाटिकासट्टके च योजयित्वा रूपकसंख्यावृद्धेः इममारम्भं कृतवान्।

हल्लीसक-रासक-नाट्यरासकवर्गः

भासविरचित-बालचरितस्य तृतीयेऽङ्के हल्लीसकनृत्यस्य वर्णनम् अस्ति। कंसप्रेषितदानवानां हननात्परं श्रीकृष्णो गोपीभिः सह नृत्यति। सुष्ठ गीतम्, सुष्ठु

वादितम्, सुष्ठु नर्तितम्, सर्वे नृत्यन्ति इत्यादिवाक्यानां प्रयोगात् सर्वेषां सम्मिलितं नृत्तं लक्ष्यते। तस्यैव नाटकस्य चतुर्थेऽङ्के पुनः हल्लीसकस्य वर्णनं लभ्यते। तत्र कालियदलनात्परम् एकल एव "हल्लीसकं प्रकीडति" इति निर्देशोऽस्ति। उभयत्र रासस्य मूलरूपं द्रष्टुं शक्यते। भोजानुसारेण हल्लीसकस्य परिभाषा यथा—

यन्मण्डलेन नृत्तं स्त्रीणां हल्लीसकन्तु तत्प्राहुः।
तत्रैको नेता स्याद् गोपस्त्रीणामिव मुरारिः।।

(शृ.प्र. 11 पृ. 468)

भोजस्यैव परिभाषां पुनर्वदति नाट्यदर्पणकारः, अभिनवगुप्तस्य लक्षणं भोजस्य साम्यं याति-

मण्डलेन तु यन्नृत्यं हल्लीसकमिति स्मृतम्।
एकस्तत्र तु नेता स्याद् गोपस्त्रीणां यथा हरिः।।

शारदातनय-विश्वनाथयोः परिभाषे इतो भिन्ने एव। अस्य हल्लीसकस्य व्यवस्थितं रूपं तत्र द्रष्टुं शक्यते। शारदातनयः एकाङ्क-द्व्यङ्कयुतं, मुखविमर्शसन्धियुतं, गोष्ठीवत् स्त्रीपुरुषाणामेकत्र नृत्तयुक्तं हल्लीसकं स्वीकरोति। विश्वनाथस्तु मुखनिर्वहणसन्धियुतं, बहुताललयस्थितं, कैशिकीवृत्त्याश्रितं हल्लीसकं निरूप्य केलिरैवतकम् उदाहरति। श्रीमद्भागवते हरिवंशे च वर्णितं रासः रासकं वा हल्लीसकसमानं वर्तते।

उभयत्र एव सन्ति प्रधानभेदाः—

रासे	हल्लीसके
कृष्णं परितः गोप्यः नृत्यन्ति।	नायकः -1
पुरुषैः सह स्त्रीणां संख्या समाना	नायकाः -7-10
केवलाः स्त्रियः नृत्यन्ति।	
कृष्णः एकया गोप्या सह क्रमशो नृत्यति /	
बहुरूपधारणं कृत्वा सर्वाभिः सह समकालमेव नृत्यति।	

शृंगारप्रकाशानुसारेण विशिष्टतालेन प्रदर्शितं हल्लीसकं रासपयर्यायं गच्छति। "तदिदं हल्लीसकमेव तालबन्धविशेषयुक्तं रास एवोच्यते।" इयं परिभाषा बालचरितस्य उभयत्र उपयुक्ता भवति। तत्र प्रथमोदाहरणे 'कृष्णः गोपीभिः सह मिलित्वा नृत्यति', द्वितीयोदाहरणे 'कालियस्य फणोपरि विशिष्टताललयेन नृत्यति'। अत्र इदमनुमीयते यत् - भासस्य समये प्रचलितं हल्लीसकं प्रायः लासक/रासक/रास-रूपेण परिवर्तितम्। नोचेत् एते रासकादयः सर्वे प्रकाराः कस्यापि एकस्य उपरूपकस्य किञ्चित् किञ्चित् परिवर्तितं रूपं भवेत्। बालचरितस्य नृत्यप्रधानं हल्लीसकं

त्रयोदशशतकं यावद् द्विधा विभक्तम्।

(1) एकत्र अभिनयाङ्क-कथानकादियोजितं सत् आचार्यैः पुनः निर्धारितं परिनिष्ठितं (शारदातनय-विश्वनाथयोः) रूपम्।

(2) अन्यत्र विकसितो नृत्यभेदः साधारणजनेषु परिव्याप्तं सामूहिकं मण्डलाकारं नृत्यम्।

यदद्य गुर्जरे गरबा, तामिलप्रदेशे कुम्मी, कोल्लाट्टम्, कुचीपट्टू, मलबारे कायकोट्टिकलीरूपेण परिवर्तितं सत् निःश्वसति तत् हल्लीसकमिति वक्तु शक्यते।

अग्निपुराण-शृङ्गारप्रकाश-सरस्वतीकण्ठाभरण-अभिनवभारती- भावप्रकाशन-नाट्यदर्पण-साहित्यदर्पण-प्रभृतिग्रन्थेषु हल्लीसक-रासरासकनाट्यरासक-गोष्ठी-चर्चरीत्येतेषाम्-उपरूपकाणां विभाजनं तेषां विभेदकतत्त्वानामाधारेण भवति, किन्तु आचार्यैरिदं तु विस्मृतमेव यत् एतेषां वैविध्यापेक्षया समानता अधिकतया वर्तते इति। स्वीकुर्वन्तु नाम नृत्य-नाट्य-नृत्यसङ्गीताभिनयादीनामाधारेण एतेषामवान्तरभेदान् परन्तु सर्वत्र तु स्त्रीपुरुषाणां मण्डलाकारं सामूहिकं नृत्यमेव विलसति।

भाण-भाणी-डोम्बी-वर्गः

भाण-भाणिका-डोम्बिकेति त्रयाणां नृत्तप्रबन्धानां भेदः अभिनवगुप्तेन ज्ञातः आसीदिति नाट्यशास्त्रस्य चतुर्थाध्याये अभिनवभारत्या ज्ञायते। भाण-डोम्बिकयोः सामान्यभेदोऽपि तेन प्रदर्शितः। 'यदुक्तं चिरन्तनैः' इत्युक्त्वा तेन (कोहलस्य) याः परिभाषात्मिकाः कारिकाः उद्धृताः, तत्र भाणिकायाः नाम वा लक्षणं वा न लभ्यते।

सिंहसूकरादीनां वर्णनां जल्पयेद्यतः।
नर्तकी तेन भाणः स्यादुद्धताङ्गप्रवर्तितः।।

(अभिन. भा-1, पृ. 187)

तस्योपरि प्रदत्तायामभिनवभारत्यां लिखितमस्ति - "भाणकेषु नृसिंहादि-चरितवर्णनमुद्धतमेव।"

अत्र नर्तकीप्रयोज्यहेतोः भाणस्य सुकुमारत्वं लक्ष्यते। यथा नाटकात् नाटिका, प्रकरणात् प्रकरणी जाते, तथैव भाणात् भाणी / भाणिका जातेति अनुमीयते। अस्मिन् विषये सर्वापेक्षया स्पष्टं विवरणं वर्तते भोजस्य। भोजेन निरूपिताः कारिकाः भावप्रकाशनेऽपि लक्ष्यन्ते। भावप्रकाशे 37 कारिकाभिः भाणस्य लक्षणं लक्षितम्, याभ्यः 17 कारिकाः एव भोजदेवस्य। एवमपि भवेत् - एताः कोहलस्य कारिकाः स्युः, याः भोज-शारदातनयाभ्यामुद्ध्रियन्ते। एताभ्यः कारिकाभ्योऽयमेव सारः -

(i) स्त्रीपात्रैः प्रयुक्तो भाणः भाणिका भवति।
(ii) भाणिकायां स्तुतिपरक-गाथागायनं भवति।
(iii) रूपकान्तर्गत-भाम् उपरूपकान्तर्गतभाणञ्च परस्परं भिद्यते, कैश्चित्तस्याव-बोधने त्रुटितमेव।
(iv) रूपक-भाणे आकाशभाषितस्य प्रयोगो भवति, उपरूपके नास्ति।
(v) कथावस्तु अपि नितरां भिद्यते। शृङ्गारविषयः, आध्यात्मिकविषयः।
(vi) उपरूपक-भाणे उद्धत-ललित-भयात्मकेति त्रिविधं वस्तु दुष्कराभिनयैः प्रस्तूयते।
(vii) सङ्गीत-तालानाञ्चात्र विशेषप्रयोगः लक्ष्यते, यस्य सविशदं वर्णनं शृङ्गारप्रकाशे लभ्यते।
(viii) उपरूपक-भाणस्य प्रयोगेन (स्त्रीपात्रैः) भाणिका भवति।
(ix) रूपके शृङ्गाररसः, उपरूपके तु शान्तः।
(x) उभयत्र लास्याङ्गानि स्युः (शारदातनयः)

भोजस्य भाणिकालक्षणस्यैका कारिका पाठभेदैः सह रामचन्द्र-गुणचन्द्रस्वीकृता यथा-

प्रायो हरिचरितमिदं स्वी (स्त्री) कृतगाथादिवर्णकमात्रञ्च।
सुकुमारतः प्रयोगाद् भाणोऽपि हि भाणिका भवति।।

भाणिकायाः तदेव लक्षणं किञ्चित्परिवर्त्य नाट्यदर्पणकारः पुनर्वदति। एतेषामत्रार्याणां स्वीकृतिभिः भाण-भाणिकयोः वैशिष्ट्यं एवं रूपेण भवेत्-

अयमेव भाणः यः स्त्रीपात्रैः प्रयोगेन भाणिका स्यात्-

1. न तु दशरूपकान्तर्गतः उपरूपकान्तर्गतो वर्तते।
2. स्तुतिप्रधानः।
3. स्त्रीपात्ररहितः।
4. संस्कृतेन तदितरभाषाभिश्च प्रयोक्तुं शक्यः।
5. केवलं वाचिकैः, तैः सह आङ्गिकैः सह प्रस्तुतोऽयं शुद्ध-सङ्कीर्ण- चित्रभेदैः त्रिविधो भवति।
6. चित्र-भाणे गतयः चेष्टाः ललिताः उद्धता वा स्युरिति द्विविधाः भवन्ति।
7. कदाचिदेतेषां छत्तीसगढ़स्य पंडवानी, आन्ध्रस्य हरिकथारूपा भवेत्।

शारदातनय-सागरनन्दिभ्यां भाणी भाणिकाभिन्ना अपरोपरूपक रूपेण स्वीकृता, लक्षणमपि सर्वथा भिन्नम्। भावप्रकाशनस्य सम्पादकैरवश्यं तत् भाणिकाशीर्षके एव स्थापितम् (पृ. 262)। नाटकलक्षणरत्नकोशे भाणीलक्षणमेवमस्ति-"एकाङ्का

विटविदूषकपीठभेदेऽपि शोभिता'' (पृ. 302)। अमृतानन्द-सागरनन्दिनौ च भाणिकां मन्दपुरुषां स्वीकुरुतः, विश्वनाथः भाणिकां मन्दपुरुषां मन्दनायकां स्वीकरोति। सङ्गीतदामोदरकारस्तु भार्णीं हीनपुरुषां मनुते। सागरनन्दी विश्वनाथानुसारेण भाणिकां लक्षयति-''अथ भाणिका, उदात्तनायिका, सुक्ष्मनेपथ्यभूषिता, एकाङ्का, कैशिकीभारती-वृत्तिप्रधाना मन्दपूरुषा च, यथा-कामदत्ता।'' (ना.ल.र.को. पृ. 302)।

एवमेव डोम्बीं भाणिकां च समाश्रित्य द्विविधा आचार्यपरम्परासीत्। एकत्र कोहलाभिनवगुप्तायोरनुवर्तनम्, धनञ्जय-धनिकादिषु पार्श्वे भाण-भाणी भाणिका, डोम्बीत्यादीनां स्पष्टभेदः आसीत्। यत्र डोम्बी भाणिकायाः सर्वथा भिन्ना, प्रछन्नानुरागवती वर्तते। अन्या परम्परा भोज-रामचन्द्र-गुणचन्द्र-विश्वनाथप्रभृत्याचार्याणां वर्तते, यत्र डोम्बी-नर्तकीभिः गीता स्तुतिपरकहरिकथा वर्तते। तदनु डोम्बी भाणिकायां सम्मिलिता उतो भाणिकायाः पर्याये वर्तते। शारदातनयस्तु परम्परायाः भिन्नाः डोम्बीव भाण्डिका (भाणिका) कथयित्वा तयोः सर्वथा भिन्नं लक्षणमुदाहरणं च प्रदर्शयति। किन्तु परवर्तिनः अमृतानन्द-विश्वनाथ-सागरनन्दिप्रभृतयः शारदातनयस्य डोम्ब्याः उदाहरणीभूतायाः कामदत्तायाः उदाहरणं भाणिकारचने प्रदर्शयन्ति डोम्ब्याः लक्षणमेव भाणिकालक्षणरूपेण पुनर्वदन्ति, केनचित् परिवर्तनेन सह प्राय ए तैः कदाचित् ''डोम्ब्येव भाण्डिका'' इति स्वीकृता स्यात्।

शारदातनयः इव हेमचन्द्रोऽपि डोम्बी-भाणिकयोः साम्यं पश्यन्नपि भेदं स्पष्टीकरोति। डोम्ब्यां मसृणप्रयोगः, भाणिकायाम् उद्धतः मिश्रप्रयोगश्च भवति। शेषपर्याये डोम्बी भाणिकायां समाहिता इति कथयितुं शक्यते।

भारतीयनाट्यपरम्परायां श्रीभोजदेवस्य शृङ्गारप्रकाशस्तथाविधः कश्चन सेतुबन्धो ग्रन्थो, यो भरत-कोहलाभिनवगुप्तादि-प्राचीनाचार्यैः सह शारदातनय-विश्वनाथ-सागरनन्दि-परवर्त्तिनाम् आचार्याणां परम्परां संयोजयति। तेन च समग्रायाः भारतीयनाट्यपरम्परायाः सम्यग् बोधो भवति। एवंरूपेण अपररूपकोपरूपकाणामपि परम्पराया अनुसन्धानं सहजसाध्यं स्यादिति दिक्।।

सन्दर्भग्रन्थाः

1. संङ्गणकदृष्ट्या शृङ्गारप्रकाशस्य वर्गीकरणम्, नारायणदाशः, प्रका. श्रीमती सवितादाश, चढियापल्ली, गञ्जाम, प्र.सं. 2001।
2. दशरूपकम्, धनञ्जयः, निर्णयसागरमुद्रणालय, सं, 1897।
3. नाट्यशास्त्रम्, भरतः, काव्यमाला सं. पुनर्मुद्रणम्- 1943।

4. शृङ्गारप्रकाशः, भोजदेवः, सं. यदुगिरिस्वामी, मैसुर, 1-4 भाग प्र.सं. 1963।
5. नाट्यदर्पणः, रामचन्द्रमुणचन्द्रौ, गायक. सं. 1929।
6. साहित्यदर्पणः, चौखम्बा स, चतुर्थः, 1968।
7. भावप्रकाशनम्, शारदातनयः, गायक सं, 1930।
8. नाट्यालङ्काररत्नकोशः, सागरनदी, सम्पा. वी. राधवन्, प्रसं. 1960।
9. नाट्यशास्त्रविश्वकोशः, राधावल्लभत्रिपाठी, संस्कृतपरिषद्, सागर।
10. काव्यानुशासनम्, हेमचन्द्रः, पारिख तथा कुलकर्णिसम्पा, मुम्बाई, दितीय 1964।

पत्रिका

1. नाट्यम् (त्रैमासिकी) 53-54, (2006) अङ्को, सम्पा. राधावल्लभत्रिपाठी, नाट्यपरिषद्, संस्कृतविभागः, सागरम्।

प्रबन्धाः

1. रूपक तथा उपरूपक की परम्परा, श्रीमती ऊर्मिगुप्ता, नाट्यम् 54 पृ. 11।
2. डोम्बी, राधावल्लभत्रिपाठी, नाट्यम्- 54, पृ. 26-38।
3. Characteristic feature of the Saṭṭaka form of Drama: Chintaharan Chakravarti, *I.H.Q.* 7, pp. 169-73
4. Dasarupaka, A Note on the Name, Raghavan *V.J.O.* Madaras, 7, pp. 277.
5. On the Uparupakas called Dombika Sidgaka, Bhayani, H.C. Vidya, 12.1, Jan. 1969.

5

संस्कृत रङ्गमञ्च का आनुष्ठानिक स्वरूप

अभिराज राजेन्द्र मिश्र

किसी भी वस्तु के अस्तित्व में आने से पूर्व उसका संरचनात्मक अनुष्ठान सम्पन्न होता है। कभी-कभी तो यह अनुष्ठान इतना सूक्ष्म, जटिल एवं श्रमसाध्य होता है कि उसका उत्पाद, उसके समक्ष नगण्य सा प्रतीत होने लगता है। स्थापत्य-संरचना को ही देखें। भूमिशोधन, परिपुष्ट नींव, पाषाणनिर्मित भित्तियाँ, पाषाणस्तम्भों की तराश एवं अलंकार, अलिन्दों, वलभियों, गवाक्षों, जगमोहनों, गर्भगृह का निर्माण, वातव्यवस्था, प्रकाशव्यवस्था, विद्युदाघातवारण-व्यवस्था, सोपानवीथी, उद्यानादि। एक भवन के स्थापत्य से जुड़े विविध अङ्गों-उपाङ्गों के विधान में स्थपति को कितना सावधान रहना पड़ता है। थोड़ी सी भी आनुष्ठानिक त्रुटि हुई नहीं कि वर्षों का श्रम अपार्थक सिद्ध हो जाता है। निर्दोष निर्वहण ही समूचे पुरुषार्थ को सार्थक बनाता है। रङ्गमञ्च के सन्दर्भ में तो आचार्य भरत यहाँ तक कह देते हैं कि—

अपूजयित्वा रङ्गं तु नैव प्रेक्षां प्रयोजयेत्।
न तथाऽशु दहत्यग्निः प्रभञ्जनसमीरितः।
यथा ह्यपप्रयोगस्तु प्रयुक्तो दहति क्षणात्।।

आचार्यश्री की यही उद्घोषणा बताती है कि रङ्गमञ्च कोई सामान्य कोटिक लौकिक मनोरञ्जन-साधन नहीं प्रत्युत एक पवित्र धर्मानुष्ठान है, चाक्षुषक्रतु है। किसी भी धर्मानुष्ठान अथवा पुरश्चरण की जटिलतायें तथा देवाराधनात्मक सूक्ष्मतायें संस्कृत रङ्गप्रयोग में देखी जा सकती हैं। चूँकि दर्शक मञ्च से तब जुड़ते हैं जब उसका सारा जटिल अनुष्ठान सम्पन्न हुआ रहा है, अतएव वे रङ्गमञ्च के आध्यात्मिक एवं

आधिदैविक स्वरूप एवं महत्त्व को समझने से वञ्चित रह जाते हैं। वे तो बस, रङ्गमञ्च का आधिभौतिक रूप मात्र देखते हैं तो विशुद्ध रूप से मनोरञ्जनात्मक मात्र होता है—

नाट्यशास्त्र में इस रङ्गमञ्चानुष्ठान का अत्यन्त रोचक विवरण मिलता है। जैसे लोक में हम किसी अनुष्ठान के पहले मंत्रणा करते हैं ठीक उसी प्रकार इन्द्रादि देवगण रङ्गमञ्चविषयक गहन विचार-विमर्श करते हैं तथा जगत्स्रष्टा ब्रह्मा से प्रार्थना करते हैं कि एक ऐसे (पञ्चम) वेद की सृष्टि कीजिए जो 'सार्ववर्णिक' हो—

तस्मात्सृजापरं वेदं पञ्चमं सार्ववर्णिकम्।

देवताओं की प्रार्थना स्वीकार कर ब्रह्मा नाट्यवेद की सर्जना करते हैं। दैवी सर्जना का स्वरूप मानवी सर्जना से सर्वथा भिन्न होता है। मानवी सृष्टि में मनुष्य की ज्ञानेन्द्रियाँ एवं कर्मेन्द्रियाँ सहायक होती हैं। मनुष्य अपनी कृति को सृष्टि के बाद ही देख पाता है। परन्तु दैवी सृष्टि में देवविशेष की तपश्चर्या मात्र सहायक होती है। देवता अपनी कृति को सृष्टि से पूर्व ही साक्षात्कृत कर लेता है। नाट्यशास्त्र का भी साङ्गोपाङ्ग स्वरूप भगवान् पद्मसम्भव को, उसके भौतिक कलेवर के प्रकटन से पूर्व ही योगबल से प्रतिभासित हो उठा।'

ब्रह्मा ने पूर्व विद्यमान चारों वेदों से ही, यथोचित नाट्यांश लेकर पञ्चम सार्ववर्णिक वेद (नाट्यवेद) का निर्माण किया - यह अत्यन्त महत्त्वपूर्ण तथ्य है। इसका अभिप्राय है कि नाट्यवेद केवल वेदमूलक है, प्रत्युत चारों वेदों का निर्गलितांशभूत पाँचवा वेद है। इसमें ऋग्वेद का पाठ्यतत्त्व, सामवेद का गीततत्त्व, यजुर्वेद का अभिनयतत्त्व तथा अथर्ववेद का रसतत्त्व परस्पर सम्पृक्त है।

वस्तुतः यह व्याख्येय सन्दर्भ है। परन्तु संकेतमात्र से इसे स्पष्ट किया जा रहा है। पाठ्य अथवा संवादतत्त्व ऋग्वेद से लिया गया। ऋग्वेद में संवादसूक्तों का बाहुल्य है। सरमा-पणि संवाद (10.108), इन्द्र-इन्द्राणी-वृषाकपिसंवाद (10.86), विश्वामित्र-नदीसंवाद (3.33), पुरूरवा-उर्वशीसंवाद (10.95), तथा अगस्त्य-लोपामुद्रासंवाद (1.169) आदि अनेक संवाद सूक्त ऋग्वेद में विद्यमान हैं। इतना ही नहीं, वागाम्भृणी, लोमशा, अपाला आदि अनेक पात्रों के एकालाप (soliloquy) भाणकृतियों के, आकाशभाषितशैली के उक्ति-प्रत्युक्ति पाठ्य अथवा 'आत्मगत' का स्मरण कराते हैं।

इस प्रकार, संवादतत्त्व का ऋग्वेद से आहृत किया जाना उचित ही है। सामवेद अपने सप्तविध 'ग्रामे गेयगान' तथा सप्तविध 'आरण्यगान' के लिए प्रख्यात रहा है। अतः नाट्यवेद का गायनतत्त्व ब्रह्मा ने सामवेद से लिया।

यजुर्वेद से 'अभिनय-तत्त्व' का लेना, आपाततः अस्पष्ट सा प्रतीत होता है। परन्तु

ऐसा नहीं है। यज्ञ के कर्मकाण्ड में यजमान को क्षण-प्रतिक्षण अभिनय करना पड़ता है। यज्ञोपवीत को बार-बार सव्य-अपसव्य करना, विभिन्न वेदिकाओं की समर्चना में दिशाओं को बदलना, हस्तपाद-मुद्राओं को परिवर्तित करना— सैकड़ों प्रकार के वाचिक, आंगिक, सात्त्विक एवं आहार्य अभिनय यज्ञ की सूक्ष्मातिसूक्ष्म क्रियाओं में करने पड़ते हैं। अतः अभिनय याजुष मंत्रों का मूलाधार है।

रसतत्त्व को धाता ने अथर्ववेद से लिया। वस्तुतः यह प्रतीकात्मक कथन है। क्योंकि इसमें लौकिक रसतत्त्व को ही नाट्य का अनुभव-संवेद्य रसतत्त्व मान लिया गया है। क्योंकि 'आस्वाद्यमानता' उभयनिष्ठ है। लौकिक तथा काव्यजन्य— दोनों ही रस आस्वाद्य होते हैं।

अथर्ववेद को भैषज्यवेद तथा ब्रह्मवेद भी कहते हैं। भैषज्य का प्राणतत्त्व 'रस' ही है। उसी 'रसतत्त्व' को ब्रह्मा ने नाट्यवेद के रसतत्त्व के रूप में प्रतिष्ठित किया। इस प्रकार, वेदचतुष्टय से पञ्चम नाट्यवेद प्रकट हुआ।[2]

प्रत्येक निर्मिति-प्रक्रिया (creative process) के पूर्व उसका 'संकल्प' होता है तथा तदुत्तर उसकी 'सृष्टि' होती है। नाट्यवेद का संकल्प क्या था ? आचार्य भरत बताते हैं—

धर्म्यमर्थ्यं यशस्यं च सोपदेशं ससंग्रहम्।
भविष्यतश्च लोकस्य सर्वकर्मानुदर्शकम्।।
सर्वशास्त्रार्थसम्पन्नं सर्वशिल्पप्रवर्तकम्।
नाट्याख्यं पञ्चमं वेदं सेतिहासं करोम्यहम्।।

नाट्यशास्त्र की संकल्पना से ही उसका विलक्षण स्वरूप सुस्पष्ट हो जाता है। बृहती सृष्टि का भी संकल्प छोटा ही होता है। नाट्यवेद की सर्जना का यह संकल्प भी संक्षिप्त एवं लघु ही था। परन्तु जब नाट्यवेद बन गया तब उसकी प्रभविष्णुता, उसकी विस्तृति, उसकी सम्प्रेषणीयता— सब कुछ सङ्कल्प की तुलता में अत्यन्त विशाल था। इसकी चर्चा यथावसर आगे की जायेगी।

नाट्यवेद तो बन गया। अब प्रश्न आया इसे धारण कर, रङ्गमञ्च पर उतारने का। एतदर्थ ब्रह्मा ने देवराज इन्द्र को निर्देश दिया।[3]

इस स्थल पर, नाट्यशास्त्रकार एक विचित्र किन्तु सत्य तथ्य प्रस्तुत करते हैं। ब्रह्मा ने यह नाट्यवेद उन देवों को पढ़ाने एवं सिखाने का निर्देश देवराज इन्द्र को दिया जो कुशल, विदग्ध, प्रगल्भ एवं जितश्रम हों। रङ्गमञ्च से सम्बद्ध रङ्गकर्मियों की यही मौलिक अर्हता है, आचार्य भरत की दृष्टि में, ऐसा हमें मान लेना चाहिए। इसके उत्तर

में, देवराज इन्द्र ने बड़ी स्पष्टता से कहा—

तच्छ्रुत्वा भगवाञ्छक्रो ब्रह्मणा यदुदाहृतम्।
प्राञ्जलिः प्रणतो भूत्वा प्रत्युवाच पितामहम्।।
ग्रहणे धारणे ज्ञाने प्रयोगे चास्य सत्तम।
अशक्ता भगवन् ! देवा अयोग्या नाट्यकर्मणि।।
य इमे वेदगुह्यज्ञा ऋषयः संशितव्रताः।
एतेऽस्य ग्रहणे शक्ताः प्रयोगे धारणे तथा।।

— नाट्य. 1.21–23

देवराज इन्द्र ने देवों को, नाट्यवेद के ग्रहण, धारण, ज्ञान तथा प्रयोग (मञ्चन), चारों में असमर्थ बताया क्योंकि वे ऋषियों के समान वेदरहस्यों में न पारङ्गत हैं और न ही संशितव्रत हैं।

नाट्यशास्त्र का यह उल्लेख, उसकी प्रयोग–परम्परा की दृष्टि से अत्यन्त महत्त्वपूर्ण है। आमोद–प्रमोद, वैभव–विलास एवं ऐश्वर्य में डूबे देवों को इन्द्र नाट्यवेद–ग्रहण में सर्वथा असमर्थ मानते हैं जब कि वेदार्थतत्त्वज्ञ तपोधनी ऋषियों को सर्वथा योग्य मानते हैं ! इसका निहितार्थ यही है कि रङ्गमञ्च कोई सस्ता मनोरञ्जन नहीं। वह अत्यन्त श्रमसाध्य, कृच्छ्रसाध्य तथा अध्यवसायसाध्य कार्य है। बालीद्वीपीय रङ्गमञ्च 'वायांग' में डलंग (सूत्रधार) का अत्यन्त महिमामण्डित, तपस्साध्य व्यक्तित्व नाट्यशास्त्र के इस उल्लेख का प्रमाण माना जा सकता है।[4]

इस प्रकार, नाट्यप्रयोग–परम्परा में दैव–वर्चस्व को नहीं, अपितु आर्ष–वर्चस्व को नेतृत्व एवं प्रधानता मिली दीखती है।

अगले चरण में आचार्य भरत बताते हैं कि इन्द्र द्वारा देवों को अयोग्य–अशक्त बताने पर पितामह अम्बुजसम्भव ने मुझे आज्ञा दी कि मैं इस नाट्यवेद को अपने सौ पुत्रों को अध्यापित करूँ।[5]

आचार्य भरत अपने शाण्डिल्य प्रभृति सौ पुत्रों को नाट्यविधा में, उनकी योग्यता के अनुसार नाट्य की पृथक् चर्याओं में पारङ्गत बनाते हैं। तदनन्तर वह भारती, सात्त्वती एवं आरभटी नाट्यवृत्तियों पर समाश्रित एक प्रयोग (मञ्चन) प्रयुक्त करते हैं। इस प्रयोग के अन्त में वह दर्शकों में श्रेष्ठतम ब्रह्मा को प्रणाम कर अपना आभार प्रकट करते हैं (सम्भवतः वह दर्शकों का अभिमत भी पूछते हैं।)

देवगुरु बृहस्पति ने इस प्रारंभिक नाट्यप्रयोग में कैशिकीवृत्ति की कमी बताई और कहा— "कैशिकी का भी प्रयोग करो तथा उसका साधन भी बताओ।" देवगुरु के इस कथन का समर्थन करते हुए भरत कैशिकी की सामग्री माँगते हैं। पूरा सन्दर्भ इस प्रकार

है—

> **अथाह मां सुरगुरुः कैशिकीमपि योजय।**
> **यच्च तस्याः क्षमं द्रव्यं तद्ब्रूहि द्विजसत्तम।।**
> **एवं तेनास्म्यभिहितः प्रत्युक्तश्च मया प्रभुः।**
> **दीयतां भगवन् द्रव्यं कैशिक्याः सम्प्रयोजकम्।।**
> **नृत्ताङ्गहारसम्पन्ना रसभावक्रियात्मिका।**
> **कैशिकी श्लक्ष्णनेपथ्या शृङ्गाररससम्भवा।।**
> **अशक्या पुरुषैः साधु प्रयोक्तुं स्त्रीजनादृते।**

— नाट्य. 1.42–46

इस विवरण से स्पष्ट है कि आचार्य भरत के आदि-मञ्चन में कैशिकी-वृत्ति का प्रयोग नहीं था जिसका स्पष्ट अभिप्राय यह है कि यह प्रयोग शृङ्गाररस से विरहित था। इसका कारण था प्रयोग में स्त्रीपात्रों का अभाव और स्त्रीपात्रों के अभाव में कैशिकी का प्रदर्शन कथमपि संभव नहीं था।

कैशिकी वृत्ति का प्राणतत्त्व होता है रसों एवं भावों से ओतप्रोत अभिनय तथा नृत्त (ताल-लयाश्रित अङ्गसंचालन) एवं अङ्गहार (विविध नृत्यमुद्रायें) का सद्भाव। और ये सब पुरुषपात्रों से शक्य नहीं हैं। ये मात्र अङ्गनासाध्य हैं। चूँकि भरत का प्रथम प्रयोग उनके सौ पुत्रों द्वारा ही सम्पादित किया गया था। फलतः उसमें संवादबहुल भारती, युद्धादिप्रचुर आरभटी तथा सात्त्वती वृत्तियाँ ही रूपायित हो सकीं।

आचार्य भरत अब अपने प्रयोग में कैशिकी को भी जोड़ते हैं। उनकी प्रार्थना को स्वीकार कर, नाट्यप्रयोग में कैशिकी की (भी) अवतारणा के लिये सर्वसमर्थ धाता ने अप्सराओं की मानसी सृष्टि की तथा आचार्य भरत को, उन्हें प्रदान किया। ये अप्सरायें थी— मञ्जुकेशी, सुकेशी, मिश्रकेशी, सुलोचना, सौदामिनी, देवदत्ता, देवसेना, मनोरमा, सुदती, सुन्दरी, विदग्धा, विपुला, सुमाला, सन्तति, सुनन्दा, सुमुखी, मागधी, अर्जुनी, सरला, केरला, धृति, नन्दा, पुष्कला एवं कलभा (24 अप्सरायें)।

अप्सराओं की नामावली में एकमात्र 'मिश्रकेशी' ही ऐसी है जिसकी परिगणना पुराणवर्तित अप्सराओं (उर्वशी, रम्भा, मेनका, घृताची, सहजन्या, अलम्बुषा, तिलोत्तमा आदि) के साथ हुई है। अन्यथा रङ्गप्रयोग की ये देवांगनायें सर्वथा पृथक् हैं।

भगवान् पद्मयोनि ने अप्सराओं के साथ ही साथ, नाट्यप्रयोग की साङ्गोपाङ्ग पूर्णता के लिये, दो विलक्षण अतिरिक्त सहयोग दिए—

(क) वाद्यकर्म के लिये शिष्यों सहित स्वाति को।

(ख) गानकर्म हेतु नारद एवं तत्सहचर गन्धर्वों को।

अपने इन चतुरस्र (अभिनेता भरतपुत्र, अप्सरायें, वादक एवं गायक) सहयोगियों के साथ सन्नद्ध भरत एक बार पुनः अपना प्रयोग प्रदर्शित करने हेतु भगवान् पद्मयोनि के समक्ष उपस्थित होते हैं।[6]

नाट्यशास्त्र में वर्णित रङ्गकर्मी का यह संविधानक स्पष्ट कर देता है कि नाट्यमञ्चन (stage craft) के चार प्रमुख अङ्ग हैं—

1. अभिनय (acting)
2. वाद्यवृन्द (orchestra)
3. नृत्य एवं (dance and)
4. गायन (singing)

इनमें से अन्तिम तीन की सामूहिक संज्ञा 'सङ्गीतक अथवा तौर्यत्रिक' भी है— **नृत्यं गीतञ्च वाद्यञ्च त्रिभिस्सङ्गीतमुच्यते।** जावा तथा बाली के रङ्गमञ्च पर नृत्य एवं गायन प्रायः समन्वित हैं तथा एकपद-वाच्य हैं। अतः अभिनय, वाद्य एवं नृत्यगीत को वहाँ वायाङ्ग (Wayang), गाङ्ग (Gong) तथा लेगाङ्ग (Legong) कहा जाता है।

ब्रह्मा ने आचार्य भरत से कहा—"सौभाग्यवश इस समय देवराज इन्द्र का 'ध्वजमहोत्सव' चल रहा है। अतः आप अपना नाट्यप्रयोग इसी अवसर पर प्रस्तुत करें"—

महानयं प्रयोगस्य समयः समुपस्थितः।
अयं ध्वजमहः श्रीमन् महेन्द्रस्य प्रवर्तते।।
अत्रेदानीमयं वेदो नाट्यसंज्ञः प्रयुज्यताम्।

इस प्रयोग का इतिवृत्त (theme) नाट्यशास्त्र में वर्णित है। संभवतः यह महेन्द्रविजयोत्सव नामक प्रयोग था जो इन्द्रध्वजमहोत्सव के अवसर पर मञ्चित हुआ। यह प्रयोग असुरों एवं दानवों के (देवकर्तृक) विध्वंस तथा विजयोन्माद से प्रहृष्ट देवताओं की विजय से श्रीमण्डित था।

आचार्य भरत ने इस प्रयोग में सर्वप्रथम आशीर्वचन से युक्त अष्टाङ्गपदा विचित्र नान्दी की अवतारणा की तदनन्तर उस कथानक का पात्राभिनय प्रस्तुत कराया जिसमें दैत्यगण देवताओं द्वारा जीते गये थे। यह अनुकृति (युद्धप्राय होने के कारण) सम्फेट (मारधाड़) तथा विद्रव (पलायन) से ओतप्रोत थी, साथ ही साथ छेदन भेदन एवं युद्ध दृश्यों से युक्त थी।

फलश्रुति यह रही कि ब्रह्मादि समस्त देवगण इस प्रयोग को देख कर परितुष्ट हो उठे और सब ने आचार्य भरत तथा उनके (अभिनेता) पुत्रों को पारितोषिकों से लाद

दिया–

ततो ब्रह्मादयो देवाः प्रयोगपरितोषिताः।
प्रददुर्हृष्टमनसः सर्वोपकरणानि नः।
प्रीतस्तु प्रथमं शक्रो दत्तवान् स ध्वजं शुभम्।।
ब्रह्मा कुटिलकं चैव भृङ्गारं वरुणस्तथा।
सूर्यश्छत्रं शिवः सिद्धिं वायुर्व्यजनमेव च।।
विष्णुः सिंहासनं चैव कुबेरो मुकुटं तथा।
श्राव्यत्वं प्रेक्षणीयस्य ददौ देवी सरस्वती।।
शेषा ये देवगन्धर्वा यक्षराक्षसपन्नगाः।
तस्मिन् सदस्यतिप्रीता नानाजातिगुणाश्रयाः।।
अंशांशैर्भाषितान् भावान् रसान् रूपं बलं तथा।
प्रददुर्मत्सुतेभ्यश्च चित्रमाभरणं बहु।।

–नाट्य. 1.58–63

रङ्गप्रयोग के इस पौराणिक अनुष्ठान में अभी दो नये सन्दर्भ और जुड़ने हैं— रङ्गबाधा एवं रङ्गशान्ति। वस्तुतः 'बाधा एवं शान्ति' ये दोनों किसी भी धर्मानुष्ठान के अनिवार्य अङ्ग है। विघ्न–बाधायें आती ही हैं और उनका शमनोपाय भी होता ही है।

भरत के नाट्यप्रयोग में विघ्न–बाधायें, प्रयोग की कथावस्तु को लेकर उत्पन्न हुई। 'महेन्द्रविजयोत्सव' नामक इस प्रयोग में दैत्यों पर देवताओं की विजय प्रदर्शित की गई थी। फलतः दैत्य, दानव, असुर अपनी पराजय, अवमानना एवं तिरस्कार से क्षुब्ध हो उठे और विरूपाक्ष के नेतृत्व में एकजुट होकर वे प्रयोग को नाना प्रकार से व्यर्थ एवं विध्वस्त करने लगे। नारेबाजी प्रारंभ हो गई—

"नेत्थमिच्छामहे नाट्यमेतदागम्यतामिति।"

नानाविध विघ्नों और मायाजालों का सहारा लेकर अब वे सब दैत्य, असुरों को साथ लेकर अभिनेताओं की वाणी तथा (आङ्गिक) चेष्टाओं को स्तम्भित करने लगे। उनकी स्मृति नष्ट हो गई और वे संवाद तक भूलने लगे।[7] यहाँ तक कि सूत्रधार को भी, उसके सहायकों सहित, मायावी दानवों ने अशक्त, पंगु एवं नष्टसंज्ञ बना दिया। दैत्यों द्वारा यह सारा विध्वंस–कार्य गुपचुप किया जा रहा था अपनी आसुरी शक्ति से।

देवराज इन्द्र का माथा ठनका! आखिर हुआ क्या है कि अभिनेता उल्टे–पल्टे संवाद बोल रहे हैं? उल्टी–पल्टी चेष्टायें कर रहे हैं। सूत्रधार की भी मानो बुद्धि कुण्ठित हो उठी है। अवश्य ही कुछ अघटित घट रहा है। जैसे ही देवनायक ने योगस्थ होकर देखना प्रारम्भ किया, उन्हें नाट्यमण्डप चारों ओर से विघ्नों से घिरा हुआ दीखा।[8] फिर

क्या था, क्रुद्ध होकर मघवा ने उठ कर द्रुतगति से अपना ध्वजदण्ड ही (आयुधरूप में) उठा लिया और उसी 'जर्जर' से पीट-पीट कर, रङ्गपीठ के आस-पास इकट्ठे विघ्नभूत असुरों को अधमरा बना दिया। क्षणभर में ही बाधा उत्पन्न करने वाले दानवों के साथ ही साथ वे विघ्न भी मारे गये—

अथोत्थाय द्रुतं क्रोधाद् दिव्यं जग्राह स ध्वजम्।
सर्वरत्नोज्ज्वलतनुः किञ्चिदुद्वृत्तलोचनः।।
रङ्गपीठगतान् विघ्नान् असुरांश्चैव देवराट्।
जर्जरीकृतदेहांस्तानकरोज्जर्जरेण सः।।

– नाट्य. 1.69–70

था तो वह ध्वजमहोत्सव का ध्वजदण्ड, परन्तु अन्य किसी अमोघ प्रहरण (अस्त्र-शस्त्र) के अभाव में क्रोधान्ध इन्द्र ने उसी से विघ्नकारी दानवों को पीटना प्रारंभ कर दिया। वस्तुतः उनकी सम्पूर्ण दैवी शक्ति उस 'ध्वज' में ही संक्रान्त हो गई और वह 'वज्र' के ही समान अमोघ-प्रहार बन गया।

विघ्नकारक असुरों को जर्जरीकृत कर देने वाला वह 'ध्वज' तभी से रङ्गविघ्ननिवारक जर्जर के रूप में प्रतिष्ठित हो गया। रङ्गानुष्ठान का यह अत्यन्त महत्त्वपूर्ण उपक्रम था।[?]

परन्तु देवराज इन्द्र द्वारा सम्पादित 'विघ्नापसारण' का यह उपाय स्थायी नहीं था, पर्याप्त भी नहीं था। असन्तुष्ट, अपमानित तथा प्रतीकारपरायण दानव अभी भी 'नाट्य के विनाशन' में जुटे थे। अतः आचार्य भरत ने ब्रह्मा से किसी 'दुर्भेद्य एवं स्थायी रक्षाविधि' की व्यवस्था के लिए प्रार्थना की—

प्रयोगे प्रस्तुते ह्येवं स्फीते शक्रमहे पुनः।
त्रासं सञ्जनयन्ति स्म विघ्नाः शेषास्तु नृत्यताम्।।
दृष्ट्वा तेषां व्यवसितं दैत्यानां विघ्नकारकम्।
उपस्थितोऽहं ब्रह्माणं सुतैः सर्वैः समन्वितः।।
निश्चिता भगवन् विघ्ना नाट्यस्यास्य विनाशने।
अतो रक्षाविधिं सम्यगाज्ञापय सुरेश्वर।।

– नाट्य. 1.76–78

सममुच समस्या विकट थी। चूँकि यह प्रयोग खुले आसमान के नीचे हो रहा था, फलतः हुल्लड़बाजों को कथमपि टोका नहीं जा सकता था। जैसे कवच विहीन योद्धा के शरीर को बाण बींध देते हैं उसी प्रकार कवच विहीन नाट्याभिनय को भी विघ्न विध्वस्त कर रहे थे।

फलतः ब्रह्मा ने विघ्नबाधापसारण का एक स्थायी निदान सोचा, और वह निदान

था— **'सर्वलक्षण-सम्पन्न नाट्यवेश्म'**। उनके आदेश पर विश्वकर्मा ने एक विलक्षण नाट्यगृह रचा, जो अप्रधृष्य था। ब्रह्मा ने स्वयं, इन्द्रादि देवों के साथ इस नाट्यशाला का निरीक्षण किया, प्रसन्नता प्रकट की तथा समस्त देवों को निर्देश दिया कि आप लोग अपने अंशभागों से इस नाट्यगृह की रक्षा करें। भरत लिखते हैं—

ततः सह महेन्द्रेण सुरैः सर्वैश्च सेतरैः।
अगच्छत् त्वरितो द्रष्टुं द्रुहिणो नाट्यमण्डपम्।।
दृष्ट्वा नाट्यगृहं ब्रह्मा प्राह सर्वान् सुरांस्ततः।
अंशभागैर्भवद्भिस्तु रक्ष्योऽयं नाट्यमण्डपः।।

– नाट्य. 1.82–83

नाट्यमण्डप की अमोघ रक्षाविधि का यह आधिदैविक व्याख्यान अत्यन्त गूढ़, रहस्यमय, साभिप्राय तथा व्याख्या-सापेक्ष है। इससे जहाँ भारतीय रङ्गमञ्च की आधिदैविकता का बोध होता है वहीं इसके आधिभौतिक विज्ञानसम्मत स्वरूप का भी परिचय मिल जाता है। आधिभौतिक स्तर पर यह सन्दर्भ हमें मण्डप (वाद्यवृन्द) स्तम्भसमूह, स्तम्भान्तर, धारणी शाला सर्ववेश्म, महीपृष्ठ, द्वारशाखा, द्वारपात्र, देहली, रङ्गपीठपार्श्व, मत्तवारणी, स्तम्भ, जर्जर, रङ्गपीठमध्य, रङ्गपीठ धरातल, नायक, नायिका, विदूषक तथा अन्यान्य नाट्यपात्रों का परिचय देता है जिनकी देवकर्तृक रक्षा का विधान नाट्यशास्त्र में बताया गया है।[10]

इस वर्णन से भारतीय रङ्गमञ्च की साङ्गोपाङ्ग देवमयता सिद्ध हो जाती है। रक्षा वस्तु एवं रक्षक देवशक्ति के अन्तःसम्बन्ध का निरूपण यदि धर्मानुष्ठान एवं आगम-परम्परा की दृष्टि से किया जाय तो भरत के रङ्गमञ्च की विलक्षणता स्पष्ट हो जाती। इसकी जटिलता, महामहिमशालिता के समक्ष विश्व के सारे रङ्गमञ्च महत्त्वहीन खिलौने से प्रतीत होते है। यह विवरण नाट्यशाला को मनोरञ्जनगृह (recreation centre) नही अपितु 'नाट्यपुरश्चरणमण्डप' अथवा (कालिदास के शब्दों में) 'चाक्षुष क्रतु' सिद्ध करता है। इस प्रकार नाट्य लोकानुष्ठान से अधिक 'धर्मानुष्ठान' है।[11]

चूँकि प्राकृत (तात्कालिक) रक्षाविधि के रूप में 'जर्जर' को, जो मूलतः इन्द्रध्वजमहोत्सव का ध्वजदण्ड ही था, प्रतिष्ठा दी गई थी, अतएव रक्षाविधि के प्रतीकभूत जर्जर को भी अङ्ग-प्रत्यङ्ग देवरक्षित बनाया गया। उस साम्राज्य ध्वजदण्ड में 'दैत्यनिबर्हण' वज्र को ही साकल्येन संक्रान्त कर दिया गया। इतना ही नहीं, वज्ररूप उस ध्वजदण्ड के प्रत्येक पर्व (गांठ) में देवशक्तियों को संक्रान्त किया गया। शिरःपर्व में ब्रह्मा, द्वितीय पर्व में शङ्कर, तृतीय में विष्णु, चतुर्थ में स्कन्द तथा पंचम पर्व में शेष-वासुकि एवं तक्षक नामक महानागों को अधिष्ठित किया गया।

नाट्यशास्त्र से यह स्पष्ट नहीं हो पाता कि जर्जर का शिरःपर्व उसका अधोभाग माना जाय अथवा उपरिभाग। मेरी दृष्टि में **'ऊर्ध्वमूलमधश्शाखमश्वत्थं प्राहुरव्ययम्'** के दार्ष्टान्तिक प्रामाण पर वनस्पतियों का मूलभाग ही उनका शीर्षभाग होता है निखिलशरीरानुप्राणक होने के कारण। ध्वजदण्ड का भी शीर्षपर्व, इस दृष्टि से, अधोभाग में ही मानना चाहिए— घनत्व एवं कठोरता की दृष्टि से। यदि यह क्रम मान्य न हो तो हमें ब्रह्मादि देवों को जर्जर के पर्वों में, अधोवर्ती क्रम में संक्रान्त करना होगा।

शिरःपार्श्वे ततो ब्रह्मा द्वितीये शङ्करस्तथा।
तृतीये च स्थितो विष्णुश्चतुर्थे स्कन्द एव च।।
पञ्चमे च महानागाः शेषवासुकितक्षकाः।
एवं विघ्नविनाशाय स्थापिता जर्जरे सुराः।।

— नाट्य. 1.93–94

इस विकट सुरक्षा-प्रबन्ध (tight safety measuress) के साथ ही नाट्यप्रयोग विघ्नबाधा से मुक्त हो जाता है।

परन्तु विघ्नबाधाओं का अथवा असन्तुष्ट दानवों का प्रतीकारात्मक भाव तो पूर्ववत् बना ही रहा।

देवताओं का एक दल इस विचार का था कि ऐसा कुछ किया जाना चाहिये कि दानवों का हृदय-दोष (heart burning) आत्यन्तिक रूप से शान्त हो जाए। वे भी नाट्यास्वाद के भागीदार हों। उन्हें यह विश्वास कराया जाय कि नाट्य जितना देवनिमित्तक है, देवार्थक है उतना ही दानवार्थक भी!

वस्तुतः यह दानवों के हृदयानुरञ्जन (heart pleasing) तथा उनके भ्रान्तिनिवारण का समझौता परक मार्ग था, जो दान, दण्ड एवं भेद द्वारा नहीं, मात्र 'साम' द्वारा सम्भव था। अतएव स्वयं जगत्स्रष्टा ब्रह्मा ने ही पहल की—

देवानां वचनं श्रुत्वा ब्रह्मा विघ्नानुवाच ह।
कथं भवन्तो नाट्यस्य विनाशार्थमुपस्थिताः।।

विधाता की पहल से प्रभावित विघ्नोत्पादक दानवों के नेता विरूपाक्ष ने सान्त्वनाभरी वाणी में निवेदन किया—

योऽयं भगवता सृष्टो नाट्यवेदः सुरेच्छया।
प्रत्यादेशोऽयमस्माकं सुरार्थं भवता कृतः।।
तन्नैतदेवं कर्तव्यं त्वया लोकपितामह।
यथा देवास्तथा दैत्यास्त्वत्तः पूर्वविनिर्गताः।।

विरूपाक्ष की युक्ति में सच्चाई थी, क्योंकि 'महेन्द्रविजयोत्सव' की पूर्व-प्रस्तुति

(pre-staging) में सचमुच दैत्यों पर देवों की विजय दिखाई गई थी। इसमें पराजित दानव जूझते (सम्फेट) कहते–मरते (छेदन–भेदन) तथा पलायन करते (विद्रव) दिखाये गये थे, जो सचमुच एकाङ्गी चित्रण था, अर्धसत्य मात्र था। यह दानववीरों का, जान–बुझकर किया गया खुला अपमान था तथा देवताओं के प्रति पक्षपात था।

अतः आवश्यकता इस बात की थी कि दानवों को यह विश्वास कराया जाए कि भविष्य में ऐसा 'एकतरफा' चित्रण नहीं होगा। यह कि नाट्य दैत्यों का भी उतना ही हितसाधक एवं मनोरञ्जक है जितना देवों का; यह कि नाट्यप्रयोग तो देव–दानवचरित का दर्पणमात्र है, न वह ऐकान्तिक रूप से देवों का, न ही दानवों का 'भावन' है। वह तो समूचे त्रैलोक्य का भावानुकीर्तन मात्र है। अतएव दानवों को (भ्रान्तिवश) क्रोध नहीं करना चाहिये तथा विषाद का भी परित्याग कर देना चाहिए—

अलं वो मन्युना दैत्या विषादस्त्यज्यतामयम्।
भवतां देवतानां च शुभाशुभविकल्पकैः।
कर्मभावान्वयापेक्षी नाट्यवेदो मया कृतः।।
नैकान्ततोऽत्रभवतां देवानां चापि भावनम्।
त्रैलोक्यस्यास्य सर्वस्य नाट्यं भावानुकीर्तनम्।।

– नाट्य. 1.105–106

नाट्यशास्त्र के प्रथम अध्याय का शेषभाग 'त्रैलोक्यस्यास्य सर्वस्य नाट्यं भावानुकीर्तनम्' सूत्र का भाष्य मात्र है। वस्तुतः यह भाष्य (व्याख्या) न केवल भारतीय पाठकों को, अपितु रङ्गमञ्च–प्रणयी प्रत्येक सहृदय को कण्ठस्थ कर लेना चाहिये। जैसे गागर में सागर समा जाय, उसी प्रकार नाट्यप्रयोग के इस लक्ष्य (त्रैलोक्यभावानुकीर्तन) में उसका अनन्त विस्तार समाया हुआ है।[12]

आचार्य भरत 'त्रैलोक्य' को अनेक दृष्टियों से व्याख्यायित करते हैं। योनियों की दृष्टि से— देव, असुर तथा मर्त्य (मर्त्यों में भी ब्रह्मर्षि, नृपतिगण एवं गृहस्थ) गुणवत्ता की दृष्टि से धर्मप्रवृत्त, कामसेवी, दुर्विनीत, मत्त, क्लीब, शूरमानी, अबोध, विद्वान्, ईश्वर, दुःखार्दित, अर्थोपजीवी, उद्विग्नचेतस्, उत्तम, मध्यम, अधम, दुःखार्त, श्रमार्त, शोकार्त, तपस्वी–इन सबका भावानुकीर्तन नाट्य की लक्ष्यपरिधि में आता है।

यह सब सुस्पष्ट करने बाद ब्रह्मा एक बार पुनः दानवों को प्यार से समझाते हैं—

अस्मिन्नाट्ये समेतानि तस्मादेतन्मयाकृतम्।
तन्नात्र मन्युः कर्तव्यो भवद्भिरमरान् प्रति।।

–नाट्य. 1.217

दानवप्रबोध का सन्दर्भ यहीं समाप्त हो जाता है। हमें यह मान लेना चाहिये कि

उनकी भ्रान्ति का निवारण हो गया तथा क्रोध भी शान्त हो गया। इस सुखद परिणति के बाद ही पितामह नाट्यपण्डप में यज्ञ करने का आदेश देते हुए घोषित करते हैं-

अपूजयित्वा रङ्गं तु यः प्रेक्षां कल्पयिष्यति।
तस्य तन्निष्फलं ज्ञानं तिर्यग्योनिं च यास्यति।।

'रङ्गदैवतपूजा' की बृहत् व्याख्या इस आलेख के दूसरे भाग में की जायेगी।

सन्दर्भ तथा टिप्पणी

1. एवमस्त्विति तानुक्त्वा देवराजं विसृज्य च।
सस्मार चतुरो वेदान् योगमास्थाय तत्त्ववित्।।

–नाट्य. 1.13

2. संकलय्य भगवानेवं सर्वान् वेदाननुस्मरन्।
नाट्यवेदं ततश्चक्रे चतुर्वेदाङ्गसम्भवम्।।
जग्राह पाठ्यमृग्वेदात्सामभ्यो गीतमेव च।
यजुर्वेदादभिनयान् रसानाथर्वणादपि।।
वेदोपवेदैः सम्बद्धो नाट्यवेदो महात्मना।
एवं भगवता सृष्टो ब्रह्मणा सर्ववेदिना।।

–नाट्य. 1. 16–18

3. उत्पाद्य नाट्यवेदं तु ब्रह्मोवाच सुरेश्वरम्।
इतिहासो मया सृष्टः स सुरेषु नियुज्यताम्।।
कुशला ये विदग्धाश्च प्रगल्भाश्च जितश्रमाः।
तेष्वयं नाट्यसंज्ञो हि वेदः संक्राम्यतां त्वया।।

–नाट्य. 1. 19–20

4. सविस्तर द्रष्टव्य मेरा आलेख—"बाली एवं जावा के वायांग का सूत्रधारः डलंग।"
—नाट्यम्, संस्कृत-विभाग, सागर विश्वविद्यालय, सागर (म. प्र.)

5. श्रुत्वा तु शक्रवचनं मामाहाम्बुजसम्भवः।
त्वं पुत्रशतसंयुक्तः प्रयोक्ताऽस्य भवानघ।।
आज्ञापितो विदित्वाऽहं नाट्यवेदं पितामहात्।
पुत्रानध्यापयामास प्रयोगं चापि तत्त्वतः।।

–नाट्य 1. 24–25

6. स्वातिर्भाण्डनियुक्तस्तु सह शिष्यैः स्वयम्भुवा।।
नारदाद्याश्च गन्धर्वा गानयोगे नियोजिताः।
एवं नाट्यमिदं सम्यग् बद्‌घवा सर्वैः सुतैः सह।
स्वातिनारदसंयुक्तो वेदवेदाङ्गकारणम्।
उपस्थितोऽहं लोकेशं प्रयोगाय कृताञ्जलिः।।

7. एवं प्रयोगे प्रारब्धे दैत्यदानवनाशने।
अभवन् क्षुभिताः सर्वे दैत्या ये तत्र संगताः।।
विरूपाक्षपुरोगांश्च विघ्नानुत्साधनेऽब्रुवन्।
नेत्थमिच्छामहे नाट्यमेतदागम्यतामिति।।
ततस्तैरसुरैः सार्धं विघ्नमायामुपाश्रिताः।
वाचश्चेष्टाः स्मृतिश्चैव स्तम्भयन्ति स्म नृत्यताम्।।

–नाट्य. 1. 64-66

8. एवं विध्वंसितं दृष्ट्वा सूत्रधारस्य देवराट्।
तस्मात्प्रयोगवैषम्यमित्युक्त्वा ध्यानमाविशत्।।
अथापश्यत्सदो विघ्नैः समन्तात्परिवारितम्।
सहेतरैः सूत्रधारं नष्टसंज्ञं जडीकृतम्।।

–नाट्य. 1. 67-68

9. निहतेषु तु सर्वेषु विघ्नेषु सह दानवैः।
सम्प्रहृष्य ततो वाक्यमाहुः सर्वैर्दिवौकसः।।
अहो प्रहरणं दिव्यमिदमासादितं त्वया।
जर्जरीकृतसर्वाङ्गा येनैते दानवाः कृताः।
तस्माज्जर्जर एवेति नामतोऽयं भविष्यति।।
शेषा ये चैव विघ्नार्थमुपस्थास्यन्ति विघ्नकाः।
दृष्ट्वैव जर्जरं तेऽपि गमिष्यन्त्येवमेव तु।।
एवमेवास्त्विति ततः शक्रः प्रोवाच तान् सुरान्।
रक्षाभूतश्च सर्वेषां भविष्यत्येष जर्जरः।। —नाट्य 1.61-65

10. रक्षणे मण्डपस्यास्य विनियुक्तस्तु चन्द्रमाः।
यथा दिग्लोकपालाश्च विदिक्ष्वपि च मारुताः।।
नेपथ्यभूमौ मित्रस्तु निक्षिप्तो वरुणेश्वरः।
वेदिकारक्षणे वह्निर्भाण्डे सर्वदिवौकसः।।
वर्णाश्चत्वार एवास्य स्तम्भेषु विनियोजिताः।
आदित्याश्चैव रुद्रश्च न्यस्ताः स्तम्भान्तरेषु च।।
धारणीष्वथ भूतानि शालास्वप्सरसस्तथा।
सर्ववेश्मसु पक्षिण्यो महीपृष्ठे महोदधिः।।
द्वारशाखानियुक्तौ तु कृतान्तः काल एव च।
स्थापितौ द्वारपात्रेषु नागमुख्यौ महाबलौ।।
देहल्यां यमदण्डस्तु शूलं तस्योपरि स्थितम्।
द्वारपालौ स्थितौ चोभौ नियतिर्मृत्युरेव च।।
पार्श्वे च रङ्गपीठस्य महेन्द्रः स्थितवान् स्वयम्।
स्थापिता मत्तवारण्यां विद्युद् दैत्यनिषूदनी।।
स्तम्भेषु मत्तवारण्याः स्थापिताः परिरक्षणे।

भूतयक्षपिशाचाश्च गुह्यकाश्च महाबलाः।।
जर्जरे तु विनिक्षिप्तं वज्रं दैत्यनिबर्हणम्।
तत्पर्वसु विनिक्षिप्ताः सुरेन्द्रा ह्यमितौजसः।।

— नाट्य. 1.84–92

11. धर्मानुष्ठान में भी अनुष्ठान रक्षा हेतु गौरी, गणेश, नवग्रह, दश दिग्पाल तथा चतुष्षष्ठि मातृकाओं की स्थापना पृथक् वेदियों पर की जाती है। नाट्यानुष्ठान की यह रक्षाविधि भी उसी के समान है।

12. क्वचिद्धर्मः क्वचित्क्रीडा क्वचिदर्थः क्वचिच्छमः।
क्वचिद्धास्यं क्वचिच्छुद्धं क्वचित्कामः क्वचिद्वधः।।
धर्मो धर्मप्रवृत्तानां कामः कामार्थसेविनाम्।
निग्रहो दुर्विनीतानां मत्तानां दमनक्रिया।।
क्लीबानां धाष्टर्यजनानामुत्साहः शूरमानिनाम्।
अबोधानां विबोधश्च वैदग्ध्यं विदुषामपि।।
ईश्वराणां विलासश्च स्थैर्यं दुःखार्दितस्य च।
अर्थोपजीविनामर्थो धृतिरुद्विग्नचेतसाम्।।
नानाभावोपसम्पन्नं नानावस्थान्तरात्मकम्।
लोकवृत्तानुकरणं नाट्यमेतन्मया कृतम्।।
उत्तमाधममध्यानां नराणां कर्मसंश्रयम्।
हितोपदेशजननं धृतिक्रीडासुखादिकृत्।।
दुःखार्तानां श्रमार्तानां शोकार्तानां तपस्विनाम्।
विश्रान्तिजननं काले नाट्यमेतन्मया कृतम्।।
धर्म्यं यशस्यमायुष्यं हितं बुद्धिविवर्धनम्।
लोकोपदेशजननं नाट्यमेतद् भविष्यति।।
न तज्ज्ञानं न तच्छिल्पं न सा विद्या न सा कला।
न स योगो न तत्कर्म नाट्येऽस्मिन् यन्न दृश्यते।।
देवानामसुराणां च राज्ञामथ कुटुम्बिनाम्।
ब्रह्मर्षिणां च विज्ञेयं नाट्यं वृत्तान्तदर्शकम्।।
योऽयं स्वभावो लोकस्य सुखदःखसमन्वितः।
सोऽङ्गाद्यभिनयोपेतो नाट्यमित्यभिधीयते।।

— नाट्य. प्रथमाध्याय।

6

प्रश्नपञ्चक (ना.शा. 1-4/5): 'अथातो नाट्यजिज्ञासा'- नाट्यशास्त्र का एक संरचनासूत्र

अजित ठाकोरे

नाट्यशास्त्र भारतीय नाट्यपरम्परा का सिद्धान्तसूत्रित अनन्य आकर ग्रन्थ है। भारतीय उपमहाद्वीप में वेदकाल से जो वैविध्यशाली भिन्न भिन्न जानपदीय नाट्यपरम्परा फली-फूली, उन सब का भरतसंज्ञित नाट्यतत्त्वदर्शी चेतना में जो अवतरण हुआ, जो संघटन हुआ, जो परिशोधन हुआ, जो संस्करण-परिष्करण हुआ, जो नवीनीकरण हुआ— नाट्यशास्त्र के रूप में प्रकट हुआ है। नाट्यशास्त्र षट्सहस्रीरूप महावाक्यरूपेण प्रपञ्चित हुआ है। भरत इस महावाक्य के कथक-प्रवक्ता है। नाट्य-रहस्यविद्या प्रतिपाद्य है। आत्रेयादि मुनिगण जिज्ञासु है। कर्तव्याकर्तव्य का विधिनिषेधरूप उपदेश इसका प्रयोजन है।

अभिनवगुप्त ने नाट्यशास्त्र को एककर्ता प्रणीत सुगठित ग्रन्थ के रूप में प्रमाणित किया है : **यथावसरं महावाक्यात्मना षट्सहस्रीरूपेण प्रधानतया प्रश्नपञ्चकनिरूपणरूपेण शास्त्रीयतत्त्वं निर्णीयते**।[1] यहाँ षट्सहस्रीरूप महावाक्य की अवधारणा नाट्यशास्त्र के संघटित स्वरूप के नियामक सूत्र-संरचनासूत्र के रूप में प्रश्नपञ्चक की महनीय भूमिका द्योतित करती है।

भरत ने नाट्यविद्या की जो परम्परा विरासत में मिली इस परम्परा की स्थापना की। उन्होंने प्रमाणरूपेण परिष्कृत की। अतः ब्रह्मा से प्रादुर्भूत अर्थात् परम्परा से उद्भासित तथा विकसित नाट्यविद्या का जो पाठ भरत ने प्रस्तुत किया वह पाठ (वाचना) अन्य नाट्याचार्यों की तुलना में प्रमाणभूत माना गया। स्वयं भरत ने इस

तथ्य के प्रति संकेत दिये हैं। अभिनवगुप्त ने इस तथ्य को— '**तस्य शास्त्रं शासनं बाह्यभाण्डनाट्यादिवैलक्ष्यण्येन सम्यक्तत्स्वरूपावगमोपायं प्रकर्षेण अपरब्रह्म-शिष्योदीरितानुपयोगिविकासावधानेन वक्ष्यामि**[2] –व्यक्त किया है। नाट्य के वहिरङ्ग तत्त्वों के स्थान पर भरत ने नाट्य की आत्मा रस को केन्द्र में रख कर अन्य सब अङ्गों की तर-तम कोटि एवं भूमिका निश्चित की। इसीलिए शायद अन्य नाट्याचार्यों का नाट्यचिंतन अनुपयोगी प्रतीत होने लगा होगा।

नाट्याास्त्र के मूल में मुनिगण की नाट्यजिज्ञासा संप्रेरक सूत्र के रूप में निहित है। नाट्यजिज्ञासा नाट्यशास्त्र में बीच-बीच में प्रश्नावलि के रूप में प्रकट हुई है। इन प्रश्नावलियों में नाट्यशास्त्र के आरम्भ[3] में जो प्रश्नपञ्चक-रूप बृहद् वर्तुल के अन्तर्गत छोटे छोटे वर्तुलों की भाँति अवस्थित है। भरत ने वस्तुनिरूपण शैली के रूप में एवं वस्तुविधान के लिए इस प्रश्नमाला को संप्रेरक बनाकर इसे पूरे नाट्यशास्त्र के संरचनासूत्र के रूप में धारित किया है।

: 2 :

नाट्यशास्त्र की संरचना के मेरुदण्ड सदृश प्रश्नपञ्चक नाट्यविद्या के जिज्ञासु आत्रेयादि मुनियों द्वारा नाट्यतत्त्व को जानने के लिए किए गए प्राथमिक स्तर के प्रश्न प्रतीत होते हैं। तथापि यह प्रश्नपञ्चक से अछूते रह गये नाट्याविद्या के सुदूर क्षेत्रों को भी अन्य प्रश्न तथा 'यथातत्त्वं भवान् वक्तुमर्हति'— द्वारा आवृत्त कर लिया है। इतना ही नहीं नाट्यविमर्श में केवल 'तत्त्व' की ही बात केन्द्र में रहनी चाहिए यह मनोभाव भी व्यञ्जित कर दिया है। भरत ने इस तरह प्रश्नपञ्चक रूप संरचनासूत्र को नमनीयता (flexibility) प्रदान की है। यह नमनीयता प्रश्नों के उत्तर देने में क्रम की अपेक्षा न होने से ओर बलवत्तर हुई है।

1. प्रथम प्रश्न— **नाट्यवेदः कथं उत्पन्नः**? नाट्यवेद किस लिए, किस प्राथमिक प्रकार से उत्पन्न हुआ है?

यह प्रश्न नाट्यप्रवृत्ति के मूल में विहित नाट्यप्रयोजनरूप प्राथमिक संदेशक तत्त्व को लक्ष्य करता है। नाट्यशास्त्र के प्रथम अध्याय[4] में एवं षष्ठ-सप्तम अध्यायों में रसानुभव के विमर्श में नाट्यप्रयोजनों का विचार हुआ है।

2. द्वितीय प्रश्न :— **कस्य वा कृते**— किस अधिकारी के लिये नाट्यवेद उत्पन्न हुआ?

इस प्रश्न का उत्तर अभिनवगुप्त ने इस प्रकार दिया है: एवं **प्रश्नपञ्चकात् कविप्रयोक्त्रोरुपदेशपरं शास्त्रं इति लक्ष्यते**।[5] नाट्यशास्त्र कवि एवं प्रयोक्ता नाट्यमण्डल के लिए निर्मित हुआ है। ये दोनों नाट्यशास्त्र के अधिकारी हैं। अन्य व्याख्याकारों के अनुसार कर्ता, द्रष्टा एवं प्रयोक्ता— इन तीनों के लिये इस शास्त्र की रचना की गई है। किन्तु अभिनवगुप्त के अनुसार— 'न ह्यनेन सामाजिको विनीयते' अयोग्यत्वात्।[6] अभिनवगुप्त ने प्रधान अधिकारी के रूप में कवि एवं प्रयोक्ता को ही स्वीकृति दी है। कालिदास ने भी 'प्रयोगविज्ञान' शब्द से इसी तथ्य को प्रमाणित किया है।

3. तृतीय प्रश्न :— **कत्यङ्गः**? नाट्य के कितने अङ्ग है ? अभिनवगुप्त ने तीन विकल्पों के रूप में इस प्रश्न को प्रपञ्चित किया है : क्या नाट्य में बहुत अधिक अङ्ग होते हैं?— इनकी संख्या निश्चित न होने से क्या नाट्याङ्गों का निर्णय असंभव होगा? प्रत्यक्ष गीत, वाद्य, अभिनयादि में से कितने नाट्य के अङ्ग हैं? क्या नाट्य अङ्गों से भिन्न अङ्गिरूप है ? अथवा अङ्गों का समुदायमात्र है?

इस प्रश्न का उत्तर— **न तज्ज्ञानं** . . .[7] में भरत ने नेति वाचक सामान्योत्तर दे दिया है— नाट्य समस्त कला, शिल्प, ज्ञान, विद्या, योग, कर्म का समन्वित रूप है। नाट्याङ्गों का पृथक्-पृथक् विमर्श प्रेक्षागृह, रङ्गपूजन, रस, अभिनय, वृत्ति, इतिवृत्त, गीत संगीत आदि के सन्दर्भ में किया है। इसी तरह से प्रायः संपूर्ण नाट्यशास्त्र इस प्रश्न के प्रत्यक्ष विमर्श के रूप में दृश्यमान होता है। नाट्य में अङ्गों की संख्या का निश्चित निर्धारण नाट्यार्थरूप रस के द्वारा होता है, रस ही नाट्याङ्गों की संख्या, चयन एवं व्यापार का नियामक है। नाटक केवल अभिनय, वृत्ति, इतिवृतादि अङ्गों का समुदायमात्र नहीं है। रस प्रकारके सर्वतत्त्व नाट्य के अङ्ग है। रस अतिकर-रसविघ्नकर कोई भी अङ्ग नाट्याङ्ग के रूप में प्रतिष्ठित नहीं है। भरत ने सर्वत्र इसी सिद्धान्त की उद्घोषणा की है। रस अङ्ग है, अन्य सर्व अङ्गी है।

4. चतुर्थ प्रश्न :— **किं प्रमाणश्च**?-रस में क्या प्रमाण है? अभिनव के अनुसार नाट्य के अङ्ग का ज्ञान किस प्रमाण से होता है? इस प्रमाण से नाट्य की अङ्गिता का ज्ञान होता है अथवा केवल अङ्गभाव का? अङ्ग-अङ्गी भाव का नियम किस प्रमाण से ज्ञात होता है?

इस प्रश्न का उत्तर रसाध्याय में सहृदय को सर्व प्रमाणों से अनूठी प्रत्यक्षवत् रसास्वाद रूप जो प्रतीति होती है इस प्रसंग में दिया गया है। सहृदय ही नाट्य प्रतीति में प्रमाण रूप है। प्रत्यक्ष, अनुमान आदि प्रमाणों की सहायता से रसानुभव

की जो प्रतीति होती है वही इसका प्रमाण है। अन्य व्याख्याकार इस प्रश्न से नाट्य के रूपकादि भेद तथा पाठ्य अभिनय आदि अङ्गों का परिमाण या संख्या के संदर्भ में अर्थघटन करते हैं।

5. पञ्चम प्रश्न : **प्रयोगश्चास्य कीदृशः**?–इस नाट्य का प्रयोग किस प्रकार से होता है? अभिनवगुप्त पञ्चम प्रश्न को व्याख्यायित करते हुए कहते हैं कि अभिनय पाठ्य आदि अङ्गों का एक साथ प्रयोग होता हो तो भिन्न भिन्न इन्द्रियों से ग्राह्य उन सब नाट्याङ्गों की एक साथ प्रतीति न हो सकेगी। अतः नाट्य के एकत्व की प्रतीति असंभव होगी। भिन्न भिन्न अङ्गों के अलग अलग प्रयोग होने पर भी नाट्य को एकत्व की प्रतीति अर्थात् नाट्य का एकाग्र प्रभाव सम्भव न होगा। नाट्य में कोई निश्चित अङ्गाङ्गी भाव से प्रयोग होता है। इस प्रश्न का उत्तर भरत–अभिनवगुप्त ने रसाध्याय में सामाजिक को नाट्य की एकीभूत प्रतीति होती है— इस रूप में दिया है।

पञ्चम प्रश्न द्वारा नाट्य प्रयोग के सामान्याभिनय, चित्राभिनय एवम् रूपक के प्रभेदों के सन्दर्भ में भी उत्तर संभावित है। उपरोक्त विषयों का आठ से सत्रह एवम् अठारह, इक्कीस, बाईस एवम् पच्चीस अध्यायों में निरूपण किया गया है।

इस प्रकार प्रश्न पञ्चक विशेष रूप से बहुत से अध्यायों को एवम् सामान्य रूप से समग्र नाट्यशास्त्र को आवृत्त करता है।

अभिनवगुप्त ने प्रश्न पञ्चक के विषय में दो पक्ष रखे है : 1. कुछ व्याख्याकारों के अनुसार प्रश्न पञ्चक का निर्णय प्रथमाध्याय में ही हो चुका है। शेष अध्याय उद्देश क्रम से प्रश्न पञ्चक का विभाग, लक्षण एवम् परीक्षा के लिए है। मेरे मतानुसार इस भ्रम के मूल में प्रथमाध्याय का विषय प्रस्तावना जैसा विशिष्ट स्वरूप ही है। प्रथमाध्याय नाट्यशास्त्र का पूरा नक़्शा (केस्यूअल, मेप) है, संक्षिप्त रूपरेखा है। इसलिए प्रश्न पञ्चक विशेष रूप से प्रपञ्चित होता भासित हुआ है।

2 : अन्य व्याख्याकारों के अनुसार पूर्वरङ्ग विधान पर्यन्त पञ्चाध्यायी में दो प्रश्नों का निर्णय हुआ है, शेष प्रश्नों का निर्णय सामान्याभिनय, चित्राभिनय[8] पर्यन्त शेष अध्यायों में हुआ है। किन्तु यह स्पष्टीकरण भी अधूरा एवम् असंतोषप्रद है।

इस विषय में अभिनवगुप्त ने पूरे नाट्यशास्त्र को 6000 श्लोक परिमाण वाले महावाक्य के रूप में प्रमाणित किया है। इस महावाक्य में प्रश्न पञ्चक का निरूपण हुआ है एवम् प्रसङ्गानुसार तत्त्व निर्णय भी हुआ है। भरत प्रश्न के क्रम

का अनुसरण न करके तत्त्वविमर्श पर केन्द्रित हुए हैं। विषय के प्रस्तुतीकरण में हमें व्यवस्था आनुक्रमिकता एवं उपचय के भी संकेत मीलते हैं। अलग अलग क्षेत्र से जुडे हुए नाट्याङ्गों का इस क्षेत्र के सन्दर्भ में एकत्र निरूपण हुआ है। जैसे सङ्गीत, गीत, नृत्य।

: 3:

नाट्यशास्त्र में प्रश्नपञ्चक के अतिरिक्त अन्य प्रश्न या प्रश्नगुच्छ का विनियोग हुआ है। वह अन्य प्रश्नावलि भी उन उन अध्यायों में संप्रेरकसूत्र, संरचनासूत्र के रूप में निबद्ध की गयी है।

1. ना.शा. 2/1-3 द्वितीय अध्याय के आरंभ में योजित इस प्रश्न युग्म में 1. रङ्गयजन एवम् 2. रङ्गमडल की क्रिया का लक्षण, आकार, परिमाण, रचना विधि के सन्दर्भ में प्रश्न है। प्रथमाध्याय के अन्त में रङ्गपूजा के विषय में हो रही बात के सन्दर्भ में रङ्गयजन का प्रश्न प्रथम क्रम से आ गया है किन्तु नाट्ययोग रूप रङ्गमण्डल की स्मृति होते ही ऋषियों ने क्रम पलट दिया है। इस तरह जिज्ञासा व्यापार की इस भङ्गिमा द्वारा भरत मनोवैज्ञानिक दृष्टि से बात को प्रस्तुत करते है।

इस प्रश्नयुग्म के उत्तर में अ. 2-3 की रचना हुई है। रङ्गपूजा से ही सम्बन्ध पूर्वरङ्ग के ताण्डव आदि चतुर्थ अध्याय में एवम् पूर्वरङ्ग विधि का पञ्चम अध्याय में निरूपण हुआ है।

चतुर्थ एवम् पञ्चम अध्याय में क्रमशः **'कः प्रयोगः प्रयुज्यताम्'? कस्मान्ननृतम् कृतं तत्? कं रसभावं अपेक्षते**— रूप प्रश्नत्रय तथा **पूर्वरङ्गम् संयुतं व्याख्यातुम् अर्हसि**[9]-प्रश्नों से चार अन्तर्वर्तुलों की रचना की गई है। इस तरह प्रश्न पञ्चक के बृहद् वर्तुल में प्रश्नयुग्म का अन्तर्वर्तुल एवम् प्रश्नयुग्म के अन्तर्वर्तुल में अन्य चार अन्तर्वर्तुल की रचना हुई है।

2. ना.शा. 6/1-3 : इस लघु प्रश्नपञ्चक में-**1. रसः कः पदार्थः 2. रसत्वम् केन च तेषाम्। 3. भाषातत्त्वं कथं प्रोक्ताः। 4. किं वा ते भाषयन्त्यपि 5. संग्रहं कारिकां चैव नियुक्तं चैव तत्त्वतः वक्तुम् अर्हसि**— रूप पाँच प्रश्न संगृहित है। इस लघु प्रश्नपञ्चक के उत्तर में अ-6-7 कि रचना हुई है।

इस लघु प्रश्नपञ्चक रूप अन्र्तवतुल में पुनः— 1. **रसः इति कः पदार्थः**। 2. **कथं आस्वाद्यते रसः**। 3. **किं रसेभ्यो भावानाम् अभिनिवृतिरुताहो भावेभ्यो**

रसानामिति— रूप प्रश्नत्रय तथा, **भाव इति कस्मात्** आदि प्रश्नयुग्म प्रस्तुत करके अ-6-7 में उत्तर दिया है। यह प्रश्नपूर्वक उत्तर कि व्याख्यान पद्धति का निदर्शन है।

भाव विषयक विमर्श में— 1. **विभाव इति कस्मात्**? 2. **कथं जयन्तीति व्यभिचारिणः**— रूप प्रश्नोत्तर मूल व्याख्यान पद्धति का निदर्शन है। इस तरह यहाँ भी अन्तर्वतुल में अन्य अन्तवर्तुली कि योजना की गई है।

3. ना.शा. 8/1-3: इस प्रश्नत्रिक में— 1. नाट्ये कतिविधः कार्यः तज्ज्ञैरभिनयक्रमः। 2. **कथं वाभिनयो ह्येष एवं** 3. **कति भेदः**— प्रश्न प्रस्तुत करके आङ्गिक आदि अभिनय[10] के विमर्श किया है।

4. ना.शा. 36 : 1-14 : इस प्रश्न गुच्छ में 1. **देवस्य कस्य चरितं पूर्वरङ्गे**। 2. **किमर्थं भुज्यते ह्येष प्रयुक्तः** 3. **किं करोति** 4. **कस्माच्चैव पुनः शोचं सम्यक् चरितसूत्रदृक्** 5. **कथमुर्वीतले नाट्यं स्वर्गान्निपतितं** 6. **कथं तवाऽयं वंशश्च नरसंज्ञः प्रतिष्ठितः**। के उत्तर में अ. 36-37 दिए गए हैं। इस अन्तर्वर्तुले में पूर्वरङ्ग एवम् नाट्यावतरण-ऋषिशाप निरूपित है।

इस तरह से प्रश्नपञ्चक-रूप बृहद् वर्तुल के अन्तर्गत चार लघु वर्तुलों की एवं उन लघु वर्तुलों के अन्तर्गत लघुतर-लघुतम वर्तुलों की योजना की गई है।

: 4:

प्रश्नपञ्चक नाट्यशास्त्र की संरचना का संप्रेरक संरचना सूत्र है इस सन्दर्भ में नाट्यशास्त्र की संरचना का विश्लेषण करने पर कुछ तथ्य प्रकाशित होते हैं।

नाट्यशास्त्र की संरचना वृत्ताकार या वर्तुलगति से हुई है। प्रश्नपञ्चक समग्र नाट्यशास्त्र को व्यक्त कर देने वाला बृहद् वर्तुल प्रतीत होता है। इस बृहद् वर्तुल के अन्तर्गत अन्य अवान्तर प्रश्नगुच्छ आंतर वर्तुल रूपेण अवस्थित है। इस तरह समग्र प्रश्नमाला वर्तुल में वर्तुल (सर्कल्स विधीन सर्कल) जैसी संरचना प्रकट करते है।

विषय निरूपण के सूत्र का परिणमन भी नाट्यशास्त्र की संरचना में वृत्ताकार द्योतित करता है। जैसे— प्रथमाध्याय में इन्द्रादि देवों की याचना से ब्रह्माजी द्वारा स्वर्गलोक में नाट्योत्पत्ति रूप सूत्र का जो निक्षेप हुआ है वह सूत्र अन्तिम अध्याय में राजा नहुष की याचना पर भूत द्वारा पृथ्वी पर नाट्यावतरण से कथावर्तुल के रूप में परिणत होता हैं

ग्रथन शैली के संदर्भ में भी नाट्यशास्त्र की वर्तुल वृत्ताकार गति दिखाई देती है। नाट्यशास्त्र का आरम्भ नाट्योत्पत्ति कथारूप पूरा कल्प शैली से हुआ है। बीच में 'अमृत-मन्थन', 'त्रिपुरदाह' नाट्य प्रयोग की कथा (अ. 4:1–13) एवं वृत्रवधकथा (अ. 20:2–25) में पुराकल्प शैली से निर्वहण किया गया है। नाट्यशास्त्र के अन्तिम दो अध्यायों में नाट्यशास्त्र एवं नाट्यावतरण की पुराकल्प शैली से समारोप रचा गया है। इस तरह पुराकल्प शैली के विन्यास की दृष्टि से भी नाटयशास्त्र वृत्ताकार प्रतीत होता है।

नाट्यशास्त्र के आरम्भ में आत्रेय आदि मुनिगण एवं भरत के संवाद की योजना की गई है। समग्र नाट्यशास्त्र में विविध संवादों से इस तत्त्व का निर्वहण किया गया है। भरत ने संवादों से ही अन्तिम अध्यायों में नाट्यशास्त्र की परिणति की है। इस तरह संवाद योजना में भी वृत्ताकार गति प्रतीत होती है। नाट्यशास्त्र की संरचना में प्रवक्ता की योजना की दृष्टि से भी भरत ने वृत्ताकार गति प्रकट की है। नाट्यशास्त्र के आद्य प्रवक्ता ब्रह्मा, ब्रह्मा के पश्चात् भरत एवं भरत ने पश्चात् कोहल को प्रवक्ता के रूप में नियुक्त किया।

नाट्यशास्त्रं प्रवक्ष्यामि ब्रह्मणा यदुदाहृतम्।।[11]
शेषमुत्तरतन्त्रेण कोहलस्तु करिष्यति।
प्रयोगः (गान्) कारिकांश्चैव निरुक्तानि तथैव च।।[12]

इस तरह प्रवक्ता की योजना के सन्दर्भ में भी भरत के गुरु ब्रह्मा एवं भरत के शिष्य कोहल के आरम्भ एवं अन्त में विज्ञापन से कथक वर्तुल पूर्ण हुआ है।

महावाक्य रूप नाट्यशास्त्र के आरम्भ में प्रणम्य शिरसा रूप . . . मङ्गल श्लोक एवम् नाट्यशास्त्र के अन्त में—

किं चान्यत् संप्रपूर्णा भवतु वसुमती नष्टदुर्भिक्षरोगा।
ब्राह्मणानां भवतु नरपतिः पातु पृथ्वीं समग्राम्।।[13]

इस तरह भरत वाक्य से शास्त्र की परिणति भी वृत्ताकार की ओर इङ्गित करती है।

: 5 :

नाट्यशास्त्र की वृत्ताकार संरचना में अवतरणिका एवं समापनिका की साद्यन्त, दृढ़बन्ध, स़ातत्यपूर्ण संरचना सूत्र-संनिकर्ष सूत्र के रूप में प्रयोजना हुई है। नाट्यशास्त्र के प्रायः सभी अध्यायो में अवतरणिका एवं समापनिका दृष्टिगोचर होती है। अवतरिणका से निरूप्यमाण विषय की भूमिका रची जाती है। कभी

कभी अवतरणिका में अगले अध्याय के विषय का पुनः उल्लेखन एवं वर्तमान अध्याय-विषय का ज्ञापन भी दिखाई देता है। कहीं-कहीं अगले अध्याय में समापनिका में उल्लेख होने पर नये अध्याय का विषयनिरूपण से सीधा आरम्भ हुआ है।[14] अनेक से स्थलों पर समापनिका में प्रस्तुत अध्याय के विषय का निर्देश हुआ है। कुछ अवतरणिका गद्यवाक्य के रूप में रची गई है।[15] प्रस्तुत अध्याय में निरूप्यमाण विषय का सन्धान यदि सुदूर अध्याय से होता है। तब अवतरणिका में भी इस तथ्य का निबन्धन होता है, जैसे की—

ये तु पूर्वं मया प्रोक्तास्त्रयो वै नाट्यमण्डपाः।
तेषां विभागं विज्ञाय ततः कक्ष्यां प्रयोजयेत्।।[16]

भरत ने नाट्याङ्गो का अङ्गीरूप रस के साथ उपकार्य-उपकारक भाव एवं रस के साथ एकीभूत होने की आवश्यकता सूचित करने के लिये भी समापनिका का प्रयोग किया है।

एतानि काव्यस्य च लक्षणानि षट्त्रिंशदुद्देशनिदर्शनानि।
प्रबन्धशोभाकरणानि तत्र सम्यक् प्रयोज्यानि रसायनानि।।[17]

कभी कभी भरत ने निरूप्यमाण विषय का समग्र नाट्यसंरचना में कौन सा स्थान है। यह तत्त्व भी अवतरणिका में प्रतिपादित किया है—

इतिवृत्तं तु नाट्यस्य शरीरं परिकीर्तितम्।
पञ्चभिः सन्धिभिस्तस्य विभागः संप्रकल्पितः।।[18]

इस अवतरणिका में निरूप्यमाण विषय संधि का निर्देश करने से पूर्व इतिवृत्त को नाट्य के शरीर के रूप में प्रस्तुत करके समग्र नाट्य संरचना में इतिवृत्त का स्थान एवं भूमिका प्रतिपादित की है। समापनिका में भरत गीत संगीत कि पृथक् पृथक् नाट्य अपितु एकीभूत योजना करनी चाहिए, इस तथ्य को उद्घोषित करके नाट्याङ्गो के प्रभाव की समग्रता की और ध्यान आकृष्ट करते हैं-

यदा समुदिताः सर्वे एकीभूता भवन्ति हि।
अलङ्कारा: सकुतपाः मन्तव्या नाटकाश्रयाः।।[19]

इस कवि को निरूप्य विषय के महत्त्व को दर्शाते हुए कभी कभी अवतरणिका प्रस्तुत करते हैं।

गुणात् प्रवर्तते गानं दोषं (षाच्चास्य) चास्य निरस्यते।
तस्माद् यत्नेन विज्ञेयौ गुणदोषौ समासतः।।[20]

कभी-कभी भरत अवतरणिका का प्रयोग अन्य शास्त्रों में रहे मूलस्रोत को

विज्ञापित करने के लिए भी प्रायोजित करते हैं—

यथोक्तं मुनिभिः पूर्वं स्वानि नारद पुष्करः।
सर्वलक्षणसंयुक्तं सर्वा (तथा) तोद्यविभूषितम्।।[21]

भरत समापनिका का प्रयोग निरूप्य विषय के महत्त्व एवं नाट्य में योगदान को चिह्नित करने के लिए भी करते हैं।

वाद्येषु यत्नः प्रथमं तु कार्यः
शय्यां च नाट्यस्य वदन्ति वाद्यम्।
वाद्येऽपि गीतेऽपि च सुप्रयुक्ते
नाट्यस्य शोभा न विनाशमेति।।[22]

इस तरह समग्र नाट्यशास्त्र में भरत ने अवतरणिका एवं समापनिका का विषय प्रवेश, विषय समापन, विषय महत्त्व, विषय का नाट्य में कार्य, विषय का नाट्य में प्रभाव, विषय की उपकारकता जैसे वैविध्यपूर्ण आयामों को प्रकाशित एवं ग्रथित करने के लिए विनियोजित की है। अतः प्रश्नपञ्चक एवं अन्य प्रश्न गुच्छ से नाट्यशास्त्र की जो संरचना घटित हुई है वह संरचना अवतरणिका-समापनिका के प्रबुद्ध प्रयोग से सुसंघटना में रूपान्तरित हुई है।

: 6 :

नाट्यशास्त्र के कर्तृत्व के बारे में प्राचीन काल से ही वैमत्य दिखाई देता है। अभिनवगुप्त ने परम्परा में प्रचलित दो मत निर्दिष्ट किए हैं। कुछ व्याख्याकार के अनुसार नाट्यशास्त्र के 1/1 से 1/5 श्लोक भरत के शिष्य ने निर्मित किए हैं। इसी तरह नाट्यशास्त्र में जहाँ जहाँ प्रश्नोत्तर की योजना की गई है वह भी भरतशिष्यों के ही वचन हैं। अभिनवगुप्त ने श्रुति, स्मृति, व्याकरण, तर्कशास्त्र आदि शास्त्रों में स्वीकृत प्रश्न-प्रतिवचन अथवा पूर्वपक्ष-उत्तरपक्ष की रचना शैली का उदाहरण देते हुए इस मत का खण्डन किया है।

अभिनवगुप्त के गुरु नास्तिक शिरोमणि उपाध्याय के अनुसार सदाशिव, ब्रह्मा, एवं भरत के मतों के विवेचन द्वारा ब्रह्मा के मत की श्रेष्ठता के लिए तीन मतों के सारासार का विवेचन करने वाला यह शास्त्र उन तीनों ग्रन्थों के भागों को मिलाकर बना है, भरतमुनि का रचा हुआ नहीं है। अभिनवगुप्त ने इस मत का खण्डन कर के नाट्यशास्त्र को भरत का महावाक्य कहा है।

नाट्यशास्त्र वस्तुतः भरत नामक प्रवक्ता से कथित 36 अध्यायों एवं 6000

श्लोकों में विस्तीर्ण महावाक्य ही है। वाक्य के लिये आकांक्षा, योग्यता एवं सन्निधि रूप शर्तें तात्पर्यवादिओं ने रखी हैं, इस सन्दर्भ में नाट्यशास्त्र के स्वरूप का भी विश्लेषण होना चाहिए। मेरा अपना मत हैं कि नाट्यशास्त्र महावाक्य है और वह नाट्यांश के घटन में आकांक्षा, योग्यता एवं सन्निधिरूप तीनों शार्तों का पूर्णरूपेण परिपालन करके नाट्यशास्त्र में ग्रथित-निहित नाट्यार्थ को पूर्णतः प्रकाशित करता है। नाट्यशास्त्र में जो प्रश्नपञ्चक है वह जिज्ञासा-स्वरूप आकांक्षा प्रकट करता है। समग्र नाट्यशास्त्र में प्रश्नगुच्छों के द्वारा निरंतर नाट्यार्थ के लिये आकांक्षा प्रकट होती है। संपूर्ण प्रश्नमाला आकांक्षा का ही रूप है। इसी तरह सन्निधि संवाद एवं अवतरणिका-समापनिका द्वारा निर्मित की गई है। समग्र नाट्यशास्त्र के प्रत्येक अध्याय का अन्य अध्याय से सजीव सम्बन्ध है। प्रत्येक अध्याय मनुष्य शरीर की भाँति एक एक अङ्ग के रूप में गठित किये गये हैं। नाट्यशास्त्र कोई ग्रन्थ नहीं है, नाट्य चेतनामय सजीव शरीर है। नाट्यशास्त्र के अध्यायों एवं इन में निरूपित विषयों की पूर्वापरता का यदि हम विश्लेषण करें तो क्रमिक विषयोपचय होता हुआ दिखाई देता है। नाट्यशास्त्र में योग्यता रूप लक्षण नाट्यवस्तु के निरूपण में हेयोपादेय दृष्टि से आविर्भूत हुआ है। भरत ने नाट्य के उपादेय तत्त्वों को ही, परम्परा से सिद्ध-तत्त्वों को ही नाट्यशास्त्र में समाविष्ट किया है। नाट्यपरम्परा में जो तत्त्वों नाट्य से परोक्ष सम्बन्ध रखते थे उन सभी तत्त्वों का परिहार भरत ने किया है। इसीलिये अभिनवगुप्त ने ब्रह्माजी के अन्य शिष्यों द्वारा निरूपित नाट्यशास्त्र की अस्वीकृति एवं अनुपयोगिता तथा भरत निर्मित नाट्यशास्त्र की स्वीकृति एवं उपयोगिता की बात कही है : **तस्य शास्त्रं शासनं बाह्यभाण्डनाट्यादिवैलक्ष्येन सम्यक् तत्स्वरूपावगमोपायं प्रकर्षेणा- परब्रह्मशिष्योदीरितानुपयोगि-विकासावधानेन वक्ष्यामि।**[23] भरत ने नाट्यशास्त्र में योग्यता रूप लक्षण नाट्यतत्त्वों के बीच भाव एवं उपकार्यापकारकसम्बन्ध की योजना करके सिद्ध किया है। भरत ने केवल रस को काव्यार्थ कहा है। इत्तिवृत्त रसात्मा का शरीर है। संगीत नाट्य की शय्या है। भरत ने काव्यलक्षण के विषय में—**'प्रबन्धशोभाकरणानि तज्ज्ञैः सम्यक् प्रयोज्यानि रसायनानि**[24]—भी यही तथ्य ध्वनित करता है।

इस तरह जो जो नाट्याङ्ग रसोपकारक एवं रस के अङ्ग के रूप में घटित होते है, वे नाट्याङ्ग ही नाट्यशास्त्र में निरूपित होने की योग्यता प्राप्त करते हैं। अतः नाट्यशास्त्र भरत का महावाक्य होने के कारण भरत-संज्ञित नाट्यतत्त्वदर्शी चेतना की ही कृति है। भरत ने प्रश्नपञ्चक-प्रश्नमाला एवं अवतरणिका-समापनिका को

संप्रेरक एवं संनिकर्षक के रूप में उनकी प्रयोजना करके नाट्यशास्त्र के संरचनासूत्र में रूपांतरित कर दिये हैं।

सन्दर्भ तथा टिप्पण

1. ना. शा. भा. –1 पृ. 8
2. ना. शा. भा. – 1 पृ. 2.
3. ना. शा. 1.4–5
4. ना. शा. 1.113, 114, 115 आदि
5. ना. शा. भा. पृ. 1
6. ना. शा. भा. 1 पृ.
7. ना. शा. 1/116
8. अ. 22, 24, 25
9. ना. शा. 5/4
10. अ. 8, 9, 10, 11, 12, 13, 14, 15, 16, 17, 18, 19, 20, 21, 22, 23, 25
11. ना. शा. 1/1 ब
12. ना. शा. 37/18
13. ना. शा. 37/31
14. ना. शा. अ. 23
15. ना. शा. अ. 7
16. ना. शा. 13/1
17. ना. शा. 16/171
18. ना. शा. 23/2 पृ. 2
19. ना. शा. 29/203 पृ. 309
20. ना. शा. 33/2 पृ. 356
21. ना. शा. 34/2 पृ. 385
22. ना. शा. 34/246 पृ. 474
23. ना. शा. भा. 1 पृ. 2
24. ना. शा. 16/171

सन्दर्भ ग्रन्थ सूची

1. नाट्यशास्त्रम्-भरत (अभिनवभारतीसहितम्) सं. रविशंकर नागर, परिमल पब्लिकेशन, दिल्ली आ. 1-2-3-4 1981, 1984ए 1983ए 1984 सं.सं. ना.शा.
2. नाट्यशास्त्रम्-भरत (अभिनवरचितविवृतिसमेतम्) Vol. 1 : second. edition :

सं. रामकृष्ण कवि, ऑरीएन्टल इन्स्टीटयुट, बरोडा 1956.

3. नाट्यशास्त्रम्-भरत (अभिनवभारती समेतम्) Vol. 1: fourth edition : सं. के. किष्णमूर्ति, Vol. 2 : सं. वी.एम. कुलकर्णी-तपस्वी नन्दी, Vol. 3 : सं.पी.एम. कुलकर्णी-तपस्वी नान्दी 1992, 2001ए 2003।
4. नाट्यशास्त्रम् 1-2-6 : भरत (अ.6 अभिनवभारतीसमतेम्) सं. तपस्वी नन्दी, सरस्वती पुस्तक भण्डार, अहमदाबाद, 1994-95।
5. नाट्यशास्त्रम् 1-2-6 : भरत सं. आचार्य विश्वेश्वर, हिन्दी विभाग, दिल्ली विश्वविद्यालय, दिल्ली, 1960 प्र.आ.।
6. नाट्यशास्त्रम् : भरत सं. केदारनाथ (काव्यमाला), भारतीय विद्या प्रकाशन, वाराणसी, 1983।
7. नाट्यशास्त्रम् : भरत भा. 1 सं. बाबूलाल शुक्लशास्त्री, चौखम्बा संस्कृत सीरीज आफिस, वाराणसी, 1972।
8. भरत और भारतीय नाट्यकला-सुरेन्द्रनाथ दीक्षित, मोतीलाल बनारसीदास, दिल्ली, 1941 दि.आ.।

7

नाट्यप्रयोग में सन्ध्यङ्गों का औचित्य

कुसुम भुरिया

नाट्यशास्त्र प्रयोगप्रधान है—"प्रयोगप्रधानं हि नाट्यशास्त्रम्" इस आधार पर नाट्य, रूप अथवा रूपक भी प्रयोग अर्थात् अभिनय के लिए लिखे जाते हैं। नाट्यशास्त्र में आचार्यों के अनुसार एक अच्छे नाटक में पाँच अर्थप्रकृतियों, (बीज, बिन्दु, पताका, प्रकरी तथा कार्य), पाँच कार्यावस्थाओं (आरम्भ, यत्न, प्राप्त्याशा, नियताप्ति तथा फलागम) तथा इन दोनों के योग से निर्मित पाँच सन्धियों (मुख, प्रतिमुख, गर्भ, विमर्श तथा निर्वहण) का सन्निवेश कवि को करना चाहिए। इन पाँचों सन्धियों के 64 (65) भी अङ्गों अर्थात् सन्ध्यङ्गों की रचना भी कवि को अपने नाटक में करनी चाहिए।

नाट्यशास्त्र के अनुसार मुखसन्धि के बारह अङ्ग होते हैं—

उपक्षेपः परिकरः परिन्यासो विलोभनम्।
युक्तिः प्राप्तिः समाधानं विधानं परिभावना।।
उद्भेदः करणं भेदो द्वादशाङ्गानि वै मुखे। ना. शा. 19.55-56

प्रतिमुख सन्धि के तेरह अङ्ग होते हैं—

विलासः परिसर्पश्च विधूतं तापनं तथा।
नर्म नर्मद्युतिश्चैव तथा प्रग (श) मनं पुनः।
निरोधश्चैव विज्ञेयः पर्युपासनमेव च।
पुष्पं वज्रमुपन्यासो वर्णसंहार एव च।। ना.शा. 19.57-58

गर्भसन्धि के तेरह अङ्ग होते हैं—

अभूताहरणं मार्गो रूपोदाहरणे क्रमः।
संग्रहश्चानुमानं च प्रार्थनाक्षिप्तिरेव च।
तोटकाधिबले चैव ह्युद्वेगो विद्रवस्तथा।
एतान्यङ्गानि वै गर्भे . . . .।। ना. शा 19.59-60

विमर्श (अवमर्श) सन्धि के तेरह अङ्ग होते हैं-

अपवादश्च सम्फेटो विद्रवः शक्तिरेव च।
प्रसङ्गो व्यवसायश्च द्युतिः खेदो निषेधनम्।।
विरोधनमथादानं छादनं च प्ररोचना।
एतान्यवमृशेङ्गानि . . . .।। ना.शा. 19.62-63

निर्वहण सन्धि के चौदह अङ्ग होते हैं -

सन्धिर्निरोधो ग्रथनं निर्णयः परिभाषणम्।
द्युतिः प्रसाद आनन्दः समयश्चोपगूहनम्।।
भाषणं पूर्ववाक्यं च काव्यसंहार एव च।
प्रशस्तिरिति संहारे ज्ञेयान्यङ्गानि नामतः।। ना-शा. 19.64-65

सन्धियों के उक्त अङ्गों अर्थात् सन्ध्यङ्गों का नाटक में बहुत महत्त्व है। इन अङ्गों के माध्यम से नाटक में अभिनय, रस, भाव, पात्रों का चरित्र, कथा का प्रवाह आदि की अभिव्यक्ति होती है। नाटक में सभी सन्ध्यङ्गों का निवेश करने से नाट्य-कथा-शरीर सम्भवतः केवल सन्ध्यङ्गों की शृंखला बनकर न रह जाए, इस लिए नाटक में आवश्यकतानुसार ही सन्ध्यङ्गों का निवेश करना चाहिए— ऐसा भरतमुनि का कहना है। वे कहते हैं—

यथासन्धि तु कर्तव्यान्यङ्गान्येतानि नाटके।
कविभिः काव्यकुशलैः रसभावमपेक्ष्य च।। ना.शा. 19.105

अर्थात् रस की पुष्टि तथा कार्य यानी रस, भाव की अनुकूलता को ध्यान में रख कर यथा सन्धि अङ्गों का निवेश उचित रूप से करना चाहिए। साथ ही अभिनय के अवसर, कार्य और अवस्था को ध्यान में रखकर सन्ध्यङ्गों को पृथक्-पृथक् या दो तीन अङ्गों को मिलाकर भी रखा जा सकता है—

सम्मिश्राणि कदाचित् स्युर्द्वित्रिसंख्याप्रमाणतः।
ज्ञात्वा कार्यमवस्थां च सन्धिष्वङ्गानि नाटके।। ना.शा. 19.106

इसी बात को नाट्यदर्पणकार इस प्रकार कहते हैं—

"यथारुचीति वृत्तवैचित्र्यानुरोधेनात्र भवन्ति न भवन्ति च।"

(ना.द. पृ. 61)

इस प्रकार कुछ सन्ध्यङ्ग प्रधान होते हैं तथा कुछ गौण। दशरूपककार मुख-सन्धि में आवश्यक रूप से रखे जाने वाले सन्ध्यङ्गों के नाम बतलाते हुए कहते है—

"एतेषामुपक्षेपपरिकरपरिन्यासयुक्त्युद्भेदसमाधानानामवश्यंभावितेति।"

(**दश.**, प्रथम प्रकाश)

प्रतिमुखसन्धि में अवश्य रखने योग्य सन्ध्यङ्ग हैं—

"एतेषां च मध्ये परिसर्पप्रशमवज्रोपन्यासपुष्पाणां प्राधान्यमितरेषां यथासम्भवं प्रयोग इति।" (**दश.**, प्रथम प्रकाश)

गर्भसन्धि में प्रधान सन्ध्यङ्ग हैं—

"एषां च मध्ये अभूताहरणमार्गतोटकाधिबलाक्षेपाणां प्राधान्यम्। इतरेषां यथासम्भवं प्रयोग इति।" (**दश.**, प्रथम प्रकाश)

अवमर्श अथवा विमर्श सन्धि में प्रधान सन्ध्यङ्ग हैं—

"तत्रैतेषामपवादशक्तिव्यवसायप्ररोचनादानानि प्रधानानि।" (**दश.**)

निर्वहण सन्धि के सभी अङ्गों का उल्लेख दशरूपककार करते हैं, किन्तु उनके गुणप्रधानभाव की चर्चा नहीं करते।

आचार्य भरत ने सन्ध्यङ्गों के छह प्रयोजन गिनाए हैं—

इष्टार्थस्य रचना वृत्तान्तस्यानुपक्षयः।
रागप्राप्तिः प्रयोगस्य गुह्यानां चैव गूहनम्।
आश्चर्यवदभिख्यानं प्रकाश्यानां च प्रकाशनम्।।

ना.शा. **19.51–52**

दशरूपककार भी ऐसे ही प्रयोजन बतलाते हैं—

इष्टार्थस्य रचना गोप्यगुप्तिः प्रकाशनम्।
रागः प्रयोगस्याश्चर्यं वृत्तान्तस्यानुपक्षयः।। दश. 1.55

अर्थात् कवि (1) जो बात कहना चाहता है, उसका निबन्धन, (2) जो बात छिपाना चाहता है, उसको प्रकट न होने देना, (3) प्रकाश में लाने योग्य बात को प्रकाशित करना, (4) अभिनयात्मक रमणीयता, (5) चमत्कार-परायणता और (6) नाट्य के इतिवृत्त का विस्तार। इष्टप्राप्ति (इष्टार्थस्य रचना) में अभीष्ट प्रयोजन की रसास्वादमयी विस्तारणा होती है। यह सभी सन्ध्यङ्गों का प्रयोजन होता है। 'वृत्तान्तस्यानुपक्षयः' का अभिप्राय है कथाशरीर को क्षीण न होने देना। यह भी सभी सन्ध्यङ्गों का प्रयोजन है। 'प्रयोगस्य रागप्राप्तिः' के अन्तर्गत ऐसे तत्त्व लाये जाते हैं, जिनसे उस कथांश की रमणीयता द्विगुणित हो। पर्युपासन,

नर्म, नर्मद्युति आदि इसके उदाहण हैं। गुह्यगूहन का उपयोग पुनरुक्ति से बचने के लिए होता है और गोपनीय कथांश प्रकट नहीं किए जाते। आश्चर्यवदभिख्यान के द्वारा किसी पुरानी घिसी-पिटी कथा में ऐसी बातें जोड़ दी जाती हैं कि उस कथा में श्रोता या दर्शक को आश्चर्य का अनुभव होता है।

सन्ध्यङ्गों में उक्त प्रयोजनों को सिद्ध करने की अद्‌भुत क्षमता होती है। इन सन्ध्यङ्गों से नाट्य शरीर और उसका प्रयोगविधान भी प्रकाशित होता है। कुछ उदाहरण देखें—

(1) **उपक्षेपः—** मुख सन्धि का प्रथम अङ्ग है उपक्षेप। इसमें कथानक के बीज का न्यास होता है-"बीजन्यास उपक्षेपः" (**दश.**)। अभिनवगुप्त कहते हैं कि उपक्षेप में रूपक के प्रधान (अङ्गी) रस का संकेत भी होना चाहिए।

(2) **युक्तिः** – "सम्प्रधारणमर्थानां युक्तिरित्यभिधीयते" (**दश.**)। पहले के अर्थ या कार्य पर विचार करना युक्ति नामक सन्ध्यङ्ग है। अभिनवगुप्त के अनुसार युक्ति की परिभाषा में अर्थ भूतकालीन उपलब्धियाँ हैं। उन्हीं को बताया जाता है और उन पर विचार किया जाता है। इसका प्रयोजन है प्रकाश्य-प्रकाशन। रत्नावली के प्रथमांक में उस स्थान पर युक्ति नामक सन्ध्यङ्ग है, जहाँ यौगन्धरायण कहता है कि मैंने भी सागरिका को देवी के हाथ में सौंपते हुए ठीक ही किया है।

(3) **उद्‌भेदः—** "उद्‌भेदो गूढभेदनम्" (**दश.**) रहस्य का प्रकट हो जाना उद्‌भेद है। धनञ्जय उद्‌भेद में किसी अज्ञात या रहस्यात्मक तथ्य का प्रकाशित होना आवश्यक बताते हैं। इसका भी उद्देश्य है प्रकाश्य का प्रकाशन।

(4) **भेदः—** भेद की परिभाषा नाट्यशास्त्र के आचार्यों ने भिन्न-भिन्न प्रकार से दी है। भरतमुनि के अनुसार "संघातभेदनार्थो यः स भेद इति संज्ञितः" (**ना.शा.** 19.73) अर्थात् संघ में फूट डालना भेद है, तो दशरूपककार के अनुसार नायकादि को प्रोत्साहित करना भेद है – "भेदः प्रोत्साहना मता"। नाट्यदर्पणकार इसकी कुछ भिन्न ही परिभाषा देते हुए कहते हैं – "भेदनं पात्रनिर्गमः" अर्थात् प्रत्येक अंक के अन्त में पात्रों का निर्गमन होता ही है, अतः वहीं पर भेद है।

(5) **विलासः** – "रत्यर्थेहा विलासः स्यात्" (**दश.**)। कामोपभोग की इच्छा विलास है। विलास औत्सुक्यपरक होता है। इसकी परिभाषा में रति का जो समावेश है, अभिनवगुप्त के अनुसार वह केवल शृंगारात्मक रूपकों

तक ही सीमित रहता है। अन्यरसप्रधान रूपकों में रति से अन्य रसों के स्थायिभाव— उत्साह, विस्मय आदि ग्रहण करना चाहिए। इन अङ्गों से स्थायिभावों की अभिव्यक्ति होती है।

(6) **परिसर्पः**— "दृष्टनष्टानुसर्पणम्" (**दश.**) बीज के दिखाई देकर अदृश्य होने पर उसकी खोज करना परिसर्प है। परिसर्प नामक सन्ध्यङ्ग में नायक की अभीष्टप्राप्ति के उपक्रम की तीन अवस्थाएँ दिखाई पड़ती हैं— कार्यपद्धति स्पष्ट प्रकट रहती है, फिर नष्ट हो जाती है और अन्त में कार्यपद्धति पुनः सफलता की ओर प्रवर्तित होती हुई दिखाई देती है। इसमें एक के बाद दूसरी, तीसरी कार्यस्थिति के निदर्शन से कवि चमत्कार प्रकट करता है।

(7) **नर्मद्युति**— "दोषप्रच्छादनार्थं तु हास्यं नर्मद्युति स्मृतम्।" (**ना.शा.** 19.6) भरत के अनुसार नर्मद्युति हास्य है, किन्तु इसमें किसी कथापुरुष के द्वारा अपने दोष को छिपाने की बातों से हँसी आती है। विक्रमोर्वशीय में उर्वशी द्वारा लिखे गए भूर्जपत्र की खोज जब पुरूरवा कर रहा होता है, तभी रानी औशीनरी वह पत्र उसे लाकर दे देती है। अपने दोष को छिपाने के लिए उस समय पुरूरवा कहता है— "देवि, मैं थोड़े ही उसे खोज रहा था मैं तो कोई दूसरी वस्तु ही खोज रहा था।" यह परिहास अपने दोष को छिपाने के लिए किया गया है।

(8) **वर्णसंहारः**— "चातुर्वर्ण्योपगमनं वर्णसंहार इष्यते" (**दश.**)। सभी वर्ण के लोगों का समागम वर्णसंहार है। अभिनवगुप्त के अनुसार चातुर्वर्ण्य है— सभी पात्रों का एकत्र हो जाना। अर्थात् वह संवादांश, जिसमें अंक के सभी पात्रों की साक्षात् उपस्थिति आवश्यक हो। धनिक के अनुसार ब्राह्मण, क्षत्रिय, वैश्य, शूद्र— इन सभी की उपस्थिति वर्णसंहार है। महावीरचरित में "परिषदियमृषीणामत्र" इत्यादि श्लोक के कथांश में ऋषि, क्षत्रिय, अमात्य आदि का एकत्र उल्लेख होने के कारण वर्णसंहार नामक अङ्ग है।

(9) **विद्रवः**— "विद्रवो वधबन्धादि" (**दश.**) विद्रव है वध, बन्धादि। ना.शा. के अनुसार "नृपाग्निसम्भवसंयुक्तः सम्भवो विद्रवो मतः" (**ना.शा.** 19. 87) अर्थात् राजा, अग्नि आदि के भय से युक्त भगदड़ को विद्रव कहते हैं। रत्नावली में अन्तःपुर में अग्नि की लपेटों को देखकर वासवदत्ता बन्धन में बँधी हुई सागरिका को छुड़ाने के लिए राजा से कहती है, यहाँ पर विद्रव नामक अङ्ग है। बन्धन से छूटे हुए वानर को देखकर राजमहल में

लोगों की भगदड़ भी विद्रव है।

इस प्रकार सन्ध्यङ्गों से नाचयकथाशरीर प्रकाशित होता है तथा उसके अनुसार उसका प्रयोगविधान भी। मुखसन्धि से प्रारम्भ हुआ नाट्यप्रयोग निर्वहण-सन्धि तक आते-आते अपने अन्दर ढेर सारे रस, भाव आदि को भर कर दर्शकों को आनन्द से पूर्णकर देता है और यही आनन्द रूपकों का प्रमुख ध्येय है "आनन्दनिष्यन्दिषु रूपकेषु।" (**दश.**) यदि दर्शकों को रसानुभूति, आनन्दानुभुति हो गई, तो समझो नाट्यप्रयोग सार्थक हुआ।

8

हेमचन्द्राचार्य के छन्दोऽनुशासन के आलोक में भरतमुनि कृत नाट्यशास्त्र के पाठ की समीक्षा

मनसुख के. मोलिया

कलिकाल सर्वज्ञ के विरुद से प्रसिद्ध हेमचन्द्राचार्य ने छन्दोऽनुशासन नामक छन्दःशास्त्र के आकर ग्रन्थ की रचना की है। सूत्रात्मक शैली में ग्रथित इस ग्रन्थ में अपने सूत्रों के स्पष्टीकरण के लिए उन्होंने **'छन्दश्चूडामणि'** नाम से स्वोपज्ञवृत्ति भी लिखी है। इस वृत्ति में भरत, काश्यप, सैतव, जयदेव, स्वयम्भू आदि आचार्यों के मतों का उल्लेख है। उन में भरत मुनि का निर्देश चौंतीस बार मिलता है, जो अन्य किसी भी आचार्य के निर्देश की अपेक्षा सबसे अधिक बार है।

पाठसञ्चरण की सुदीर्घ परम्परा में नाट्यशास्त्र का मूल पाठ अविरत परिवर्तित होता रहा है। नाट्यशास्त्र के उपलब्ध संस्करणों में केवल शाब्दिक पाठभेद ही नहीं, अपितु अध्यायों और श्लोकों की संख्या में भी बड़ा अन्तर पाया जाता है। कभी एक ही संस्करण में विविध पाठ पाया जाता है। साम्प्रत में नाट्यशास्त्र की एक मात्र टीका **'अभिनवभारती'** उपलब्ध होती है। इस टीका में स्वीकृत पाठ नाट्यशास्त्र के गायकवाड़ और काव्यमाला के संस्करणों में पाया जाता है। काशी संस्कृत सीरीज़ और घोष के संस्करणों में अभिनवभारती से भिन्न पाठ का अनुसरण कई स्थानों पर देखा जाता है। नाट्यशास्त्र के पाठ की यह स्थिति उस के समीक्षात्मक पाठ के निर्धारण में अवरोधक बनती है। हेमचन्द्राचार्य ने नाट्यशास्त्र में से विविध मतों या उद्धरणों को अपने काव्यानुशासन और छन्दोऽनुशासन में अनेक बार प्रस्तुत किया है। अतः नाट्यशास्त्र के पाठ की समीक्षा में हेमचन्द्राचार्य के भरतमुनि विषयक निर्देशों का महत्त्व है। इस अभ्यास-लेख में हेमचन्द्राचार्य के छन्दोऽनुशासन

के आलोक में नाट्यशास्त्र के पाठ की समीक्षा का प्रयास किया गया है।

नाट्यशास्त्र के अध्याय 15 और 32 में विविध छन्दों का निरूपण है। नाट्यशास्त्र के इन दोनों अध्यायों के पाठ में बहुत वैविध्य है। अध्याय 15 में छन्दों के लक्षणनिर्देश के पद्य अनुष्टुप् छन्द में निबद्ध हैं और उनमें अष्ट गणों का प्रयोग नहीं है। किन्तु कुछ छन्दों के लक्षण के पद्यों में द्विविध पाठ मिलते हैं। इस दूसरे पाठ में छन्द के लक्षण निर्देश के पद्य छन्द के स्वरूप में निबद्ध है और उनमें अष्ट गणों का प्रयोग मिलता है। अध्याय 15 में छन्द के उदाहरण के पद्यों में छन्द का नाम समाविष्ट करने की प्रवृत्ति देखी जाती है, लेकिन अध्याय 32 में उदाहरण के पद्य प्राकृत में हैं और उन में छन्द के नाम का प्रयोग नहीं हुआ है। इस प्रकार नाट्यशास्त्र के पाठ में विविध प्रकार के स्तर पाये जाते हैं।

हेमचन्द्राचार्य द्वारा निर्दिष्ट भरतमुनि के मत के आलोक में नाट्यशास्त्र के पाठ की विचारणा करते समय निम्न प्रकार से छः प्रकार की स्थिति देखने को मिलती है—

1. सत्रह छन्दों के बारे में हेमचन्द्राचार्य द्वारा निर्दिष्ट भरतमुनि के मतानुसारी छन्द-नाम नाट्यशास्त्र के सभी संस्करणों में किसी भी प्रकार के मतभेद के बिना यथातथ उपलब्ध होते हैं। (देखिये परिशिष्टः क्रम 1 से 19)
2. हेमचन्द्राचार्य द्वारा निर्दिष्ट तीन नामों के विषय में नाट्यशास्त्र में अत्यल्प परिवर्तन देखा जाता है। किन्तु इन नामों में परिवर्तन का कारण नाट्यशास्त्र नहीं किन्तु स्वोपज्ञवृत्ति के पाठदोष या मुद्रणदोष हैं, ऐसा स्पष्ट अनुमानित होता है। (देखिये परिशिष्ट : 18 से 20)

2.1. 'य' गण-माप से युक्त तीन अक्षर के छन्द को हेमचन्द्र 'केशा' नाम से निरूपित करते हैं और उसकी वृत्ति में लिखते हैं, "भरत के अनुसार यह धूः छन्द है।"[1] नाट्यशास्त्र में इस छन्द को धृति कहा गया है।[2] (काव्यमाला संस्करण में अपपाठ से वृत्ति शब्द का प्रयोग हुआ है)। यहाँ हेमचन्द्र की वृत्ति में 'धूरिति' के स्थान पर 'धृतिरिति' पाठ होना चाहिए।

2.2. 'ननम' गण-माप से युक्त नौ अक्षर के 'भुजगशिशुसुता' छन्द की वृत्ति में हेमचन्द्र लिखते हैं, "भरत के मतानुसार यहु मधुकरिका छन्द है।"[3] नाट्यशास्त्र के सभी संस्करणों में इस छन्द को मधुकरी कहा गया है।[4] यहाँ भी हेमचन्द्राचार्य की वृत्ति में पाठपरिवर्तन दिखता है। नाट्यशास्त्र में मधुकरी और मधुकरिका दोनों छन्द भिन्न भिन्न हैं। 'ननम' गण-माप का इस छन्द का नाम मधुकरी है और 'तनग' गण-माप के सात अक्षर के छन्द का नाम

मधुकरिका है।[5]

2.3. 'नय' गण-माप से युक्त छः अक्षर के 'शशिवदना' छन्द की वृत्ति में हेमचन्द्र लिखते हैं, "भरत के मतानुसार यह मकरशीर्षा छन्द है।"[6] नाट्यशास्त्र के सभी संस्करणों में इसे मकरकशीर्षा कहा गया है।[7] यहाँ छन्दोऽनुशासन की वृत्ति में मुद्रण दोष से 'क' वर्ण छूट गया हो ऐसी सम्भावना है।

3. हेमचन्द्र के द्वारा उद्धृत दो नामों की नाट्यशास्त्र के कुछ संस्करणों में मूल रूप में ही प्राप्ति होती है तो कुछ संस्करणों में लिंगभेद या ह्रस्व-दीर्घ के भेद से किंचित् भेद देखा जाता है। (देखिये परिशिष्टः क्रम 21 से 22)।

3.1. 'रलग' गण-माप से युक्त पाँच अक्षरों के 'विदग्धक' छन्द की वृत्ति में वे लिखते हैं, "भरत के मतानुसार यहु बागुरा छन्द है।"[8] नाट्यशास्त्र में इस छन्द को बागुरा या वागुरू कहा गया है।[9] घोष के संस्करण में वागुरु शब्द के 'वा' को विकल्प के अर्थ में अलग कर दिया गया है और छन्द का नाम केवल 'गुरु' ही रह गया है।[10]

3.2. 'नभभर' गण-माप से युक्त 'द्रुतविलम्बित' छन्द के उपर लिखी हुई वृत्ति में वे लिखते हैं, "भरत के अनुसार यह हरिणप्लुत है।"[11] नाट्यशास्त्र के गायकवाड़, का.सं.सी. और घोष के संस्करणों में इस छन्द के उदाहरण के पद्यों में हरिणप्लुत शब्द का प्रयोग हुआ है, किन्तु लक्षण के निर्देशक पद्यों में हरिणप्लुता नाम है। काव्यामाला के संस्करण में उदाहरण के पद्य में हरिणीप्लुत और लक्षण के पद्य में हरिणीप्लुता शब्द मिलते हैं।

4. हेमचन्द्राचार्य के द्वारा उद्धृत भरत के मतानुसारी तीन नामों के बार में नाट्यशास्त्र के पाठ की स्थिति ऐसी है कि नाट्यशास्त्र के किसी भी संस्करण में ये नाम मूलरूप में नहीं मिलते हैं, किन्तु उनके रूपान्तरित नाम मिलते हैं। (देखिये परिशिष्ट : क्रम 23 से 25)

4.1. 'भगग' गण-माप से युक्त 'पंङ्क्ति' छन्द की वृत्ति में हेमचन्द्र लिखते हैं, "भरत के अनुसार यह कुन्तलतन्वी है।"[12] नाट्यशास्त्र के गायकवाड़, का. सं.सी. और घोष के संस्करण में इस छन्द का नाम भूतलतन्वी प्राप्त होता है।[13] काव्यमाला संस्करण में इसे भूतलमान्या कहा गया है।[14] अभिनवभारती में उसका संक्षिप्त नाम 'तन्वी' प्रयुक्त हुआ है। यहाँ हेमचन्द्राचार्य का इस निर्देश नाट्यशास्त्र के मूल पाठ की विचारणा में अत्यन्त उपयोगी है, क्योंकि अन्यत्र कहीं भी इस 'कुन्तलतन्वी' नाम सुरक्षित नहीं रहा है।

4.2. 'भरनननग' गणमाप के 'ऋषिगजविलसित' छन्द की स्वोपज्ञवृत्ति में हेमचन्द्र लिखते हैं, "भरत के अनुसार यह मत्तगजविलसित है।"[15] नाट्यशास्त्र के उपलब्ध संस्करणों में इस मत्तगजविलसित नाम प्राप्त नहीं होता है, किन्तु उसके स्थान पर ऋषभगजविलसित, इभललित और गजविलसित ये तीन नाम मिलते हैं।[16] यदि हेमचन्द्राचार्य के समक्ष रही हुई नाट्यशास्त्र की हस्तलिपि में ऋषभगजविलसित नाम होता तो उन्हें भरत के भिन्न मत के निर्देष की कोई आवश्यकता ही न रहती।

4.3. 'भमसग' गण-माप से युक्त 'रुक्मवती' छन्द की स्वोपज्ञवृत्ति में वे लिखते हैं, "भरत के मतानुसार यह पुष्पसमृद्धि छन्द है।"[17] नाट्यशास्त्र के काव्यमाला, का.सं.सी. और घोष के संस्करणों में इसका पुष्पसमृद्धा नाम मिलता है।[18] काव्यमाला में उसके पुनर्निरूपण के प्रसंग में वृत्तसमृद्धा पाठ है और गायकवाड़ संस्करण में पाठदोष से वृत्तसमुत्था शब्द मिलता है।[19]

5. हेमचन्द्राचार्य द्वारा निर्दिष्ट भरतमुनि के द्वारा सम्मत आठ नामों के प्रसंग में उद्धृत नाम या तो मूलरूप में या रूपान्तर से मिलता है और वाचना भेद से कोई अन्य नाम भी पाया जाता है। यह वाचना भेद भिन्न भिन्न संस्करणों में देखा जाता है, तो कभी एक ही संस्करण में द्विविध पाठ से मिलता है। अभिनवगुप्ताचार्य भी इस द्विविध पाठ से परिचित थे। हेमचन्द्राचार्य जिस नाम का समर्थन करते हैं, अभिनवगुप्त उससे भिन्न नाम का समर्थन करते हैं— ऐसी स्थिति भी देखी जाती है। (देखिये परिशिष्ट : क्रम 26 से 33)

5.1. तीन अक्षरों से युक्त य गण वाले 'मृगी' छन्द की वृत्ति में हेमचन्द्र लिखते हैं, "भरत के मतानुसार यह तडित् छन्द है।"[20] का. सं. सी. और घोष संस्करणों में इसे तटि कहा गया है।[21] हेमचन्द्राचार्य के निर्देश अनुसार यहाँ तटि के स्थान पर तडित् पाठ मूल में यथार्थ है। गायकवाड़ और काव्यमाला संस्करणों में इसका विद्युत् नाम प्राप्त हुआ है।[22] अभिनवभारती में भी विद्युत् शब्द उपलब्ध है। तडित् और विद्युत् पर्यायवाची शब्द हैं। इस तरह इस छन्द के लक्षण के निरूपण मे नाट्यशास्त्र में दो भिन्न पाठ प्राप्त होते है। उनमें से अभिनवभारती में एक पाठ का तो छन्दोऽनुशासन में दूसरे पाठ का अनुसरण है।

5.2. रग गण-माप से युक्त 'समृद्धि' छन्द की वृत्ति में हेमचन्द्र लिखते हैं, "भरत के मतानुसार यह पुण्य छन्द है।"[23] छन्दोऽनुशासन के विद्वान् संपादक ह. दा. वेलणकर की पाद टिप्पणी के अनुसार 'पुण्य' शब्द के स्थान पर 'पुष्प'

पाठान्तर भी मिलता है।[24] छन्दोऽनुशासन की पाद टिप्पणी में मुद्रित यह 'पुष्प' पाठ ही अधिक समीचीन है, क्योंकि नाट्यशास्त्र के का.सं.सी. संस्करण में इसे पुष्प नाम से लक्षित किया गया है।[25] नाट्यशास्त्र के अन्य संस्करणों में इसे प्रतिष्ठा कहा गया है।[26] अभिनवभारती में भी प्रतिष्ठा नाम मिलता है। छन्दःशास्त्र में चार अक्षरों वाले प्रत्येक वृत्त को प्रतिष्ठा कहा जाता है।

5.3. मस गण–माप और छः अक्षरों से युक्त छन्द को हेमचन्द्र 'मुकुल' कहते हैं और भरत का मत उद्धृत करते हुए लिखते हैं, "भरत के अनुसार यह वीथी छन्द है।"[27] गायकवाड़ संस्करण में इसे वीची और घोष संस्करण में वीथि कहा गया है। काव्यमाला और काशी संस्कृत सीरिज़ में वीर्य शब्द प्राप्त है।[28] इस तरह विविध पाठान्तर हुए हैं। अभिनवभारती में वीथिका शब्द का स्वीकार किया गया है। इसी छन्द का पुनर्निरूपण प्राप्त होता है। वहाँ उसे पङ्क्ति नाम से लक्षित किया गया है।[29]

5.4. रजग गण–माप से युक्त सात अक्षरों वाले 'उष्णिह्' छन्द की वृत्ति में हेमचन्द्र लिखते हैं, "भरत के मतानुसार यह शिखा छन्द है।"[30] नाट्यशास्त्र के उपर्युक्त चारों संस्करणों में इसे कामिनी छन्द कहा गया है।[31] एक मात्र गायकवाड़ संस्करण में उसे कामिनी उपरान्त शिखा नाम से भी आलेखित किया गया है।[32] अभिनवभारती में भी शिखा नाम दिया गया है।

इस छन्द के सम्बन्ध में विशेष ध्यातव्य यह है कि उसके लक्षण के दो भिन्न पाठ मिलते हैं और हेमचन्द्र तथा अभिनवगुप्त दोनों एक ही पाठ का समर्थन करते हैं। सामान्य रूप में ये दोनों आचार्यों के ग्रन्थों में भिन्न भिन्न पाठ का अनुसरण दिखाई देता है लेकिन इस शिखा छन्द के विषय में दोनों ने समान मत को स्वीकृति दी हैं।

5.5. ननग गण–माप से युक्त 'हरिविलसित' छन्द की वृत्ति में हेमचन्द्राचार्य लिखते हैं, "अन्य के मतानुसार यह चपला है और भरत के अनुसार यह द्रुतगति है।"[33] नाट्यशास्त्र के उपर्युक्त चारों संस्करणों में एक ही लक्षणश्लोक में इसको द्रुतगति और चपला कहा गया है।[34] हेमचन्द्र के निर्देशानुसार भरत इसे द्रुतगति मानते हैं और अन्य आचार्यों ने इसको चपला माना है, किन्तु ये दोनों नाम एक ही कारिका में उपलब्ध हैं और सभी संस्करणों में एकमत से स्वीकृत हैं। यहाँ अनुमान कर सकते हैं कि हेमचन्द्र के समक्ष नाट्यशास्त्र की ऐसी कारिका रही होगी जिसमें इस छन्द के लिए

केवल द्रुतगति शब्द का प्रयोग हुआ हो। अन्यथा वे इसे चपला छन्द से पहचानने वाले अन्य आचार्यों के मत का निर्देश नहीं करते। अभिनवभारती में भी द्रुतगति नाम प्राप्त होते हैं।

5.6. मनयग गण–माप से युक्त 'पणव' छन्द की वृत्ति में वे लिखते हैं, "भरत के मतानुसार यह कुवलयमाला है।"[35] नाट्यशास्त्र में इस छन्द का लक्षण दो भिन्न श्लोकों में भिन्न प्रकार से मिलता है। अनुष्टुप् में निबद्ध कारिका में इसे उत्पलमालिका (गायकवाड़ संस्करण) या उत्पलमालिनी (काव्यमाला, का.सं.सी और घोज्ञ संस्करण) कहा गया है।[36] किन्तु चारो संस्करणों में उदाहरण के पद्य में कुवलयमाला शब्द का प्रयोग हुआ है।[37] गायकवाड़ संस्करण में प्राप्त दूसरे प्रकार के पाठ में उपलब्ध लक्षणश्लोक में कुवलयमाला नाम भी प्राप्त है।[38] इस छन्द के सम्बन्ध में नाट्यशास्त्र का पाठ विशेषरूप से विचारणीय है। इस छन्द का गण–माप मनयग है। दश अक्षरों के इस लघु–गुरु वर्णस्वरूप उत्पलमालिका या उत्पलमालिनी शब्द का लघु–गुरु वर्णस्वरूप संगत नहीं हो सकता है। इसलिए छन्द के उदाहरण के पद्य में इस शब्द को समाविष्ट करना असम्भव है। इसलिए उदाहरण में पर्याय शब्द कुवलयमाला रखा गया है। अनुष्टुप् में निबद्ध कारिका में उत्पलमालिनी नाम का प्रयोग इस बात का साक्ष्य रूप है कि जब छन्द के नाम को उसके उदाहरण के पद्य में समाविष्ट करने की विचारणा की गई होगी, उस से पूर्ववर्ती काल का वह प्रतिनिधित्व करती है। इस तरह छन्द के लक्षण का निर्देश करती हुई अनुष्टुप् कारिकायें पूर्ववर्ती हैं और छन्द के अपने ही स्वरूपानुसार निबद्ध कारिकायें परवर्ती हैं। उदाहरण के पद्य भी परवर्ती सिद्ध होते हैं। इस प्रकार नाट्यशास्त्र के अन्तरंग प्रमाण से ही उसके पाठनिर्णय और कर्तृत्व के विषय में समस्याएँ खड़ी होती हैं।

5.7. नयनलग गण–माप से युक्त 'कमलदलाक्षी' छन्द की वृत्ति में हेमचन्द्र लिखते हैं, "भरत के मतानुसार यह रुचिरमुखी है।"[39] नाट्यशास्त्र के 32 वें अध्याय में इस छन्द का दो बार निरूपण हुआ है प्रथम निरूपण के समय एक ही कारिका में उसे रुचिरमुखी और कमलदलाक्षी कहा गया है।[40] का. सं.सी. में कमलदलाक्षी के स्थान पर कमललताक्षी नाम मिलता है।[41] पुनर्निरूपण के समय गायकवाड़ और काव्यमाला संस्करणों में उसे मुखचपला और का. सं. सी. तथा घोष संस्करणों में अतिचपला कहा गया है।[42] अभिनवभारती में संक्षिप्त नाम कमलाक्षी मिलता है।

5.8. सजसजग गण-माप से युक्त 'नन्दिनी' छन्द की वृत्ति में हेमचन्द्र लिखते हैं, "भरत के अनुसार यह मनोवती है।"[43] गायकवाड़ संस्करण में इस मनोवती छन्द के लक्षणश्लोक की प्राप्ति होती है, पर उसे प्रक्षिप्तांश के रूप में कोष्ठक में रखा गया है।[44] काव्यमाला संस्करण में इसे ग्रन्थ के मूल पाठ के रूप में मुद्रित किया गया है, लेकिन उसका पाठ बहुत अशुद्ध है और 'सा मनोवती' के स्थान पर 'समानावभाभा' छापा गया है।[45] का. सं.सी. और घोष संस्करणों में इसे विलम्बिता नाम दिया गया है।[46]

सामान्यतः ऐसा प्रतीत होता है कि जब जब गायकवाड़ और काव्यमाला संस्करणों से का.सं.सी. और घोष के संस्करणों का पाठ भिन्न है, वहाँ हेमचन्द्र द्वारा उद्धृत नाम की प्राप्ति का.सं.सी. और घोष के संस्करणों में होती है। इस मनोवती छन्द के बारे में स्थिति बिलकुल विपरीत है। हेमचन्द्र द्वारा निर्दिष्ट इस नाम का समर्थन गायकवाड़ और काव्यमाला संस्करणों में मिलता है तथा का.सं.सी. और घोष संस्करणों में भिन्न वाचना से विलम्बिता नाम मिलता है।

6. हेमचन्द्र निर्दिष्ट भरत के मतानुसारी एक छन्द का लक्षण नाट्यशास्त्र के किसी भी संस्करण में उपलब्ध नहीं है। (देखिये परिशिष्ट : क्रम 34)

6.1. भग गणमाप से युक्त सुमुखी छन्द की वृत्ति में हेमचन्द्र लिखते हैं, "भरत के मतानुसार यह ललिता छन्द है।"[47] भग गण-माप वाला यह ललिता छन्द नाट्यशास्त्र के किसी भी संस्करण में उपलब्ध नहीं है। का.सं.सी. संस्करण में इस गण-माप को सुप्रतिष्ठा कहा गया है।[48] इस सुप्रतिष्ठा छन्द का लक्षण भी संदिग्ध अवस्था में है, क्योंकि वह स्वतन्त्र लक्षणश्लोक में नहीं है किन्तु प्रतिष्ठा छन्द के साथ एक ही कारिका में है।

अभिनवभारती में भी इस छन्द का उल्लेख नहीं है। उपर्युक्त तीनों संस्करणों में उसका उदाहरण भी नहीं है। उपरान्त, सुप्रतिष्ठा नाम पाँच अक्षरों के वृत्तों के लिए प्रयुक्त होता है। यहाँ चार अक्षर के इस गण-माप के लिए सुप्रतिष्ठा नाम अत्यन्त विचित्र सा लगता है। हेमचन्द्राचार्य के निर्देशानुसार इसका नाम ललिता होगा। सम्भव है कि काल की गर्त में इस छन्द के लक्षण और उदाहरण का मूल पाठ लुप्त हो गया हो।

हेमचन्द्र के छन्दोऽनुशासन के आलोक में भरतमुनि के नाट्यशास्त्र के पाठ की समीक्षा करते हुए हम कुछ निष्कर्ष निकाल सकते हैं। जैसे-

1. हेमचन्द्र द्वारा निर्दिष्ट भरत के मतानुसारी छन्दों के कुछ नाम नाट्यशास्त्र

के सभी संस्करणों में निर्विरोध मिलते हैं।

2. कुछ छन्दों के नामों में लिंगभेद या ह्रस्व-दीर्घ स्वर के भेद से मामूली सा परिवर्तन हुआ है।
3. निर्दिष्ट कुछ नामों के मूल नाम के उपरान्त अन्य नाम भी प्राप्त होते हैं। दूसरा नाम कभी वाचना भेद से मिलता है तो कभी एक ही कारिका में भी दो या अधिक नाम प्राप्त होते हैं। हेमचन्द्र जिस नाम को अन्य आचार्य के मतानुसार स्पष्टतः निर्देश करते हैं, वह नाम भी कभी नाट्यशास्त्र के पाठ में उपलब्ध होता है।
4. हेमचन्द्र निर्दिष्ट मतों का समर्थन नाट्यशास्त्र के किसी एक ही संस्करण पाया जाता है-ऐसा कहने की स्थिति नहीं है। उनके मत का समर्थन बहुधा का.सं.सी. और घोष संस्करणों में मिलता है, लेकिन एक-दो उद्धरणों के प्रसंग में भिन्न स्थिति भी देखी जाती है और गायकवाड़ और काव्यमाला संस्करणों में भी उनका समर्थन प्राप्त होता है।
5. नाट्यशास्त्र के पाठ में पुष्कल परिवर्तन और परिवर्धन होते रहे हैं। इसलिए इसके समीक्षित पाठ के सम्पादन की प्रक्रिया अत्यन्त कठिन है। अनेक अंश के बिलकुल लुप्त होने की भी सम्भावना है। ऐसे लुप्तांशो की पुनःस्थापना और अशुद्धिग्रस्त पाठ्यांशो के शुद्ध पाठ की प्राप्ति में हेमचन्द्राचार्य का छन्दोऽनुशासन बहुमूल्य सहायक हो सकता है।

पादटिप्पणी

1. धूरिति भरतः। छन्दोऽनुशासनम्, 2.12.1
2. आदिलघुना धृतिः स्थानगणेन योज्या हि मात्रेण।। ना.शा. (गायकवाड़), 32. 49 लघुः स्यात्पदादौ त्रिके या धृतिः सा।। उपर्युक्त, 32.51
3. मधुकरिकेति भरतः। छन्दोऽनुशासनम्, 2.11.1
4. नवाक्षरकृते पादे त्रीणि स्युर्नैधनानि च।
गुरूणि यस्याः सा नाम्ना ज्ञेया मधुकरी यथा।। ना.शा. (गायक.), 15.28
षडिह यदि लघूनि स्युर्निधनगतमकारश्चेत्।
बुधजनबृहती संस्था भवति मधुकरी नाम्ना।। ना.शा. (उपर्युक्त), 15.23
5. आदौ यदि गुरुणी अन्त्यं निधनगतम्।
ज्ञेया मधुकरिका उष्णिह्यभिकथिता।। ना.शा. (उपर्युक्त), 32.112

6. मकरशीर्षेति भरतः।। छन्दोऽनुशासनम्, 2.39.1
7. • लघुगण आदौ भवति चतुष्को।
गुरुयुगमन्ते मकरकशीर्षा।। ना.शा. (उपर्युक्त), 15.4
• गुरुयुगमन्ते यदि परमस्याः।
इह कथिता सा मकरकशीर्षा।। ना.शा. (उपर्युक्त), 32.82
8. वागुरेति भरतः।। छन्दोऽनुशासनम्, 2.24.1
9. • प्रथमं च तृतीयं च त्वन्तं चैव यदा गुरु।
दृश्यते प्रतिपादं तु सा ज्ञेया वागुरा यथा।। ना.शा. (उपर्युक्त), 32.71, का.मा., 32.73
• आद्यमध्यगौ सान्तगौ तथा। यत्र वै गुरुः सा तु वागुरुः।। का.सं.सी. 32.6
10. आद्यमध्यगौ सान्तगौ तथा। यत्र वै गुरुः सा तु वा गुरुः।। ना. शा. (घोष) 32.70
11. हरिणप्लुतमिति भरतः।। छन्दोऽनुशासनम्, 2.163.1
12. कुन्तलतन्वीति भरतः।। छन्दोऽनुशासनम्, 2.25.1
13. आद्यपरे द्वे यत्र तु ह्रस्वे। सा खलु नाम्ना भूतलतन्वी।। ना. शा. (गायकवाड़), 32.69
14. आद्यपरे द्वे यत्र तु ह्रस्वे। सा खलु नाम्ना भूतलतन्वी।। ना. शा. (गायकवाड़), 32.69
15. मत्तगजविलसितमिति भरतः।। छन्दोऽनुशासनम्, 2.271.1
16. • आद्यं चतुर्थं षष्ठं च नैधनं च यदा गुरु।
षोडशाक्षरके पादे यत्रेभललितं तु यत्।। ना. शा. (गायकवाड़), 15.95
• भ्रौ यदि नाश्च नित्यमिह विरचितचरणा।
गश्च तथा च वै भवति निधनमुपगतः।
स्यादपि चाष्टिमेव यदि सततमनुगतं
तत्खलु वृत्तमग्रवृषभगजविलसितम्।। ना. शा. (गायकवाड़), 32.96
• आद्यं षष्ठं चतुर्थं च नैधनं च गुरुण्यथ।
षोडशाक्षरे पादे गजं विलसितं तु तत्।। ना. शा. (का.सं.सी.) 16.72
17. पुष्पसमृद्धिरिति भरतः।। छन्दोऽनुशासनम्, 2.113.1
18. आद्यचतुर्थे नैधनकं च पञ्चमषष्ठे यत्र च दीर्घे।
पुष्पसमृद्धा संकथिता सा पङ्क्तिरथैषा गीतकबन्धे।। का.सं.सी. 32.22
19. गायकवाड़ संस्करण, 32.201
20. तडिदिति भरतः।। छन्दोऽनुशासनम्, 2.113.1

21. यत्पदं मध्यतः स्यात् लघुः सा तटिः।। का.सं.सी. 32.50, घोष 32.51
22. • मध्यलघुनाथ विद्युत्पादे पादे समं विभक्तेन।। गायकवाड़, 34.49
 • मध्यलघुनाथ विद्युत्पादे पादे समं विभक्तेन।। गायकवाड़, 34.50
23. पुण्यमिति भरतः।। छन्दोऽनुशासनम्, 2.15.1
24. छन्दोऽनुशासनम्, पृ. 13, पादटिप्पणी 4
25. चतुर्णां च यदा यस्य द्वितीयं ह्रस्वमेव च।
प्रतिष्ठायां गतं वृत्तं पुष्पं स्यात्तद्धि नामतः।। का.सं.सी. 32.79
26. द्वितीयं लघु सर्वत्र चतुर्णां यत्र दृश्यते
27. वीथीति भरतः।। छन्दोऽनुशासनम्, 2.42.1
28. • यस्याः स्युश्चरणे त्रीण्यादौ निधनम्।
दीर्घाणीह तु सा वीची नाम (कृता)।। गायकवाड़, 32.89
 • यत्र स्युश्च चरणे त्रीण्यादौ निधने।
दीर्घाण्येव तु सा वीथिर्नाम यथा। घोषः, 32.8
काव्यमाला में गायकवाड़ अनुसार और का.सं.सी. में घोष संस्करण के अनुसार पाठ है।
29. त्रीण्यादौ तु यदि चान्त्यं चापि गुरु।
नाम्ना वै कथिता पङ्क्तिः सा तु यथा। काव्यमाला, 32.98
30. शिखेति भरतः।। छन्दोऽनुशासनम्, 2.53.1
31. गुरुणा लघुना चैव समं नीता तु या ध्रुवा।
छन्दस्युष्णिहि वृत्तज्ञैर्विज्ञेया कामिनी यथा।। गायकवाड़, 32.105
32. आद्यमन्तपञ्चमे स्यात् तृतीयमेव च।
पादतो गुरूणि वै यस्याः सा शिखा तु वा। गायकवाड़, 32.106
33. चपलेत्यन्ते। द्रुतगतिरिति भरतः।। छन्दोऽनुशासनम्, 2.62.1
34. गुरुनिधनगतं यदि भवति सदा।
35. कुवलयमालेति भरतः।। छन्दोऽनुशासनम्, 2.110.1
36. दशाक्षरकृते पादे त्रीण्यादौ त्रीणि नैधने।
यस्या गुरूणि सा ज्ञेया पङ्क्तिरुत्पलमालिका।। गायकवाड़, 15.31
37. अस्मिंस्ते शिरसि तदा कान्ते वैडूर्यस्फटिकसुवर्णाढ्ये।
शोभां स्वां न वहति तां बृद्धा सुश्लिष्टा कुवलयमालेयम्।। उपर्युक्त, 15.33
38. त्रीण्यादौ यदि हि गुरूणि स्युः चत्वारो यदि लघवो मध्ये।
पङ्क्तावन्तगतमकारः स्याद् विज्ञेया कुवलयमालाख्या।। उपर्युक्त, 15.32

39. रुचिरमुखीति भरतः।। छन्दोऽनुशासनम्, 2.150.1
40. यदि खलु मध्ये त्वथ गुरुणी पुनरपि चान्त्यं गुरुचरणे।
भवति हि नित्यं रुचिरमुखी कमलदलाक्षीति हि कथिता।। गायक. 32.205
41. कमललताक्षीत्यभिकथिता।। का.सं.सी. 32.225
42. यदि खलु षष्ठं गुरुयुगलं निधनगतं चाप्यथ गुरुकम्।
भवति हि सैवं चरणविधौ मुखचपला त्रिष्टुभि रचिता।। गायक. 32.211
मुखचपले ह्यतिचपला।। काव्यमाला, 32.217
कमलनिमास्ये ह्यतिचपला।। का.सं.सी. 32.225, घोष, 32.245
43. मनोवतीति भरतः।। छन्दोऽनुशासनम्, 2.210.1
44. चदि पञ्चमं हि सतृतीयनैधनं नवमं द्वितीयमपि तस्य तादृशम्।
चरणे गुरुणि यदि साहि पूर्विका जगती बुधैर्निगदिता मनोवती।। गायक., 32.151
45. यदि पञ्चमं हि सतृतीयनैधनं नवमं तृतीयं तादृशं वरणम्।
भवति हि गुरुणि यत्र वै जगती पदैर्भवति समानायमाना।। काव्यमाला, 32.15
46. यदि पञ्चमं हि सतृतीयनैधनं नवमं द्वितीयमपि तस्य तादृशम्।
चरणे गुरुणि यदि स्वतिपूर्विका जगती बुधैर्निगदिता विलम्बिता।। का.सं.सी.
47. ललितेति भरतः।। छन्दोऽनुशासनम्, 2.16.1
48. द्वितीयेन लघु सर्वत्र चतुर्णां यत्र दृश्यते।
सा प्रतिष्ठा बुधैर्ज्ञेया सुप्रतिष्ठा द्वयेन तु।। गायकवाड़, 32.56, काव्यमाला, 32.58, का.सं.सी. 32.55

सन्दर्भ ग्रन्थ सूची

1. छन्दोऽनुशासनम्, हेमचन्द्राचार्य, संपादकः प्रा.एच.डी. वेलणकर,सिन्धी जैन ग्रन्थमाला क्रमांक–41, भारतीय विद्या भवन, मुम्बई, प्रथमावृत्ति, ई.स 1961।
2. नाट्यशास्त्रम् (भाग–2) (अभिनवभारती सहित), भरतमुनि, संपादकः रामकृष्ण कवि, गायकवाड़ ओरियेन्टल सीरीज़ क्रमाङ्क 65, प्राच्यविद्या मन्दिर, वडोदरा, प्रथमावृत्ति, ई.स. 1934।

3. नाट्यशास्त्रम् (भाग-4) (अभिनवभारती सहित), भरतमुनि, संपादकः जे. एस. पदे शास्त्र, गायकवाड़ ओरियेन्टल सीरीज़ क्रमाङ्क— 145, प्राच्यविद्या मन्दिर, म.स. युनि. वडोदरा, प्रथमावृत्ति, ई.स. 1964।
4. नाट्यशास्त्रम् (भाग-1) (अध्यायः 1-29), भरतमुनि, संपादकः मनमोहन घोष, मनीषा ग्रन्थालय, कलकत्ता, ई.स. 1969।
5. नाट्यशास्त्रम् (भाग-2) (अध्यायः 25-39), भरतमुनि, संपादकः मनमोहन घोष, बिब्लिओथेका इण्डिका, क्रम नं.— 272-अ, दि एशियाटीक सोसायटी, कलकत्ता, ई.स. 1983।
6. नाट्यशास्त्रम् (सम्पूर्ण), भरतमुनि, संपादकः पंडित केदारनाथ शर्मा, काव्यमाला संस्करण क्रमांक-42, भारतीय विद्या प्रकाशन, दिल्ली, पुनर्मुद्रण, ई.स. 1983।
7. नाट्यशास्त्रम् (सम्पूर्ण), भरतमुनि, संपादकः पंडित बटुकनाथ शर्मा और बलदेव उपाध्याय, काशी संस्कृत सीरीज़ क्रमांक-60, चौखम्बा संस्कृत संस्थान, वाराणसी, द्वितीय संस्करण, ई.स. 1980।

9

आचार्य भरत के नाट्यशास्त्र की लोकधर्मी परम्परा का एक विलुप्त नक्षत्र— निरतरंग

इच्छाराम द्विवेदी 'प्रणव'

भारतीय शास्त्र परम्परा की जड़ें अपनी भूमि में चतुरस्र इतनी गहरी हैं कि वे न केवल लोक जीवन से रसाकर्षण करते हुए अपनी अक्षुण्णता बानाए रखती हैं अपितु वे अपनी सम्पन्नता एवं पुष्टता के चलते इस भारत भूमि की माटी को भी बांधे रखती हैं। आचार्य भरत के नाट्यशास्त्र की जड़ें जहाँ अपनी शास्त्रीय सिद्धान्त स्थापना के कारण समग्र भारतीय काव्यशास्त्र, सौन्दर्यशास्त्र तथा रसशास्त्र के आधार में प्रतिष्ठित हैं, ठीक वहीं वे अपनी पूर्ण दृढ़ता के साथ लोकधर्मी नाट्य परम्परा, शिल्प, कला, कौशल आदि के क्षेत्र में इतनी गहराई से अनुस्यूत हैं कि सम्पूर्ण भारतवर्ष में फैली लोकनाट्य परम्परा में अनुगुंजित होती सुनाई देती हैं।

ऐसी ही एक विस्मृत और सम्भवतः अब तक अज्ञात आचार्य भरत के नाट्यशास्त्र की अनूदित कृति लोकभाषा ब्रज में रचित तथा भरत सिद्धान्त की संक्षिप्त प्रस्तुति करने वाला ग्रन्थ है कवि विरजनाथ मिश्र द्वारा रचित "निरतरंग"। उत्तर प्रदेश के इटावा जनपद में यमुना नदी के तट पर नगर से तीन मील दूर एक तीन सौ वर्ष पुराना पुस्तकालय है। यह ग्रन्थागार तत्कालीन उपजिलाधिकारी श्री संभू साहब के अपार तप का फल है जो बाद में "खट खटा बाबा" के नाम से प्रसिद्ध हो गये थे। उनके इस विशालग्रन्थागार में सहस्राधिक पाण्डुलिपियाँ अभी भी दबी पड़ी हैं जिनके उद्धार की, संरक्षण की, पुनः प्रतिष्ठा की महती आवश्यकता है। ग्रन्थागार में लगभग 1,40,000 (एक लाख चालीस हजार) ग्रन्थ संगृहीत हैं।

पुस्तकालय की सूचनी में बस्ता सं. 1460 की क्रम संख्या पर "जो 200 पुस्तकों की बन्धेज है 166 नम्बर पर "निरत रंग" नामक यह लघु ग्रन्थ पाण्डुलिपि के रूप में संगृहीत है। ग्रन्थ में कुल 362 दोहे, सवैया, सोरठा, तथा छप्पय छन्दों में आचार्य भरत के नाट्यशास्त्रीय सिद्धान्तों का सहज सरल ब्रजभाषा में वर्णन किया गया है।

ग्रन्थ के स्वाध्याय से पता चलता है कि यह किसी "विरजनाथ मिश्र" या शुद्ध करके कहें तो ब्रजनाथ मिश्र नामक कवि की रचना है। जो संवत् 1530 की है। इटावा जनपद इष्टिका पुरी के नाम से प्राचीन काव्यों में उल्लिखित रहा है। 12वीं शताब्दी में राजा सुमेर सिंह के शासन काल में इस नगर का पुनर्निमाण हुआ। ब्रजभाषा भाषी क्षेत्र होने के कारण यहाँ महारास एवं रासलीला का मंचन बड़े पैमाने पर होता रहा है और आज भी होता रहता है।

"निरतरंग" की रचना किस नरेश के काल में हुई यह कहना तो कठिन है क्योंकि ग्रन्थकार ने किसी नरेश का नामोल्लेख नहीं किया है, किन्तु ग्रन्थ की परिसमाप्ति पर यह दोहा लिखा है—

बिरजनाथ की कृपा सौं, रच्यौ, झुका वौं सीस।
विरजनाथ कवि ग्रन्थ यह संवत् पन्द्रह तीस।।[1]

यह ग्रन्थ कुल पन्द्रह प्रकार के छन्दों में उपनिबद्ध है जिन्हें पाँच तरंगों में 60. 60 छन्दों के प्रस्तार में विभक्त किया गया है। कुल तीन सौ छन्दों में नाट्यशास्त्र के विविध विषयों की चर्चा की गई है। शेष 62 छन्दों में कवि ने अपनी वंश-परम्परा, महारास महिमा, तथा कृष्ण भक्ति सम्प्रदाय में रासलीला के अनुकरण का महत्त्व वर्णित किया है। "निरतरंग" का आरम्भ इस दोहे से होता है—

सुमिरौं उमा महेस कौं ब्रह्मचरन चित लास।
निरतरंग लच्छिन कहऊँ भाषा भनिति सुमाप।।[2]

उपर्युक्त दोहे का सादृष्य हमें नाट्यशास्त्र के प्रथम श्लोक से ही मिल जाता है-

प्रणम्य शिरसा देवौ पितामह-महेश्वरौ।
नाट्यशास्त्रं प्रवक्ष्यामि ब्रह्मणा यदुदाहृतम्।।[3]

कवि बिरजनाथ आगे लिखते हैं -

बिरमा के सुत जे भरत परमानन्द मूनीस।
निरतरंग सुभशास्त्र के बे ईसन के ईस।।[4]

अर्थात् ब्रह्मा के सुत जो भरत मुनि हैं वे परमानन्द के अधिष्ठाता हैं और इस निरतरंग शुभ शास्त्र में वे सभी देवों के देव हैं। महामुनि भरत ने सद्य परनिर्वृति एवं

भवसंभव खेद की निवृत्ति के लिए ही इस पवित्र शास्त्र का सृजन किया—

रच्यौ महामुनि ने सरस निरत सुपंचम वेद।
जासौं छिन मँह जात है भवसंभव सब खेद।।[5]

इस निरतरंग या कहें 'नृत्यरंग' शास्त्र की परिधि बताते हुए कवि लिखता है-

चार वेद छः शास्त्र अठ बिबिधागम सपुरान।
सब के रस कौं धारतौ निरतरंग रस खान।।[6]

चार वेद, छः शास्त्र, विविध आगम तथा पुराण आदि के सम्पूर्ण रसों को अन्तर्गूढ रखने वाला यह नृत्तरंग शास्त्र रस की खान है। इस शास्त्र का प्रथम प्रवचन आचार्य भरत ने अपने सौ पुत्रों को किया था ऐसी ही परम्परा नाट्यशास्त्र में उल्लिखित हैं। निरतरंग का यह उद्धरण द्रष्टव्य है—

सौ सुत सब गुनवन्त अठ बिनयसील सम्पन्न।
ते उपदेसे भरत मुनि सबबिधि सदा प्रसन्न।।
सन्दिल दत्तिल बच्छ अठ कोल तन्दु गुणखानि।
ऐसे सुतसय कौं भन्यौ मुनि यह शास्त्र प्रमान।।[7]

भरतनाट्यशास्त्र के इन श्लोकों को यहाँ स्मरण करना समीचीन होगा—

पुत्रानध्यापयामास प्रयोगं चापि तत्त्वतः।
शाण्डिल्यं चैव वात्स्यं च कोहलं दत्तिलं तथा।।[8]

इस नाट्यशास्त्र की गम्भीरता बताते हुए कवि कहता है-

अतिबिसाल अति दुरगम अति आनन्द निधान।
दियौ भरत छःतीसौ अधियायनि निज ज्ञान।।[9]

यह नाट्यशास्त्र अति विशाल है, अति दुर्गम है और अति आनन्दप्रद है जिस ज्ञान को भरत मुनि ने छत्तीस अध्यायों में अपने पुत्रों को प्रदान किया। यहाँ यह शंका हो सकती है कि उपलब्ध नाट्यशास्त्र में सैतीस अध्याय हैं। फिर कवि ने छत्तीस अध्यायों की रचना क्यों स्वीकार की परन्तु यह प्रश्न असमाधेय नहीं है।

ग्रन्थ की परिसमाप्ति के अंश को पढ़ने से कुछ ऐसा प्रतीत होता है कि यह भरत नाट्यशास्त्र का संक्षेप में किया गया भाषा शास्त्रीय विवेचन महारासलीला या भगवान् कृष्ण की लीलाओं के नाट्यानुकरण के निमित्त रचा गया होगा क्यों कि एक दोहे में कवि ब्रजनाथ ने लिख है—

बिरजनाथ को खेलु यह महारास संसार।
तरकी लीला हित कहेऊ बिरजनाथ सुविचार।।[10]

अर्थात् यह संसार भगवान् ब्रजनाथ श्रीकृष्ण का खेल है और उनकी लीला के

हित अर्थात् रासलीला खेलने के निमित्त ही कवि ब्रजनाथ ने यह ग्रन्थ भाषा में रचा है। इस भाव को पूर्णतः स्पष्ट करते हुए कवि ने अन्तिम छन्द सं. 362 में कहा है –

हियतरंग सौं प्रकट है निरतरंग यहु ग्रन्थ।
महारास के हित रच्यौ सदा मोद कौ पन्थ।।[11]

इस प्रकार हम देख सकते हैं कि आचार्य भरत के सिद्धान्त एवं नाट्य के क्षेत्र में उनके द्वारा दिये गये निर्देश कितनी गहराई से जनमानस में बैठे हुए थे। लोकधर्मी परम्परा में लीलाओं के मंचन करने वाले साधारण रसिक जन भी उन दिनों नाट्यशास्त्र परम्पराओं से सुपरिचित होते थे। भारतीय जनमानस की अभिरुचि के कलात्मक परिष्कार का इस से बड़ा साधन दूसरा नहीं हो सकता। इस ग्रन्थ की यह एक मात्र प्रति खट् खटा बाबा संग्रहालय ग्रन्थगार इटावा में विद्यमान है। संभवतः इसकी अन्य प्रतिलिपियाँ भी क्षेत्र में कहीं उपलब्ध हैं। उनका पता लगाया जाना शेष है।

सन्दर्भ तथा टिप्पणी

1. निरतरंग – ब्रजनाथ कवि कृत. 362।
2. निरतरंग – प्रथम तरंगा दोहा – 1।
3. भरतनाट्यशास्त्र अ. 1 श्लोक – 1।
4. निरतरंग प्रथम तरंग दोहा – 7।
5. निरतरंग प्रथम तरंग दोहा – 10।
6. निरतरंग प्रथम तरंग दोहा – 12।
7. निरतरंग प्रथम तरंग दोहा – 26।
8. नाट्यशास्त्र–प्रकराध्याय श्लो. – 25.26।
9. निरतरंग ब्रजनाथ कवि कृत दोहा – 28।
10. निरतरंग पंचमतरंग दोहा – 359।
11. निरतरंग पंचमतरंग दोहा – 362।

10

शास्त्र एवं प्रयोग— एक विश्लेषण

कमल वासिष्ठ

प्रायः सामान्य लोग शास्त्र, संहिता, पुराण किंवा सूत्र शब्दों को एक ही अर्थ में ग्रहण करते हैं। आधुनिक कहे अथवा माने जाने वाले आम जन अल्पज्ञान के कारण इन्हें पोंगा-पन्थ, आउट डेटेड, अप्रासंगिक जैसे विशेषणों से सुशोभित करते रहते हैं और पश्चिम की आधी-अधूरी जानकारी को आधार बनाकर इन ग्रन्थों की अतार्किक आलोचना कर, और वैज्ञानिक विश्लेषण का अभाव बताकर अपना प्रभाव जमाने का प्रयास करते हैं। बिना यह जाने-बूझे कि ये शब्द (ग्रन्थ) अपने आप में सम्पूर्ण वैज्ञानिक आधारों ओर प्रयोगों को समेटे हैं। अतः इन शब्दों की परिभाषा जानना अत्यावश्यक है।

पुराण, पुरातन, प्राचीन, पुराण का अर्थ है— मनुष्यों, ऋषियों, देवों, दानवों, गन्धर्वों, राजाओं, महापुरुषों आदि के ऐसे वृतान्त हैं जो पुरुष परम्परा से चले आ रहे हैं और हिन्दुओं के धर्म सम्बन्धी आख्यान ग्रन्थ जिनमें सृष्टि, उत्पत्ति तथा लय आदि के वृतान्त रहते हैं। ये 18 हैं— जिनके नाम विष्णु, पद्म, ब्रह्म, शिव, भागवत, नारद, मार्कण्डेय, अग्नि, ब्रह्मवैवर्त, लिंग, वराह, स्कन्द, वामन, कूर्म, मत्स्य, गरुड, ब्रह्माण्ड, और भविष्य हैं।[1] अतः पुराण, कथा साहित्य के अन्तर्गत आते हैं न कि शास्त्रीय अनुशासन के अन्तर्गत।

शास्त्रीय व्याख्याओं को पुराण में प्रस्तुत किया गया है जैसे चित्रकला अथवा मूर्तिकला के सन्दर्भ में विष्णुधर्मोत्तरपुराण का चित्रसूत्र खण्ड आदि। संहिताशब्द की व्याख्या इस प्रकार है –

संहिता का अर्थ मिलावट, व्याकरण के अनुसार दो अक्षरों का मिलकर एक होना, सन्धि, किसी ग्रन्थ का स्वर भेद पर निर्धारित पाठक्रम (विशेषतः शब्दों या पदों के उच्चारण के समुचित परिवर्तन के ध्यान से सङ्कलित वैदिक मन्त्रों का संग्रह, मूलपाठ या पद्यों का क्रमिक संग्रह आदि माना जाता है।[2]

वस्तुतः संहिता वाचिक परम्परा का संग्रह कही जा सकती है किन्तु वह शास्त्र की श्रेणी में नहीं मानी जाती है। कुछ विद्वान् इसे शास्त्र की श्रेणी में रखते हैं जैसे चरकसंहिता चिकित्सा शास्त्र (आयुर्वेद) का ग्रन्थ है।

नाट्यशास्त्र में भारतीय संस्कृति के तत्त्व, भौगोलिक विवरण, नृ-वंशविद्या, भाषाएँ, साहित्य, मनोविज्ञान, लोकप्रथा, कला, वैदिकशास्त्र, अर्थशास्त्र, गान्धर्व शास्त्र, पुराकथा, संगीततत्त्व, आयुर्वेदशास्त्र, आदि कई शास्त्रों का समन्वय और प्रायोगिक तत्त्व सम्मिलित हैं।

उदाहरणार्थ— नाट्यशास्त्र के 26 वें अध्याय में विषपान जन्य मृत्यु की विभिन्न अवस्थाओं का चित्रण करते हुए आचार्य भरत ने अभिनेता को निर्दिष्ट करते हुए लिखा है—

प्रथमे वेगे कार्श्यें्ष्वभिनेयं वेपथुर्द्वितीये तु।
दाहस्तथा तृतीये विलल्लिका स्थाच्चतुर्थे तु।। 107।
फेनस्तु पंचमस्थे तु ग्रीवा षष्ठे तु भण्यते।
जडता सप्तमे तु स्यान्मरणं त्वष्टमे भवेत्।।108।।

अर्थात् विषवेग से होने वाली अवस्थाएँ आठ होती हैं—

इसमें प्रथमावस्था में शरीर शक्तिहीनता (कृशता), दूसरी— शरीर कम्पन, तीसरी— दाह, चतुर्थ— हिचकी आना, पञ्चम-मुंह से फेन (झाग) आना, षष्ठ - गला लटकना, सप्तम में— जडता और अष्टम अवस्था में अन्त मरण होता है। इसके अनन्तर श्लोकों में नाट्यशास्त्र विष पान किए अभिनेता को अभिनय के सूक्ष्म निर्देश देता है।

इसी प्रकार विषजन्य रोगी के लक्षण और चिकित्सीकीय परामर्श चरकसंहिता में लक्षणों का क्रम कुछ अलग है। चिकित्सीकीय दृष्टि से सम्भवतः वह आवश्यक लक्षण लगभग समान ही है। यथा —

तृण-मोह-दन्त-हर्ष-प्रसेक-वेपथु-क्लमा भवन्त्याद्ये।
वेगे रसो प्रदोषात् असृक् प्रदोषात् द्वितीये च।।17।।
वैवर्ण्य-भ्रम-वेपथु-मूर्च्छा-जृम्भाङ्ग-चिमचिमान्तकाः।
दुष्ट पिशिता तृतीयं मण्डल-कण्डू वपथुकोष्ठाः।।18।।

वातादिजाश्चतुर्थे छर्दिदोहाङ्गशूलमूर्च्छाद्याः।
नीलादीनां तमसश्च दर्शनं पञ्चमे वेगे ।।19।।
षष्ठे हिक्का भङ्गः स्कन्धे स्यात्तु सप्तमेऽष्टमे मरणं नृणाम्।

इसी क्रम में सूत्र शब्द भी व्याख्या विस्तार (व्यास) से सामासिक उद्धरण के अर्थ में प्रयुक्त होता है ''सूत्र'' शब्द सूत्र (धागा), सिरा, छोर, लघुवाक्य, विचार (जिन्हें विस्तारित किया जा सकता है)। वस्तुतः सूत्र व्याख्याओं का संक्षिप्तीकरण तथा स्मृति में रक्षित करने का आधार है।

शास्त्र पुराण (सं) वे धार्मिक ग्रन्थ जो लोगों के हित ओर अनुशासन के लिए बनाये गए है। इनकी संख्या 18 कही गई है -ऋग्वेद, यजुर्वेद, सामवेद, अथर्ववेद, शिक्षा, कल्प, व्याकरण, निरुक्त, ज्योतिष, छन्द, मीमांसा, न्याय, धर्मशास्त्र, नाट्यवेद (गान्धर्ववेद), आयुर्वेद, धनुर्वेद, अर्थशास्त्र आदि— किसी विशिष्ट विषय सम्बन्धित वह ज्ञान जो ठीक क्रम के संग्रह करके रखा गया हों।

शास्त्र को दूसरे शब्दों में विषय का विज्ञान कहना अनुचित नहीं होगा, क्योंकि विज्ञान शब्द विशेषज्ञान अथवा क्रमबद्ध ज्ञान के लिए प्रयुक्त किया जाता है। विज्ञान शृङ्खलाबद्ध प्रयोगों के निष्कर्ष पर आधारित प्रयोगात्मक ज्ञान है जो गहन पड़ताल के पश्चात् व्यवहारिक रूप में प्रयुक्त किए जाते हैं।

प्रसिद्ध कला मनीषी सुश्री कपिला वात्स्यायन ने शास्त्रशब्द को परिभाषित करते हुए कहा है कि— संस्कृत कोषकारों ने शास्त्र का प्रयोग किसी एक विषय से सम्बन्धित ज्ञान राशि के लिए किया है।

किन्तु विगत शताब्दी या उसके पूर्व अंग्रेजी शब्द 'थ्योरी' अथवा 'थ्योरीटिकल' शब्द को शास्त्र का पर्यायवाची अथवा समानार्थी मानकर अत्यधिक प्रयोग किया गया। थ्योरी शब्द केवल विचार या अनुमान के अर्थ को स्थिर करता है। अतः थ्योरी प्रयोग अथवा व्यवहारिक जगत् से असम्बद्ध है।

शस्त्र एवं शास्त्र शब्द की पहली शर्त है कि वह प्रायोगिक होना चाहिए; बिना प्रयोग के कोई भी ज्ञान शास्त्र की श्रेणी में परिगणित नहीं किया जा सकता। प्रायः सभी शास्त्र एक दूसरे से आन्तरिक रूप से सम्बद्ध हैं तथा एक ही प्रयोग से भिन्न-भिन्न आशयों की पूर्ति करते हैं इस सन्दर्भ को भरत मुनि के नाट्यशास्त्र ने अपनी प्रामाणिकता अङ्कित की है।

अस्तु, शास्त्र विशेष में भी अन्य शास्त्रों के प्रयोग तत्त्व और लक्षणों का समावेश होता है तो सार्वदेशिक, सार्वकालिक एवं सार्वजनिक रूप से सर्वमान्य और सर्वसुलभ व्यष्टि-एवं समष्टि-परक होता है।

शास्त्र के विषयान्तर्गत सूक्ष्मतम विवरणों, अङ्गों, उपाङ्गों, तत्त्वों एवं सम्बन्धित

विषयों के निरूपण सावधानी पूर्वक होता है। ये तत्त्व शास्त्र की रचना काल में जितने प्रासङ्गिक एवं प्रायोगिक होते हैं उतने ही प्रासङ्गिक भविष्य में भी होते हैं वस्तुतः शास्त्र एक चौखटा भर है अथवा लचीली संरचना भर है; दूसरे शब्दों में वह खाका (मानचित्र) भर है जो कालक्रम में विभिन्न प्रयोगों को समेट कर उन्हें सुरक्षित और संरक्षित कर आगामी पीढ़ियों को धरोहर के रूप में सौंपता जाता है। शास्त्र की रचना, काल विशेष की अपेक्षा शनैः शनैः पुष्ट होती है जो प्रारम्भिक काल की अपेक्षा कालान्तर में अधिक विश्वस्त और सर्वग्राही मान्य होती है। आधुनिक सन्दर्भ में नाट्यशास्त्र पश्चिमी अभिनय शैलियों की उपादेयता एवं विचारों को स्पष्ट करने का एक विस्तरित प्रयास है।

नाट्यशास्त्र के पञ्चम अध्याय में नाट्य प्रस्तुति से पहले रङ्गमञ्च पर इसका प्रयोग किया जाता है। इसी लिए इसे 'पूर्वरङ्ग' कहते है।

यदि आधुनिक सन्दर्भों में इस पूर्वरङ्ग का विश्लेषण किया जाए तो नाट्यशास्त्र में पूर्वरङ्ग के उन्नीस अङ्ग बताकर उन्नीस भाग किए गए हैं जिनमें नौ अङ्ग यवनिका के अन्दर एवं 10 अङ्ग यवनिका के बाह्य भाग रङ्ग पीठ पर बताए गए हैं, जो क्रमशः इस प्रकार है— प्रत्याहार, अवतरण, आरम्भ, आश्रावणा, वक्त्रपाणि, परिघट्टना, संघट्टना, मार्गासारित, ज्येष्ठ, मध्यम और कनिष्ठ आसारित हैं ये सभी वस्तुत सङ्गीत नाट्य प्रस्तुति से पहले क्रमबद्ध तैयारियों के हैं जिन्हें यवनिका के अन्दर पर्दा खुलने के पूर्व किया जाना चाहिए।

1. वाद्यों का विन्यास (क्रमबद्ध जमाना)
2. गायक गायिकाओं का ठीक क्रम
3. सामूहिक गीत परिगीत क्रिया का आरम्भ
4. वाद्ययन्त्रों को आलाप से मिलाना
5. वाद्यों का स्वर सन्धान
6. ताल वाद्यों को ठोक-पीट कर स्वर में लाना
7. सभी वाद्यों का समन्वय
8. गायकों एवं नर्तकियों के पाद-विन्यास और लय का निश्चय करना।

वस्तुत पूर्वरङ्ग में वर्णित नाट्यशास्त्रीय विधियां उस काल में भी उतनी ही प्रासंगिक थीं। आज के आधुनिक संगीत परिदृश्य में भी उतनी ही उपयोगी एवं प्रचलित हैं।

उदाहरण के लिए नाट्य को छोड़कर जहाँ भी समूह अथवा एकल गायन होता है वहाँ गायक अथवा वादक को इन सभी अङ्गों से दो-चार करना पड़ता है जैसे

वाद्यों का एक-एक कर मिलाना, स्वर लगाकर देखना, तबला, पखावज आदि मिलाना, नाट्यशास्त्र इसे पर्दे के पीछे करने के निर्देश देता है ताकि पर्दा खुलने पर एक दम दर्शक अथवा श्रोता पर स्वरों का वाञ्छित प्रभाव पड़े। वर्तमान में मञ्च पर आकर गायक-वादक, नर्तक आदि कलाकार अथवा श्रोता का समय साज मिलाने में ले लेते है कभी-कभी यह अवधि आधे घण्टे से ऊपर हो जाती है और श्रोता का धैर्य खोने लगता है।

अस्तु, पूर्वरङ्ग, वर्णित नौ अङ्गों को यदि नाट्यशास्त्रानुसार किया जावे तो वह वर्तमान में दर्शक को उतना ही प्रभावित करेगा जितना उस काल में करता था।

इसी प्रकार अभिनय के सन्दर्भ में आङ्गिक अभिनय तीन प्रकार का है— शरीर, मुखज, चेष्टाकृत नाट्य के छः अङ्गों में शरीर का हर अङ्ग-प्रत्यङ्ग का समावेश हो जाता है। यथा सिर, हस्त, वक्ष, पार्श्व, कटि और पाद तथा अन्य छः उपाङ्गों में नेत्र, भ्रू, नासिका, अधर, कपोल तथा चिबुक हैं। इनके अतिरिक्त शाखा, नृत्त, अङ्कुर, तीनों वस्तुएं भी अभिनय के अङ्ग हैं।

आधुनिक अभिनय भी इन अङ्गों के अन्तर्गत समाविष्ट हो जाता है। कुछ निर्देशक नाट्यशास्त्रीय आंगिक मुद्राओं को अप्रासङ्गिक करार देते हैं। अन्तर्राष्ट्रीय ख्याति प्राप्त माइम आर्टिस्ट श्री निरञ्जन गोस्वामी के द्वारा इस सन्दर्भ में दो एक मुद्राओं का उदाहरण ही काफ़ी होगा, उदाहरणार्थ हंसपक्ष (हस्त) मुद्रा का प्रयोग आज भी अभिनेता लिखने के माइम में कलम पकड़ने हेतु करता है, सिगरेट पीने के लिए कर्तरी मुख (हस्त) मुद्रा का उपयोग करता है। इसी प्रकार करण, चारी आदि का प्रयोग भी आधुनिक अभिनेता जाने-अनजाने करता है किन्तु हैं यह शास्त्रीय आङ्गिक मुद्राएँ। इनका ज्ञान न होना अपनी श्रेष्ठतम शास्त्रीय परम्पराओं के प्रति अज्ञान कहा जा सकता है अथवा अपनी जड़ों से कटने की विमुखता भर है।

सन्दर्भ ग्रन्थ सूची

1. लघु हिन्दी शब्द सागर (सम्पादक करुणापति त्रिपाठी) काशी नागरी प्रचारिणी सभा, काशी (वाराणसी), पृष्ठ - 622
2. वहीं, पृष्ठ -962
3. वही, पृष्ठ - 939
4. भारत की सही समझ : उसकी अपनी शर्तों पर (आलेख), कपिला

वात्स्यायन; (अनु.) रमेश चन्द्र शाह, रंग प्रसंग, जुलाई–सितम्बर, पृष्ठ 9 रा.ना.वि. दिल्ली

5. हिन्दी नाट्य शास्त्र, बाबूलाल शुक्ल शास्त्री, चौखम्बा संस्कृत संस्थान, वाराणसी, अध्याय 26 पृष्ठ– 613
6. सुश्रुतसंहिता महर्षिणा भगवताग्निवेषेण प्रणीता महामुनिनामचरकेण प्रति संस्कर्ता आयुर्वेदाचार्य जयदेव विद्यालङ्कार (हिन्दी अनुवाद) द्वितीय खण्ड, मोतीलाल बनारसीदास, नई दिल्ली, अध्याय 23 पृष्ठ–341,
7. हिन्दी नाट्यशास्त्र, बाबूलाल शुक्ल शास्त्री, चौखम्बा संस्कृत संस्थान, वाराणसी, अध्याय 5

11

भरतोक्त आहार्याभिनय के सिद्धान्तों का प्रयोग 'प्रतिमानाटक' के सन्दर्भ में

निरुपमा त्रिपाठी

भारतीय नाट्यविद्या के सम्पूर्ण तत्त्वों की एक विपुल सम्पदा के रूप में प्रतिष्ठित आचार्य भरत कृत 'नाट्यशास्त्र' के अध्ययन एवं अनुसंधान की एक अविच्छिन्न परम्परा चलती आ रही है।

'नाट्यशास्त्र' की मूल पाण्डुलिपियाँ भारत के सुदूर दक्षिण और उत्तर भारत से प्राप्त हुई हैं जिनके आधार पर इसके कई संस्करण प्रकाशित हुए। इसका सर्वप्रथम प्रकाशन 1894 ई० में निर्णयसागर प्रेस से काव्यमाला संस्कृत सीरीज के अन्तर्गत हुआ। तदनन्तर गायकवाड़ ओरिएन्टल सीरीज से रामकृष्ण कवि के सम्पादकत्व में 'अभिनवभारती' टीका सहित इसका प्रकाशन चार भागों में हुआ। 'नाट्यशास्त्र' का एक अन्य संस्करण काशी से 1929 ई० में चौखम्बा संस्कृत सीरीज के अन्तर्गत प्रकाशित हुआ जिसका सम्पादन पं. बटुकनाथ शर्मा एवं पं. बलदेव उपाध्याय ने किया था। इसी प्रकार कालान्तर में अन्य संस्करण भी प्रकाशित हुए। 'नाट्यशास्त्र' के प्रकाशित इन संस्करणों में पाठभेद भी पाये जाते हैं।

'नट अवस्कन्दे' से निर्मित 'नाट्य' का अर्थ है— 'तौर्यत्रिक'। विभिन्न कोश 'तौर्यत्रिक' को नृत्य, गीत एवं वाद्य की समष्टि कहते हैं।[1] 'नाट्यशास्त्र' में उपर्युक्त तीनों के अतिरिक्त 'नाट्य' से सम्बद्ध सम्पूर्ण कलाओं जैसे— नाट्योत्पत्ति, नाट्यमण्डप, रङ्गपूजा, पूर्वरङ्ग और अङ्गहार, नाट्यसन्धियों, नायक-नायिका के

प्रकार, छन्दः-शास्त्र, अलङ्कार एवं रस आदि का व्यापक निरूपण किया गया है।

'नाट्यशास्त्र' में जहाँ नाट्य-कला के सिद्धान्तों का सूक्ष्मातिसूक्ष्म विवेचन मिलता है वहीं इसका दूसरा प्रबल पक्ष भी निरूपित है जिसे 'नाट्य-प्रयोग' या 'प्रयोग-विज्ञान' की संज्ञा दी जाती है। इसके अर्न्तगत आचार्य भरत ने आङ्गिक, वाचिक, सात्त्विक तथा आहार्य अभिनय का विश्लेषण किया है। कोई भी नाट्यकृति मञ्चीय प्रयोग हेतु ही रचित होती है। इसमें वर्णित पात्रों की अवस्थाओं का शारीरिक चेष्टाओं, वाणी के विन्यास, मनोभावों की अभिव्यक्ति तथा उचित वेशभूषा आदि के द्वारा प्रस्तुत अनुकृति को ही शास्त्रीय भाषा में अभिनय की संज्ञा दी गई है -

विभावयति यस्माच्च नानार्थान् हि प्रयोगतः
शाखाङ्गोपाङ्गसंयुक्तस्तस्मादभिनयः स्मृतः।।

(नाट्यशास्त्र, 8.9)

अभिनीत होने पर ही नाट्य की 'दृश्यकाव्य' यह संज्ञा चरितार्थ होती है तथा उस से ही प्रेक्षक रसानुभूति की चरम सीमा तक पहुँचता है। आचार्य भरत ने प्राधान्येन अभिनय को चार प्रकार से बाँटा है— आङ्गिक, वाचिक, सात्त्विक तथा आहार्य। नाट्य के पाठ्य अंश वाचिक अभिनय के माध्यम से सम्पन्न किया जाता हैं। कवि-सृष्टि में कवि-निबद्ध पात्र भी सुख-दुःखात्मक मनोभावों से युक्त होते ही हैं। मञ्च पर इनके इन विविध भावों की अभिव्यक्ति कराता है 'सात्त्विक' अभिनय। 'नाट्य' में वर्णित पात्रों को यथार्थ रूप में मञ्च पर प्रस्तुत करने के लिए आवश्यक होता है उसे अनुकूल वेशभूषा आदि का नेपथ्य में ही विधान कर लेना। आचार्य भरत के अनुसार पात्र का वेश विन्यास अलङ्कार-परिधान, अङ्ग रचना, रङ्गमञ्च पर निर्जीव लौकिक पदार्थों और सजीव जन्तुओं का नाट्यधर्मी प्रयोग 'आहार्य' अभिनय है। आहार्याभिनय नेपथ्यज विधि है—

आहार्याभिनयो नाम ज्ञेयो नेपथ्यजो विधिः।
तत्र कार्यः प्रयत्नस्तु नाट्यस्य शुभमिच्छता।।[2]

अन्य अभिनयों की अपेक्षा आहार्याभिनय का पार्थक्य है क्योंकि इस विधि का प्रयोग नेपथ्य में ही सिद्ध कर लिया जाता है; जबकि अन्य अभिनयों का प्रयोग मञ्च पर ही होता है। 'नाट्यशास्त्र' में अनेक भेदोपभेद सहित आहार्याभिनय का वर्णन किया गया है।

नाट्य-प्रयोग में आहार्याभिनय का महत्त्व असाधारण है। ऐसा प्रयोग जिसमें अन्य सभी अभिनय कितने ही उत्कृष्ट क्यों न हो सौन्दर्यविहीन ही सिद्ध होते

हैं। यदि उनमें आहार्याभिनय का सन्तुलन न हो। मुख्य रूप ये आहार्याभिनय के कौशल से ही प्रेक्षक के हृदय में अनुकार्य एवं अनुकर्ता के भेद को तिरोहित किया जा सकता है। उत्कृष्ट अभिनय के प्रयोग से ही प्रेक्षक की वह परिभाषा रङ्गमञ्च हो सकेगी जो आचार्य भरत ने दी है—

यस्तुष्टौ तुष्टिमायाति शोके शोकमुपैति च।
दैन्ये दीनत्वमभ्येति स नाट्ये प्रेक्षकः स्मृतः।।[3]

दर्शक की पूर्ण सन्तुष्टि में ही प्रयोग-विज्ञान की साधुता है। कालिदास ने 'अभिज्ञानशाकुन्तल' में सूत्रधार के मुख से उचित ही कहा है-

"आ परितोषाद् विदुषां न साधु मन्ये प्रयोगविज्ञानम्"[4]

प्रयोग विज्ञान की यह साधुता अधिकांश रूप में आहार्य अभिनय पर ही निर्भर है।

आधुनिक रङ्गमञ्च की विकसित अवस्था को देखते हुए यह कहा जा सकता है कि वह पूर्णरूप से पारम्परिक विधियों का अनुगामी नहीं हैं। किन्तु प्राचीन संस्कृत नाट्य-कृतियों की प्राचीनता एवं मौलिकता को अक्षुण्ण बनाए रखने के लिए भरतोक्त सिद्धान्तों के अनुकूल प्रदर्शन अपरिहार्य है। तभी उनकी वास्तविकता एवं कवि की भावना की सुरक्षा सम्भव है।

प्राचीन नाट्यकारों की शृङ्खला में भास कवि एवं उनके 13 नाटक सदैव ही समादृत रहे हैं। महाकवि कालिदास ने '**प्रथितयशसां भास-सौमिल्ल- कविपुत्रादीनां प्रबन्धान्**' कहकर इनका स्मरण किया है। भासकृत सम्पूर्ण 13 नाटक रङ्गमञ्चीय दृष्टि से उपयुक्त है। इन नाटकों में **'प्रतिमानाटक'** का अपना विशेष महत्त्व है। इस नाटक का कथाचक्र सात अङ्कों में विभाजित है। राम के राज्याभिषेक की तैयारी से नाटक का प्रारम्भ होता है तथा उनके वनवास के पश्चात् पुनः राज्याभिषेक के साथ नाटक की परिसमाप्ति हो जाती है। इस नाटक की कथा 'रामचरित' पर ही आधारित है किन्तु इसमें भास की मौलिकता का परिचय पदे-पदे प्राप्त होता है। नाटकीय दृष्टि से दर्शक का कौतूहल हर दृश्य में बना रहे, इस प्रकार इसकी रचना हुई है। भरत प्रतिपादित आहार्य अभिनय के सूक्ष्म परिशीलन के साथ उसे 'प्रतिमानाटक' के सन्दर्भ में प्रयोग करते हुए इस नाटक की प्रयोगार्हता में वृद्धि की जा सकती है।

आचार्य भरत ने आहार्य अभिनय के मुख्य चार भेद माने हैं— पुस्त, अलङ्कार, अङ्गरचना तथा सञ्जीव। इनमें पुस्त नामक भेद वास्तविक रूपकों को रङ्गमञ्च पर प्रस्तुत करने की साङ्केतिक विधि है। इसके माध्यम से ही रङ्गमण्डप पर

यथार्थता का सज्ञन करते हुए शैल, यान, विमान आदि अनेकानेक भारी वस्तुओं को प्रस्तुत किया जाता है।[5] सन्धिम, व्याजिम और वेष्टिम इसके तीन रूप होते हैं। आवश्यकता के अनुसार रङ्गमण्डप पर प्रस्तुत की जाने वाली भारी-भरकम वस्तुओं का लाख, बाँस, भूर्जपत्र, चमड़ा आदि हल्की वस्तुओं से निर्माण करके प्रस्तुत करने की विधि सन्धिम है। रथ, विमान, यानादि को कृत्रिम गति प्रदान करना व्याजिम है, जिसे पुस्त को वस्त्र या किसी अन्य वस्तु से लपेट कर तैयार किया जाता है उन्हें वेष्टिम या चेष्टिम कहा जाता है।[6]

'प्रतिमानाटक' के प्रथम अङ्क में ही कञ्चुकी प्रतिहारी को राम के राज्याभिषेक की तैयारी की सूचना देता है

. . . . **पश्य–**

छत्रं सव्यजनं सनन्दिपटहं भद्रासनं कल्पितं. . . [7]

इत्यादि शब्दों से देता है। इस में राज्याभिषेक का दृश्य प्रदर्शित करते हुए अभिषेक के योग्य वस्तुओं, जैसे छत्र, सिंहासन, रथ आदि को पुस्त विधि के 'सन्धिम' भेद के द्वारा ही निर्मित कर प्रस्तुत किया जा सकता है। तृतीय अङ्क में रथासीन भरत एवं सारथि का प्रवेश मञ्च पर दिखाने के लिए सन्धिम एवं व्याजिम पुस्त विधि का आश्रय लिया जायेगा।[8] क्योंकि इसी से रथ का निर्माण एवं उसकी गति प्रदर्शित की जा सकेगी। तृतीय अङ्क में ही इक्ष्वाकुवंशीय मृत राजाओं की प्रतिमा का भरत द्वारा अवलोकन एवं प्रणाम का दृश्य है।[9] इस प्रसङ्ग में प्रतिमाओं का निमार्ण भी 'पुस्त' नामक आहार्य विधि से करते हुए उन्हें यथार्थता के अनुकूल प्रदर्शित किया जा सकता है। इसी प्रकार अन्यान्य स्थलों पर भी यहाँ नाट्योपयोगी छत्र, मुकुट, ध्वजा, विमान, सिंहासन आदि के प्रदर्शन की आवश्यकता है उन्हें पुस्त विधि के माध्यम से ही सम्भव बनाया जा सकता है।

आचार्य भरत की स्पष्ट मान्यता है कि नाट्य-कथा के उपयोगी अस्त्र-शस्त्र-धनुष, गदा आदि को यदि मञ्च पर प्रदर्शित करना हो तो वे हल्के पदार्थ जैसे लाख, बाँस आदि से निर्मित होने चाहिए अन्यथा अधिक भारी होने पर वे समुचित अभिनय में बाधा उपस्थित करेंगे। जैसे 'प्रतिमानाटक' के प्रथम अङ्क में धनुष-बाण आदि उक्त विधि से ही निर्मित होंगे।

रङ्गमञ्च पर उपस्थित होने वाले पात्रों का आभूषण, वस्तु आदि के द्वारा मूल (अनुकार्य) पात्रों से साम्य रखता हुआ मनोहारी और यथार्थ अलङ्करण तो प्रसिद्ध

ही है। भरत ने इसे आहार्याभिनय के अलङ्कार नामक भेद के अन्तर्गत निरूपित किया है। पात्रों के अलङ्करण को तीन प्रकार से सम्पादित किया जाता है। अतः यह तीन प्रकार का होता है – माला, आभरण तथा वेशविन्यास—

अलङ्कारस्तु विज्ञेयो मालाभरणवाससा।
नानाविधसमायोगात् योऽङ्गोंपाङ्गविनिर्मितः।।[10]

नाट्यशास्त्र में मालाएँ पाँच प्रकार की बताई गई हैं – वेष्टित, वितत, ग्रथित, लम्बित एवं संघात्य। 'प्रतिमानटक' में वनवास काल में सीता का अलङ्करण भरतोक्त माल्याभरण के अनुसार ही होना चाहिए।

आभरण चार प्रकार के होते है – आवेध्य, बन्धनीय, प्रक्षेप्य और आरोप्य। इनमें जो शरीर के अङ्गों को बेध कर पहने जाते हैं वे आवेध्य हैं। बन्धनीय वे आभूषण हैं जो अङ्गों में बाँधे जाते हैं जैसे – अङ्गद, केयूर, करघनी आदि। प्रक्षेप्य के अन्तर्गत नुपूर आदि अलङ्करण है तथा अङ्गों में आरोपित करके पहने जाने वाले वस्त्राभरण, हारादि आरोप्य आभरण हैं।[11]

'प्रतिमानाटक' के प्रथम अङ्क में सीता के शरीर से उतरे आभूषणों के विषय में राम का जो कथन है वह स्पष्ट सङ्केत देता है कि उतारने से पूर्व सीता का अलङ्करण उपर्युक्त अभारणों से ही किया जायेगा।[12]

आचार्य भरत की सूक्ष्मदृष्टि का ही परिणाम है कि नाट्यशास्त्र में स्त्रियों एवं पुरुषों के पृथक्-पृथक् आभूषणों का तथा अङ्ग-प्रत्यङ्गों में पहने जाने वाले भाँति-भाँति के अलङ्कारों का उल्लेख मिलता है। 'प्रतिमानाटक' में सीता, राम, दशरथ और कौशल्या आदि रानियाँ ही नहीं अन्य पात्रों को यथायोग्य अलङ्कृत कर भरत की इस दृष्टि का लाभ उठाते हुए नाटक का सुन्दर प्रदर्शन किया जा सकता है। इतना ही नहीं किस भाव एवं रस में कैसे आभूषण होने चाहिए, आभूषणों का निर्माण किन वस्तुओं से हो इन सबका भी विस्तृत शास्त्रीय विधान भरत ने प्रस्तुत किया है। जैसे-'नाट्यशास्त्र' में शोक-या दुःख-मयी दशा में चमत्कारपूर्ण आभूषणों का प्रयोग नारी के लिए अशोभनीय बताया है। इस निर्देश के अनुसरण पर 'प्रतिमानाटक' के द्वितीय अङ्क में राम के वियोग में व्याकुल राजा दशरथ को धीरज बाँधती हुई कौशल्या और सुमित्रा के आभूषण राजकुलोचित तो होंगे परन्तु बहुत चमत्कारपूर्ण नहीं।[13]

आभूषणों के प्रयोग एवं निर्माण के सम्बन्ध में भी भरत ने महत्त्वपूर्ण सिद्धान्तों का प्रतिपादन किया है। नाट्य में न तो आवश्यकता से अधिक आभूषणों का प्रयोग होना चाहिए और न ही उनका निर्माण ऐसी धातुओं से हो जिससे वे बोझिल

हो जाय। लोह आदि से निर्मित चमत्कारोत्पादक एवं हल्के आभूषणों के प्रयोग को ही उचित दर्शाया गया है। कृत्रिम और हल्के अलङ्कार अभिनय में बाधा उत्पन्न नहीं करते।[14] 'प्रतिमानाटक' के प्रथम अङ्क में राम के अभिषेक की घोषणा का समाचार सुनकर सीता अपने आभूषण उतार कर चेटी को देती हैं।[15] यदि वे आभूषण भार में अधिक होंगे तो निःसन्देह नाट्य प्रयोग में बाधा उत्पन्न होगी।

आहार्याभिनय का तृतीय प्रकार अङ्गरचना है। इसके अन्तर्गत पात्रों के रूप-परिवर्तन पर विस्तार से प्रकाश डाला गया है। इसी के आश्रय से अनुकर्ता अपने 'स्व' भाव का परित्याग कर राम, सीता आदि के रूप एवं भाव से समन्वित हो प्रेक्षकों के समक्ष प्रस्तुत होता है। भरत ने मूलरूप से चार वर्णों की योजना कर ली है। जिससे रङ्गकार पात्रों को देश-जाति के अनुरूप प्रस्तुत किया जाता है।

वर्ण-रचना की यह आहार्य विधि नाट्य-प्रयोग में इतने महत्त्व की है कि इसी का आश्रय लेकर मनुष्य रूप का ही मञ्च पर अनुकरण नहीं प्रस्तुत किया जाता अपितु ऐसे भी पदार्थ और प्राणी जो मानवीय नहीं है, प्रस्तुत कर दिया जाते हैं। नदी, दुर्ग, प्रासाद, यान इत्यादि के मञ्चीय प्रदर्शन के लिए अभिनेता को ही उसी रूप रङ्ग की आभा से युक्त करके प्रस्तुत किया जाता है। पात्रों की अङ्गरचना, रस तथा देश जाति के अनुकूल होती है। शृङ्गार रस में श्याम, हास्य में शुभ्र, करुण में धूसर आदि वर्णो के प्रयोग का विधान है। इस दृष्टि से प्रयोज्य नाटक के द्वितीय अङ्क में राम के वियोग में विलाप करते हुए शोकाकुल दशरथ की वर्ण-रचना धूसर होनी चाहिए।

ब्राह्मण, क्षत्रिय, देवता, यक्ष और अप्सरा का वर्ण गौर बताया गया है। अतः राम, लक्ष्मण आदि की अङ्गरचना गौरवर्ण की होगी। रोगी, कुकर्मी, तपस्यारत का वर्ण कृष्ण होगा तथा ऋषि या संन्यासी को काषाय वर्ण से प्रदर्शित किया जायेगा।[16] प्रस्तुत नाटक के पञ्चम अङ्क में संन्यासी वेशधारी रावण की अङ्गरचना काषाय वर्ण की होगी।[17]

इस प्रकार नाट्यशास्त्र जातिभेद एवं देशभेद के आधार पर स्त्री-पुरुषों के विशिष्ट वेश, आभूषण एवं केश-विन्यास का भी विधान करता है जिसकी उपादेयता 'प्रतिमानाटक' के सन्दर्भ में भी है। भरत शुद्ध, विचित्र एवं मलिन नामक तीन प्रकार के वेश का उल्लेख करते हैं—

शुद्धो विचित्रो मलिनस्त्रिविधो वेश उच्यते।
तेषां विभागं व्याख्यास्ये यथाकार्यं प्रयोक्तृभिः।

'प्रतिमानाटक' के ब्राह्मण, पुरोहित, कञ्चुकीय, तपस्वी, क्षत्रिय आदि पात्रों के लिए शुद्ध वेश का प्रयोग होगा। **'चीरवल्कलचर्माणि तापसानां तु योजयेत्'**।[18] इस निर्देश के अनुसार उपर्युक्त नाटक में वनवास काल में राम वल्कलधारी ही प्रदर्शित किए जायेंगे।

नाटक इत्यादि में शरीर के अन्य अङ्गों की भाँति शिर का भी प्रसाधन अनिवार्य होता है। इस पक्ष का भी विस्तृत विवेचन नाट्यशास्त्र में उपलब्ध है। पार्श्वगत, मस्तकी एवं किरीटी ये तीन शिर के वेश होते हैं।

पार्श्वागता मस्तकिनस्तथा चैव किरीटिनः।
त्रिविधा मुकुटा ज्ञेया दिव्यपार्थिवसंश्रयाः।।[19]

इसके अनुसार उपर्युक्त नाटक राजा के सिर पर मुकुट शोभमान रहेगा। सञ्जीव आहार्याभिनय का चतुर्थ प्रकार है जिसके माध्यम से आचार्य भरत ने अपद, द्विपद और चतुष्पद जीवों को रङ्गमञ्च पर प्रस्तुत करने की विधियाँ बतायी हैं।[20] रामाणीय कथा पर आश्रित प्रतिमानाटक में यत्र-तत्र इस विधि की उपयोगिता होगी ही। इस विधि के प्रयोग के लिए भरत ने घटी या पटी की कल्पना की है। यह एक प्रकार का आवरण होता है जिससे आवश्यकता के अनुरूप विविध प्राणियों का रूप रचकर अभिनेता रङ्गमञ्च पर नाट्यकथा की वास्तविकता का समायोजन कराता है। घटी या पटी की रचना के लिए आवश्यक सामग्री धान का भूसा, भस्म, वस्त्र और छाल आदि बतायी गयी है। इनसे आच्छादन तैयार करके मुख, आँख, नाक आदि के पास आवश्यक छिद्र करके इसका प्रयोग किया जा सकता है।

आधुनिक विकसित रङ्गमञ्च पर घटी या पटी के निर्माण में अन्य वस्तुओं का भी प्रयोग किया जा सकता है। 'प्रतिमानाटक' के षष्ठ अङ्क में सीता का अपहरण करके ले जाते हुए रावण और जटायु के युद्ध के दृश्य में जटायु का अभिनय कर रहे पात्र के लिए सञ्जीव नामक आहार्य अभिनय की ही उपयोगिता है।

इस प्रकार लोकधर्मी प्रवृत्तियों को स्वाभाविक एवं सहज रूप में रङ्गमञ्च पर नाट्यधर्मी के रूप में प्रस्तुत करने हेतु आहार्याभिनय नितान्त उपयोगी है। आहार्याभिनय के भरतोक्त सिद्धान्तों का संक्षिप्त विवेचन करके 'प्रतिमानाटक' में उनके प्रयोग का यह शोधात्मक परिशीलन एक दिग्दर्शन मात्र है। इन सिद्धान्तों के विस्तृत अध्ययन के पश्चात् उनके अधिकाधिक प्रयोग से नाटक को

कलात्मक रूप में प्रयोग किया जा सकता है तथा भास के कवित्व-सुरभि की मौलिकता को अक्षुण्ण रखते हुए उसे जन-जन तक पहुँचाया जा सकता है।

पाद टिप्पणी तथा सन्दर्भ

1. तौर्यत्रिकं नृत्यगीतवाद्यं नाट्यमिदं त्रयम्। अमरकोश, 1.7.10
2. नाट्यशास्त्र, 21.1।
3. नाट्यशास्त्र, 27.52 ।
4. अभिज्ञानशाकुन्तल, 7.पृ० 2 ।
5. शैलयानविमानानि चर्मवर्मध्वजा नगाः ।
   यानि क्रियन्ते नाट्ये हि स पुस्त इति संज्ञितः।। नाट्यशास्त्र, 21.9 ।
6. नाट्यशास्त्र, 21/11 ।
7. प्रतिमानाटक 1/पृ. 7 ।
8. प्रतिमानाटक 3/पृ. 85 ।
9. प्रतिमानाटक 3/पृ. 96 ।
10. प्रतिमानाटक 1/पृ. 39 ।
11. नाट्यशास्त्र, 21/10।
12. नाट्यशास्त्र, 21/13, 14, 15 ।
13. कर्णौ त्वरापहृतभूषणभुग्नपाशौ, संस्रंसिताभरणगौरतलौ च हस्तौ।
    एतानि चाभरणभारनतानि गात्रे, स्थानानि नैव समतामुपयान्ति तावत्।
    प्रतिमानाटक 1/पृ. 26 ।
14. प्रतिमानाटक 2/पृ. 59 ।
15. नाट्यशास्त्र, 21/47, 48, 49, 50 ।
16. प्रतिमानाटक 1/पृ. 17 ।
17. नाट्यशास्त्र, 21/86.99 ।
18. प्रतिमानाटक 5/पृ1. 160 ।
19. नाट्यशास्त्र, 21/123 ।
20. नाट्यशास्त्र, 21/131 ।
21. यः प्राणिनां प्रवेशो वै स सञ्जीव इति स्मृतः।
    चतुष्पदोऽथ द्विपदस्तथा चैवापदः स्मृतः।। नाट्यशास्त्र, 21.152 ।

सन्दर्भ ग्रन्थ सूची

1. अमरकोश, चौखम्बा विद्याभवन, वाराणसी, 1997 ।
2. उपाध्याय, बलदेव, भासनाटकचक्रम्, प्रथम भाग, चौखम्बा विद्याभवन, वाराणसी, 1995 ।
3. उपाध्याय, बलदेव, भासनाटकचक्रम्, द्वितीय भाग, चौखम्बा विद्याभवन, वाराणसी, 1973।
4. दे, सुशील कुमार, संस्कृत काव्यशास्त्र का इतिहास, बिहार हिन्दी ग्रन्थ अकादमी, 1988।
5. दयाल, जय, नाट्यशास्त्र और अभिनयकला, अभिरुचि प्रकाशन, दिल्ली, 1998 ।
6. द्विवेदी, कपिलदेव, अभिज्ञानशाकुन्तलम्, साहित्य संस्थान, इलाहाबाद, 1979 ।
7. द्विवेदी, पारसनाथ, नाट्यशास्त्रम्, सम्पूर्णानन्द संस्कृत विश्वविद्यालय, वाराणसी, 1992 ।
8. दीक्षित, सुरेन्द्र नाथ, भरत और भारतीय नाट्यकला, मोतीलाल बनारसीदास, दिल्ली, 1989 ।
9. नगेन्द्र, हिन्दी अभिनवभारती, दिल्ली विश्वविद्यालय, दिल्ली, 1960।
10. नाट्यशास्त्रम्— पण्डित केदारनाथ, भारतीय विद्या प्रकाशन, वाराणसी, 1983 । उद्धरण इसी ग्रन्थ से दिए गए हैं।
11. Vatsyayan, Kapila, Bharata the Nāṭyaśāstra, Sahitya Akademi, 1996.
12. Kane, P.V., *History of Sanskrit Poetics*, Motital Banarsidas, 1971.
13. राय, गङ्गासागर, प्रतिमानाटकम्, संस्कृत संस्थान, वाराणसी, 1993। उद्धरण इसी ग्रन्थ से दिए गए हैं।
14. शास्त्री, श्रीनिवास, दशरूपक, साहित्य भण्डार, मेरठ, 1986 ।

12

नाट्यशास्त्र के षष्ठ अध्याय के दो पाठभेद और उन पर विमर्श

राममूर्ति त्रिपाठी

इस निबन्ध में केवल कारिकाओं से सम्बद्ध पाठभेद पर ही विचार सीमित किया जा रहा है। पाठभेद भी दो प्रकार के हैं— एक तो ऐसा है जिससे मान्यता पर कोई विशेष अन्तर नहीं पड़ता है। षष्ठ अध्याय का पहला ही श्लोक किन्हीं प्रतियों में अनुपलब्ध है-'पुर्वरङ्गविधिं श्रुत्वा · · · ', श्लोक की जगह केवल 'ऋषय ऊचुः'-इतना पाठ मिलता है। जहाँ यह श्लोक मिलता है उसमें भी पाठभेद है—

पूर्वरङ्गविधिं श्रुत्वा पुनराहुर्महर्षयः।
भरतं मुनयः सर्वे प्रश्नान् पञ्चभिधत्स्व नः।।

'भरतं मुनयः' की जगह 'मुनयो भरत' तथा 'प्रश्नान् पञ्चभिधत्स्व नः' की जगह 'पञ्चप्रश्नान् ब्रवीहि नः' ऐसा पाठ मिलते है। ऐसे पाठभेदों का भी अपना महत्त्व है। परन्तु कोई विशिष्ट मान्यता में अन्तर नहीं आता। अतः ऐसे पाठभेदों पर अपना ध्यान केन्द्रित न कर वैसे पाठभेदों विचार करना महत्त्वपूर्ण लगता है जिनसे मान्यताएँ बदल जाती हैं। तीसरी कारिका में 'एव' की जगह 'अपि' पाठान्तर प्राप्त होता है- इससे व्याख्या पर प्रभाव पड़ सकता है। 'भावाश्चैव कथं प्रोक्ताः' की जगह 'भावाश्चपि हि ये प्रोक्ता'- जैसे पाठभेद है। इसी प्रकार पञ्चम कारिका में 'कारिकां चैव' की जगह 'कारिकाश्चैव' और 'यथाक्रमम्' की जगह 'यथाविधि'-जैसे विभक्त्यन्तर और शब्दान्तर के पाठभेद मिलते हैं। ऐसे ही सामान्य पाठभेद और भी हैं।[1]

पन्द्रहवीं कारिका का पाठभेद महत्त्वपूर्ण है। यहाँ एक पाठ है–

"बीभत्साद्भुतसंज्ञौ चेत्यष्टौ नाट्ये रसाः स्मृताः"

पाठान्तर है –

"बीभत्साद्भूतशान्ताश्च नवनाट्यरसाः स्मृताः"

इधर नेपाल से प्राप्त पाण्डुलिपियों में विभिन्न पाठान्तर प्राप्त हुए हैं।

मुद्रण के अभाव, प्रतिलिपिकारों के प्रमाद तथा विभिन्न देशकाल में प्रवहमान मौखिक परम्परा के कारण नाट्यशास्त्रीय मूल कारिकाओं पर विभिन्न पाठान्तर मिलते हैं। उक्त कारिका को ही लें। आदर्श प्रति का पाठ—

हास्यशृङ्गारकरुणा वीररौद्रभयानकाः
बीभत्साद्भुतशान्ताश्च नव नाट्यरसाः स्मृताः ।।

(नेपाल पाण्डुलिपि)

(1)	हास्यश्रृङ्गारकरुणो	ने. 1–7, रे या, वी, प्रा पा वी
	श्रृङ्गारहास्यकरुणो	रे – 1
	श्रृङ्गारहास्यकरुणा	काव्यगा, प्रा, का, ममो
	श्रृङ्गारवीरकरुणा	रे पा आर वी
	श्रृङ्गारहास्यकरुणा	काव्य
(2)	वीररौद्रभयानकाः	ने. 1–7, रे, ग्रापा, जी, वी, गापा, ज, अ, म।
	रौद्रभयानकाः	रे पा, ए, आर ओ, काव्य, प्रा, गा, का, ममो।
	रौद्रहास्यभयानकाः	रे पा, आर वी।
(3)	बीभत्साद्भुतशान्ताश्च नव	ने. 1–7, ग्रापा, वी, रेपा, वी, गापा, ज।
	बीभत्साद्भुतसंज्ञौ चेत्यष्टौ	रे, गा, ग्रा, का, ममो।
	बीभत्साद्भुतसंज्ञौ च नाट्ये चाष्टौ	रे पा, आर, वी, आर ओ।
	बीभत्साद्भुतसंज्ञा चेत्यष्टौ	गा पा, द्र, अ, व, त, काव्य।

किं रसेभ्यो भावानामभिनिर्वृतिरुताहो भावेभ्यो रसानामिति। केषाञ्चिन्मते तु परस्परसम्बन्धादेषामभिनिर्वृतिरिति। तन्न, कस्मात्? दृश्यते हि भावेभ्यो रसानामभिनिर्वृतिः। न रसेभ्यो भावानाम्।

अभिनिर्वृतिरित्यनन्तरं काव्य, कापा, क, ख, ग्रापा, वी मातृकायां 'दृश्यते हि भावेभ्यो रसानामभिनिर्वृतिर्न रसेभ्यो भावानाम् दृश्यते। परस्परसम्बद्धा रसानामभिनिर्वृतिरिति— ने. 1-7 रेपा, वी, ग्रापा, वी, परस्परसम्बद्धा-देषामभिनिर्वृतिरित-रे, काव्य, ग्रा, गा, का, ममो।

1. कालिदास के 'विक्रमोर्वशीय' में (2-2-18) निम्नलिखित श्लोक से यह स्पष्ट है कि उनके समय तक नाट्य में आठ रस वाली परम्परा ही प्रचलित थी—

   मुनिना भरतेन यः प्रयोगो भवतीष्वष्टरसाश्रयः प्रयुक्तः।
   ललिताभिनयं तमद्य भर्ता मरुतां द्रष्टुमनाः सलोकपालः।।

2. चौखम्भा संस्करण का उपक्रम और उपसंहार भी नाट्य में रस की चर्चा का विरोधी है।

3. काव्यादर्श (2-1-292) में भी कहा गया है

   इह त्वष्टरसायत्ता रसवत्ता स्मृता गिराम्।

इसके आधार पर (प्रो. काणे के अनुसार) माना जाता है कि सातवीं शती में भी रसों की संख्या आठ ही स्वीकार की जाती थी। अभिनवगुप्त का पक्ष है कि कुछ लोग नौ रस मानते हैं, परन्तु उन्होंने कई प्राचीन पाण्डुलिपियों में शान्त रस और उसके स्थायी भाव 'शम' का उल्लेख प्राप्त किया है—

फलतः कहा है—

ये पुनर्नवरसा इति पठन्ति तन्मते शान्तस्वरूपमभिधीयते।[2]

और आगे भी कहा है—

"तस्मादस्ति शान्तो रसः। तथा च चिरन्तनपुस्तकेषु स्थायिभावान् रसत्वमुपनेष्यामः"। इत्यनन्तरं "शान्तो नाम शमस्थायिभावात्मकः" इत्यादि शान्तलक्षणं पठ्यते।"[3]

रेन के संस्करण के छठे अध्याय में "त्वष्टौ नाट्ये रसाः" ही माना गया है।

इससे स्पष्ट है कि कालिदास के समय तक शान्त रस को स्वीकृति नहीं मिली थी (समय 400-450 ई०) परन्तु अभिनवगुप्त को बहुत पहले ही इसकी स्वीकृति मिल चुकी थी (1000 ई० से पहले)। फलतः अभिनवगुप्त मानते हैं कि नाट्यशास्त्र की पाण्डुलिपियों में दो परम्पराएँ चल रही थीं। उद्भट ने अपने 'काव्यालंकारसारसङ्ग्रह' में (4-45) नव रस की बात कही है -

शृङ्गारहास्यकरुणरौद्रवीरभयानकाः।
बीभत्साद्भुतशान्ताश्च नव नाट्ये रसाः स्मृताः।। 4.45

भावप्रकाशन[4] ने कहा है कि शान्त रस को जोड़ने का श्रेय वासुकि को है।

उपर्युक्त विवरण से स्पष्ट है कि यह पाठभेद 400–750 ई0 के बीच बना होगा। इधर के प्रयत्नों में नेपाल से जो सात या उससे दो- एक अधिक पाण्डुलिपियाँ मिली हैं, उनमें भी 'नव नाट्यरसाः स्मृताः'-जैसे वाक्य उपलब्ध हैं। इनका समय 12–15 वीं शताब्दी के बीच का है।

दशरूपककार भी नाट्य में आठ रस के ही पक्षधर हैं। मम्मट ने काव्य में नव रस की पक्षधरता की है। उन्होंने कहा है–

निर्वेदस्थायिभावोऽस्ति शान्तोऽपि नवमो रसः। 4.44

अभिनव ने निर्वेद का विश्लेषण करते हुए उसे आनन्दवर्द्धनोक्त 'समस्त-तृष्णाक्षयसुखात्मा' शम में पर्यवसित कर अन्ततः आत्मा को ही स्थायी स्वीकार किया है। आनन्दवर्द्धन शान्त के पक्षधर हैं। पण्डितराज नव स्थायी भावों का उल्लेख करके समर्थन में मुनि-वचन को प्रमाण मानते हैं। इन्होंने तो उसकी स्थिति नाट्य में भी सोपपत्ति मानी है। 'सङ्गीतरत्नाकर' के चरमाध्याय में भी शान्त की नाट्य में स्थिति बताई है। इसकी पाण्डुलिपियाँ बारहवीं से पन्द्रहवीं शती के मध्य पुष्पिकाओं के साक्ष्य पर उपलब्ध है। विवेक समाधश्त पाठ-सम्पादन के पक्षधर आचार्य विश्वेश्वर ने भी 'नवनाट्यरसाः' का ही पक्ष ग्रहण किया है। चौखम्बा संस्करण में षष्ठ अध्याय को समाप्त करते हुए कहा गया है—

एवमेते रसा ज्ञेयास्त्वष्टौ लक्षणलक्षिताः।

यहीं आचार्य विश्वेश्वर ने जिस पाठ को समादृत माना है, वह है—

एवमेते रसा ज्ञेया नव लक्षणलक्षिताः। 6.132 (83)

चौखम्बा संस्करण में 82–83 के बीच ऐसी छह कारिकाएँ नहीं हैं जो 'नव नाट्यरसाः' वाले अपनी प्रति में स्वीकार करते हैं, परन्तु 'अष्टौ' वाली परम्परा अस्वीकार करती है।

विचारकों के समक्ष यह समस्या है कि किस परम्परा को स्वीकार किया जाए? जहाँ तक पाठ सम्पादन विज्ञान के नियमों का सम्बन्ध है— प्राप्त पाण्डुलिपियों की अधिकांश प्रतियों में 'नव नाट्यरसाः' वाला पाठ ही उपलब्ध है। श्री रामकृष्ण कवि ने जिन चालीस पाण्डुलिपियों के आधार पर (1926, 1980) सम्पूर्ण नाट्यशास्त्र तथा अभिनवभारती सहित केवल सात अध्यायों का प्रथम खण्ड सम्पादित और प्रकाशित किया और उनको उत्तर परम्परा और दक्षिण परम्परा के नाम से द्विधा विभाजित किया गया है। 1956 ई० में श्री रामस्वामी शास्त्री ने दस और पाण्डुलिपियों का उपयोग कर पाठभेद की परम्परा समृद्ध की।

नेपाल से संप्रति सात पाण्डुलिपियाँ और प्राप्त हो गई हैं। शान्त रस के विरोधियों द्वारा जितने भी तर्क दिए गए हैं, अभिनव और पण्डितराज आदि ने उन सबका खण्डन किया है। अतः शान्त को रस न मानने का कोई कारण नहीं है। तब यही कल्पना करनी पड़ती है कि परम्परा में दोनों तरह के पाठ उपलब्ध रहे हैं और संग्रहकार भरत ने दोनों परम्पराओं का उपयोग किया है। '**अष्टौ नाट्ये**' कहने का आशय यह है कि काव्य में 'शान्त' उन्हें भी अभीष्ट है। मम्मट का भी यही पक्ष है। पण्डितराज प्रभृति तो नाट्य में भी 'नव' के पक्षधर हैं। अभिनव जिस परम्परा का उल्लेख करते हैं उसमें तो नव नाट्यरसाः' है ही। अर्थात् यह परम्परा नाट्य में नव रसों की बात मानती है। परस्पर भिन्न परम्पराओं का उल्लेख भरत अन्यत्र भी करते हैं। एक तरफ वही भरत जहाँ पञ्चाग का उल्लेख करते हैं वहीं कोहल सम्मत एकादश अङ्गों की भी चर्चा करते हैं। पाश्चात्य और पौरस्त्य शास्त्रविद् तो इसे संग्रह ग्रन्थ ही कहते हैं। इसीलिए दो प्रर्वतकों से इनको सम्बन्ध भी तोड़ दिए गए हैं। नाट्यशास्त्र के षष्ठ अध्याय में एक श्लोक है –

एते ह्यष्टौ रसाः प्रोक्ता द्रुहिणेन महात्मना।
पुनश्च भावान् वक्ष्यामि स्थायि-सञ्चारि-सत्त्वजान्।।

शारदातनय ने अपने 'भावप्रकाशन' में दूसरी शान्तवाली परम्परा के प्रवर्तक के रूप में वासुकि का नाम लिया है। आचार्य विश्वेश्वर ने द्रुहिण-गर्भश्लोक को इसलिए प्रक्षिप्त माना है कि उस पर अभिनवगुप्त की टीका नहीं है।

'रतिर्हासश्च' का पाठान्तर 'हासो रतिश्च', 'विस्मयश्चेति' का 'विस्मयश्चैव,' 'निर्वेदग्लानिशङ्काख्याः का 'निर्वेदोऽथ तथा ग्लानिशङ्कासूया' इत्यादि पाठान्तर मिलते हैं-पर 'हर्षादींश्चाधि-गच्छन्ति' का पाठान्तर जब 'हर्षांश्चाधिगच्छन्ति' मिलता है तब मान्यता ही बदल जाती है। अभिनव भारतीकार ने 'हर्षादींश्च' पाठ पर कहा है—'अन्ये त्वादिशब्देन शोकादीनामत्र सङ्ग्रहः। स च न युक्तः। सामाजिकानां हर्षैकफलं नाट्यं न शोकादिफलम्, तथात्वे निमित्ताभावात् तत्परिहारप्रसङ्गाच्चेति मन्यमानाः हर्षांश्चाधिगच्छन्ति इति पठन्ति।''[5]

परम्परा में रसानुभूति के स्वरूप पर दो विभिन्न पक्ष मिलते हैं— आनन्दवादी और सुखदुःखवादी। पहला पक्ष अभिव्यक्तिवादी का है और दूसरा उपचयवादी का। एक मानता है— रसस्वरूप को 'स्थायिविलक्षण एव रसः' जब कि दूसरा कहता है— 'स्थायी रसः'। उपचयवादियों की परम्परा में जो रस को सुखदुःखवादी मानते हैं, अन्दाज से इन्हें गिना जा सकता है—

(1) दण्डी, वामन, लोल्लट, शंकुक, सांख्यवादी, भोज तथा रामचन्द्र।

(2) आनन्दवादी या अभिव्यक्तिवादियों में ध्वनिकार आनन्दवर्द्धन, भट्टतौत, भट्टनायक, अभिनवगुप्त, मम्मट, हेमचन्द्र, विश्वनाथ, प्रभाकर, मधुसूदन सरस्वती तथा जगन्नाथ आदि।

स्वामी सुरजनदास देशपाण्डे की कसौटी (स्थायी को रस मानने वाले रस को सुखदुःखात्मक और स्थायी विलक्षणको मानने वाले आनन्दवादी) को अमान्य घोषित करते हैं। उनका पक्ष है कि जो काव्य या नाट्य रस को 'सुखदुःखोभयात्मा' मानते हैं— वे अपना पक्ष शब्दशः रख देते हैं और ये केवल तीन आचार्य हैं— अभिनवभारती में प्रस्तुत सांख्यवादी आचार्य, भोजराज और रामचन्द्र— गुणचन्द्र।

(1) सांख्यवादियों का मत— सांख्यदृशा सुखदुःखस्वभावो रसः[6]

(2) रसाः सुखदुःखावस्थारूपाः[7]

(3) स्थायीभावः श्रितोत्कर्षविभावव्यभिचारिभिः। स्पष्टानुभावनिश्चेयः सुखदुःखात्मको रसः[8]।।

सुरजनदास का यह कहना तो संगत है कि जिनको काव्य या नाट्य रस सुखदुःखोभयात्मक स्वीकार्य है, उन्होंने अपना पक्ष स्पष्ट रूप से शब्दशः कह दिया है; पर स्वयं अभिनवगुप्त मानते हैं कि दण्डी आदि भट्टलोल्लट की तरह अनुकार्यगत ही रस की स्थिति मानते हैं। कारण, वहाँ के पात्र असाधारण व्यक्ति रूप ही है-अतः लौकिक अनुकार्य रूप ही ठहरते हैं। अभिनव कहते हैं— "चिरन्तनानां चायमेव पक्षः," उन्होंने दण्डी को उद्धृत भी किया है। इस सुचिन्तित पक्ष के आलोक में भट्टलोल्लट की तरह ये लोग भी रस की मुख्य रूप से स्थिति अनुकार्यगत ही मानते हैं तब उसका स्वरूप सुखदुःखोभयात्मक ही होगा। यह बात अलग है कि स्थायी को रस मानने वाले कई आचार्य हैं जो उसे आनन्दरूप मानते हैं। भावप्रकाशनकार शारदातनय को ही लें, उन्होंने कहा है—

विभावैरनुभावैश्च सात्त्विकैर्व्यभिचारिभिः।
आनीयमानः स्वादुत्वं स्थायी भावः रसः स्मृतः।।[9]

दशरूपककार ने भी 'स्थायी' को आनन्दात्मक ही माना है।

इन सब उद्धरणों के साक्ष्य पर यह स्पष्ट है कि देशपाण्डे की उपर्युक्त कसौटी ठीक नहीं, वह व्यभिचारी होने से अग्राह्य है, पर सुरजनदास जी का यह पक्ष भी विचारणीय है कि चिरन्तन आचार्य दण्डी आदि, जिन्हें अभिनव भट्टलोल्लट की भाँति रस की स्थिति अनुकार्यगत ही मानने वाला बताते हैं— की रसविषयक मान्यता आनन्दवादी है— विचारणीय है। विचारणीय इस लिए भी है कि जो लोग रस की स्थिति अनुकार्यगत मानते हैं, उनकी व्याख्या या उनका सम्बन्ध नाट्य

से किस प्रकार स्थापित है। प्रकृत में विचार काव्य या नाट्य से सम्बद्ध आस्वाद की प्रकृति से है। मनीषियों ने यह भी माना है कि अनुकार्य— या अनुकर्तागत रस मानने वालों की दृष्टि से सामाजिक या प्रेक्षक बाह्य ही हैं, उसके घटक नहीं हैं। ऐसी स्थिति में उन्हें आनन्दवादी कहना किसी भी दृष्टि से संगत प्रतीत नहीं होता।

निष्कर्ष यह है कि दोनों मान्यताएँ अभी और विचार की अपेक्षा रखती हैं। अनुकार्यगत रस मानने वालों के साथ एक सवाल यह भी जुडा हुआ है कि अनुकार्य की स्थिति कहाँ है— लोक में या रचयिता की कल्पना में? इसी लिए अनुकरण का भी आशय अन्यथा लगाया गया है। नाटक के नायक का तो अनुकरण जैसे-तैसे कहा भी जा सकता है, प्रकरण के कल्पित नायक के विषय में क्या कहा जाएगा? दशरूपककार तो स्पष्ट कहता है कि कवि ऋषि नहीं है जो अनुकरणीय रामादि की अवस्थाओं का प्रातिभ-प्रत्यक्ष कर इतिहास की तरह उनकी व्यक्तिगत अवस्थाओं का उपनिबन्ध कर सकता है, इसके विपरीत अपनी कल्पना में स्थित पात्र में अपनी सर्जनात्मक अनुभूति उडेल देता है और तदनुरूप विभावादि सामग्री को शब्दबद्ध कर देता है। फिर अनुकर्ता या अभिनेता भी किसका अनुकरण करता है? लोकगत पात्र सामने है नहीं, और हो भी तो समाहितमनस्क रचयिता को उससे क्या लेना-देना? रचयिता की कल्पना में स्थित अनुकार्य से भी उसका क्या सरोकार? लोक में रहने वाला अनुकार्य भी तत्काल— अभिनय-काल में विद्यमान कहाँ है?

विद्वानों का मत है कि यह अनुकार्य अनुकारक के माध्यम से सहृदय के अन्तःकरण में उत्कीर्ण अनुकार्य है। भट्टलोल्लट का सिद्धान्त इसी पर प्रतिष्ठित है। बात यह है कि शब्द-बोध का सम्पूर्ण संसार बुद्धिस्थ या चित्तस्थ अर्थ को लेकर बनता है और नाट्य में अभिनेय तत्त्व भी चित्त में उपस्थित रहता है। सामाजिक के चित्त में अनुकार्य न हो तो उसमें उत्पन्न रस का आस्वाद कैसे होगा? तद्रूपतानुसंधान-कैसे बनेगा? अनुकार्यता ही अलौकिकता है। लौकिक दुष्यन्त में उत्पन्न रति को शृङ्गार रस नहीं कहा जाएगा, प्रत्युत वही जब अनुकार्य होकर नाट्य या काव्य में प्रस्तुत होता है या किया जाता है तभी सामाजिक के चित्त में वह उपस्थित होता है और उसमें उत्पन्न स्थायी रसरूप से निष्पत्ति लेता है। रसिक के आस्वाद का रहस्य ही यह है कि वह अनुकार्य आन्तरिक बन जाता है। अनुकारक पर उसका आरोप किए बिना विभावादि को आत्मसात् नहीं किया जा सकता, परन्तु नट द्वारा उपस्थापित रससामग्री को स्वायत्त कर अन्तःस्थित अनुकार्य के स्थायी भाव का सहृदय द्वारा रस रूप से आस्वाद सुकर एवं सुबोध है।

यह मीमांसा-दर्शन ही है जिसके अनुसार आत्मा परिणामी है जिसमें ज्ञान, इच्छा एवं कृति आदि विकास प्रवहमाण रहते हैं। इससे सहृदय के आत्मगत अनुकार्य-तथा अनुकार्यगत स्थायी भाव की व्याख्या सरल हो जाती है। इस प्रकार अनुकार्य की स्थिति सामाजिक के अन्तःकरण में विद्यमान है।

सन्दर्भ तथा टिप्पणी

1. बड़ौदा से 40 + 10 पाण्डुलिपियों के आधार पर पाठभेद का प्रामाणिक पाठभेद हो चुका हैं। इधर नेपाल से भी 8-9 पाण्डुलिपियाँ मिली हैं। लोगों ने उनका भी उपयोग किया है। डॉ० रेवाप्रसाद द्विवेदी ने भी पर्याप्त काम किया है। शिमला शोध संस्थान से उसका भी वृहत्काय प्रकाशन हो चुका है। डॉ० प्रेमलता शर्मा ने भी नृत्य-गान वाले अध्यायों का पाठभेद प्रकाशित किया है।
2. गायकवाड़ ओरिएण्टल सिरीज, प्रथम खण्ड, पृष्ठ 333.
3. तत्रैव, पृष्ठ 340
4. गायकवाड़ ओरिएण्टल सिरीज, एडिटेड, पृष्ठ 46-48
5. रामकृष्ण कवि द्वारा सम्पादित 'नाट्यशास्त्र', 1956, पृष्ठ 289।
6. सांख्यवादी अभिनवभारती, पृष्ठ 276।
7. भोज, शृङ्गारप्रकाश, भाग 2, पृ. 369।
8. ना०द०, तृ०वि०का० 109।
9. भावप्रकाश, अध्याय 2।

13

उत्तररामचरित में शम्बूक-वध के मिथक का पुनर्निर्माण

वसन्तकुमार म. भट्ट

1.0 प्राचनीतम धार्मिक मान्यताओं को व्यक्त करनेवाली अतिमानवीय कथाओं को 'पुराकथा या पुराकल्पन' (अर्थात् Myth) 'मिथक कहते हैं कर्मफल के सिद्धान्त को विशद करने के लिए भी कदाचित् 'मिथक' का निर्माण किया जाता है। ऐसे मिथक प्रथम दृष्टि में तो नितान्त अवैज्ञानिक (या अर्धवैज्ञानिक) जैसे ही प्रतीत होते हैं, परन्तु ऐसे मिथकों के पीछे कोई संस्कृतिविशेष के लोगों की एक तिर्यक् दार्शनिक दृष्टि भी कार्यरत होती है। क्रान्तद्राष्टा कवि जब कोई काव्य का प्रणयन करते हैं तब वे प्रायः ऐतिहासिक ख्यात-इतिवृत्त का ही आश्रय लेते है, या तो कदाचित् अपूर्व-कल्पना-मण्डित कथावस्तु लेकर सामने आते हैं। परन्तु जब ऐतिहासिक कथावस्तु का आश्रय करके उसमें मूलतः उपनिबद्ध कोई मिथकीय तत्त्व का, अपनी निजी कविदृष्टि से, कोई अपूर्ण अर्थघटन करके दिखलाते हैं तब वे मर्त्य कवि-व्यक्तित्व से ऊपर उठकर अमर महाकवि बन जाते हैं। ख्यात-इतिवृत्त का आश्रय करनेवाले कवि से हम जो "कवि-न्याय" की उमीद रखते हैं उसमें भी मिथकीय अर्थघटन का समावेश किया जा सकता है।

2.0 भवभूमि की कविदृष्टि में राम के उत्तरजीवन में एक नहीं, दो घटनायें प्रमुख हैं—

1. लोकापवाद से राम के द्वारा सीता का त्याग, एवं 2. अकालमृत्यु को प्राप्त हुए किसी ब्राह्मण के बालकपुत्र को पुनरुज्जीवित करने के लिए राम के द्वारा

शूद्र तापस–'शम्बूक'–का वध। इन दोनों घटनाओं को लेकर भवभूति ने 'उत्तररामचरित' की रचना की है। यहाँ पर (सीता–त्याग का) प्रथम घटनाचक्र तो पूरा ऐतिहासिक है, परन्तु जो दूसरी (शूद्रतापस के वध द्वारा मृतपुत्र को पुनरुज्जीवित करने की) घटना है, वह एक अवैज्ञानिक मिथक ही है। क्योंकि किसी शूद्र के तप करने से कोई ब्राह्मणपुत्र का अकाल मृत्यु हो जाए, या एक शूद्रतापस का वध करने से वह बालक पुनरुज्जीवित हो जाए— यह दोनों बातें (मान्यतायें) आज के विज्ञानप्रधान युग में ग्राह्य नहीं हो सकती हैं। परन्तु महाकवि भवभूति ने सीतात्याग की ऐतिहासिक घटना को प्रथम अङ्क में रखा है, और शम्बूकबध की मिथकीय घटना दूसरे अङ्क में रखा है। तत्पश्चात् आगे के (3 एवं 4–6) अङ्कों में इन दोनों घटनाओं के परिणाम क्रमाशः दिखलाए गए हैं। जैसे कि–सीतात्याग की (प्रथमाङ्क की) घटना का परिणाम तृतीय अङ्क में साकार होता है। यहाँ पर सीता के निरवधि विरह एवं तज्जन्य शोक से करुणरसमण्डित नाट्यसृष्टि प्रस्तुत की जाती है। तत्पश्चात् दूसरे अंक में घटी शम्बूकवध की घटना के परिणाम स्वरूप ''मृतपुत्रों के पुनर्जीवित होने'' का घटनाचक्र 4–5–6 अंकों में आकारित किया गया है। अर्थात् शूद्रतापस शम्बूक का वण करने से यदि मृत ब्राह्मणपुत्र पुनर्जीवित हो सकता है तो यही मिथकीय सत्य राम के व्यक्तिगत जीवन में भी कैसे शनैः शनैः मूर्तिमन्त होता है; यह 4–5–6 अङ्कों में दिखलाया जाता है। शम्बूकवध के बाद उसी दिन राम अपनी वापसी यात्रा में ही माता सहित दो पुत्रों को लेकर ही अयोध्या वापस लौटते हैं— यह नाट्यगत सत्य है। सीतात्याग के साथ ही जो गर्भस्थ संतानों का प्रवस भी संशयग्रस्त हो गया था, वह दोनों (कुश एवं लव) नाटक के उत्तरार्ध में (अङ्क 4 से 7) फिर से अपने मातापिता को मिलते हैं। इस तरह भवभूति ने 'उत्तररामचरित' नामक नाटक की जो रचना की है, वह करुणरसप्रधान होते हुए भी करुणान्त नहीं है। उन्होंने बल्कि स्वाभाविकरूप से ही शम्बूकवध रूपी कर्मका परिपाक दिखलानेवाली और सुखान्त में परिणत होनेवाली एक अनुपम नाट्यसृष्टि हमारे सामने रखी गई है।

3.0 वाल्मीकीय रामायण के उत्तरकाण्ड में जो शम्बूकवध की पुराकथा (Myth) प्रस्तुत हुई है, अन्तस्तल में जाकर भवभूति ने राम के उत्तरचरित को बारिकी से देखा है। दूसरे शब्दों में कहें तो— भवभूति ने शम्बूकवध के फलितार्थ के रूप में राम के उत्तरजीवन को परिणत होता हुआ निरूपित किया है। अब हम यह देखेंगे कि शम्बूकवध के साथ सम्बद्ध घटनाचक्र को चार भाग में विभक्त करके भवभूति ने उसका एक तरह से रूपकात्मक अर्थघटन करके, उसे किस

तरह 'रूपक' में रूप में प्रस्तुत किया है।

3.1 शम्बूक की मिथक में कहा गया है कि शूद्र व्यक्ति को तप में अधिकार नहीं है। किन्तु प्रश्न होता है कि–– यहाँ कौन से शूद्र की बात है? अर्थात् यहाँ शूद्र कौन है? विचार करने से ऐसा प्रतीत होता है कि राम के उत्तरजीवन में प्रजाजन ने ही शूद्र के रूप में एक अनधिकृत दुष्कर्म किया है। जैसा कि अयोध्यावासी प्रजा ने किसी के व्यक्तिगत जीवन में झाँख कर जो निन्दित कर्म शुरू किया (सीताविषयक अपवाद प्रजारित किया), वही शूद्रत्व था। परगृहवास करनेवाली स्त्री को, राजा को अपने घर में नहीं रखना चाहिए, सीता के गर्भ में किस के पुत्र पल रहे होंगे?— इत्यादि दुर्वचन बोलकर प्रजा ने राजकर्तव्य में जो अनधिकृत हिस्सा लिया— वह था "शूद्र का तप में अनधिकार"। ऐसे शूद्रत्व का तो वध ही करना चाहिए। अन्यथा किसी द्विज का शिशु अवश्य ही अकाल मृत्यु को प्राप्त होगा। जो इए नाटक में भी हुआ है। जैसा कि— राम ने अपनी प्रजा को सीताविषयक गलत निंदा प्रसारित करते हुए नहीं रोकी, नहीं टोकी। तो उसके परिणाम स्वरूप, इनकी दोनों संतानों का प्रसव ही आशंकाग्रस्त हो गया। सीतात्याग के कारण राम की पैदा होनेवाली संतान, प्रसव होने से पहले ही, गर्भवस्था में ही मर जाए, ऐसी दारुण दशा का निर्माण होता है।

3.2 अनधिकृत रूप से तप कर रहे शूद्र का राम ने वध कर दिया— इस मिथकीय घटनाक्रम के द्वितीय सोपन को, कवि ने नाटक में कैसे साकार होता हुआ दिखलाया है? वह देखा जास तो, तीन बातें ध्यान देने योग्य होती हैं। जैसी कि-राम प्रजानुरञ्जन के लिए सीता का त्याग कर दियाः और द्वादश वर्ष पर्यन्त मूक बन कर, राजकार्य में सदैव सन्नद्ध रहे। राजकर्तव्य का पालन करते समय वे कभी भी सीता के लिए प्रकाश्य रूप में, या एकान्त में, क्षण भरके लिए भी विलाप नहीं करते हैं। किन्तु जब अश्वमेध-याग करने का प्रसङ्ग आता है तब राम ने धर्मकार्यार्थ भी दूसरा विवाह नहीं किया; और सीता की ही हिरण्मयी प्रतिकृति बनवा कर अपनी 'वामाङ्गी' के रूप में सीता को ही (प्रकाश्य रूप में) पुनः प्रतिष्ठित करके, राम ने एक तरह से शूद्रत्व को प्राप्त हुई प्रजा के गाल पर थप्पड ही मार दी है। दूसरे विवाह के लिए राम को असम्मति रूप निर्णय से, राम ने स्पष्ट रूप से यह सूचित कर दिया कि उनकी दृष्टि में तो सीता पवित्र ही है; और राम ने अपने हृदय से तो सीताजी का त्याग किया ही नहीं है। इस तरह से, राम ने जो हिरण्मयी सीता की प्रतिकृति की स्थापना की थी, वह सीताविषयक प्रजा की मान्यता का सीधा वध ही था।

राजा के व्यक्तिगत जीवन में झांखने की चेष्टा एक तरह से प्रजा की शूद्रता ही थी। हमें किसी के व्यक्तिगत जीवन के बारे में प्रकाश्य में बोलने की, निंदा करने की अनधिकृत चेष्टा नहीं करनी चाहिए। ऐसी शूद्रता सदैव वध्य होती है। राजा राम ने ऐसी शूद्रता का वध सीता की हिरण्मयी प्रतिकृति के द्वारा सूक्ष्म रूप में किया है।

3.3 शम्बूकवध के प्रसङ्ग में (तृतीयचरण में), राम के खङ्गप्रहार के बाद शूद्र शम्बूक का दिव्य पुरुष के रूप में रूपान्तरण होता है। अब वह "अन्वेष्टव्यो यदसि भुवने भूतनाथः शरणः . . . . ।" इत्यादि बोलता हुआ राम को प्रणाम करता हुआ, उनके सामने नतमस्तक खडा रहता है। वैसे, वही ढंग से, सप्तम अङ्क में गर्भाङ्क पूर्ण होने के बाद, अरुन्धती नगरजनों को पूछती है कि वैश्वानर अग्नि ने जिसके पुण्यशाली चारित्र्य का निर्णय किया है, और देवों ने जिसकी संस्तुति की है, तथा जो देवयजनभूमि से प्रादुर्भूत हुई है, ऐसी इस सीतादेवी का स्वीकार किया जाए या नहीं? इस विषय में आप सब की क्या राय है? तब लक्ष्मण कहता है कि अरुन्धती के द्वारा उलाहना दिए गए यह पौरजानपद और सकल भूतसमूह आर्या सीता के सामने नतमस्तक खड़े हैं; और सीता देवी को प्रमाण कर रहा है। एक तरह से सीता देवी से क्षमा याचना कर रहे हैं।

इस तरह से, अयोध्यावासीओं की सीता-विषयक मान्यता बदली गई; उनमें से शूद्रता चली गई। अयोध्या की प्रजा का यह ऊर्ध्वीकरण था। शूद्रत्व का वध ा होने पर प्रजामानस का यह दिव्यरूपान्तरण ही था। जिस तरह से अनधिकृत तप को रोकने के लिए राम ने शम्बूक का वध किया और शम्बूक का दिव्य पुरूष के रूप में जो परिवर्तन हुआ था, बस वैसे ही, यहाँ पर-नाटक के अन्त में सीताविषयक लोकापवाद प्रसारित करने वाले प्रजामानस का लज्जित होकर, अन्त में दिव्यता मे परिणमन किया गया है।।

3.4 शम्बूकवध की मिथक में, राम ने किसी द्विज के मृत शिशु को पुनरुज्जीवित करने के लिए (*जीवातवे*) शम्बूक का वध किया; उसके परिणाम स्वरूप मृतशिशु पुनर्जीवन प्राप्त करता भी है। तो इस 'उत्तररामचरित' नाटक में भी, प्रजामानस में परिवर्तन आने से जो कुश-लव 'वाल्मीकि के अन्तेवासी' के रूप मे पहले प्रसिद्ध हुए थे, वही बाद में राम-सीता के संतान के रूप में नया सही अभिज्ञान प्राप्त करते हैं दूसरे शब्दों में कहें तो कुश-लव "द्विजत्व" को प्राप्त करते हैं।

करुणामय बनकर राम ने यदि किसी द्विज के मृतशिशु को पुनर्जीवित करने

के लिए शम्बूक वध रूप कठोर पुण्यकर्म किया हो तो, राम के पुत्र, जो सीता के गर्भ में ही थे— और जन्म प्राप्त करने से पहेले ही अन्धेरे में तिरोहित हो गए थे— वह भी पुनः प्रादुर्भूत होने ही चाहिए। ऐसी कर्मफल के सिद्धान्त की अपेक्षा है (या कवि-न्याय की अपेक्षा है)— भवभूति ने इस प्रकार पूर्ण की है।

4.0 नाटक के आरम्भ में कुलगुरु वसिष्ठ ने जो संदेश भेजा है, उसमें कहा गया है कि—

जामातृयज्ञेन वयं निरुद्धास्त्वं बाल एवासि नवं च राज्यम्।
युक्तः प्रजानामनुरञ्जने स्यास्तस्माद्यशो यत्परमं धनं वः।।

(1.11)

राम नए राजा हैं और प्रजारञ्जन रूप कर्तव्यपालन से जो यश अर्जित किया जाए वही उसके लिए परम धन होगा।

वसिष्ठ की ऐसी आज्ञा से प्रेरित होकर राम ने प्रजाराधन का एक (सीतात्याग रूप) ही कार्य नहीं किया था, परन्तु दो कार्य किए हैं। राम के उत्तर जीवन में सीतात्याग के साथ साथ शम्बूक-वध प्रसङ्ग भी अत्यन्त महत्त्वपूर्ण घटना है— ऐसा भवभूति का उपक्रम है। यदि यह दूसरी घटना का सही मायने में मूल्याङ्कन न किया जाए तो वह नाट्विवेचन के लिए शोभास्पद बात नहीं होगी। क्योंकि नाटक जैसी समय की पाबन्दी स्वीकार ने वाली कला का जब कोई कवि अपने कथयित्य को मूर्तिमन्त करने के लिए अवलम्बन लेता है तब, वह कुछ भी अनावश्यक चीज अपने नाटक में नहीं रख सकता है; और यह बात एक सिद्धान्त के रूप में सभी विवेचकों ने मानी है। तथापि दुर्भाग्य से शम्बूकवध प्रसङ्ग को अद्यावधि गंभीरता से नहीं देखा गया है। एवमेव, इसी प्रसङ्ग के सन्दर्भ में उत्तररामचरित के संविधान की कपितय क्षतियाँ भी उद्भवित की गई हैं। जैसा कि— डॉ० एस०के० बेलवालकरजी और डॉ० जी०के० भट ने कहा है कि— 1. शम्बूकवध प्रसंग के लिए एक पूरे स्वतन्त्र अंक की आवश्यकता नहीं थी, इस को विष्यकम्भक में सूचित किया जा सकता था। 2. दो कुमारों के अभिज्ञान के लिए चतुर्थ, पंचम और षष्ठ अंक की भी आवश्यकता नहीं थी। उत्तररामचरित के 2, 4, 5 एवं 6 अंकों की आवश्यकता को नहीं समझने के कारण, सभी विद्वान् भावकों ने मिलकर भवभूति के प्रति बड़ा अन्याय किया है। क्योंकि राम को अपने उत्तर जीवन में सीतात्याग का जो कठोर निर्णय लेना पडा, वह यदि राजकर्म है, तो उनके द्वारा किया गया शम्बूकवध भी दूसरे एक राजकर्म का ही अंश था। सीता भी जब सुनती है कि— "आज राम शम्बूकवध के लिए पञ्चवटी

में आए हुए हैं" तब तुरंत वह बोलती है कि— "दिष्ट्या अपरिहीन-राजधर्मः खलु स राजा।" (3-8 के ऊपर)। इस तरह सीता ने 'शम्बूकवध' के कर्म को राम के एक राजकर्म के रूप में ही देखा है, और उसके लिए राम का अभिनन्दन भी किया है।

इसी तरह से, चतुर्थ अंक के आरम्भ में भी सौधातकि ने वसिष्ठ पर कटाक्ष करते हुए कहा है कि— "इसने आते ही बछडेवाली कपिला गाय मडमडायिता" (उदरस्थ) करली है,-इसका मतलब भी यही हो सकता है कि सीता-त्याग के लिए यही कुलगुरु जिम्मेदार है। (चतुर्थांक का विष्कम्भक हास्यपूर्ण है, तथा रसान्तर के लिए प्रयुक्त है— ऐसा माना जाता है, परन्तु वह भी व्यञ्जनापूर्ण है। कपिला गाय से सीता की मोत ही व्यंजित की जा रही है।)

इस तरह राम के उत्तर जीवन में एक नहीं, दो घटनाओं को केन्द्र में रखकर नाटक का मूल्याङ्कन करना चाहिए। जिस तरह से सीतात्याग और तज्जन्य विरह, या शोक— यह नाटक का एक विषय बना है; उसी तरह से शम्बूकवध रूप राजकर्म और जज्जन्य पुण्य के बल पर राम को माता सहित पुत्रों की प्राप्ति होती है (और नाटक सुखान्त में परिणत होता है)— यह भी इस नाटक का विषय मानना चाहिए। हमारे नाट्यकवि भवभूति उत्तररामचरित के सतों अंकों में जो प्रदर्शित कर हरे हैं उसका प्रयोजन ढूँढना ही चाहिए।

4.1 शम्बूकवध की मिथक का जो मार्मिक बिन्दु है, वह है— मृतशिशु का पुनर्जीवन। अतः अब हमें यह देखना होगा कि क्या यह विषय 'उत्तररामचरित' के सातों अङ्कों में साद्यन्त-सुव्याप्त है या नहीं?

'उत्तररामचरित' नाटक के आरम्भ में सीतात्याग एक महत्त्वपूर्ण घटना के रूप में उभरकर सामने जरूर आती है, परन्तु अन्त तक जाते वही एक घटना का प्राधान्य नहीं बना रहता है। सीतात्याग के साथ साथ शूरु से ही, बल्कि उससे भी पहले-चित्रवीथिका प्रसंग में ही प्रथम चित्र के रूप में जृम्भकास्त्रों को जब प्रणाम किया जाता है तब से, कथा के अन्तस्तल में चलने वाला दूसरा एक कथांश भी है; वह है मृतप्रायः शिशुओं का पुनर्जीवन एवं राम-सीता के पुत्रों के रूप में उन दोनों का अभिज्ञान। अन्तस्तल में प्रवाहमान यह दूसरे विषय का प्राधान्य क्रमशः बढता जाता है; जो नाटक के उत्तरार्ध में मुखरित होकर जृम्भकास्र के प्रयोग के साथ हि मानों कि अज्ञातवास कि जृम्भा से मुक्त होकर 4-6 अङ्ककी रङ्गभूमि पर आकारित होता जाता है। सूक्ष्मता से देखा जाए तो कुश-लव का पुनर्जीवन एवं सीता-राम के पुत्रों के रूप में अभिज्ञान-यही एक घटनाचक्र

'उत्तररामचरित' के सातों अङ्कों मे साद्यन्त एवं सुग्रथित रूप से सुव्याप्त है।

4.2 प्रथम अङ्क में वसिष्ठ के सन्देशवाहक अष्टावक्र जो आशीर्वाद देते हैं कि—"तत् किम् अन्यद् आशास्महे? केवलं वीरप्रसवा भूयाः।" और तत्पश्चात् चित्रवीथिका प्रासङ्ग में, सबसे पहले ही चित्र में जृम्भकास्र को देखकर राम कहते हैं कि—"सर्वयेदानीं त्वत्प्रसूतिम् उपस्थास्यन्ति। (यह जृम्भकास्त्र अब तेरी संतति की सेना में उपस्थित रहेंगे)।" इस तरह से सीता-राम की संतति के पास जृम्भकास्र का स्वतःसिद्ध होना, एक प्रमाण के रूप में प्रथमाङ्क में ही कहा गया है।

4.3 यही बात द्वितीय अङ्क के शुद्ध विष्कम्भक में अङ्कुरित हो उठती है। आत्रेयी वनदेवता वासन्ती से कहती है कि—"किसी देवता ने आकर वाल्मीकि को कुश-लव नाम के दो शिशु समर्पित किए हैं; और उन दोनों को जृम्भकास्र तो आजन्मसिद्ध है। वे दोनों पढने में इतने तेज हैं कि मैं उन के साथ बैठकर पढ़ नहीं पाती हूँ। अतः मैं अगस्त्य-लोपामुद्रा का आश्रम ढूंढती हुई यहाँ तह आयी हूँ।"

4.4 तृतीय अङ्क के विष्यकम्भक में भी सीता को दो पुत्र होने की यही बात दूसरे शब्दों में पुनरावृत्त हुई है। तमसा-मूरला के संवाद से हमें ज्ञात होता है कि लक्ष्मण के चले जाने के बाद, प्राप्तसववेदना सीता गङ्गाप्रवाह में गिरती है। लेकिन वहाँ पर ही उसने दो पुत्रों को जन्म दिया। और गङ्गीगाप्रवाह में गिरती है। लेकिन वहाँ गर ही ढसने दो गुत्रों को जन्न दिया। और गङ्गाजी ने रीता की, एवं दो पुत्रों की भी रक्षा करते हुए बिगडती बाजी सम्भाली है।

तृतीय अङ्क की प्रमुख दृश्यावली में करिकलभ का एवं मयूरनर्तन का जो प्रसङ्ग है, वह दोनों बड़े सूचक हैं। तृतीयाङ्क में दो तरह के प्रमुख कार्य दिखाई पड़ते हैं— (1) बारह बर्षों से राम ने जो सीता को 'नियतं विलुप्ता' मानी है; और पञ्चवटी को देखकर वे जो बार-बार मूर्च्छित हो रहे हैं उसको सीता के सञ्जीवनी समान कर स्पर्श से स-भानावस्था (शुद्धि) में लाया जाता है। और ऐसा करके "सीता कदाचित्/कुत्रचित् जीवित हो सकती है" ऐसी एक आशा राम के चित में डाली जाती है। (2) तथा आर्यपुत्र राम की उपस्थिति में, करिकलभ एवं मयूरनर्तन के प्रसङ्ग द्वारा सीता के चित्त में अपने पुत्रों की स्मृति पुनः सक्रचारित करने का द्वितीय नाट्यकार्य भी सम्पन्न किया जाता है।

4.5 उत्तररामचरित के चतुर्थ अङ्क में, वाल्मीकि के आश्रम में जनक और कौसल्या का मिलन होता है। लेकिन यहाँ पर वे सीता-राम के पुत्र लव को

'आश्रमक्टु' के रूप में ही देखते हैं। परन्तु कौसल्या के मन में तो साश्चर्य प्रश्न होता ही है कि रामभद्र की आकृति को मिलने वाला यह किशोर कौन हैं? उसी क्षण अरुन्धती भी एक 'अपवार्य' उक्ति में बोलती है कि—"इदं नाम तद्भागीरथीनिवेदितरहस्यं कर्णामृतम्। न त्वेवं विद्मः कतरोऽयम् आयुष्मतोः कुशलवयोरिति।" इस तरह चतुर्थ अङ्क में भी सीता के संतानों की बात पल्लवित होने लगती है।

4.6 पञ्चम अङ्क मे सीतापुत्र लव के साथ, अश्वमेध यज्ञ के अश्व को लेकर लक्ष्मणपुत्र चन्द्रकेतु का युद्ध होने का संरम्भ शुरू हो जाता है। लव की बाणवृष्टि को देखकर सारथि सुमन्त्र को बाल रघुनन्दन की स्मृति हो आती है। "धृतधनुषं रघुनन्दनं स्मरामि।।" (5.4) इस युद्ध के दौरान लव ने तो जृम्भकास्त्र का प्रयोग भी कर दिया; और सब चकित हो ऊठे। यहाँ पर भी तिरोहित हुए राम-सीता की संतान क्रमश आविर्भूत होते दिखाई पडती है। मानों शम्बूकवध के द्वारा एक अयोध्यावासी मृत द्विजशिशु को पुनः पुनर्जीवित करवाने का जो पुण्य होगा उसके ही पुल-स्वरूप राम-सीता की तिरोहित संतान अब पुनः प्रादुर्भूत हो रही है।

4.7 षठ अङ्क में वल एवं चन्द्रकेतु के युद्ध को आकाशमार्ग से अध्याध्या की ओर वापस जा रहे श्रीरामद देखते हैं। जृमभकास्र के प्रभाव से राम की सेना तो निश्चेष्ट पडी है; परन्तु दो कुमारों का भयानक युद्ध देखकर, राम वाल्मीकि के आश्रम में नीचे उतर आते हैं। और वहाँ पर ही अपने पुत्रों को-लव एवं कुश को— क्रमशः देखने का सौभाग्य प्राप्त करने हैं। परन्तु यहाँ पर राम को दोनों कुमारों का कोई निश्चित अभिज्ञान नहीं होता है। क्योंकि "हम तो वाल्मीकि के हैं" "हमें हमारी माता का नाम भी ज्ञात नहीं है" इत्यादि वाक्यों को लव-कुश से सूनकर राम गुमराह हो जाते हैं। यद्यपि राम को अनेक कारणों से संदेह तो हो ही रही थी कि ये दोनों मेरी ही संतति होगी। क्योंकि उन्होंने ही पहले सीता का गर्भ द्विधा ग्रन्थीभाववाला है ऐसा जाना था।

4.8 सप्तम अङ्क के गर्भाङ्क को देखने के बाद राम यह जान पाते हैं कि उनकी अगल-बगल में बैठे लव एवं कुश ही उनके दो पुत्र हैं। शम्बूकवध रूप एक विडम्बनापूर्ण से राम ने जो पुण्य अर्जित किया था, उसका प्रकटीकरण यहाँ होता है। राम के उत्तर जीवन की एक विडम्बना यह थी कि जो अयोध्यावासी प्रजा ने राम की सन्तति को सकुशल प्रसूत नहीं होने दी, वही प्रजा के एक मृतशिशु को पुनर्जीवित करने के लिए राम को शम्बूक का वध करने के लिए जाना पड़ा था। अतः शम्बूकव के बाद राम की जो वापसी यात्रा शूरू होती है उसमें ही राम

को अपने दोनों पुत्र, उनकी माता (सीता) के साथ वापस मिल जाते हैं।— यह ध्यान देने योग्य बात है।)

उपसंहार

5.0 राम ने अपने उत्तर जीवन में वसिष्ठ की आज्ञा के अनुसार मुख्य रूप से दो राजकार्य (प्रथम दो अङ्कों में) किए हैं-(1) सीतात्याग एवं (2) शम्बूकवध। कवि भवभूति ने इन दोनों घटनाओं के नाट्यात्मक परिणाम जैसे कि (1) सीता का विरह एवं तज्जन्य शोक से करुणमण्डित तृतीय अङ्क तथा (2) अनधिकृत तपश्चर्या कर रहे शूद्र का वध एवं तज्जन्य पुण्य से अपने ही मृतप्रायः शिशुओं को पुनर्जीवन प्राप्त होना-द्विजत्व प्राप्त होना इन बातों को बड़ी कलात्मकता के साथ प्रस्तुत किया है। और इस तरह उत्तररामचरित के द्वितीय एवं चतुर्थ, पञ्चम तथा षष्ठ अङ्क की जिस में सार्थकता बनी रहे ऐसी एक अनुपम नाट्यसृष्टि का निर्माण करके दिखलाया है।

भवभूति को शम्बूकवध की कथा एक मिथक के रूप में, वाल्मीकीय रामायण से प्राप्त हुई थी। परन्तु उसे सही अर्थ में राम के ही वर्तमान जीवन में साकार होती हुई दिखलाने का सफल कविकर्म केवल भवभूति ने ही किया है। इस तरह से उन्होंने अपना महाकवित्व सिद्ध किया है।

'उत्तरामचरित' का सुखान्त कोई नाट्यशास्त्रीय आज्ञा का कृत्रिम परिणाम नहीं है। परन्तु एक मिथकीय सत्य ही राम के जीवन में सकार होता है, इसीलिए वह सुखान्त बना है ऐसा दिखलाकर भवभूति ने राम के दुष्कर राजकर्म का सुफल इसी जन्म में परिणत होता हुआ सिद्ध किया है।

'उत्तररामचरित' का सुखान्त कोई नाट्यशास्त्रीय आज्ञा का कृत्रिम परिणाम नहीं है। परन्तु एक मिथकीय सत्य ही राम के जीवन में सकार होता है, इसीलिए वह सुखान्त बना है ऐसा दिखलाकर भवभूति ने राम के दुष्कर राजकर्म का सुफल इसी जन्म में परिणत होता हुआ सिद्ध किया है। "उत्तरे रामचरिते भवभूतिर्विशिष्यते" यह उक्ति का मर्म भी उसके सुखान्त होने में ढूँढना चाहिए।

"राम नये राजा है और प्रजाराधन रूप कर्तव्यपालन से जो यश अर्जित किया जाए वही उसके लिए परम धन होगा।"

14

कालिदास के नाटकों में पुस्त आहार्य— एक आकलन

सविता ओझा

आचार्य भरतमुनि ने आङ्गिक, वाचिक आहार्य एवं सात्त्विक अभिनयों को मुख्यतया अभिनय के चार स्तम्भ के रूप में स्वीकार किया है। अभिनय का अर्थ है अनुकरण और अनुकरण में सादृश्य हो तो प्रेक्षक को रसानुभूति हो सकती है और तभी अभिनय का साध्य भी सिद्ध हो सकेगा। नाट्यप्रयोग में लौकिक पदार्थों तथा जीवों की रूपसादृश्य का साधन आहार्य अभिनय ही है। आहार्य अभिनय नाट्यप्रयोग एवं सारूप्य-सृजन की एक महत्त्वपूर्ण विधा है। इसके द्वारा दृश्यों को रङ्गमञ्च पर कृत्रिम रूप में प्रस्तुत किया जाता है। चूँकि आहार्य अभिनय नाट्यप्रयोग की आधार भूमि है, अतः भरतमुनि ने इसे नेपथ्यज-विधि नाम देते हुए कहा है—

आहार्याभिनयो नाम ज्ञेयो नेपथ्यजो विधिः।
तत्र कार्यः प्रयत्नस्तु नाट्यस्य शुभमिच्छता।। (ना.शा. 21/3)

अर्थात् नाट्य के शुभ की इच्छा करने वालों को नेपथ्य में ही इसकी योजना प्रयत्न-पूर्वक कर लेनी चाहिए। सूक्ष्मतया विचार करें तो पाते हैं कि अन्य अभिनयों की अपेक्षा आहार्य अभिनय की सत्ता आद्योपान्त प्रतीत होती है, क्योंकि प्रेक्षकों के समक्ष इसे तत्क्षण प्रस्तुत नहीं किया जा सकता बल्कि यत्नपूर्वक नाट्य प्रस्तुतीकरण के पूर्व इसकी तैयारी की जाती है। आहार्य अभिनय के चतुर्विध भेदों (पुस्त, अलंकरण, अंगरचना तथा सञ्जीव) के आधार पर हम न केवल गज, प्रासाद, वन, पर्वतादि को अपितु अनुकार्य दुष्यन्तादि को भी प्रत्यक्ष हुआ पाते हैं।

पुस्तविधि द्वारा ही प्रेक्षकों को गज, प्रासाद, अस्त्र-शस्त्र, प्रस्तर, शिला आदि की सजीवता का आभास होता है। नाट्यशास्त्र में पुस्तविधि का निरूपण इस प्रकार से हुआ है—

शैलयानविमानानि चर्मवर्मध्वजा नगाः ।
ये क्रियन्ते हि नाट्ये तु स पुस्त इति संज्ञितः ।। (ना० शा० 21/9)

अर्थात् पर्वत, यान, विमान, रथ, गज, ध्वजा तथा दण्डादि अनेकानेक लौकिक पदार्थों का चर्म या वस्त्रों से निर्मित सांकेतिक पदार्थों के माध्यम से रङ्गमञ्च पर सारूप्य सृजन होता है।

पुस्त की संयोजन क्रिया तीन रूपों में सम्पादित होती है— सन्धिम, व्याजिम और वेष्टिम पुस्त। सन्धिम यानि जो वस्तुएँ परस्पर जोड़कर रङ्गोपयोगी बनायी जाती हैं, वे सन्धिम पुस्त के अंतर्गत आती हैं।

किलिञ्चचर्मवस्त्राद्यैर्यद्रूपं क्रियते बुधैः।
सन्धिमो नाम विज्ञेयः पुस्तो नाटकसंश्रयः ।। (ना० शा०21/ 7)

जिन भौतिक पदार्थों का रङ्गमंच पर यान्त्रिक साधनों की सहायता से प्रयोग होता है वे 'व्याजिम पुस्तविधि' के अंतर्गत आते हैं—

व्याजिमो नाम विज्ञेयो यन्त्रेण क्रियते तु यः।

वेष्टिम विधि में वस्त्रादि को आवेष्टित कर या लपेटकर प्रयोग में लाया जाता है—

वेष्ट्यते चैव यद्रूपं वेष्टिमः स तु संज्ञितः (ना०शा०21/8)

इस प्रकार से नाट्यशास्त्र में आचार्य भरत ने पुस्त विधान का समग्र प्रयोग किस प्रकार हो, यह निरूपित तो कर दिया है परन्तु इस तथ्य पर भी विचार होना चाहिए कि प्रयोक्ता या नाट्यकर्त्ता कहाँ तक इस भारतीय नाट्य संविधान का अनुगमन करते हैं। संस्कृत कवि परम्परा में इन नाट्य संविधानों का पालन होता दिखाई पड़ता है। हाँ, इतना अवश्य है कि काल और परिस्थिति के अनुसार इनमें कुछ परिवर्तन-परिवर्धन होते रहे हैं। महाकवि कालिदास के नाटकों में 'पुस्त आहार्य' किन किन रूपों में परिलक्षित हुआ है तथा इन नाटकों के आलोडन से पुस्त के प्रायोगिक पक्ष के साथ उसकी सम्पूर्णता का बोध भी किस प्रकार से हुआ है— यहाँ इस पर दृष्टि अपेक्षित होगी। महाकवि कालिदास के नाटकों में पुस्त विधान के अन्तर्गत आने वाले कुछ महत्त्वपूर्ण नाट्योपकरण किन रूपों में प्रस्तुत हुए हैं, उन पर इस प्रकार से विचार किया जा सकता है -

आसनः आचार्य भरतमुनि ने रङ्गविधान की दृष्टि से नाट्यशास्त्र के तेरहवें

अध्याय में रङ्गमञ्च पर प्रयोग में लाये जाने वाले आसनों का विवेचन किया है। यहाँ वर्णित है कि किस प्रकार के लोगों को किस प्रकार का आसन दिया जाना चाहिए। कवि ने अपने नाटकों में आसनस्थ राजा, विदूषक, रानी, सेवक आदि की प्रस्तुति करायी है। अब प्रयोक्ता के विवेक ज्ञान पर निर्भर करता है कि वह किसके लिए किस प्रकार का आसन प्रयोग में लाता है। 'अभिज्ञानशाकुन्तलम्' के पञ्चम अङ्क में राजा और विदूषक आसनस्थ प्रस्तुत होते हैं— **'ततः प्रविशत्यासनस्थो राजा विदूषकश्च'** यहाँ आचार्य भरत के अनुसार राजा के लिए 'सिंहासन' तथा विदूषक जो कि ब्राह्मण वर्ण का है अतः उसके लिए काष्ठासन का प्रयोग किया जाना चाहिए। राजा दुष्यन्त चूँकि चंद्रवंशी राजा हैं अत उनके सिंहासन पर चन्द्रमा का चिह्न अंकित होना चाहिए । यह प्रयोग करना या न करना प्रयोक्ता पर निर्भर करता है। 'मालविकाग्निमित्र' में राजा के सिंहासन का उल्लेख गणदास के माध्यम से हुआ है—

सिंहासनान्तिकचरेण सहोपसर्पन्' (मा०मि०1/12)

इस नाटक के प्रथम अङ्क में ही राजा द्वारा कहा गया है— (**परिजनं विलोक्य) आसने तावदत्रभवतोः (उभौ परिजनोपनीतया— रासनयोरुपविष्टौ)'** (मा०नि० प्रथम अङ्क)

प्रथम अङ्क में राजा के कथन में-'**भगवति, क्रियताम् आसनपरिग्रहः (सर्वे यथार्हमुपविशन्ति**)'। सभी का यथोचित स्थान पर बैठने से तात्पर्य है राजा और धारिणी 'सिंहासन' पर तथा परिव्राजिका चूँकि संन्यासिनी है अतः उसके लिए 'पट्टासन' का प्रयोग एवं विदूषक के लिए 'काष्ठासन' का प्रयोग किया जाना चाहिए। द्वितीय अङ्क के प्रारम्भ में संगीत का प्रबन्ध हो जाने पर राजा, रानी, परिव्राजिका, विदूषक, नौकर-चाकर सभी अपने अपने आसन पर आसनस्थ दिखाई पड़ते हैं— **'ततः प्रविशति संगीतरचनायां कृतयामासस्थः सवयस्यो राजा धारिणी परिव्राजिका विभवतश्च परिवारः।'**

नाटकों में आसन को एक और रूप में हम पाते हैं, वह है-शय्यासन। 'अभिज्ञानशाकुन्तल' में शय्या के रूप में शिलापट्ट का प्रयोग हुआ है-. . . **सुकुमारस्तरणं शिलापट्टमधिशयाना सखीभ्यामन्वा** . . . (अभिशा० 3 अङ्क)।' तृतीय अङ्क में ही विप्रलम्भ की पराकाष्ठा को इस शय्यासन के माध्यम से दर्शाया गया हैं— **'तत्पश्चात् संदष्टकुसुम- शयनान्याशुक्लान्तविसमभंग- सुरभीणि** (3/15)' अनुसूया द्वारा राजा को यह संबोधित किया जाता है— **'इतः शिलातलैकदेशमलंकरोतु वयस्यः।'**

इस प्रकार से नाट्योपकरण के रूप में यह आसन या तो बैठने के लिए भिन्न भिन्न रूपों में हो या शयन हेतु शिलापट्टादि रूप में हो सबका अपना विशेष महत्व दिखाई देता है जिन्हें 'पुस्तविधान' द्वारा संयोजित कर प्रस्तुत करना सहज एवं सरल है।

अस्त्रशस्त्र : आचार्य भरत ने नाट्यशास्त्र के 21 वें अध्याय में (165-70) अस्त्र-शस्त्रों का विवरण प्रस्तुत किया है । अस्त्र-शस्त्र के अन्तर्गत धनुष बाण, तलवार, भाले, त्रिशूल आदि प्रयुक्त होते हैं। कालिदास के नाटकों में किस प्रकार के अस्त्र-शस्त्रों का प्रयोग हुआ है यहाँ उस पर विचार अपेक्षित होगा।

धनुषबाण : 'अभिज्ञानशाकुन्तल' के प्रथम अङ्क में ही राजा दुष्यन्त और सारथि का प्रवेश दर्शाया गया है **'ततः प्रविशति मृगानुसारी सशरचापहस्तो राजा रथेन।'** द्वितीय अङ्क में राजा अपने धनुष को विश्राम देने की बात करता है-**'विश्रामं लभतामिदं च शिथिलज्यानद्धमस्मद्धनुः'** इस कथन से धनुष का कर्त्तृत्व भासित हो रहा है, साथ ही उसकी श्रेष्ठता भी द्योतित हो रही है। षष्ठ अङ्क में भी विदूषक की रक्षा हेतु राजा दुष्यन्त धनुष-बाण धारण करता-**'यवनी - भर्त्तः एतद्धस्तावापसहितं शरासनम् (राजा सशरं चापम्)**।' 'विक्रमोर्वशीय' के पञ्चम अङ्क में गिद्ध द्वारा मणि हरण कर लिये जाने के पश्चात् गिद्ध को इस अपराध के लिए दण्ड हेतु राजा पुरूरवा द्वारा धनुष-बाण मँगवाया जाता है— **'(धनुर्हस्तः प्रविश्य) भर्त्तः इदं सशरं चापम्।'** पञ्चम अङ्क में ही नामाङ्कित बाण का उल्लेख मिलता है।

'कञ्चुकी-नामाङ्कितो दृश्यते। नात्र मे वर्णविभावसहा दृष्टिः।
राजा-तदुपश्लेषश्च शरं यावन्निरूपयामि।

इस बाण रूप आहार्य का कथानक के प्रवाह को आगे बढ़ाने में तथा कथानक को रोचक एवं कौतूहलपूर्ण बनाने में महत्त्वपूर्ण योगदान है।

रथः-रथ का निर्माण पुस्तविधि के अन्तर्गत 'वेष्टिम विधि' से होता है। इसके अन्तर्गत चलने फिरने वाली कृत्रिम वस्तुएँ आती हैं। रथ को इसी विधि से तैयार कर 'व्याजिम विधि' द्वारा गतिशीलता लायी जाती है। शाकुन्तल के प्रथम अङ्क में राजा दुष्यन्त का सारथि के साथ रथ पर आरूढ़ होकर प्रवेश दिखाया गया है। सप्तम अङ्क में भी इन्द्र के पास से राजा दुष्यन्त रथ पर आरूढ होकर सारथि मातलि के साथ भूलोक पर आते हैं— **'ततः प्रविशत्याकाशयानेन रथाधिरूढो राजा मातलिश्च।'**

इस नाटक में रथ के दो रूप परिलक्षित होते हैं— एक आखेट के लिए निकले राजा दुष्यन्त द्वारा प्रयुक्त रथ, दूसरा वैसा रथ जिसका सारथि मातलि है और जो आकाशमार्ग से भूलोक पर अवतरित हो रहा है।

'विक्रमोर्वशीय' नाटक के प्रथम अङ्क में सूर्योपस्थान से लौटकर आते हुए राजा अपने सारथि के साथ रथ पर आरूढ होकर रङ्गमञ्च पर दिखाई पड़ते हैं— **'ततः प्रविशत्यपटीक्षेपेण राजा रथेन सूतश्च'**। राजा के रथ पर ध्वजा का भी संयोजन होता है जो उस राजा के वंश की परिचायिका होती है। इसी नाटक में प्रथम अङ्क में इस प्रकार का दृष्टान्त द्रष्टव्य है— **'यन्मध्ये समवस्थितो ध्वजपटः प्रान्ते च वेगानिलात्** (वि०वि०1/5)।' इस नाटक में रथ का संयोजन कथानक के प्रवाह को आगे बढ़ाने में सहायता प्रदान करता है क्योंकि इसी के द्वारा राजा, उर्वशी को राक्षस के चङ्गुल से छुड़ाने में सफल हो पाता है। 'अभिज्ञानशाकुन्तल' के प्रथम अङ्क में भी राजा की यह उक्ति–**'चीनांशुकमिव केतोः प्रतिवातं नीयमानस्य** (1/33)' संभवतः इसी रथध्वज की ओर इङ्गित करता है।

पर्वतशिला प्रस्तर : प्रासाद, शैल या पर्वत की योजना नाट्योपकरण के रूप में रङ्गमञ्च पर होती है । पर्वत के साङ्केतिक रूप को 'सन्धिम पुस्त' के माध्यम से वस्त्र, लौह, बाँसादि आवश्यक वस्तुओं के द्वारा दृश्यता लायी जाती है । शिला, प्रस्तर आदि का इन विधियों के द्वारा निर्माण हो जाने पर तपोवन, उद्यानादि के दृश्यों में इनका प्रयोग होता है । संस्कृत के अन्य रूपकों के अतिरिक्त अभिज्ञानशाकुन्तल आदि नाटकों में इसके दृष्टान्त मिलते हैं। जहाँ राजाके आस–पास इतिवृत्त अवलम्बित हो, तो अवश्य ही वहाँ दुर्ग, प्रासादादि को प्रस्तुत करने की आवश्यकता पड़ती है, जैसा कि विक्रमार्वशीय नाटकादि में हम पाते हैं। इस नाटक के तृतीय अङ्क में महारानी के निवेदन पर, राजा मणिहर्म्य भवन की छत पर जाने के लिए विदूषक को मार्ग–निर्देश करने को कहता है। यहाँ सोपान की भी योजना हुयी है— **'राजा आरोहति। सर्वे सोपानारोहणं नाटयन्ति।'** यह दृश्य कथानक के प्रवाह में गति लाने के लिए आवश्यक प्रतीत होता है। इसकी योजना भी पुस्तविधि द्वारा की जाती है। इस नाटक के प्रथम अङ्क में पर्वत के रूप में हेमकूट शिखर का प्रयोग हुआ है। इसी हेमकूट शिखर पर रम्भा, मेनका आदि अप्सरायें अपहृत उर्वशी की प्रतीक्षा कर रही हैं। राजा उसी हेमकूट पर्वत पर रथ को उतारने का आदेश देता है –

राजा–सूत इदं तच्छैलशिखरम्। अवतारय रथम्।'

वनप्रदेश तथा प्राकृतिक दृश्य : इन दृश्यों के अन्तर्गत तपोवन, आश्रम,

उद्यान, प्रमदवन तथा लतामण्डप आदि आते हैं। यद्यपि आङ्गिक, वाचिक अभिनयों के माध्यम से अधिकाधिक इनका प्रयोग होता है तथापि पुस्तविधि के अन्तर्गत इन्हें प्रस्तुतीकरण के लिए सिद्ध किया जाता है। दृश्यविधान में इनके प्रयोग का आधार स्तम्भ खड़ा करके ही हम अन्य अभिनयों के द्वारा इन्हें और भी पुस्त एवं प्रभावकारी बना पाते हैं। 'अभिज्ञानशाकुन्तल' के प्रथम अङ्क में तपोवन का सारा दृश्य उपस्थित होता दिखाई देता है। इन्हीं तपोवन, लतामण्डपों के अन्तर्गत गुच्छवृक्ष, वटवृक्ष आदि का उल्लेख हुआ है। प्रयोगकर्त्ता के ऊपर निर्भर करता है कि वह चाहे तो एक गुच्छवृक्ष भी रङ्गमञ्च पर प्रस्तुत कर अन्य वृक्षों के प्रतीक रूप में भी उसे प्रयोग में ला सकता है। यथा राजा की यह उक्ति – **'यावदिमां छायामाश्रित्य प्रतिपालयामि'** (प्रथम अङ्क) इसी ओर सङ्केत करती है। अन्यत्र वृक्षों का उपयोग इस नाटक में यत्र-तत्र दर्शित है –

भवतु पादपान्तर्हित एव विस्रब्धां तावदेनां पश्यामि (प्रथम अङ्क)

तेन हीमां क्षीरवृक्षच्छायामाश्रयाम (चतुर्थ अङ्क)।

यावत् त्वयोपगतया लतासनाथ इवायं केसरवृक्षकः प्रतिभाति (प्रथम अङ्क)।

लतामुपेत्यालिङ्गय (चतुर्थ अङ्क)।

इस नाटक के षष्ठ अङ्क में अशोक वृक्ष का उल्लेख हुआ है। 'मालविकाग्निमित्र' के तृतीय अङ्क में यही अशोक वृक्ष महत्त्वपूर्ण आहार्य के रूप में प्रयुक्त हुआ है–

'न तावद्भर्ता ? एषोऽशोकशाखावलम्बी पल्लवगुच्छः'

दण्डकाष्ठ : नाट्यशास्त्र के प्रथम अध्याय में ब्रह्मा ने भरत से तुष्ट हो कर 'कुटिलक' प्रदान किया (1/60) यहाँ कुटिलक से तात्पर्य टेढे-मेढे दण्डकाष्ठ से है। नाट्यशास्त्र में इस दण्डकाष्ठ के निर्माण की विधि बताई गयी है, जो पुस्तविधान के अन्तर्गत निरूपित है—

कपित्थबिल्ववंशेभ्यो दण्डकाष्ठं भवेदथ।
वक्रं चैव हि कर्तव्यं त्रिभागे लक्षणान्वितम् ।। (21/183)

संस्कृत रूपकों में विदूषक की प्रकृति के रूप में यह स्थापित है। विदूषक

के वामहस्त में दण्डकाष्ठ स्थित होता हैं 'अभिज्ञानशाकुन्तल' में विदूषक का दण्डकाष्ठ हास्य उत्पन्न करने वाला है—**'इति दण्डकाष्ठमुद्यम्य चूताङ्कुरं पातयितुमिच्छति** (अभिज्ञान 0/6)।'

अन्य नाट्योपरकरण : रङ्गमञ्च पर नाट्योपकरण रूप में प्रयुक्त होने वाले बहुत से ऐसे उपकरण हैं, जो नाटक के कथानक में अहम् भूमिका निभाते हैं परन्तु प्रेक्षकों का ध्यान उन आहार्यों की सामग्री की ओर नहीं जाता। यथा-

रज्जु तथा बेड़ियाँ: शाकुन्तल के षष्ठ अङ्क में बद्धपुरुष को लेकर दो सिपाही प्रस्तुत होते हैं—**'ततः प्रविशति नागरिकः श्यालः पश्चाद् बद्धपुरुषमादाय रक्षिणौ च'** यहाँ बँधे हुए पुरुष का रङ्गमञ्च पर उपस्थित होना कौतूहल और कथानक के विस्तार का कारण बनता है।

सिंह, हस्ती अश्वादि : पुस्तविधि के अन्तर्गत यह भी कहा गया कि गज अश्वादि लौकिक वस्तुओं का सांकेतित पुस्तों के द्वारा सारूप्य सृजन होता है। सन्धिम पुस्त के द्वारा इन गजादि का कृत्रिम ढाँचा तैयार किया जाता है। जब इन आकृतियों का निर्माण हो जाता है तो वेष्टिम द्वारा उसे आवेष्टित का सारूप्य सृजन होता है। तत्पश्चात् व्याजिम द्वारा उसे यांत्रिक गति प्रदान कर रङ्गमञ्च पर प्रस्तुतीकरण होता है। जो हमें कलात्मकता और यथार्थता के अत्यन्त निकट ले जाता है-यथा 'अभिज्ञानशाकुन्तल' के सप्तम अङ्क में सर्वदमन द्वारा सिंह शावक के साथ खेलने का प्रसंग आता है। यदि वह शावक सजीव न होकर कृत्रिम रूप में निर्मित हो तो वह पुस्तविधि के 'सन्धिम पुस्त' द्वारा ही निर्मित होता है-**'जृम्भस्व सिंह दन्तांस्ते गणयिष्ये** (संप्तम अङ्क)।' इसी अङ्क में मृत्तिका मयूर का भी उल्लेख द्रष्टव्य है –

(क) **प्रविश्य मयूरहस्ता** (सप्तम अङ्क)

(ख) **अस्य मृत्तिकामयूरस्य रम्यत्व पश्येति भणितोऽसि** (सप्तम अङ्क)। इसकी योजना वेष्टिम पुस्त के अन्तर्गत होती है। सप्तम अङ्क में सर्वदमन के बाजूबन्ध रूप में बँधा छोटा सा धागा पुस्त रूप में समझा जा सकता है, जो राजा दुष्यन्त के पिता होने का परिचायक है।

इसके अतिरिक्त घट, पात्र, भाजन (डलिया), भोजपत्र, नलिनीपत्र, वेष्टि आदि छोटे छोटे रूप में आहार्यगत नाट्योपकरण रङ्गमञ्च पर प्रस्तुत होते हैं जो कथा प्रवाह में प्रभावकारी तो होते हैं पर हमारे समक्ष गौण बने रहते हैं।

इस प्रकार से इन नाटकों में प्रयुक्त 'पुस्त अहार्य' न सिर्फ कथानक के प्रवाह को आगे बढाने में ही सहायक प्रतीत होता है बल्कि नाट्य के उद्देश्य प्राप्ति में भी सहायता प्रदान करता है। प्रयोगकर्त्ता आचार्य भरत ने भी नाट्य में इसकी महत्ता स्वीकार करते हुए इसका विवेचन किया है। आज के परिवेश में नाट्य के प्रस्तुतीकरण में प्रयोक्ता उन विधियों, उपकरणों को यथावत प्रयोग में लाये यह आवश्यक नहीं बल्कि उन विधियों प्रयोगों में परिवर्तन-परिवर्धन सम्भव है। हाँ इतना अवश्य है कि उन परिवर्तित प्रयोगों से प्रस्तुतीकरण में बाधा उत्पन्न न हो। आज के रङ्गमञ्च पर दृष्टि डालें तो यदि प्रयोगकर्त्ता आहार्यगत इस पुस्तविधि के बिना ही नाटक को प्रस्तुत करना चाहता है तो यह कदाचित् ही सम्भव होगा क्योंकि इस पुस्तविधि को किसी न किसी रूप में कम या अधिक रूप में स्वीकार करना ही होगा। इसके पूर्ण अभाव में नाट्य में रसपेशलता शायद ही सम्भव हो। अतः यह विधि इस प्रयोगविज्ञान में उत्कर्षाधायक एवं उपकारक है।

15

नाट्यशास्त्र एवं प्रयोगविज्ञान की पाण्डुलिपि परम्परा के सन्दर्भ में कच्छ के महाराजा लखपत जी की पाण्डुलिपियाँ

बलदेवानन्द सागर

'नाट्यशास्त्र, दृश्यकाव्य और प्रयोगविज्ञान की पाण्डुलिपि परम्परा' के विषय में शोधप्रबन्ध प्रस्तुत करने के संकल्प मात्र से मेरे मन में कई विचार स्फुरित हुए क्योंकि इधर करीब पिछले तीस-पैंतीस वर्षों से हिन्दी और विशेष रूप से संस्कृत रङ्गकर्म के साथ सक्रिय रूप से जुड़े हुए होने के कारण संस्कृत-रङ्गकर्म के प्रयोग में दिन-व-दिन आने वाली विभिन्न प्रकार की समस्याओं और उसके वैकल्पिक समाधानों का परिचय मिला है। साथ ही जीविकोपार्जन के लिए इलेक्ट्रॉनिक-सञ्चार-माध्यम से जुड़े होने के कारण संस्कृत-रङ्गकर्म और संस्कृत-नाट्य-प्रयोग के लिए आधुनिक दृश्य-श्रव्य माध्यम के उपकरण कितने उपयोगी हो सकते हैं— इसकी एक साक्ष्य सूची भी हमारे पास है । '**विक्रमोर्वशीय**', '**पण्डित-राजीय**', '**पुरश्चरणकमल**' (राम की शक्तिपूजा), '**भगवदज्जुक**', '**अभिज्ञानशाकुन्तल**', '**मुद्राराक्षस**', '**उत्तररामचरित**' आदि अनेक नाटकों की, रङ्गमञ्च, आकाशवाणी एवं दूरदर्शन के लिए दृश्य और श्रव्य प्रस्तुति के समय कई ऐसे प्रसंग आए जब दृश्य विशेष को रूपायित करना नाटयशास्त्र की परम्पराओं के अनुसार असम्भव नहीं तो, कठिन अवश्य लग रहा था। किन्तु ऐसी ही स्थितियों में विविध-प्रकार के स्लाइड्-प्रयोग एवं छाया-प्रकाश- दृश्यों ने बहुत मदद की। अस्तु, *प्रकृतमनुसरामः*।

दैव-संयोग से एक दिन, दैनिक समाचार-पत्र में छपा एक लेख मिला और

लगा जैसे बिजली कौंध गई हो, उसी बिजली की कौंध का परिणाम है यह शोध प्रबन्ध। मैं पाण्डुलिपि संसाधन केन्द्र, सागर के लिए इसी विषय पर अपनी बात पहले कहना चाहूँगा।

प्राप्त पाण्डुलिपियों की पृष्ठभूमि

हाल ही में कच्छ के महाराजा लखपत जी के समय की कुछ पाण्डुलिपियाँ प्राप्त हुई हैं। जैसा कि विद्वत समाज जानता है फिर भी सद्यः सन्दर्भ के लिए बताना चाहेंगे कि कच्छ (गुजरात) में मौर्य, शक, गुप्त, मैत्रक, चालुक्य, जाडेजा आदि वंश परम्पराओं के राजाओं ने शासन किया है । जाडेजा वंश के राजाओं ने करीब 438 वर्षों तक राज्य किया है । इस विषय में भावनगर-जनपद के अन्तर्गत शिहोर तालुका में स्थित 'सुलेखन कला फाउन्डेशन' के प्राचार्य लक्ष्मण यू. वाढेर ने बहुत सूक्ष्मता एवं गहनता के साथ अनुसन्धान किया है ।

जाडेजा-वंश के राजाओं ने कच्छ के व्यवसाय, स्थापत्य, साहित्य और संगीत की वृद्धि एवं प्रसिद्धि के लिए बहुमूल्य योगदान दिया है। खेंगारजी-प्रथम, प्राग्मलजी-प्रथम, लखपतजी, गौडजी-द्वितीय, देशलजी-द्वितीय, भोजराजजी आदि की रचनात्मक प्रवृत्तियों द्वारा कच्छ ने देश एवं विदेश में बहुत ख्याति अर्जित की थी।

महाराजा लखपत जी की काव्यशाला

'भुज' में श्री लखपतजी का शासनकाल ई. स. 1752 से ई.स. 1761 तक रहा। इस अवधि में, यहाँ सांस्कृतिक एवं साहित्यिक रचनात्मक प्रवृत्तियाँ चरम-सीमा पर रही, जैसा कि पहले कहा गया है। अहमदाबाद से प्रकाशित होने वाले गुजराती भाषा के दैनिक समाचार पत्र 'गुजरात समाचार' में दिनांक 28.10. 2006 को श्री गुणवंती छो. शाह द्वारा प्रस्तुत लेख में विस्तार से बताया गया है कि— महाराजा लखपत जी की काव्यशाला में नवोदित कवियों को प्रवेश पाने के लिए वाक्चातुर्य की अर्हता अनिवार्य थी। श्री लखपत जी ने भुज में एक काव्यशाला की प्रतिष्ठापना की थी। कहा जाता है कि इस प्रकार की सर्जनात्मक प्रवृत्तियों को शुरु कराने वाले वे संसार के प्रथम शासक थे।

जैसा कि हम सब जानते हैं— देश और दुनिया में, प्राचीन काल एवं मध्यकाल के दौरान, राजालोग, कवियों और कलाकारों को आश्रय देकर अपनी प्रशस्तियाँ लिखवाते थे। अपना संकीर्तन सुनकर खुश होते थे। कवियों और कलाकारों को उपहार देते थे। किन्तु कवियों को काव्यकला का शास्त्रीय-पद्धति से प्रशिक्षण देने की रचनात्मक प्रवृत्तियों का अभाव था। पूरे विश्व में मात्र वेनिस शहर में उस समय इस प्रकार की एक काव्यशाला थी किन्तु इस काव्यशाला का उद्देश्य

देश-विदेश के व्यापारियों एवं समृद्धजनों का मनोरंजन करना मात्र था, किन्तु कच्छ के महाराजा लखपत जी ने, काव्य में निहित प्रकृति के सामीप्य के आनंद को प्रतिभासम्पन्न कविओं की रचना द्वारा प्राप्त करने के लिए सर्वप्रथम कच्छ में काव्यशाला की प्रतिष्ठापना की थी। इस काव्यशाला का विस्तृत वर्णन, विस्तारभय से, समुचित नहीं है। मात्र इतना कहना पर्याप्त है कि इस काव्यशाला में देश के अलग-अलग क्षेत्रों से नवोदित एवं प्रतिष्ठित कवि आते थे। यहाँ पर प्रशिक्षण की अवधि पांच वर्ष की थी। काव्य के विभिन्न अङ्गों एवं पक्षों के विषय में परीक्षा होती थी। विभिन्न विषयों पर कविता की रचना करनी होती थी। महाराज लखपत स्वयं उत्तम कवि थे। उनके और दूसरे प्रतिष्ठित कवियों और आचार्यों के समक्ष इन नवोदित- प्रशिक्षित कवियों को अपना काव्य-पाठ करना होता था। प्रतिष्ठित कवियों और आचार्यों की समिति द्वारा उत्तीर्ण घोषित किए गए कवियों को राज्यसभा में कवि का अलंकरण, सम्मान-पत्र वगैरह दिया जाता था और उनके सम्मान में नगरयात्रा का आयोजन भी किया जाता था। उत्तम कवियों को भेंट उपहार देकर सम्मानित किया जाता था।

काव्यशाला के आचार्य

महाराजा लखपतजी के काव्यगुरु हमीरजी के निर्देशानुसार किशनगढ़ के जैनमुनि कनक-कुशल जी को इस काव्यशाला के आचार्य पद पर नियुक्त किया गया था। मुनिश्री कनक कुशल जी संस्कृत, अर्धमागधी, राजस्थानी एवं व्रजभाषा के विद्वान् थे। उनके ज्ञान-वैभव से प्रभावित होकर लखपत जी ने उनको 'भट्टार्क' की पदवी दी थी ।

महाराज लखपत जी की रचनाएँ

श्री लखपत जी स्वयं समर्थ कवि थे। उन्होंने लखपत-अलंकारचन्द्रिका, लखपत-भावविलास, लखपत-सतसई, लखपत-विद्याविनोद, लखपत-काव्यविलास, लखपत-सुधासिंधु, लखपत-गीतपिंगल, लखपत-जससिंधु, लखपत-मानमंजरी, लखपत-मञ्जरी, लखपत-भक्तिविलास, लखपत-स्वराध्याय, लखपत-संगीत-दर्शन, लखपत-रागिनीचित्रमाला, लखपत-भावबोधिनी और लखपत-शृङ्गार आदि 16 रचनाओं का निर्माण किया था - ऐसा माना जाता है ।

काव्यशाला के आचार्य मुनिश्री कनककुशलजी एवं राजा के काव्यगुरु हमीर जी की रचनाएँ

काव्यशाला के मुनिश्री कनककुशल जी ने 'लखपत-मंजरी- नाममाला' एवं 'सुन्दर-शृङ्गार' नाम के दो ग्रंथो की रचना की। महाराज लखपत जी के काव्यगुरु

हमीरजी ने गुण-पिंगल-प्रकाश, हमीरनाम-माला अपरनाम हरजिस-माला, जदुवंश-वंशावली, पिंगलकोश, भागवत-दर्पण, ज्योतिष-जड़ाव, लखपत-गुणपिंगल, महाराज-देशलजी की वचनिका जैसे ग्रन्थों की रचना की ।

काव्यशाला की विशेषता

इस काव्यशाला की मुख्य विशेषता यह रही कि संगीत-शास्त्र और नृत्यशास्त्र के मूल्यवान् ग्रन्थों की रचना यहाँ पर हुई । इनमें संगीत-सूर-तरंगिणी, वाद्यविवेक-विलास, मृदंगमोहरा, लखपत-ताल-विधान, नृत्यसुधारा-मंजरी, लखपत-रागमाला, संगीत-रत्नाकर आदि प्रमुख माने जाते हैं । इन ग्रन्थों में से कुछ हस्तलिखित ग्रन्थों की पाण्डुलिपियाँ हाल, शिहोर के 'सुलेखन कला फाउन्डेशन' में संगृहीत हैं।

तीन दुर्लभ पाण्डुलिपियाँ

वाद्य-विवेक-विलास, सङ्गीत-सूर-तरंगिणी एवं संगीत-रत्नाकर— इन तीन पाण्डुलिपियों को प्राचार्य लक्ष्मण वाढेर ने स्थानीय कबाड़ीवाले, मुस्लिमबंधु महंमद भाई से खरीद कर संगृहीत किया है ।

वाद्य-विवके-विलास के रचनाकार मायाराम चौहाण के पुत्र फकीरचंद चौहान हैं और सङ्गीत-सूर-तरङ्गिणी के रचयिता कवि हरिवल्लभ हैं।

वाद्य-विवेक-विलास में जाडेजा राजाओं की वंशावली, सङ्गीत की उत्पत्ति-विषयक विस्तृत वर्णन और संगीत के 40 वाद्यसूत्र हैं। इन 40 सूत्रों की चर्चा के अतिरिक्त तालभेद की शास्त्रीय-चर्चा हैं । दोहा, चोपाई, सवैया और छन्द-शास्त्र का सन्दर्भ है। स्वर-अध्याय में सात सुरों का उल्लेख है। राग-अध्याय में राग के अर्थ एवं प्रकार हैं । मेघ, भैरवी, दीपक, केदारी, बसंत, मालेशिरी (वागेश्री), विभास और सारङ्ग हैं। इस ग्रंथ में रागिणी का भी विभाग है। बिलावल, रामकली, ललित, मल्हार, भूपाली, गूजरी, बंगाली, देवगिरी, सोरठी, तिरवन, पहाड़ी, सावंता, उरकटौड़ी, जैतसिरी जैसे रागों की चर्चा भी है ।

उपसंहार

उपर्युक्त पाण्डुलिपियों और लखपत जी के नाम से प्राप्त होने वाले सोलह ग्रन्थों की पाठ परपम्परा एवं पाठालोचन के लिए विस्तृत अध्ययन करना अभी शेष है। यहाँ पर उपस्थित सुधीजनों के समक्ष भी यह नम्र निवेदन है कि - लखपत जी के नाम से प्राप्त होने वाले इन सोलह ग्रन्थों के रचयिता, वास्तव में, महाराज लखपत जी ही थे कि कोई और— यह विषय अभी निर्णेतव्य है । आशा ही नहीं, विश्वास भी है कि एतदर्थ इस संगोष्ठी के निर्देशक, संयोजक एवं प्रायोजक सभी सक्रिय प्रयास करेंगे।

16

अर्वाचीन नाटकों में नाट्यप्रयोग की नवीन सम्भावनाएँ

मञ्जुलता शर्मा

कला का प्राणतत्त्व है काव्य और काव्य का उत्कृष्टतम रूप है नाटक। इस विधा के अतीत में प्रयोग और प्रगति की अजस्रधारा प्रवाहित होती रही है। नाट्य कवित्व की चरमसीमा ही नहीं अपितु एक ऐसा चाक्षुष यज्ञ है जिसमें श्रवणेन्द्रियों के साथ-साथ नेत्रों को भी सुख प्राप्त होता है। नाटक शिल्प, विद्या, ज्ञान और कला का मंदिर ही नहीं अपितु सामयिक समस्याओं का संवाहक भी है।

भारतीय परिवेशजन्य विभिन्न संस्कृतियों की इन्द्रधनुषी आभा यहाँ के साहित्य में भी प्रतिबिम्बित होती है। जहाँ जीवन का प्रत्येक पक्ष प्रगति के नये अध्याय लिख रहा है वहाँ अर्वाचीन नाटकों में नाट्यतत्त्वों की नवीन सम्भावनाओं से कैसे इनकार किया जा सकता है। वर्तमान समय में हमारा नाट्यसाहित्य युगानुरूप होने के साथ-साथ मञ्चन की दृष्टि से भी बहुत समृद्ध हो गया है। प्राचीन नाटकों में कवि द्वारा किये गये वर्णन की सहायता से प्रेक्षक अपने समक्ष प्रस्तुत दृश्य की कल्पना कर लेता था अर्थात् किसी भी स्थिति की सङ्कल्पना प्रेक्षकों की प्रतिभा पर निर्भर थी। विभिन्न प्रकार के रङ्ग-निर्देश ही इन दृश्यों की सञ्जीवनी होते थे; यथा-अभिज्ञानशाकुन्तल के प्रारम्भ में दुष्यन्त जिस मृग का पीछा करता है, वह सूत्रधार के निर्देश से ही अनुभवगम्य होता है। राजा का अभिनय करने वाला अभिनेता अपनी बन्धी हुयी दृष्टि एवं मुद्रा से ऐसा अभिनय करता है मानो वह मृग पर प्रहार कर रहा है। रङ्गमञ्च पर प्रियंवदा एवं अनसूया का फूल चुनना

वस्तुतः पुष्प चुनने का अनुकरण मात्र है। अभिनेता एवं अभिनेत्री इन समस्त भावों को, नाट्यगत संवेगों को अपने आंगिक आदि अभिनय से कुशलतापूर्वक व्यक्त कर देते हैं। परन्तु इसके लिये एक आदर्श प्रेक्षक में अभिनेताओं द्वारा अनुकृत पात्रों के भावों तथा अनुभूतियों को स्वकीय बना सकने की योग्यता के साथ ही तीव्र ग्रहणशीलता और उत्कृष्ट निर्णयशक्ति का होना अपेक्षित है। तब ही वह सामान्य बाह्य चिह्नों यथा— अश्रु, हास, रोमाञ्च, आक्रोश, हर्ष, जुगुप्सा, भय आदि अनेकों भावों की अभिव्यक्ति कर सकता है। इस प्रकार प्राचीन नाटकों में नाटककार प्रेक्षागृह, अभिनेता, नाटक की साजसज्जा एवं दृश्य प्रेक्षक आदि प्रमुख नाट्यतत्त्वों का प्रयोग भरतमुनि के नाट्यशास्त्रीय नियमों की परिधि में ही करते रहे। उन्होंने दृश्य की प्राणवत्ता के लिये कोई विशेष श्रमसाध्य कार्य नहीं किया। क्योंकि उनका उद्देश्य मात्र मञ्चीय अभिनय ही नहीं अपितु नाट्यकृतियों को उत्कर्षप्रदान करने वाली अनेकों कलाओं नृत्य, वाद्य, गीत आदि को भी उत्कर्ष प्रदान करना था। परन्तु अर्वाचीन नाट्यरचनाकारों ने अपने-अपने नाट्यों में इस मौन को तोड़ा है। उन्होंने प्राचीन नाट्यशास्त्रीय नियमों को अंशतः ही स्वीकार किया है। आज नाटक का अभिप्राय रूपक का एक अङ्ग नहीं अपितु उसमें एकाङ्की, प्रहसन, भाण, डिम्ब, वीथिका, नुक्कड़ नाटक, नृत्य नाटिकाएँ, रेडियोरूपक, ऑपेरा, छायानाटक आदि समस्त विधाएँ अनुस्यूत हैं। प्रस्तुत शोध पत्र में भी नाटक शब्द को इसी अर्वाचीन अर्थ में प्रयुक्त किया गया है।

नाट्य क्षेत्र में क्रान्ति लाने वाले साधकों की एक विस्तृत शृङ्खला है इसमें, अभिराज राजेन्द्र मिश्र, राधावल्लभ त्रिपाठी, देवर्षि कलानाथ शास्त्री, हरिदत्त शर्मा, हर्षदेव माधव, वनमाला भवालकर, नलिनी शुक्ला, लीला राव, रमा चौधुरी, कमलारत्नम्, देवकी मेनन, वीणापाणि पाटनी, मिथलेश कुमारी मिश्रा, केशवचन्द्र दाश आदि अनेक रचनाकार सम्मिलित हैं। वस्तुतः इनकी रचनाओं में प्राचीन और अर्वाचीन दोनों नाट्यतत्त्वों की सुगन्ध व्याप्त है। यद्यपि इन नाट्यकारों ने रूपक की समग्रता पर अपनी दृष्टि केन्द्रित की परन्तु भारतीय मनीषियों की प्रज्ञा परिष्कृति के कारण समय-समय पर रङ्गमञ्च एवं तकनीक की दृष्टि से युगानुरूप परिवर्तन होते रहे हैं। शिल्प एवं कथ्य में ध्वनि की प्रमुखता पर एकाग्र होकर जिन नाटकों का प्रणयन किया गया वे 'रेडियो रूपक' के रूप में प्रचलित हुये। आकाशवाणी के प्रसारण एवं तकनीक की दृष्टि से इन्हें सर्वाधिक प्रभावशाली कहा जा सकता है। वर्तमान परिवेश में रेडियो रूपक (ध्वनि नाट्य) और नृत्य नाटिकाएँ ही अधिकांशतः प्रचलित हैं। संगीत नाटिकाओं के प्रति भी

अर्वाचीन नाट्यकारों की अभिरुचि परिलक्षित होती है। इसमें वनमाला भवालकर की रामवनगमन, सीताहरण, पार्वतीपरमेश्वरीय इसी प्रकार की नाटिकाएँ हैं इसमें विविध छन्दों को तदनुरूप तालों एवं रागों में निबद्ध किया है। नलिनी शुक्ला की पार्वतीतपश्चर्या तथा राधानुनयः नृत्य नाटिकाएँ हैं इसमें कत्थक नृत्य की स्वर भंगिमाएँ वर्णित हैं। लीलाराव द्वारा नितान्त आधुनिक शैली में चौबीस नाटकों का प्रणयन किया इसमें कुछ रूपक एकाङ्की हैं और कुछ संगीत नाट्य। इसमें ध्वनि निर्देशों की प्रचुरता होने के कारण रेडियो पर अत्यन्त सफलता पूर्वक प्रस्तुत किया जा सकता है। कमलारत्नम् के गणयच्छाग, विवेकानन्दस्मृति, नचिकेता-यम-संवाद भी इसी प्रकार के रेडियो रूपक कहे जा सकते हैं। अभिराज का 'अभीष्टमुपायन' दहेज पर आश्रित रेडियो रूपक है। यह अपने समस्त मानकों पर खरा उतरता है। दहेज जैसी कुप्रथा के समाधान स्वरूप गृहस्वामी का यह कथन "**तव सद्गुणा एव मे अतुलनीयं यौतकम्**" इस नाटक को सुखान्त की ओर ले जाता है और दहेज समस्या का समाधान भी प्रस्तुत करता है। डॉ. राधावल्लभ का 'मेघसन्देश' ध्वनि नाट्य है इसमें मेघगर्जन, वर्षा, वायु की तीव्रता का नाद सम्पूर्ण भावाभिव्यक्ति का माध्यम है। केशवचन्द्र दाश का 'समानी' नाटक धारावाहिक के रूप में लिखा गया सफल प्रयोग है इसमें सम्पूर्ण नाटक के रङ्गनिर्देश श्रव्यम् एवं दृश्यम् में लिखे गये है जो पात्र संवाद के साथ-साथ अभिनय का एक वातावरण भी तैयार करते हैं। इसे दूरदर्शन पर भी अत्यन्त सफलता से प्रस्तुत किया जा सकता है क्योंकि इसमें दृश्य एवं श्रव्य की समान स्थितियाँ हैं। रेडियो एवं दूरदर्शन पर किये जाने वाले सफल नाट्यप्रयोगों ने फिल्म जगत में भी दस्तक दी है। 'आदिशंकराचार्य' नामक संस्कृत फिल्म ने सफलता के अनेक कीर्तिमान स्थापित किये। इसी प्रकार हरिदत्तशर्मा के नाट्यसंकलन 'आक्रन्दनम्' के समस्त एकांकी 'रेडियो रूपक' है। उनका इलाहाबाद आकाशवाणी से कई बार प्रसारण हो चुका है। स्त्री-शोषण के विरुद्ध 'अबलाबलम्' एकांकी का उद्घोष "**वयं नार्यः राष्ट्रे जागृयाम**" नारी के नवजीवन की ओर सङ्केत करता है। देवर्षि कलानाथ शास्त्री की संस्कृत नाट्यवल्लरी ध्वनि नाट्य का अनुपम उदाहरण है उन्होंने अपना मत व्यक्त करते हुये लिखा है कि "इन रूपकों में प्रसारण तकनीक की दृष्टि से जो सूच्य लिखे जाते हैं उन्हें संस्कृत में उल्लिखित किया गया है साथ ही उन्हें अति संक्षिप्त रूप दिया गया है। यद्यपि सामान्य पाठक के लिये उनकी विशेष अर्थवत्ता नहीं है मञ्चन या प्रसारण में ही उनका विशेष उपयोग है।" (संस्कृत नाट्यवल्लरी

भूमिका पृ. 4,5)

ध्वनिरूपकों के निर्माण में कृतिकार का लक्ष्य यह होना चाहिये कि उनकी भाषा, भाव, शैली अत्यन्त सरल एवं बोधगम्य हो जिस से श्रोता श्रवण मात्र से ही उसे ग्रहण कर सकें क्योंकि मुद्रित नाटक में अर्थ स्पष्ट न होने पर पुनः पठन-पाठन की सुविधा होती है परन्तु 'ध्वनि रूपक' में ध्वनि का सम्यक् प्रयोग ही शाब्दिक वातावरण को तैयार करता है। नाट्यवल्लरी के प्रत्येक एकाङ्की के द्वारा कोई न कोई सन्देश अवश्य दिया गया है जिस से नयी पीढ़ी प्रेरणा ग्रहण कर आदर्शोन्मुख व्यवहार की ओर अग्रसर हो सके। इसमें प्रायः समस्त नाटक प्राचीन आख्यानों के ही नवीनीकरण है, केवल **'धर्मस्य तत्त्वं निहितं गुहायाम्'** ही वर्तमान स्थितियों पर लिखा गया नाटक है।

नाटकों के क्षेत्र में समस्यापूर्ति जैसे विषय को लेकर अभिराज ने 'पञ्च सी न मी' जैसा रोचक नाटक लिखा। इसकी कथावस्तु नितान्त नवीन और बेताल पचीसी जैसी रोचक है। प्रत्येक प्रेक्षक अन्त तक इस सूक्ति का अर्थ खोजता रहता है, और नाट्य की समाप्ति तक उसकी रोचकता बनी रहती है। 'वाणीघटकमेलनम्' में एक नया प्रयोग पात्रों के नामकरण को लेकर किया गया है। इसके समस्त पात्रों के नाम व्याकरण के सूत्र वाक्यों पर रखे गये हैं जैसे— छात्रों के नाम *यङ्लुक्, कृदन्त, यङन्त, कर्मवाच्य, एकवचन* आदि। इस प्रहसन द्वारा व्याकरण के सूत्रों का मानवीकरण करके हास-परिहास में ही गूढ़ तत्त्वों की व्याख्या कर दी गयी है। 'देहलीपरिवेदनम्' भी नाट्य नव प्रयोग ही कहा जा सकता है क्योंकि इसमें दिल्ली की चेतना एक वृद्धा में चित्रित है। अतः नादिरशाह का कत्ले आम और दाराशिकोह की यातनाओं से क्षत-विक्षत दिल्ली उस वृद्धा के रूप में विलाप करती है। आज भी वह अपने परिवर्तित स्वरूप में लोकतन्त्र की विकृति देखकर सन्तुष्ट नहीं है यही है अचेतन का चेतन में आरोपण।

इसी परम्परा में पूर्वोन्मेष विधि (Flash back system) को मानकर लिखा गया नाटक 'एकं सद् विप्रा बहुधा वदन्ति' भी नवीन कला का परिचायक है। 'प्रमद्वरा' नाटिका की कथावस्तु भले ही प्राचीन हो परन्तु निर्देशक, मञ्च व्यवस्था एव युगबोध की दृष्टि से नितान्त आधुनिक है। नाट्यशास्त्रीय दुर्बोधता को सरलीकृत करने के लिये लेखक ने अनेक परिवर्तन कल्पित किये हैं। इसके अतिरिक्त अर्वाचीन नाट्यमञ्चन में कुछ नवीन प्रविष्टियाँ रही हैं। जैसे प्रकाश का प्रभाव, ध्वनि का प्रभाव, वातावरण संयोजन के लिये मञ्च सज्जा, पर्दे पर छाया दृश्यों का आयोजन, मुखोटों में विविधता। इन समस्त नव प्रयोगों द्वारा नाट्य के

स्वरूप में मञ्चीय दृष्टि से चमत्कारिक परिवर्तन आया है। कुछ नाटक 'लीला नाट्य' शैली में लिखे गये हैं। लीला नाट्य में वेशसज्जा नहीं होती अपितु पात्र अपने अभिनय से ही अपनी पहचान प्रस्तुत करते हैं जैसे 'इन्द्रजालम्' एवं 'कामला' में मदारी और जमूरे के पारस्परिक संवाद सम्पूर्ण समाज का चित्र खींच देते हैं। इसमें वेशभूषा के अप्रभावी होने पर भी प्रस्तुति का आकर्षण प्रेक्षक को बांध देता है। ये नाटक नुक्कड़ नाटक भी कहे जा सकते हैं जिसमें अलग-अलग घटनाओं एवं पात्रों को पिरो कर एक प्रतीकात्मक रूपक का सृजन होता है। 'कमला' नाटक में समाज में व्याप्त भ्रष्टाचार को दिग्दर्शक के संवादों द्वारा भीड़ भरे जनमार्ग पर प्रस्तुत किया गया है। माधव के 'परीक्षा' एवं 'कल्पवृक्ष' नाटक भी लीलानाट्य श्रेणी का ही है। यद्यपि नवीनता की उत्कट अभिलाषा ने इसमें रसानुभूति के 'ब्रेकर' भी बना दिये हैं परन्तु सर्वथा नवीन करने का जुनून माधव के समस्त साहित्य में बिखरा हुआ है। एक ही कथावस्तु को लेकर लिखे गये पाँच नाटक की शृङ्खला वाला 'कल्पवृक्ष' नाटक निश्चित रूप से एक अनूठा प्रयोग है। इसका पात्र मनसुख मनोभाव का प्रतीक है अन्य पात्रों के नाम क्षः, यः पुरुषः, प्रथमा, तृतीयः, मनुष्यः, कन्या, सत्यः, संकल्पः, धर्मः आदि हैं जिनको पढ़कर ही नाटक की अर्वाचीनता का बोध किया जा सकता है। इसके अन्तिम नाटक में दहेज प्रथा, भ्रूण हत्या जैसे त्रिषयों को उठाया है। भाषा एवं संवाद नितान्त युगानुरूप हैं। पुत्री उत्पन्न करने वाली भार्या के प्रति पति की यह उक्ति-**'एषा रण्डा न पुत्रमपि प्रसूते'** - आधुनिक समाज में स्त्री की दुर्दशा को इंगित करती है। अतः माधव सत्य कहते हैं कि **'यत्र नार्यस्तु दहयन्ते रमन्ते तत्र राक्षसाः'**।

राधावल्लभ त्रिपाठी ने नर्मालाप शैली में 'प्रेक्षणसप्तकम्' की रचना की है। जिसमें व्यंग्य के साथ-साथ सरल हास्य की सृष्टि होती है। उनका 'मशकधानी' नाटक मञ्च की दृष्टि से सर्वाधिक सफल कहा जा सकता है क्योंकि थके हुये मानव मन को अभिनेताओं का 'कॉमेडी शो' विश्रान्ति देता है। इसमें विदूषक श्रेणी का सेठ अपने संवादों में 'स' के स्थान पर 'श' बोलकर और अपभ्रंशभाषा में पात्रों की दुर्गति कराकर प्रेक्षकों को सम्मोहित कर लेता है। मच्छरदानी के चार बाँसो के स्थान पर खड़े चारों पुरुष बिना वार्तालाप एवं संवादों के ही बार-बार गिर कर हास्य की सृष्टि करते हैं। श्रेष्ठी के मुख से **'ताडयिस्यामि, फाड़यिस्यामि मारयिस्यामि, धाडयिस्यामि, हनिस्यामि, घनिस्यामि'** जैसे शब्द सहसा ही उन्मुक्त हास्य उत्पन्न कर देते है। लेखक का यह कथन कि **''इयमेव**

संस्कृतभाषाया न्यूनता। अत्र प्रचुराः गालयो न सन्ति। अन्याः भाषा अवलोक्यन्तां तावत्। शतशः सहस्रशः गालिभिस्ता भाषाः समृद्धाः सन्ति। कथं प्रगतिशीलाः सन्ति ताः भाषाः"। नर्मविनोद उत्पन्न करता है। (मशकधानी पृ. 46)

इसी क्रम में 'गणेशपूजनम्' को नुक्कड़ शैली की सफल प्रस्तुति कहा जा सकता है जिसमें गणेशपूजन के चन्दे के नाम पर धन्धा किया जा रहा है, स्तुति पूजन के स्थान पर अश्लील फिल्में दिखाने के वायदे किये जाते हैं इस प्रकार यह एकाङ्की समाज की कलुषित मनोवृत्ति को प्रेक्षकों तक पहुँचाता है। 'धीवर-शाकुन्तल' और 'मेघसन्देश' केवल नाम मात्र से ही प्राचीन कथावस्तु का स्पर्श करते है इनकी आत्मा नितान्त अर्वाचीन है। डॉ. त्रिपाठी धीवर की प्रेमिका के रूप में शकुन्तला की नव्य सृष्टि करके इस नाटक को पूर्वाग्रह से मुक्त कर देते हैं। 'मेघसन्देश' एक बच्चे का सहज विश्वास ही तो है जिसे बनाये रखने के लिये लेखक को वर्षा का आयोजन करना पड़ता है। यही आधुनिक नाट्य का प्रयोग विज्ञान है जिसमें एक परिपाटी को छोड़कर तथ्यों को समयानुरूप आकार दिया है। दक्षिण भारत में वीथी नाटक भी इसी प्रकार की सामाजिक पृष्ठभूमि एवं समस्याओं को लेकर लिखे जाते रहे हैं। इस प्रकार संस्कृत नाटकों की अनवरत प्रवहमान यह नाट्ययात्रा उसकी जीवन्तता की द्योतक है।

नाट्य साहित्य में प्रयोग विज्ञान का चरम बिन्दु "**मृत्युरयं कस्तूरीमृगोऽस्ति**" में दृष्टि गोचर होता है। जिसमें पाश्चात्य रङ्गमञ्च पर प्रचलित विसंगत नाट्य शैली का प्रयोग किया गया है। 'कब्रस्थाने' इस रूपक में दो मृत पुरुषों के संवाद की प्रस्तुति देखकर सामाजिक हतप्रभ रह जाते हैं। प्रत्येक संवाद में दो-तीन अक्षर एवं शब्द सङ्केत भाषा में निहित होने के कारण अद्‌भूत वातावरण का निर्माण करते हैं। "**चिताग्निः साक्षिरूपो वर्तते**" इस रूपक के पात्र हैं। दो प्रेत और एक आसन्नमृत्यु कन्या। मृत्यु से साक्षात्कार जैसे विषय के लिये यह रूपक सटीक प्रतीत होता है। एक गूढ़ शाब्दिक चित्र द्रष्टव्य है—

"एहि, चिताग्निः साक्षिरूपो वर्तते। पश्य, आग्नेयकीटाः जीर्णवृक्षे शयनगृहप्रदीपायन्ते वासनायुक्तोऽस्ति नीलान्धकारः, त्वमेव मे प्रियतमा।" (पृ. 18)

इस प्रयोगधर्मिता का कारण न केवल हमारी सामाजिक परिस्थितियों में परिवर्तन का होना है अपितु हमारी जीवनशैली का बदलाव भी है। आज घण्टों तक चलने वाले नाटकों का स्थान छोटे-छोटे एकाङ्गी ले रहे हैं। क्योंकि श्रोता एवं दर्शकों पर न तो बडे नाटकों को देखने का समय है और न रुचि। अतः कम

समय में अधिक आनन्द प्राप्त करने के मनोविज्ञान ने ही संगीत एवं नृत्य नाटिकाओं, रेडियो रूपक, ध्वनि नाट्य एकाङ्की जैसे लघु नाटकों में अपनी रुचि व्यक्त की है। उदाहरणार्थ कलानाथ शास्त्री का 'नाट्यशास्त्रावतार' नाटक पच्चीस मिनिट में अभिनीत किया जा सकता है। प्रेक्षणसप्तकम् के समस्त नाटक तीस से चालीस मि. में, कल्पवृक्ष के समस्त एकाङ्की 15 से 20 मि. में, अभिराज के अधिकांश नाटक 25 से 40 मि. के मध्य प्रस्तुत किये जा सकते हैं। ध्वनि एवं दृश्य परिवर्तन द्वारा वर्षों एवं माह का अन्तराल प्रेक्षकों को सरलता से सम्प्रेषित किया जा सकता है। वस्तुतः नाट्यपरम्परा में बदलते हुये प्रयोग विज्ञान से यह स्पष्ट है कि आधुनिक ज्ञान-विज्ञान के प्रकाश में रङ्गमञ्च पर नाटक को प्रस्तुत करने की नवीन शैलियों का विकास हुआ है। सिनेमा के अविष्कार और एकांकी नाटक के बढते प्रभाव ने रङ्गमञ्च विषयक नये-नये प्रयोगों को जन्म दिया है। हत्या, मृत्यु, युद्ध विषयक दृश्यों को लेकर प्राचीन नाटकों में जो प्रतिबन्ध थे वे अव शिथिल हो चुके हैं। रङ्गमञ्च की आधुनिक साजसज्जा, ध्वनि प्रकाश योजना इतनी सशक्त है कि दर्शक को दृश्य कल्पना की आवश्यकता ही नहीं है। वर्षाकालीन दृश्य को आकाशीय विद्युत् और ध्वनि साम्य से सजीव कर दिया जाता है। नृत्य नाटिकाओं में विद्युत प्रकाश को गतिशील करके विभिन्न भावों को सरलता से सम्प्रेषित किया जाना भी सम्भव हो गया है। इस प्रकार नाटक केवल अभिनय नहीं साधना है, भोग नहीं योग है, प्रदर्शन नहीं अपितु ब्रह्मानन्द सहोदर है। अब वह दिन दूर नहीं जब विकसित होती नाट्यकला में भरतमुनि का घोष, शिव का ताण्डव और पार्वती का लास्य एक बार फिर थिरक उठेगा। इसलिये अर्वाचीन नाट्यकारों पर नाट्यशास्त्रीय नियमों की अवज्ञा करने का आरोप भले ही लगे परन्तु उन्हें अपनी शोध परक दृष्टि को और विकसित करना होगा क्योंकि उन्हें पता है कि सम्भावनाओं के द्वार अभी भी खुले हुये हैं :

वक्त का रुकना यहाँ सम्भव नहीं,
छोड़ दे यह काफला सम्भव नहीं,
मोड़ तक पहुँचे, नये हैं मोड़ फिर,
एक सबका हो जहाँ सम्भव नहीं।

कालोऽस्मि पृ. 17

17

आधुनिक रङ्गमञ्च और नाट्यशास्त्र सम्मत प्रयोग— मुंशी अजमेरी के अप्रकाशित नाटक 'रामचरित' की पाण्डुलिपि के विशेष सन्दर्भ में

सत्यवती त्रिपाठी

नाट्यशास्त्र की भारतीय परम्परा रस को केन्द्र में रखकर विकसित हुई है। आस्वाद की प्रक्रिया के लिए वस्तुतथ्य और शिल्प की ताज़गी अनिवार्य है।

नाट्य के प्रवर्त्तक आचार्य भरत ने नाटक के उपादान में प्रयोग की सम्भावनाओं के लिए स्थान छोड़ा है। भरत की नाट्य की समग्र अवधारणा में अत्यधिक विविधता और लचीलापन है।

उन्नीसवीं शताब्दी में नाट्यशास्त्र के मुद्रित रूप में प्रकाशन के साथ ही रङ्ग परम्परा से उसके अन्तःसम्बन्धों की ओर रङ्गकर्मियों का ध्यान गया। प्रयोग की दृष्टि से इस दिशा में हुए प्रयासों को हम भिन्न-भिन्न कोटियों में रख सकते हैं।

1. संस्कृत नाटकों का मूल रूप में या भारतीय भाषाओं में उनके अनुवादों का नाट्यशास्त्रीय मंचन।
2. आधुनिक नाटकों का नाट्यशास्त्र के आधार पर प्रयोग।
3. लोक नाट्यों तथा पारम्परिक नाट्य रूपों, परम्परिक नृत्यों के माध्यम से नाट्यशास्त्रीय विधानों का प्रयोग में समायोजन
4. आधुनिक नाटकों के वस्तु और शिल्प पर नाट्यशास्त्रीय विधानों का प्रभाव।

इनमें प्रारम्भिक दोनों स्तरों पर जो प्रयास किये गये, उनमें एक सीमा तक

नाट्यशास्त्र के पाठ पर भी विचार किया गया और इसीलिये नाट्यशास्त्र के जानकार पण्डितों तथा रङ्गकर्मियों के बीच संवाद और विमर्श का सिलसिला भी प्रारम्भ हुआ।

संस्कृत नाटकों का मूल रूप में या भारतीय भाषाओं में उनके अनुवादों के नाट्यशास्त्र सम्मत प्रयोगों की बीसवीं शताब्दी के उत्तरार्द्ध में एक सुस्पष्ट परम्परा दिखाई देती है। ऐसे प्रयोगों के लिये कतिपय विशिष्ट केन्द्र भी बने। इनमें राष्ट्रीय नाट्य विद्यालय, दिल्ली, संस्कृत रङ्ग, चेन्नई, अभिनव भारती, वाराणसी, कालिदास अकादमी, उज्जैन तथा तिरुवनन्तपुरम् के 'सोपानम्' का नाम लिया जा सकता है। राष्ट्रीय नाट्य विद्यालय, दिल्ली में रहकर जिन निर्देशकों ने नाट्यशास्त्र सम्मत प्रयोगों की परम्परा का सूत्रपात किया, उनमें शान्ता गाँधी और गोवर्धन पाँचाल के नाम लिए जा सकते हैं।

शान्ता गाँधी के नाटक 'उरुभङ्ग' और गोवर्धन पांचाल के निर्देशन में खेले गये 'दूतवाक्य' आदि के प्रयोगों में नाट्यशास्त्र का पाठालोचन भी झलकता था। इन प्रयोगों में नाट्यशास्त्र सम्मत 'मत्तवारिणी' तथा रङ्गपीठ और रङ्गशीर्ष की परिकल्पना को साकार करने का प्रयास किया गया तथा अभिनय की दृष्टि से हस्त व करणों का सधा हुआ प्रयोग किया गया।

वाराणसी की अभिनव भारती संस्था के प्रयोगों में सत्तर के दशक में 'मालविकाग्निमित्र,' 'कालिदाससङ्गीत' तथा 'मुद्राराक्षस' के अभिनय ऐतिहासिक महत्त्व के हैं। इन सारे उपक्रमों की एक विशेष परिणति अस्सी के दशक में कालिदास अकादमी, उज्जैन के द्वारा तीन कुशल निर्देशकों के निर्देशन में 'विक्रमोर्वशीय' नाटक के चतुर्थ अङ्क के प्रयोगों द्वारा हुई। इनमें कावलम् नारायण पणिक्कर तथा प्रो. कमलेशदत्त त्रिपाठी के प्रयोग मूल संस्कृत में तथा निर्देशक रतनथियम का प्रयोग मणिपुरी में हुआ।

सन् 2005 में भारत भवन में आयोजित कालिदास अकादमी द्वारा राष्ट्रीय संस्कृत नाट्य समारोह सम्पन्न हुआ जिसमें सम्पूर्ण 'विक्रमोर्वशीय' के मूल भाषा में ही तीन प्रयोग हुए – 'सोपान' की ओर से के. एन्. पणिक्कर के निर्देशन में, कालिदास अकादमी की ओर से राजेन्द्र अवस्थी के निर्देशन में तथा नाट्य परिषद्, सागर की ओर से प्रसिद्ध नाट्य निर्देशक कमल वासिष्ठ के निर्देशन में प्रस्तुतियाँ हुईं।

आधुनिक नाटकों का नाट्यशास्त्र के आधार पर प्रयोग का एक उपक्रम गिरीश रस्तोगी ने हजारी प्रसाद द्विवेदी के उपन्यास के अपने नाट्य रूपान्तर— 'बाणभट्ट

की आत्मकथा' का नाट्यशास्त्र सम्मत प्रयोग द्वारा किया।

विदेशी नाटकों का नाट्यशास्त्र या पारम्परिक नाट्यरूपों के आधार पर प्रयोग का एक सुन्दर उदाहरण ब. व. कारन्त के निर्देशन में रघुवीर सहाय द्वारा अनूदित 'मैकबेथ' का 'बरनम वन' के नाम से मंचन है। इसमें यक्षगान शैली में प्रयोग किया गया।

लोकनाट्यों तथा पारम्परिक नाट्यरूपों पारम्परिक नृत्यों के माध्यम से नाट्यशास्त्रीय विधानों का, प्रयोग में समायोजन आज अनेक प्रतिभाशाली निर्देशक कर रहे हैं। इनमें नाट्यशास्त्र का प्रत्यक्ष सन्निवेश भले ही न हो पर पारम्परिक भारतीय नाट्य में नाट्यशास्त्र के अनेक विधान, अभिनय पद्धतियों और रङ्ग-प्रविधियों का प्रामाणिक प्रयोग होता आ रहा है। अतएव प्रयोग की दृष्टि से कुछ ऐसे निर्देशक जो इन पारम्परिक नाट्यरूपों में प्रवीण थे, उन्होंने पारम्परिक रङ्गमञ्च से जुड़कर एक गहरे अर्थ में नाट्यशास्त्र का आज के रङ्गमञ्च पर नवाविष्कार किया।

कावलम् नारायण पणिक्कर, रतन थियम और कन्हाई लाल निर्देशकों में उल्लेखनीय नाम कहे जा सकते हैं। जिनमें रतन थियम और कन्हाई लाल ने अपने प्रयोगों के लिए मणिपुरी लोकनाट्य की शैलियों का अन्यन्त रचनात्मक उपयोग किया और पणिक्करजी ने केरल के लोकनाट्यों का।

नाट्यशास्त्र ने समकालीन रङ्गमञ्च पर बीसवीं सदी में जो गहरी छाप अंकित की, उसका असर समकालीन नाट्य लेखन पर भी होना स्वाभाविक था— इस दौर में लिखे जाने वाले अनेक नाटकों में प्रस्तावना, नान्दी आदि नाट्यशास्त्रीय विधानों अथवा अभिप्रायों का नये सन्दर्भों में प्रयोग किया गया। शम्भुमित्र के 'काञ्चनङ्ग' की प्रस्तावना में सूत्रधार और नटी की बातचीत सीधे नाट्यशास्त्र परम्परा से इस अत्याधुनिक नाट्य को जोड़ती है।

हिन्दी में शङ्कर शेष, मणि मधुकर आदि नाटककारों की कृतियों में हम अनेक स्तरों पर नाट्य शास्त्रीय विधानों का रूप देख सकते हैं।

लोकनाट्यों की परम्परा में ख्याल, माच, लीला नाट्य आदि के मञ्च के लिए अनेक नये नाटक उन्नीसवीं-बीसवीं शतब्दियों में लिखे गये। इनमें परोक्ष रूप से भरत मुनि के नाट्यशास्त्र का प्रभाव परिलक्षित होता है। नाट्यशास्त्र में वर्णित पूर्वरङ्ग व प्रस्तावना की विधियां किसी न किसी रूप में भारत के विभिन्न अञ्चलों में प्रचलित लोकनाट्यों में प्रयुक्त होती रही हैं। अतः इन लोक नाट्यों के मञ्च के लिए नये नाटक लिखने वाले नाटककारों ने भी इस प्रकार के

नाट्यशास्त्रीय विधि विधानों का प्रयोग अपनी नाट्यकृतियों में किया।

उन्नीसवीं और बीसवीं शताब्दी में हिन्दी तथा अन्य भारतीय भाषाओं में हिन्दी तथा अन्य भारतीय भाषाओं के रङ्गमञ्च और नाटक पर योरोपीय परम्पराओं का प्रभाव पड़ा, पर परोक्ष या प्रत्यक्ष रूप से नाट्यशास्त्र की परम्पराएं भी उन्हें प्रभावित करती रहीं। इसका एक रोचक उदाहरण हम मुंशी अजमेरी 'प्रेम' के द्वारा विरचित अप्रकाशित 'रामचरित' नाटक की पाण्डुलिपि में देख सकते हैं।

मुंशी प्रेमविहारी अजमेरी मुंशी 'अजमेरी प्रेम' के नाम से भी साहित्य में प्रसिद्ध है। इन का जन्म दि. 25 नवम्बर 1881 को चिरगाँव, झाँसी में हुआ तथा 26 मई 1937 के दिन यहीं पर इनका निधन हुआ। ये राष्ट्रकवि मैथिलीशरण गुप्त के बाल सखा तथा प्रेरणास्त्रोत रहे हैं। बच्चनजी ने इनके विषय में सत्य ही लिखा है -

बजती क्या
मैथिलीशरण के
काव्य कीर्ति की भेरी
मिलते अगर
न उनको
श्री मुंशी अजमेरी ?

मुंशीजी ने हिन्दी में 'रामचरित' नाटक की रचना की। यह नाटक अप्रकाशित है। इसकी पाण्डुलिपि कवि के पौत्र श्री विद्यासागर शर्मा के पास है जो खंडवा में निवास करते हैं। मुझे इसकी प्रतिलिपि उनके सौजन्य से प्राप्त हुई।

इस नाटक के द्वारा लगभग डेढ़ सौ दो सौ वर्ष पूर्व उत्तर भारत और विशेषतः बुन्देलखंड के अञ्चल में रामलीला किस प्रकार खेली जाती थी— यह हम जान सकते हैं। सम्पूर्ण नाटक मुंशीजी ने रामलीला की शैली में लिखा है तथा इसमें उस समय की रामलीलाओं में गाये जाने वाले गीत व विधिविधानों का समावेश किया है। तुलसी के रामचरितमानस के भी दोहे और चौपाईयों को इसमें बीच-बीच में जोड़ा गया है। इस नाटक में राम के अवतार के लिए मनु और शतरूपा के तप से लेकर राम के द्वारा शिव के धनुष को तोड़ने व सीता के द्वारा उनके कंठ में वरमाला डालने तक की कथा सात अङ्कों में प्रस्तुत की गई है।

मुंशी जी नाट्यशात्र के विधिविधानों से परिचित हैं। नाट्यशास्त्र में विधान है कि नाटक आरम्भ करने के पूर्व पूर्वरङ्ग किया जाना चाहिये। पूर्वरङ्ग आनुष्ठानिक भी होता है, और नाटक की प्रस्तुति के लिए वह एक कलात्मक उपक्रम भी

होता है। इसमें देवताओं की स्तुति तथा नाटक की भूमिका बाँधी जाती है। इसी परम्परा में मुंशीजी ने 'रामचरित' में आरम्भ में सूत्रधार के द्वारा वन्दना और पुष्पांजलि कराई हैं।

मुंशी अजमेरी जी के इस नाटक की प्रस्तावना में संस्कृत नाटकों की प्रस्तावना की झलक मिलती है। भरतमुनि ने नाट्यशास्त्र में बताया है कि नाटक की प्रस्तावना में त्रिगत के अन्तर्गत सूत्रधार, नटी या विदूषक नाटक के आरम्भ में उसके मंचन की भूमिका बाँधते हुए रोचक ढंग से चर्चा करके उसकी अवधारणा करते हैं। कालिदास के अभिज्ञानशाकुन्तल, शूद्रक के मृच्छकटिक या राजशेखर के नाटकों में सूत्रधार मंच पर आकर पहले दर्शकों को संबोधित करता है, फिर नटी को पुकारता है। मुंशीजी ने इस नाटक में इसी परम्परा का पालन करते हुए सूत्रधार और नटी का सुन्दर रोचक संवाद अपने नाटक की प्रस्तावना में जोड़ा है। इस पूरे संवाद की सरंचना संस्कृत नाटक तथा नाट्यशास्त्र की परम्परा के सर्वथा अनुरूप है। उदाहरण के लिए -

सूत्रधार - हां तो इस सभ्य समाज के सामने आज कौन सा नाटक खेला जाये कि जिससे मनोरञ्जन के साथ-साथ शिक्षा की प्राप्ति भी हो। (कुछ सोचकर) अच्छा, तो इस विषय में अपनी पत्नी से परामर्श कर लूं - वह सलाह देने में बड़ी प्रवीण है। (नेपथ्य की ओर घूमकर)-प्रिये क्या कर रही हो-जरा इधर तो आओ!

नटी - (नेपथ्य से) आई— प्राणनाथ !
(नटी का प्रवेश)

नटी - (प्रणाम करती हुई)— कहिए क्या आज्ञा है ?

सूत्रधार - कल्याण हो ! प्राणवल्लभे, आज मेरा विचार नाटक खेलने का है, इससे सभ्य पुरुष तथा महिलाएं और बालकगण इस रङ्गालय की शोभा बड़ा रहे हैं। मैं चाहता हूँ कि कोई ऐसा नाटक खेला जाय जो कि दर्शक मण्डली को आनन्द दायक तथा शिक्षाप्रद

नटी - (बीच में ही रोककर) साथ ही भक्तिरस का आनन्द भी मिले!

सूत्रधार - वाह, वाह तुम्हारी रुचि की मैं प्रशंसा करता हूँ-अच्छा तो बताओं कौन सा नाटक उपयुक्त होगा ?

यदि हम अभिज्ञानशाकुन्तल की प्रस्तावना से इस रामचरित नाटक की इस

प्रस्तावना की तुलना करें तो देख सकते हैं कि मुंशी अजमेरी प्रेम ने अपने नाटक में कालिदास की प्रस्तवना से प्रेरित होकर भी नया रूप दिया है, तथा नाट्यशास्त्र के त्रिगत के विधान का भी उन्होंने पालन किया है।

मुंशीजी ने अपने इस नाटक में इतिहास, रामायण, महाभारत तथा पुराणों के अपने गहरे अध्ययन का परिचय दिया है। तुलसी का रामचरितमानस तो उनके मानस पर पूरी तरह छाया हुआ है। इसके अनुरूप उन्होंने पहले अङ्क का पहला दृश्य स्वायंभुव मनु की राजसभा से आरम्भ किया है, फिर मनु की शतरूपा के साथ तपस्या का निरूपण किया है।

पूरे नाटक में अङ्को का विभाजन प्राचीन संस्कृत नाटक की परम्परा के अनुरूप है। अङ्कों का छोटे-छोटे दृश्यों में विभाजन आधुनिक नाटक के संविधान के अनुरूप है। वास्तव में परम्परा और आधुनिकता का सुन्दर समन्वय इस नाटक में हुआ है।

भरतमुनि ने नाट्यशास्त्र में नाट्य के ग्यारह अंग बताए हैं।— रस, भाव, अभिनय, धर्मी, वृत्ति, प्रवृत्ति, सिद्धि, स्वर, आतोद्य, गान तथा रङ्ग या रङ्गमञ्च। इन ग्यारह तत्त्वों का उनके अंगों या भेदोपभेदों के साथ समन्वय होने से नाटक सफल होता है। मुंशीजी ने इस नाटक को भरत मुनि के नाट्य-मानक के अनुरूप व्यवस्थित परिकल्पना में ढाला है। इस नाटक में राम और सीता के मिलन में पूर्वराग, शृङ्गार, राजाओं द्वारा धनुष तोड़ने के असफल और हास्यास्पद प्रयासों के चित्रण में हास्य, विश्वामित्र के द्वारा राम को ले जाने के अनुरोध पर दशरथ के शोक के चित्रण में करुण, रावण के क्रोध के चित्रण में रौद्र, राम के पराक्रम, ताड़का, सुबाहु, मारीच आदि से युद्ध व धनुर्भंग के निरूपण में वीर तथा परशुराम के आगमन के समय अयोध्यावासियों व रानियों के भय के चित्रण में भयानक रस है तो धनुर्भंग आदि अनेक दुश्यों में अद्भुत और राम व अन्य देवों की वंदना के प्रसङ्गों में शान्त रस का परिपाक हुआ है। केवल वीभत्स रस नहीं है। इस प्रकार आठ रसों की अत्यन्त मनोहर अभिव्यक्ति मुंशीजी ने अपनी रचना में की है। इसके साथ ही उपर्युक्त विविध प्रसंगों में निर्वेद, ग्लानि, शङ्का, असूया आदि संचारी भावों तथा स्तम्भ, स्वेद, रोमाञ्च आदि सात्त्विक भावों का भी यथास्थान सन्निवेश नाटककार ने किया है। नाटक के प्रयोग में आंगिक, वाचिक, सात्त्विक और आहार्य चारों प्रकार के अभिनयों को समाहित करना आवश्यक है। ये अभिनय चार वृत्तियों का प्रयोग किया है। राम सीता के सौन्दर्य के वर्णन और पुष्प वाटिका में उनके परस्पर दर्शन के प्रसङ्ग में कैशिकी वृत्ति है। भारती वृत्ति

वाग्व्यवहार प्रधान होती है। नाटक में आद्यंत संवाद की सुसंबद्ध सुगठित योजना है, जिसके कारण पूरे नाटक में भारती आरंभ से अन्त तक बनी रही है। राम, विश्वामित्र जैसे पात्रों का उदात्त चरित्र इस नाटक में जहाँ–जहाँ चित्रित है वहा; सात्त्वती वृत्ति है। उद्धत चेष्टाओं और तीव्र वेगशाली राक्षस पात्रों की चेष्टाओं का सातवें अंक में नाटककार ने निरूपण किया है, इसमें आरभटी वृत्ति है।

इस प्रकार चारों वृत्तियों से सम्पन्न होने के कारण इस नाटक के मञ्चन में आंगिक, वाचिक, सात्त्विक और आहार्य— ये चारों प्रकार के अभिनय उपादेय हो जाते हैं। धर्मी या नाट्य प्रस्तुति की शैली दो प्रकार की है – नाट्यधर्मी और लोकधर्मी। मुंशीजी के 'रामचरित' मे दोनों शैलियाँ साथ–साथ चलती हैं। अनेक भावपूर्ण दृश्य नाट्यधर्मी पद्धति के प्रयुक्त होने पर सुन्दर लग सकते हैं, और कई दृश्य स्वाभाविक लोकधर्मी पद्धति से करने पर प्रभाव डालते हैं। नाटक में जहाँ दर्शकों के रस, भाव में पूरी तरह तन्मय होने की स्थिति आती है वहाँ देवी सिद्धि, और जहाँ दर्शक तटस्थ होकर दृश्य का आनन्द लेते हैं, वहाँ मानुषी सिद्धि होती है। इस नाटक में दोनों प्रकार की सिद्धियों के लिए पर्याप्त अवकाश है। नाट्य के शेष अङ्गों में स्वर और गान का सम्बन्ध सङ्गीत से है। नाटककार मुंशी अजमेरी प्रेम सङ्गीत के अच्छे जानकार थे। उन्होंने इस नाटक में गाये जाने वाले गीतों में राग व ताल का निर्देश किया है। इस प्रकार संगीत का समावेश इस नाटक में यथेष्ट रूप में हुआ है।

इस नाटक का रङ्गमञ्च लीलानाट्य के अनुरूप कल्पित है। अङ्कों का विभाजन दृश्यों में हुआ है, जिससे नाटक में निरन्तर गति एवं विविधता बनी रहती है।

इस प्रकार इस अप्रकाशित नाटक की पाण्डुलिपि के अध्ययन के आधार पर हम कह सकते हैं कि बीसवीं शताब्दी के हिन्दी नाटकों में लीलानाट्य की परम्परा में भरतमुनि के नाट्यशास्त्र के अनुसार प्रयोगिक विधान का निर्वाह किया जाता रहा है।

18

MS. 'N' of the *Nāṭyaśāstra* of Bharata

Tapasvi Nandi

It would not be worth repeating the details concerning the editing or critical editing of the *Nāṭyśāstra* (hereafter *Nā. Śā.*) from the year 1865. We express our gratitude to Fritz Edward Hall, Heymann, Paul Regnaud, Grossept, Shiv Dutta and Kashinath Panduranga who contributed to bringing the *Nāṭyśāsra* into light. Their efforts were made in years before AD 1900.

With the edition –Gaekward Orientl Series (G.O.S.) of the first volume in AD 1926 a new phase began. This contained the *Abhinavabhāratī* (*A.bh.*) on the *Nā. Śā.* also. Ramakrishna Kavi consulted some forty mamuscripts made available to him from different parts of India. The same was re-edited in 1956 by K.S. Ramaswami Shastri. In the Introduction, the editor attempted a critical and comparative study of all the mamuscripts available to him. Some of them were available in a transcribed forms. He classified these into अ, स, म, and त groups. We need not go into details that are known to the world of scholars.

Volume II of the *Nā-Śā.*, in the G.O.S. published in 1936 combined Chapters VIII-XVIII, along with the *A.bh.* Vol. III has Chs. XIX-XXVII and Vol. IV has Chs. XXVIII to XXXVII.

These appeared in '54 and '64 respectively. These parts also contained the *A. Bh.* During these years we also came across the Kashi Sanskrita Series (KSS). –edition, containing thirty six chapters, and based on two MSS. In 1929 Manomohan Ghosh gave us the whole of the *Nāṭyaśāstra* with critically prepared text with, English translation. Vol. I contained Chs. I–XXVII, and Vol. II had Chs. XXVIII-XXXVI. Meanwhile a number of valuable attempts were made by the great names of Pandit Vishveshvarjee, Pandit Madhusūdana Shashri, G.V. Bhat, etc. P.V. Kane and S.K. De also had their contribution in it and Raghavan, G. T. Deshpande, Dolat Rai Mankad, W. Wilson, Rangacharya and others contributed through their observations. Parimal Prakashan, with R.S. Nagar as editor, reproduced all four volumes. of the G.O.S. , showing variants from the Gaekward Oriental Series, Nirnaysagar edition, Kashi Sanskrit Series edition, Manomohan Ghosh. edn., Kāvyamālā edition etc. in the footnotes. The third edn. of the G.O.S. vols is also attempted with K. Krishnamoorthy editing the Vol. I (1992), while Vol. II (2001), Vol. III (2003) and Vol. IV are taken care of by V.M. Kulkarni and Nandi.

This third edition of the G.O.S. as noted above is made richer by also looking into a MS. called 'N', acquired by the Oriental Institute (O.I.) Vadodara from Beer Library, Kathmandu (Nepal). Krishnamoorthy (Preface, p. 3, vol. I, G.O.S. 1991) observes that, this MS is referred to with the abridged symbol 'N'. There is yet another MS acquired by the Oriental Institute. This is of the *A. Bh.*, which is disappointing. K. Kris observes that the Nepal MS. was not new and he felt disappointed with the same. Actually R. Kavi had already recorded its important readings under his म, and त, though he has not been consistent in noting all readings. K. Kris has attempted it in a consistent way.

It may be noted that Nandi, under the guidance of Kulkarni has attempted the critical examination of MS. 'N'. in almost a perfect fashion. V.M. Kulkarni has taken care of the *A. Bh.* portions in the vols, II, III & IV and Nandi concentrated on the *Nāṭyaśāstra* text in all the three volumes, keeping MS 'N' before him. The results are more rewarding than what K. Kris has made out to be.

It has been observed by Nandi (Vol. II, Preface, pp. vii ff, that the MS. N. has at times different variants from different scripts in the G.O.S. edn. as 'द', 'न', 'म', 'ढ', 'ज', 'ट', 'ठ', 'प', 'त', 'ब', 'भ', 'ग', 'ण', 'र', 'इ', 'य', and 'ड';

Again 'N' seems to be closer to one or the other MS, in different chapters. No definite design emerges out of this. This we have noted with reference to relevant chapters.

Number of verses in a given chapter also differs, as well as the number of chapters. We have attempted a comparative study while preparing a fresh critical edition of vols. II–IV, keeping in view this transcript of the so called N.

Full description of all variations in numbering of verses and half verses has been attempted in the foot-notes to the fresh eedition. All colophons to different chapters are noted and compared with those in the G.O.S. edition. Difference in numbering of chapters is observed and noted.

The G.O.S. edition has thirty-seven chapters but the present N. shows thirty-three chapters. All topics in the thirty-seven chapters of the G.O.S. are accommodated in the thirty-three chapters of the MS. N.

As already noted, 'N', shows a number of absolutely new variants. We have added these in the footnotes with special numbers, such as 1a, 2b, 3c, 3d, etc. While preparing the new edition of the G.O.S., when 'N' has the same variant as read in, say, द, न, म, etc. we have placed 'N' along with that.

In Vol. II, N. Shows 366 new variants. 136 readings are in agreement with 'द', 66 with 'न', 25 with 'म', 15 with 'च', 12 with 'ढ', 2 with 'ज', 5 with 'ट', 1 with 'ठ', 18 with 'प', 2 with 'फ', 5 with 'र', 1 with 'भ', 1 with 'ग', 'ण', 2 with 'ब', 14 with 'र', 1 with 'इ', 14 with 'य' and 106 with 'ड'.

As observed earlier ms 'N.' differs from the G.O.S. edition not only in number of chapters, but also in number of verses, even sequence of verses too, in a given chapter. The colophons also do not read identically at times. At times half verses or a single line from a verse from the G.O.S. edition is read in a different verse in 'N'.

In vol. III G.O.S., 'N.' has a different design as follows:

Ch. XIX G.O.S. = Ch. XXIV; 46 new readings are noted in N.

Ch. XX = Ch. XXI (N); 28 new readings; G.O.S. edition has 77 verses, 'N' reads 72 verses.

Ch. XXI = Ch. XXII (N), 33 new readings 'N', seems to be closer to 'न' in this chapter.

Ch. XXII = Ch XXIII (N), 33 new readings

Ch. XXIII = Ch. XXIV-N.; 20 new readings; 'N', is closer to 'न' & 'च' and has 78 verses as against 80 read in the G.O.S. edition.

Ch. XXIV = Ch. XXV N; It may be noted that the editor Kavi (edn. 1954) has noted (p. 248) in the that two sets of readings are noted in this and that the first one which follows the commentary is given by him first : प्रथमं वृत्तिकारपाठानुसारी य-म-न-भ-आदर्शपाठ; अनन्तरं अनुबन्धरूपेण च-फ-पाठस्तु निवेश्यते।

A ctually the editor has done something else. He has given the second reading not as 'अनुबन्ध' but (as in the case of Ch. XVI) a separate *adhyāya* or chapter XXV पञ्चविंशोऽध्यायः (G.O.S.), 'N.' gives this a second reading. So now becomes Ch. XXV in the N also. In both these chapters the verses are equal in number i.e. 125. Thus virtually Ch. XXIV of the G.O.S. edition which is termed as पुंस्त्र्युपचारो नामाध्यायश्चतुर्विंशः is not read in N. Both the G.O.S. and N. identically call their Ch. XXV as 'चित्राऽभिनयो नाम पञ्चविंशोऽध्यायः— so, Ch. XXV of G.O.S. is Ch. XXV of N. But Ch. XXIV (G.O.S.) (edition, 54) (vs. 1-89) seems to be equivalent to some verses in the beginning of Ch. XXXIII of 'N.', (Vol. IV). Ch. XXC N. has 48 new readings.

Ch. XXVI G.O.S. = Ch. XXVI N. It may be noted that the G.O.S. has only thirty-eight verses in this chapter and the colophon calls it to be 'विकृतिविकल्पो नाम षड्विंशोऽध्यायः The 'N', has 101 verses in this chapter and it covers up Ch. XXVII of the G.O.S. also and the colophon reads as–इति भारतीये सिद्धिव्यञ्जको नामाध्यायोः षड्विंशः। The G.O.S. edition has its Ch. XXVII named as "सिद्धिव्यञ्जको नाम सप्तविंशोध्यायः।" Thus the two texts are not in agreement.

Ch. XXVI G.O.S. (vs. 1–38) is not read in N. The whole chapter is missing. Again, Ch. XXVI N begins with verse No. 1 where 'ab' are missing. So 1 cd (N), Ch. XXVI is read as "प्रयोगज्ञैर्न कर्तव्यो नाटके सिद्धिमिच्छता" V_2 = N. is V_1 Ch. XXVII, G.O.S. (p.301–8).

Now, Ch. XXVII (G.O.S.) = Ch. XXVI N; 33 new variants are read in N.

Ch. XXVII G.O.S. has 104 verses = Ch. XVI. N; which has 101 verses. N has some resemblance with 'र' , In Vol. III (G.O.S.) we read 241 totally new readings from 'N.'

Appendix–I to Vol. III G.O.S. – revised edn. 2003, (p. 321) shows that some verses read in Ch. XXXIII (N) are read in Ch. 24, G.O.S., p. 263, Vol. III. The Ch. XXXIII (N) is quoted in full in this appendix. It has 142 verses.

Vol. IV (G.O.S.) has many irregularities with reference to 'N'. (p. 521) Appendix-I shows vs. 194–299, Ch. III MS. 'N', which are absolutely new in MS N.

Appendix-II (p. 529) shows further where 'N' differs. (pp.-529–36). Appendix-III (p. 537 G.O.S. edn. Vol. IV) shows Variants as read in N pp. 416–21 (=pp 537-39). Appendix-IV shows variants as read on p. 438 of N-transcript. These are vs. 123-39 i.e. 17 in all. Appendix-V (p. 542, G.O.S. edn.) shows N variants on p. 452, of the transcript. The whole is a prose passage beginning with "तस्यैव चान्ते" and ending with– "सिद्धिरपि"।

We have not quoted the colophons in the G.O.S. and 'N' that do not read identically for want of time and space. The learned will look for all this in the published volumes II, III & IV of the new of the G.O.S. one thing is clear the 'N', is not so unimportant and it surely deserved a better attention from K. Krishnamoorthy.

In the end we will also mention the new edition of the Nāṭyaśāstra part–I, termed *Kāvaya-lakṣaṇa-lakṣita* covering Chs. I-III, VI, XVII, XIII–XXVII, XXXV and XXXVI, ed. R.P. Dwivedi, 2005 A.D. His observations are critical and deserve further discussion. We do not mention our differences with him at this juncture. Dwivedi, following P.V. Kane seems to place Daụḍin as prior to Bhāmaha. We do not agree. In all known commentaries on given works on alaṅkāra, we read such an expression as यथा भामहादिभिः— and never as 'यथा दण्ड्यादिभिः। This speaks for itself. In his नन्दिनी (टिप्पणी) he has quoted at places different readings, without mentioning the source. But with all this his effort is commendable and his observations are sound though we do not agree when he seems to be overdoing while criticizing Ānandavardhana and Ābhinavagupta.

We eagerly await the arrival of other parts of the *Nāṭyaśāstra* as planned by him. We are grateful to him for a copy of his work, which he spared for us.

19

Some Textual Problems in the *Nāṭyaśāstra*

Jayanti Tripathi

The Indian theorists on dramaturgy have developed some theories following which a dramatic piece has to be composed or presented. The construction of the plot and proper development of the same largely depend on the employment of these theories. Bharata is the earliest authority to have dealt extensively on this problem in his *Nāṭyaśāstra.* The present paper tries to reflect upon the interesting textual problems related to dramaturgy. It is significant to note that often the text of Bharata is ambiguous and difficult to understand since sufficient aid is not available for understanding the technical terms, because neither there is any immediate commentary on it nor Bharata employs any illustration like later theorists to make the point clear. On the backdrop of this introduction it is proposed to discuss on the text of Bharata dealing with the number of *sandhyaṅgas* having scope of confusion and ambiguity with regard to its proper interpretation and authenticity.

The discussion is based mainly on the views of some important critics like Jagaddhara (AD 1300-1450), Kāṭayavema (AD 1381-1416), Rāghavabhaṭṭa (AD 1475-1500), Nīlakaṇṭha (AD 1665), Ḍuṇḍhirāja (AD 1713), Tripurāri and

Pūrṇasarasvatī. The view of the theorists like Abhinavagupta (Abhi), Dhanañjaya (Dr), Rāmacandra and Guṇacandra, (ND), Siṅgabhūpāla (RS), Viśvanātha (SD), and Śāradātanaya (BP), Vidyānātha (PR), and Sāgaranandin (NLR) are also taken into consideration for discussion. Further the manuscripts of the *Nāṭyaśāstra* available in BORI, Poona are also consulted.

II

Bharata in his *NŚ* reads:

चतुष्षष्टिर्बुधैर्ज्ञेयान्येतान्यङ्गानि सन्धिषु[1]

It means that the number of *sandhyaṅga*s are sixty-four. But on actual counting of his enumeration we find that he has enumerated sixty-five *sandhyaṅga*s: twelve in *mukha* thirteen in *pratimukha,* therteen in *garbha* thirteen *vimarśa* and fourteen in *nirvahaṇa.* Now, the problem is if the number of *sandhyaṅgas* is sixty-four then one may doubt the authenticity of the text or if conversely the enumeration is proper then the statement *catuḥṣaṣṭi* etc., cannot stand valid. Here is a case of contradiction, because both cannot be true.

Sandhyaṅgas of the *pratimukha sandhi* are: *vilāśa, parisarpa, parinyāsa, vilobhana, yukti, prāpti, samādhāna, vidhāna, paribhāvanā, vajra, puṣpa, upanyāsa and varṇasaṃhāra.*

Sandhyaṅgas of the *garbha sandhi*: *Abhūtāharaṇa mārga, rūpa, udāharaṇa, krama, saṃgraha, anumāna, prārthanā, ākṣepa, toṭaka, adhibala, udvega* and *vidrava.*

Sandhyaṅgas of the *Vimarśa sandhi*: *apavāda, saṃpheṭa, vidrava, śakti, vyavasāya, prasaṅga, dyuti, kheda, niṣedha, virodha, ādāna, chādana* and *prarocanā.*

Sandhyaṅgas of the *Nirvahaṇa sandhi*: *sandhi, vibodha, grathana, nirṇaya, paribhāṣaṇa, dyuti, prasāda, ānanda, samaya, upagūhana, śamabhāṣaṇa, pūrvavākya, kāvyasaṃhāra and praśasti.*[2]

Abhinavagupta on Sandhyaṅgas:

It seems that Abhinavagupta was aware of this discrepancy

and inconsistency but has not given his own view. He only records the views of two traditions prevalent since before him who have tried to overcome this problem: According to one tradition the *prarocanā* of the *vimarśa sandhi* may be dropped and thus the number would be sixty-four. According to the other tradition *praśasti* of the *nirvahaṇa sandhi* may be dropped and not *prarocanā,* then the number would become sixty-four. To quote:

केचिदत्र (अवमर्शसन्धौ) अन्यतममङ्गं प्रोचनां नाद्रियन्ते। द्वादशाङ्गमेवैतं सन्धिमाहुः। अन्ये नु त्रयोदशाङ्गत्वे त्वस्य निर्वहणसन्धौ प्रशस्तेः गणनम् अन्याय्यम्। इति तस्यापि त्रयोदशाङ्गत्वात् चतुष्षष्टि-संख्यापूर्तिः।[3]

It, indeed, becomes very difficult to say anything as to the real position of Bharata. As one can see, out of the sixty-five *aṅgas,* one *aṅga* has to be dropped and which one it could be is a matter of examination. If we follow the view as recorded by Abhinavagupta then we have two options: (a) dropping of *prarocanā* from the *vimarśa sandhi* or (b) dropping *praśasti* of the *Nirvahaṇa sandhi.*

We feel that if one compares these two *aṅgas,* it would be evident that both the *aṅgas* are not essential. So dropping either will not create any problem. But if we compare the uscfulness of these two *aṅgas* then one may prefer to drop *praśasti* and retain *prarocanā.* The logic behind such observation being; like other *aṅgas praracanā* has the function of offering of some scope to the dramatic character which is not true in the case of *praśasti.* To explain, *prarocanā* is a situation, which suggests the coming events, those are yet to happen. In other words it gives a glimpse of the end, which is soon going to be accomplished:

प्ररोचना च विज्ञेया सम्भारार्थप्रकाशिनी।[4]

Further it shows the signs or hints of achievement of prosperity or success that is to come at the end. For example in the VI act of the *Veṇīsaṃhāra* where Pāñcālaka before Duryodhana's death is narrating to Yudhiṣṭhira and Draupadī thus :

अहं च देवेन चक्रपाणिना देवसकाशमनुप्रेषितः। आह च देवो देवकीनन्दनः। अपर्युषितप्रतिज्ञे च मारुतौ प्रणष्टे कौरवराजे महानासीन्नो विषादः। संप्रति

पुनर्भीमसेनेन आसादिते सुयोधने निष्कण्टकीभूतं भुवनतलं परिकलयतु भवान् अभ्युदयोचिताश्चानवरतं प्रवर्त्यन्तां समारम्भाः। कृतं सन्देहेन-

पूर्यन्तां सलिलेन रत्नकलशा राज्याभिषेकाय ते
कृष्णाऽत्यन्तचिरोज्झिते च कबरीबन्धे करोतु क्षणम्।
रामे शातकुठारभासुरकरे क्षत्रद्रुमोच्छेदिनि
क्रोधान्धे च वृकोदरे परिपतत्याजौ कुतः संजयः।।[5]

Avalokakāra observers on it:

यथा वेणीसंहारे

'पाञ्चालकः-अहं च देवेन' . . . इत्युपक्रम्य 'पूर्यन्तां सलिलेन रत्नकलशा' इत्यादिना मङ्गलानि कर्तुमाज्ञापयति युधिष्ठिरः।' इत्यन्तेन द्रौपदीकेशसंयमन-युधिष्ठिरराज्याभिषेकयोर्भाविनोरपि सिद्धत्वेन दर्शिका प्ररोचनेति।[6]

This is the situation, which shows the events those are yet to happen as already accomplished. Here Pāñcālaka describes the *Veṇīsaṃhāra* and the coronation has already accomplished even when they are not so. It shows the signs of achievement of success that is going to take place in the *nirvahaṇa sandhi.* Or as its application is seen in the VI act of the *Ahijñānaśākuntala* (AŚ), in a situation where Sānumatī tells that the state of unhappiness of Śakuntalā will soon go away, here she hopes that the king will get back his wedded wife:

सानुमती-श्रुतं मया शकुन्तलां समाश्वासयन्त्या महेन्द्रजनन्या मुखात्। यज्ञभागोत्सुका देवा एव तथानुष्ठास्यन्ति यथाऽचिरेण धर्मपत्नीं भर्ताऽभिनन्दिष्यतीति।

Here Kāṭayavema locates the *sandhyaṅga prarocanā.* In his words:

अत्राप्रवचनेन भाविकार्यस्य ज्ञातत्वात् प्ररोचनं नाम सन्ध्यङ्गमुक्तम्।[7]

On the other hand in case of *praśasti* it is not so. Because *praśasti* means a praise or prayer for peace to the king and the country and other things. *Praśasti* is the valedictory pronouncement purporting to pray for the general will, that is to come at the end of the play after *kāvyasaṃhāra.* i.e. after the conclusion of the drama. All the theoretical works like *Daśarūpaka (DR) Nāṭyadarpaṇa (ND) Bhāvaprakāśana (BP) Pratāparudrīya (PR) Sāhityadarpaṇa (SD) Nāṭyalakṣaṇaratna-*

kośa (NLR) have understood much in the same way. It is technically known as the *Bharata-vākya* and is placed at the end of the play. It is neither connected with the action of the drama nor it contributes in any way to the development of the plot due to the obvious reason that the *kāvyasaṃhāra* which is the actual completion of the play where the necessary action of the play is over. To explain it further where towards the close of the drama some elderly person who has been helping the hero asks him 'What else should I do for you?' This question is put up only after the fruition has taken place: here prevails a feeling of complete gratification in the heart of the hero, which is expressed by him in a usual phrase,—'could there be any sweeter thing than this?' This readiness to confer a boon on the part of the senior person responded by a feeling of gratification on the part of the hero marks the termination of the play. For example in the VI act of the *Veṇīsaṃhāra* where all the Kauravas are killed, the war is over and all the necessities of the coronation of Yudhiṣṭhira are ready, and there Kṛṣṇa asks Yudhiṣṭhira :

तत् कथय महाराज, किमस्मात् परं समीहितं संपादयामि?

To this Yudhiṣṭhira replies :

न किंचिन्न ददाति भगवान्प्रसन्नः। अहं तु पुरुषसाधारणया बुद्ध्या सन्तुष्यामि। न खल्वतःपरमभ्यर्थयितुं क्षमः।[8]

This indicated the fulfilment of the desire of the hero. There is the attainment of the end. Here actually speaking the play comes to an end. That is *kāvyasaṃhāra* or the termination of the play.

After this comes the *praśasti*, see for example in the same drama. Yudhiṣṭhira says :

युधिष्टिरः-न किंचिन्न ददाति etc. and **क्रोधान्धैः सकलं हतं रिपुकुलं पञ्चाक्षतास्ते वयं** etc.

(i.e. the entire family of enemies has been killed by us blinded by rage, we, the Pāṇḍavas are unwounded etc.,)

Yudhiṣṭhira further sayas :

तथापि प्रीतश्चेद् भगवांस्तदिदमस्तु
अकृपणमरुगश्रान्तं जीव्याज्जनः पुरुषायुषं

भवतु च भवद्भक्तिर्द्वैतं विना पुरुषोत्तमे।
दयितभुवनो विद्वद्बन्धुर्गुणेषु विशेषवित्
सततसुकृती भूयाद् भूपः प्रसाधितमण्डलः।।९

In AŚ both Kāṭayavema and Rāghavabhaṭṭa locate this *sandhyaṅga* of *praśasti* where king Duṣyanta expresses a general peace and blessing for all, in the verse:

राजा–प्रवर्ततां प्रकृतिहिताय पार्थिवः
सरस्वती श्रुतिमहतां महीयताम्।
ममापि च क्षपयतु नीललोहितः
पुनर्भवं परिगतशक्तिरात्मभूः।।[10]

It is neither connected with the action of the drama nor it contributes in any way to the development of the play. While explaining the general nature and utility of the *aṅgas* Viśvanātha says: अङ्गानि भूतावसराणि उच्यन्ते and भूतावसरत्व is explained as—भूतानि प्राणिनो नाट्यपात्राणि तदवसरत्वम्।[11] That gives scope to the characters in the play. Contrary to this all the theorists like Dhanañjaya, Rāmacandra and Guṇacandra, Siṅgabhūpāla, Viśvanātha and Sāgaranandin have accepted this *aṅga*.

Position of the Loter theorists

Now, let us take the views of the later theorists on the inconsistency in the expression of Bharata for analysis. Dhanañjaya, whose contribution to dramaturgy is applauded to a great extent after Bharata, holds altogether a different view. He drops the *prārthanā sandhyaṅga* of the *garbha sandhi*. *Prārthanā* is defined as a situation of earnest request for the pleasure of love or a request for joy or festivity etc. Dhanañjaya retains both *prarocanā* and *praśasti.* Thus the number would be sixty four. The theorists like Śāradātanaya (BP), Vidyānātha (PR) and Siṅgabhūpāla (RS) follow Dhanañjaya (DR). It appears that this view of Dhanañjaya is not convincing. The inclusion of *prārthanā* in case of the *Nāṭyaśāstra* is unquestionable and to drop this without substantial ground is illogical. It cannot be argued that

Dhanañjaya has written his work independently and according to his theory, the number of *sandhyaṅgas* is sixty-four where *prārthanā* does not figure. For, Dhanañjaya has drawn upon, to a large extent, the *Nāṭyaśāstra*.

The later theorists like Rāmacandra and Guṇacandra, Viśvanātha and Sāgaranandin retain this *aṅga*. All the later theorists who follow either Bharata or Dharañjaya though take the problem for discussion, do not have anything to contribute regarding the inconsistency. The author of the *Nāṭyadarpaṇa*, who mostly follows Bharata, enumerates sixty-five *aṅgas* and does not try to reconcile it. On the contrary he remarks:

इयं (that is the *praśasti sandhyaṅga*) चावश्यं निबन्धनीया। तथा इतिवृत्तान्तर्भूता चेयम्। तेनास्याः पृथग् गणने चतुष्षष्टिरपि अङ्गसंख्या भवति। (SD, p. 303)

Viśvanātha remarks that *praśasti* may be left out as there is no *bhūtāvasaratva*, further while discussing the *sandhyaṅga prārthanā* Viśvanātha points out that he has included the *sandhyaṅga prārthanā* so that those who excluded *praśasti* from the *nirvahaṇa* may still have the full complement of sixty-four sub-divisions, otherwise the total number of *aṅgas* would make sixty-five.

इदं च प्रार्थनाख्यमङ्गम्। यन्मते निर्वहणे भूतावसरत्वाभावात् प्रशस्तिनामाङ्गं नास्ति तन्मतानुसारेणोक्तम्। अन्यथा अङ्गानां पञ्चषष्टिसंख्यकप्रसङ्गात्। (ibid)

Sāgaranandin maintains that the *sandhyaṅgas* are sixty-four, but describes sixty-five *aṅgas*. Siṅgabhūpāla accepts sixty-four *aṅgas* excluding *prārthanā*. There is another view recorded in the *Nāṭyadarpaṇa* that some theorists do not recognize the *ākṣepa sandhyaṅga* of the *garbha sandhi*. *Ākṣepa* is the revelation of the *bīja* which is employed in *prāptyāśā* and which is the cause of the final attainment of the fruit. But, since this view is not accepted by other theorists it may be neglected. ND gives another alternative explanation. He says that when the *bīja* which is the desire concealed in one's heart is brought out, it is *ākṣepa*. The illustration quoted is from the *Ratnāvalī*, the words of the king who takes Ratnāvalī as Sāgarikā and describes her beauty, reveal the secret love of the king for Sāgarikā.

Before taking the view of the old critics into consideration let us sum up whatever is discussed above:

1. Following Dhanañjaya *prārthanā* of the *garbha sandhi* may be dropped.
2. Following one tradition recorded by Abhinavagupta, *prarocanā* of *avamarśa sandhi* may be dropped.
3. Following another tradition *praśasti* of *nirvahaṇa sandhi* may be dropped.
4. Following ND, and NLR. the number may be retained as sixty-five as enumerated, and the expression *catuṣṣaṣṭi* etc., need not be taken seriously.
5. Or following the view recorded in ND. *ākṣepa* may be dropped.

Now, let us take the views of some critics. As stated earlier we have consulted a number of critics, out of which Dhuṇḍhirāja, Rāghavabhaṭṭa, Kāṭayavema, Vīrarāghava, Pūrṇasarasvatī and Tripurāri have made some contributions towards this problem.

It is very significant to note here that none of these critics has traced the *prārthanā sandhyaṅga* of the *garbha sandhyaṅga* of *garbha sandhi.* We have at least two critics in the name of Kāṭayavema on the *Abhijñānaśākuntala* and Dhuṇḍhirāja on the *Mudrārākṣasa* who have traced all the sixty-four *sandhyaṅgas* excluding *prārthanā.*

It is but natural that this *aṅga* can be found in any play based on love story and it is difficult to avoid this *aṅga.* Now, coming to the next *aṅga,* i.e. *prarocanā,* Kāṭayavema, Rāghavabhaṭṭa, Vīrarāghava, Dhuṇḍhirāja and Nīlakaṇṭha have traced this *aṅga.*[12]

I. Kāṭayavema on the *Vikramorvaśīya* :
राजा— मन्दारपुष्पैरधिवासिताया · · · 'किमेनमस्रोपहतं करोमि'। अत्र भाविकार्यसूचनान् प्ररोचना नाम सन्ध्यङ्गमुक्तं भवति।

II. Rāghavabhaṭṭa on the *Śakuntalā* :
विदूषकः- यद्येवमस्ति खलु समागमः कालेन तत्रभवत्या। इत्यादिना

'मैवम्'। · · · अचिन्तनीयः समागमो भवतीति एतदन्तेन रोचना नामाङ्गमुपलिप्तम्। तल्लक्षणं दशरूपके 'सिद्धामन्त्रणतो भावदर्शिका स्यात् प्ररोचना' इति।

III. Vīrarāghava on the *Mahāvīracartia* :
अगस्त्यः—'हन्त त्वया इदानीं · · · लङ्काद्वीपगतं निशाचरकुलं कृत्स्नं पराभूयते सम्यक्पालनशीलनेन जगतां सौख्यं समास्थीयते।' अत्र सिद्धवद् भाविश्रेयः-कथनरूपं प्ररोचनं नाम विमर्शसन्ध्यङ्गमुक्तम्।

Thus it is evident that early critics are in favour of accepting this *aṅga*. The case of *praśasti* is similar to *prarocanā*. Most of the critics like Kāṭayavema, Rāghavabhaṭṭa, Vīrarāghava, Dhuṇḍhirāja, Śivarāma, etc. have traced this *aṅga*, which we have already noted. Interestingly two commentators namely Rāghavabhaṭṭa and Śivarāma remark:

भरतवाक्यं नटवाक्यम्। नाटकाभिनयसमाप्तौ सामाजिकेभ्यो नटेनाशीर्दीयते। प्रस्तावनानन्तरं नटवाक्याभावादत्र भरतवाक्यमित्युक्तम्। · · · अनेन प्रशस्तिनामक-मङ्गमुपक्षिप्तम्।

Even Śivarāma on the *Nāgānanda* holds a similar view and writes that the *praśasti* is the *bharata-vākya* and the *naṭa* is to recite this as there is no scope for any character to do the same after the play is over.

अङ्के प्रविष्टपात्राणां सर्वेषामन्तेनिष्क्रान्तिः। पुनर्नटस्य नाटकावसाने प्रवेशो न घटते। न च कथानायकस्य प्रकृतं विना जगदनुग्रहानुशासनम्। अतएव भरतवाक्यं इति सर्वत्र निर्दिश्यते। अनुकार्याभिन्नभरतवाक्यम् इत्यर्थः।

Under such circumstances, it becomes difficult to say anything for certain regarding the inclusion or exclusion of any of these possibilities. As one can find, the later critics are of no use so far as the present problem is concerned. In course of our study we have noticed that all the critics, except Jagddhara, have followed the *Daśarūpaka* in formulating and tracing any of the *sandhyaṅgas*. Thus since Dhanañjaya has not accepted the *prārthanā*, none of the early critics have tried to locate this *aṅga*, though it can be found very well in most of the plays. To illustrate: In the *Ratnāvalī* the king invites his beloved for giving the pleasure of her company:

प्रिये सागरिके, · · · रभसा निःशङ्कमालिङ्ग्य मां · · · अङ्गानि त्वनङ्ग-

तापविधुराण्येह्येहि निर्वापय।

In the *Veṇīsaṃhāra* we can see Duryodhana's request to Bhānumatī :

विकिर धवलदीर्घापाङ्गसंसर्पि चक्षुः
परिजनपथवर्तिन्यत्र किं संभ्रमेण।
स्मितमधुरमुदारं देवि मामालपोच्चैः
प्रभवति मम पाण्योरञ्जलिः सेवितुं त्वाम्॥ (III. 15)

Even in other plays like *Śākuntala, Vikramorvaśīya,* etc., also the occurrence of this *aṅga* is seen frequently. Further, according to the definition not only a situation of love but also where there is *harṣa, utsava,* also is *prārthanā,* which are found in many of the Sanskrit plays. From the point of view of Bharata, this *aṅga* is to be accepted. And hence either *prarocanā* or *praśasti* is to be dropped. Abhinavagupta, amongst the later theorists, therefore has not given his preference but has recorded the two views, which we have already noted.

To us it appears that, taking the clue from Viśvanātha, one may prefer to drop *praśasti* which is not serving any purpose as required by an *aṅga* and thus the number would be sixty-four. And the *praśasti* of Bharata as Rāghavabhaṭṭa and Śivarāma observe is the concluding benedictory verse at the end of the play where the actor or actors shower the benedictions on the audience, which is called as *bharatavākya* in the later period. As a matter of fact as it does not form a part of the play hence need not be included in the play.

References

1. *NŚ.* XXI . 69. Chawkhamba edn.
2. *NŚ.* XXI. 38-107
3. As quoted by Mainkar, *The Theories of Sandhis and Saṃdhyaṅgas,* p. 23.
4. *NŚ.* XXI. 98
5. *VS.* VI. 12, pp. 165-66.
6. *Avaloka* on *DR.* I. 4., p.38, II. 23 ff.
7. *KV.* on *AS.*VI. 25 p. 148.1.5
8. *VS.* VI. 45, p. 205, II. 1-4.
9. *Veṇīsaṃhāra,* VI.46.
10. *AS.* VII. 35., vide. *KV.* on *AS.* VII. 35. p. 180.1.15
11. *SD.* VI.

20

Concept of Nāṭaka—Bharata to Viśvanātha

Arun Ranjan Mishra

Indian tradition of drama has its Vedic genesis with the sacrificial altars gradually giving show and smooth ways to the audience-friendly and techno-savvy stages of the moderns drama-via primitive open pandals, palatial podia and sanctified auditoriums. Just as it is very much a need to do a focal research on the development of the stage, so also it is a desideratum to find out the path of development that the concept of (Sanskrit) Nāṭaka took to reach its clear and crystal state.

With such an aim, we envisage at showing the development of the notion of nāṭaka (the most representative form of all *rūpakas*) from Bharata to Viśvanātha. The four cardinal stages in the Post-Bharata period having been represented by Abhinavagupta, Dhana–jaya, Rāmacandra-Guṇacandra and Viśvanātha, we propose to make a brief study of them in order to theorize to some extent on how (and 'probably why') they have deviated grossly or subtly, from Bharata's concept of nāṭaka, or from one another. We shall try to make the study on socio-historical analysis - since such as endeavours may inspire a study of the dynamics of the social as well as dramaturgical factors responsible for the progressive and positive changes in the said concept.

In comparison to the available ones, there were many treatises on drama before and after Bharata. We however find only their authors names occassionlly. Kohala, Dattila, Śālikarṇa, Vādarāyaṇa, Nakhakuṭṭa, Aśmakuṭṭa and Viśālikha are the names of dramaturgists that we find in different authentic texts. Bharata refers to the dramaturgists like Nārada, Kohala, Vātsya, Śāṇḍilya, Dhūrttila, Tanŭ, Nandī, Kaśyapa, Vṛhaspati, Nakhakuṭṭa, Aśmakuṭṭa, Vādarāyaṇa and Śātakarṇī etc.[1] Śārṅgadeva in his Saṅgīta-ratnākara has also referred to Bharata, Kaśyapa, Mataṅga, Yāṣṭika, Durgā, Śakti, Śārdūla, Kohala, Viśākhila, Dattila, Kambala, Aśvatara, Vāgu, Viśvāvasu, Rambhā, Arjuna, Nārada, Tumburū, Āñjaneya, Mātṛgupta, Rāvaṇa, Nandikeśvara, Svāti, Rāhula, Vindurāja, Kṣetrarāja, and Rudraṭa etc. He has also enlisted Lollaṭa, Udbhaṭa, Śaṅkuka, Kīrtidhara and Abhinavagupta as the commentators of Nāṭyaśāstra.[2] In his Abhinavabhāratī, Abhinavagupta has clear references to Bhaṭṭodbhaṭṭa (750-810 AD) Bhaṭṭalollaṭa (820-900 AD), Śrīśaṅkuka (900-950 AD) Bhaṭṭanāyaka (935-985 AD), the author of the extinct Hṛdayadarpaṇa, Bhaṭṭatauta (1000-1050 AD), his teacher and the author of the extinct Kāvyakautuka,[3] Priyātithi, Bhaṭṭasumanas, Bhaṭṭagopāla, Bhaṭṭaśaṅkar a and Ghaṇṭaka etc. In Rasārṇavasudhākara, Śiṅgabhūpāla mentions Śāṇḍilya, Kohala, Dattila and Mātaṅga as the writers on Nāṭyaśāstra (N.Ś.). Another such name, Dattakācārya is also found in Kuṭṭanimatam. Sāgaranandī has enlisted many of the above authors of dramaturgy.[4]

There are some independent treatises on N.Ś. like Abhinaya-darapṇa of Nandikeśvara, Nāṭaka-lakṣaṇa-ratnakośa of Sāgaranandī, Nāṭyadarpaṇa of Ramacandra-Guṇacandra, Bhāvaprakāśana of Śāradātanaya Rasārṇava-sudhākara and Nāṭaka-paribhāṣā of Śiṅgabhūpāla, Nāṭakacandrikā of Rūpa Gosvāmī and Nāṭyapradīpa of Sundara Miśra. The title of Nāṭakadīpa by Ruyyaka is also available in the tradition. There are also treatises on poetics that also cover the issues of dramaturgy. Some of them are Śṛṅgāraprakāśa and Sarasvatī-

Kaṇṭhābharaṇa of Bhoja, Kāvyānuśāsana of Hemacandra Sūri, Pratāparudra-Yaśobhūṣaṇa of Vidyānātha, Ekāvalī of Vidyādhara and Sāhitya-darpaṇa of Viśvanātha.[5]

In would be very fruitful a study if we show a development of all the types of *rūpakas* with reference to the texts as uttered above. This can sufficiently add to the idea about the gradual development of the Indian (and world) drama and about the factors catalytic to it. We at present wish to make a very small and novice attempt at doing so in the context of *nāṭaka* (which we would say 'drama' hereafter) taking note of a few books.

BHARATA (5th Century BC):

In the eighteenth chapter of his N.Ś., Bharata has presented ten types of *rūpaka* through three activities like :- (1) Naming (2) defining and (3) showing them on the bases of the characteristic stage-performances (*prayogataḥ*)[6] their allied necessities make a type of *rūpaka* different from the other. Bharata perceives this *proyoga* (stage performance) as the primary channel through which the *rūpakas* manifest from the *Vṛtts.*[7] The details of these *vṛttis* (Bhāratī, Ārabhaṭī, Kaiśikī and Sāttvatī) are presented in the twentieth chapter of N.Ś. Bharata sees in the Nāṭaka and the Prakaraṇa two *rūpakas* that depend upon all the four types of *Vṛttis.*[8] There is a thin layer of division between this *Vṛtti* and *Prayoga.* When the former is a set of prescribed dramatic activities for the delineation of a particular *rasa* or *bhāva,* the latter is the stage-execution of that set. Bharata sees the similarity between *nāṭaka* and *prakaraṇa* as far as the stage execution of all the *Vṛttis* are concerned. In fact almost all the characteristics he assigns for nāṭaka are conceded to *prakaraṇa* too.

To Bharata, a drama should have a famous story matter. Its hero should also be both famous and dignified (*udātta*). It should portray the life-story of a clan of spiritual king (*rājarṣi*). It can also depend upon divine characters. A drama should be rich with the presence of charismatic personalities along with their flourishments and with the qualities like love-efforts found in them. It is also enriched with the application of *aṅkas* and *praveśakas.* A drama is beset with the activities of the kings which give scope to various *rasas* and *bhāvas* in various ways. It delineates the sorrows and happiness in the life of kings and nobles. As it progresses through various stages, the playwright should write it by preparing the *aṅkas* (Acts) based on the virtues of expansion of various *vindus* on different junctures.[9]

Bharata has accepted divisions (with the name *'aṅka'* or Act) in a drama and hence in his time drama was not a long drawn single show that would have demanded a greater stretch of time of the kings and nobles etc. who usually had a busy schedule. Such a division was also necessary to show various *rasas* and *bhāvas* through different sets of dialogues in different Acts. The divisions are called *aṅkas* because drama reflects, produces or suggests various meanings of life and relationships and these meanings (*arthā*) make a lap-climbing (*aṅkārohaṇa*) in order to be nourished by the audience. Audience receives the meanings through the language. So the meanings climb the lap of dialogue (*vāk* or *vāṇi*). As such *vāk* and *artha* are equated with *Pārvatī* and *Śiva* respectively in our tradition. Besides the first verse of Raghuvamśa we can also refer to Tantrāloka where it is revealed that *'artha Śambhuḥ Śivā vāṇī.'* Hence *aṅka* represents a tantric way of imagining the union of *Śiva* (*artha*) and *Pārvatī* (*Vāk* or *Vāṇī*) that undergoes various *rasa* and *bhāva. Śiva* is also the central deity in the jurisdiction of drama.[10] Bharata harps upon the word-meaning relationship in the context of *aṅka-'aṅka iti rūḍhiśabdo bhāvais' ca rasais'cs rohayati arthān.*[11]

An *aṅka* (Act) thus represents a divine act of consummation (*sambhoga*). Not only that, it also provides a scope of portraying the hero (who is a king) and his *sambhoga.* Since he goes through various feelings and situations in his life, the playwright has to compartmentalize them and make them vivid. In order to do so, he has to make the Acts smaller ones. Bharata warns that Acts need not be stretched too much (aviprakṛṣṭa) so that the hero (king) and his enjoyments (sambhoga) and situations (avasthā) would be presented with more clarity.[12]

Bharata in his time has seen the predominance of kings in the story of drama. A common man like Cārudatta had to take centuries to climb the central podium of drama. Besides the king, Bharata has also recognized the honorable position of queens, royal elders, priests, ministers and generals. They exude different feelings and sentiments, which are systematized through Acts.[13] These characters necessitate a good number of Acts. Bharata ranges their number form five to ten.[14] but it is not found in all the important manuscripts of N.Ś. . . [15]

Bharata allows some incidents like those of anger, satisfaction, sorrow, lifting of cures, chaos, marriage and wonders that are feasible to be shown in an Act. It is in fact very necessary to note Bharatas assertion that all the incidents a playwright wishes to incorporate in a drama have to run in consonance with the ***prayoga-vijñāna*** adopted for the whole endeavour. Nothing should go against the art of stage performance. The phrases like '*avirodhena prayogeṣu*'[16] and '*āvaśyakāvirodhena*'[17] signify such prescriptions. What is however more important, Bharata underlines that the purpose of drama has the highest importance and *prayoga* is a means for it, therefore, too much of things and incidents should not overcrowd an Act since this can go against the necessary purpose of it.[18] He also wishes to make the incidents of an Act go parallel with the actual time division of a day.[19] And the incidents or activities that could not be staged before the end of a day, then they shall be enacted briefly in a *praveśaka* slashing the Act's progress then and there.[20] *Praveśaka* can also be employed to show in a microscopic way the activities that can otherwise take away a long stretch of time in a drama. [21] So *praveśaka* is defined by Bharata as that intermediary part between two Acts where the characters talk among themselves to briefly indicate the audience about the incidents, which would have otherwise taken a time span of one month to one year. A character traveling a long distance is also shown briefly in a *praveśaka* (interlude).[22] This abridged presentation through such a stage-technique is always to smoothen the presentation of the incidents in the following Act.[23]

The characters, speaking other than Sanskrit have been accommodated in Bharata's drama. In the Seventeenth chapter of N.Ś., Bharata has discussed over which character would speak which language. Many are directed to speak Prakrit. Even the Sanskrit speaking characters can speak Prakrit on the demand of any situation.[24] According to the nativity of a character, the consumed actor is also directed to speak (any of the seven types of) country-language (deśa-bhāṣā) –

अथवा छन्दतः कार्या देशभाषा प्रयोक्तृभिः।
नानादेशसमुत्थं हि काव्यं भवति नाटके।।[25]

The variety of languages (mainly Sanskrit and Prakrit) that are allowed in ten *rūpakas* are of four types-(1) *Atibhāṣā* (Language of Gods) (2) *Ārya-bhāṣā* (Language of people of higher rung in the Aryan society), (3) *Jātibhāṣā* (Language of non-Aryans) and (4) *Yonyantarī bhāṣā* (Language of animals, birds).[26] All this speaks of the broad-based hold of drama in a society-though the royal patronage might have the pivotal role in the expensive endeavous. This also speaks of the right of other language in a Sanskrit drama. Therefore, fitting to the types of characters in a Sanskrit drama, as interlude can be in Sanskrit (*Udātta-vacana*) or in Prakrit.[27] However, the condensation of the prolonged incidents is its main purpose in a drama.[28]

Bharata, again, has shown another important role of an interlude. He prohibits the scenes of war, disintegration of a kingdom, death and blocking a city etc. from being displayed on the stage and utilizes an interlude to brief the audience about them. However, neither in an Act nor in an interlude the slaughter of an uprising hero is permitted.

Hero's fleeing, getting arrested or agreeing to a treaty with an opponent is allowed in a drama only with enough poetic puns so as to protect the *rasa* form getting marred. So the use of interludes and prohibition of certain scenes are for the protection of the good tastes, and of human and moral values of the then Indian society.

Bharata has stressed on the low population on stage. A family in a drama should be of four or five members at the most. The arrangement (*kārya*) of Acts should be like the tuft of hair in a cow's tail i.e., smaller Acts towards the end. And the core and kernel part of drama should be kept in suspense to be revealed at the end. This would help generating an impression before the andience leave auditorium.[29]

Thus Bharata has not only codified the sets of *vidhi* and *niÓedha* but has also instructed the technique for nourishing *rasa* in a drama. By placing famous or royal characters on the centre-stage, he has accepted the importance of king and royal patronage in the affairs of drama. At the same time by bringing *Prakaraṇa* at par with drama,[30] he has also recognized the imaginary stories or heroes that are capable of giving pleasure to the audience. Dwelling long on Act and Interlude is the context of drama; he has intended to take care of the nerves of the audience who would surely not tolerate prolonged stage activity without any thematic progress. He has desired to make the stage incidents realistic by presenting them parallel to the actual time of a day.[31]

DHANAÑJAYA (947-996 AD):

Dhanañjaya (D.) accepts Bharata's dictum that "*nṛpatīnām yac caritam . . . . . . tan nāṭkam*" (drama is a life-story of kings).[32] But he deciphers more on the nature of a king who could be the hero of a drama. A hero is a valorous king endowed with appeasing qualities. He is a hero of *dhīrodātta* type a *rājarṣi* as well. Bharata has hinted on the typology of hero, in the twenty fourth chapter of N.Ś.[33] D. adds that he should be the protector of three Vedas (*trayyās trātā*), a man desirous of fame (*kīrtikāmo*) and full with great enthusiasm (*mahotsāhaḥ*).[34] As we know Bharata has prohibited many negative incidents that could cause sorrow and anxiety in the audience and mar the flourishment of *rasa.*[35] On the other hand, D. has advised for a bolder thing than a mere poetic pun (Bharata means to express unpalatable incidents). He says to change the course of *Itihāsa* or completely omit a portion of it in order to avoid the facts that tarnish the hero or mar a *rasa* –

यत्तत्रानुचितं किञ्चिन्नायकस्य रसस्य वा।
विरुद्धं तत्परित्याज्यमन्यथा वा प्रकल्पयेत्।।[36]

Such a stand of D. is a clear deviation from Bharata who is rather interested to directly or exactly show the life and enjoyment of a hero for providing pleasure to the audience -"*ye nāyakā nigaditās teṣām pratyakṣa-carita-sambhoga.*"[37] D. must have seen many matured dramas that have been inclined to twist history and epic characters to make the stage-act more tasteful. The most ostensible instance is Śākuntala where Kālidāsa has invented the trespassing of an elephant into Kaṇva's hermitage, Durvāsā's curse and ring episode etc. for protecting the character of the king Duṣyanta. D. must have taken inspirations form such instances to allow a playwright taking poetic freedom with the epic facts. D. however, mentions how the author Māyurāja omitted the episode of Bāli's death in Rāma's conceitful hands projecting the hero (Rāma) of his drama Udāttarāghavam flawless in character. This episode has been twisted by Bhavabhūti in his Mahāvīra-carita where Bāli, as a friend of Rāvaṇa, attacks Rāma and gets killed.[38]

In the nineteenth chapter of N.Ś, the categorization of *sandhi*, *sandhyaṅga* and *artha-prakṛti* etc. are discussed as the inner aspects of drama. However during the time of D. and onwards, the availability of dramas is plenty and hence the illustrations for each aspects are clearer and more comprehensive. Bharata has also not seen a big difference between *Praveśaka* and *Viṣkambhaka,* which he classifies as pure (*śuddha*) and mixed (*saṅkīrṇa*) or *miśra.*[39] The place of *viṣkambhaka* inside an Act' (*aṅkāntarāla*) as spelt out by Bharata is actually between *mukha-sandhi* and the Act as prescribed by Kohala. Abhinavagupta says that the articulation of Bharata (as *aṅkāntarāla*) is actually a sign (*upalakṣaṇas*) of what is intended and is not a fault of miss-prescription.[40]

D. brings more clarity on the concept of *viṣkambhaka.* As per the 'demand of necessity,' he says, a playwright should employ a *viṣkambhaka* or straightway an Act in the beginning of a drama. Explaining the 'demand of necessity (*kārya-yuktiḥ)*' which may be close to Bharata's phrase *'arthakriyā'* (vide fn. 39), he opines that a large part of a subject of drama, which are necessary to be conveyed at first but are actually not attractive enough should be conveyed through a *viṣkambhaka.* On the other hand, when the interesting matters exist right in the beginning, then an Act dependent on an *āmukha* or *prastāvanā* (prelude) can be employed straight way.[41] Bharata speaks briefly about *viṣkambhaka* after concluding the discussion on drama and within the context of *prakaraṇa.* He seems to be more satisfied with *pravaeśaka.* The plural forms *'praveśakaiḥ'* and *'praveśakāḥ'* that he uses in the Eighteen chapter of N.Ś. is construcd as a 'variety of *praveśaka.'* But he really seems to have used the words in the sense of a 'number of *praveśakas'* in different situations of a drama. In the fifth chapter of N.Ś., he vividly describes how one should start a drama. There he uses the words like *sūtradhāra, sthāpaka, prastāvanā* and *kāvya-prastāvaka* etc.[42]

However, D. does not provide a precise definition for drama like Bharata.[43] Not is he as impressive and vivid as the latter in defining the Act when he says-

प्रत्यक्षनेतृचरितो बिन्दुव्याप्ति-पुरस्कृतः।
अङ्को नानाप्रकारार्थ-संविधान-रसाश्रयः।।[44]

In order to explain his phrase *'rasāśraya'*, he has employed another *kārikā* that reflects the *rasasūtra* of Bharata. But the concept of drama took a different turn when he added that the story line of a drama should not be broken for long while delineating a particular *rasa*. Nor the *rasa*, he says, should be marred by the author's curiosity of over-bordering the drama with *vastu* (subject-matter), *alaṅkāra* (embellishments) and the *nāṭya-lakṣaṇas*.[45] When Bharata allows a variety of *rasa* in a drama and specifies only *adbhūta* in the *nirvahaṇa*, D. codifies the desire of the post-Bharata audience who preferred *śṛṅgāra* and *vāra* as the main *rasa* and others like *karuṇa*, *hāsya* and *bhayānaka* as the subsidiary one.[46] He agrees with Bharata on some elements to be prohibited on stage, but adds some thing more like traveling a distance, eating, taking bath, sex, anointing, hanging or wearing dresses etc. He suggests that these will be hinted through interludes. However he does not prohibit any activity or ritual relating to gods and forefathers.[47]

D. agrees with Bharata that a king should be on the centre-stage of a drama. Thus, from the pre-Bharata to post-Dhanañjaya period, a king's shadow falls deeply on drama. However the most eye-catching of D's opinion is that a hero (king) must be a protector of three Vedas. His own king Muñj (Vākapatirāja) had died in the hands of enemies. His time witnessed the fall of Hindu kingdoms during the early medieval period. The Arabian fighters were entering India from Kabul and Ghazni. Sabuktigin (950-97 A.D.) and his ill-famous son Mahmud of Ghazin (970-1030 A.D.) attacked Shahiya ruler Jayapāla and his son Ānandapāla of Punjab around Multan and gradually entered Kanauj, Mathurā and Gwalior etc.[48] Perhaps this was the reason that D. was in search of a protector of Vedas.

ABHINAVAGUPTA (950-1020 AD)

Abhinavagupta (AG) is backed by a great tradition of drama and dramaturgy almost unknown to us. Pt. Madhusudan Shastri has prepared a long list of authors A.G. has referred to.[49] A.G. categorically states that the famous subject for a drama is to be chosen from the Mahābhārata etc.[50] When both Bharata and D. agree to allow a divine character to be the hero to a drama A.G. finds fault in it. To him if a divine character were given a prime place in a drama, then the love-in-separation, pathos, wonder, fright or anger etc. ascribed to him would make him a common man. If we forcefully put all these feelings on him, then it would destroy theimag what he is famous for. On the other hand, if we withdraw those feelings from a hero, because he is a divine being, then what kind of drama shall we make? A drama, says A.G., is known for the pleasure (*rañjanā*) of aroused feelings. Without this, there can't be any drama at all. So the read *hrdaya-samvāda* (the spreading of heart-felt feelings) is not possible in such cases. Gods have no sorrow and for the eradication of which (even in as imaginary level) any network of drama could be fabricated. Thus in A.G.'s framework of drama, the Uttara-rāmacarita with Rāma as its hero has a negligible claim. However what is more interesting to note, A.G. concedes that a female divinity can be incorporated in a drama as the heroine, because the audience can surmise many feelings in her on the basis of the feelings exuded by the male human character. A.G. makes such a concession probably to uphold Vikramorvaśīya as a drama.[51]

A.G. gives fairly a convincing understanding of the word '*nāṭaka.*' He says, the behaviour of the royal characters on stage renders an humbling effect, which entering the mind of the audience gives a hilarious release of feelings and pleasurably shakes the body and mind. As it makes both (body and mind) dance, it is called *'nāṭaka'* a word that has been derived form the root '*naṭa*' meaning both dance and drama.[52]

Illustrating from Ratnāvalī, A.G. shows three categories of Act–(1) *aṅkāvatāra* (an Act conjoined with another), (2) *cuḍā* (as Act rich whit types of special meanings expressed by *sūta* and *bandī* etc.) and (3) *aṅkamukha* (an Act where a male or female character relates the meaning and motive of one Act with those of another).[53] He has also clearly stated that Bharata's *'praveśaka'* would mean *cūlikā aṅkāvatāra, aṅkamukha, praveśaka* and *viṣkambhaka*. Such elaboration is made by him on the strength of Kohala's understanding of the word as these five *arthopakṣepakas*.[54]

RAMACANDRA-GUṆACANDRA (1050-1100 AD)

Nāṭyadarpaṇa (ND) is a combined effort of Rāmacandra and Guṇacandra (R.&G.), the disciples of Hemacandra, the famous *ācārya* of Jaina literature. The text seems to be an extension of the dramaturgical norms of Bharata and yet its has also it own conspicuous addition to the further nourishment of the idea of drama. Unlike their predecessor, R. & G. have added dharma, artha and kāma, as the positive fruits of drama, in the body of drama's definition –

ख्याताद्य-राजचरितं धर्मकामार्थसत्फलम्।
साङ्कोपाय-दशा-सन्धि-दिव्याङ्कं तत्र नाटकम्।।[55]

But actually they also mean the path to *mokṣa* (spiritual liberation, not the temporary release from the cocoon of personal feelings, worries and idiosyncrasies through identification with the character on stage) through drama. In the benediction at the beginning of the first *Viveka* (Chapter) of ND, they wish to say–

चतुर्वर्गफलां नित्यं जैनीं वाचमुपास्महे।
रूपैर्द्वादशभिर्विश्वं यथा न्याय्ये धृतं पथि।।

So the twelve forms of *Rūpakas* reflect the preaching of Jania Mahāvīra and fetch the four highest goals of life. Actually Jaina and Buddhist traditions, more strongly than the orthodox Hindus, regard all form of performing arts as the distractions in the path to salvation. But the popularity of *Rūpakas* must have compelled them to accept the dramatic forms as worthseeing. If drama is to be shown relevant to their spiritual life, salvation has to be accepted as a fruit of *Nāṭya*. This is what R. & G. have done in their definition of drama. They have also simplified the idea of the four types of hero and have earmarked what type of characters would beam what type of qualities.[56] Besides the other instructions that their predecessors have pronounced R. & G. have shown interest in proportionate verbal expression in a drama, as it is different from *padya* or *gadya kāvya* –

स्वल्पपद्यं लघुगद्यं श्लिष्टावान्तरवस्तुकम्।
सिन्धु-सूर्येन्दु-कालादि-वर्णनाधिक्य-वर्जितम्।।[57]

VIŚVANĀTHA (1300-1384 AD)

Viśvanātha (V) made a compendium of poetic norms in his Sāhityadarpaṇa (SD) taking note of his predecessors. However his theory of drama tilled more towards the themes from the Rāmāyaṇa drama, surely he was opposing to the hero-hood of persons like Kṛṣṇa in Veṇīsṃhāra and Rāma in Uttararāmacarita (UR) and was in favour of *rājarṣis* like Yudhiṣṭhira and Duṣyanta. Bharata, D. and R.&G. etc. were in favou of both *rājarṣi* and a divine being. But Rāma of UR does not fit to their scheme, as he is a divine-cum-non-divine character. The puṇdits contemporary to Bhavabhūti opposed to the main flow of pathos in UR which also seemed to have projected that the RāmāyaÌa was a poetry of pathos. The whole tradition of dramaturgy accepting *Śṛṅgāra* and *Vīra* as the main sentiment of a drama, the chance of Rāma as a hero of an accepted drama (U.R.) was bleak. Even the word *prakhyāta* in the definition of drama has been understood to be a famous story or person from the Mahābhārata etc. (Vide f.n. 50)

In such a situation, V. raised his head in favaour of Rāma. Taking a clue from Raghuvṃśa, he boldly declared, the aim of poetry is to make the readers like Rāma[58] - a clear drift from the Mahābhārata-tilted tradition, elucidating upon *garbhāṅka*, he refers to the *garbhāṅka* named Sītā-svayamvara in Bālarāmāyaṇa.[59] Similarly, while giving examples of *Patākā,* he first remembers the episode of Sugrīva.[60] His SD is replete with illustrations from the poetry on Rāma. He accepted the erotic and heroic sentiments as the main *rasas* in a poetry / drama and thereby indicated that the Rāmāyaṇa is an epic of heroic sentiment. He interpreted *khyāta-vṛttatva* of a drama clearly in favour of Rāma and said –"ख्यातं

रामायणादिप्रसिद्धं वृत्तम्। यथा–रामचरितादि."[61] A drama has to be beset with pain and pleasure–*'Sukha-duḥkha-samudbhūta.'* This he interpreted as–'सुखदःखसमुद्भूतत्वं रामयुधिष्ठिरादिवृत्तान्तेष्वभि–व्यक्तम्'.[62] Doing this, he proved himself to be *samānadharmā* of Bhavabhūti and accepted UR as a successful drama. But here came the opposition of the pro-Abhinavagupta rhetoricians who could point out Rāma breaking down in tears and even fainting out in the pang of sorrow in contradiction to his divine character. Neither a *rājarṣi* nor a divinely (*divya*) having such personality, is too incomprehensible as a hero of a drama.

In order to neutralize such an opposition V. accepted three types of hero in a drama- (1) *rājarṣi* (2) divine and (3) divine-cum-non-divine hero.[63] Here the third type is a character who is actually divine but thinks himself human. V. Explains –राजर्षयो दुष्यन्तादयः दिव्याः श्रीकृष्णादयः, दिव्यादिव्यः, यो दिव्योऽप्यात्मनि नराभिमाना, यथा - श्रीरामचन्द्रः।[64]

V. also advises like R.& G. not to use difficult words or meaning in a drama in order to creat *rara* and *bhāra.*[65] He also desires to see a drama not overburdened with verses-*nātipracura-padyavān*[66] refraining the pro-Bhavabhūti playwrights from going highly lyrical.

Thus, although Bharata's vision of drama has remained grossly uncharged through ages, many necessary subtle modifications were executed by later dramaturgists. All omissions and commissions in the concept of drama have been effected with the rise of new dramas or with efforts of accommodating controversial dramas. However the development of the concept has made the science of Indian drama broader and more acceptable.

References

1. *Nāṭyaśāstra* (*NŚ.*), Ed. Tr. comm. (Hindi) Parasnath Dwivedi, Sampurṇānanda Sanskrit Universtiy, Vārāṇasī, Part-I (1992), p. 37.
2. *Ibid.*, pp. 37-38.

3. *Ibid.*, Pp. 53-64.
4. श्रीहर्ष-विक्रमनराधिप-मातृगुप्त-गर्गाश्मकेट्ट— नखकुट्टक-बादराणाम्।
   एज्ञां मतेन भरतस्य मतं विगाह्य श्रेष्ठं मया समनुगच्छत रत्नकोशम्।।
   -नाटकलक्षण-रत्नकोशः, quoted in the *Introduction* to *Daśarūpakam* (D.R.), Ed. Tr. comm. (Hindi) Baijanath Pandey, Motihal, Delhi, 1994 (Reprint of 1979), P. 4.
5. collected from *D.R.*, *Ibid.*, pp.4-5.
6. वर्त्तयिष्याम्यहं विप्रा दशरूपविकल्पनम्।
   नामतः कर्मतश्चैव तथा चैव प्रयोगतः।।
   N.Ś. op, cit., Part- (2001), 18-1
7. सर्वेज्ञामेव काव्यानां मातृका वृत्तयः स्मृताः।
   आभ्यो विनिःसृतं ह्येतद् दशरूपं प्रयोगतः।।
   Ibid., 18/4
8. *Ibid.*, 18/7
9. प्रख्यातवस्तुविषयं प्रख्यातोदात्तनायकम्।
   राजर्षिवंश्यचरितं तथा दिव्याश्रयोपेतम्।।
   नानाविभूतिभिर्युतमृद्धिविलासादिभिर्गुणैश्चैकम्।
   अङ्क-प्रवेशकाढ्यं भवति हि तन्नाटकं नाम।।
   अस्यावास्योपेतं कार्यं प्रसमीक्ष्य विन्दुविस्तारात्।
   कर्तव्योऽङ्क सोऽपि तु गुणान्वितं नाट्यतत्त्वज्ञैः।।
   Ibid., 18/11-13
10. (a) प्रणम्य शिरसा देवौ पितामह-महेश्वरौ।
    नाट्यशास्त्रं प्रवक्षामि ब्रह्मणा यदुदाहृतम्।।
    – *N.Ś.*, Part-I, op. cit, 1/1.
    (b) यस्तन्मयान् हृदयसंवदनक्रमेण
    द्राक्-चित्रशक्तिगणभूमि-विभागभागी।
    हर्षोल्लसत्पर-विकारजुषः करोति
    वन्देतमां तमहमिन्दुकलावतंसम्।।
    -अभिनव-भारती, 1/1, *N.Ś.*, *Ibid.*
11. *N.Ś.*, Part –III, op.cit., 18/14.
12. ये नायका निगदितास्तेषां प्रत्यक्षचरित-सम्भोगः।
    नानावस्थोपेतः कार्यस्त्वङ्कोऽविप्रकृष्टस्तु।। —*N.Ś.*, *Ibid.*, 18/17.
13. नायक-देवी-गुरुजन-पुरोहितामात्य-सार्थवाहानाम्।
    नैक-रसान्तर-विहितो ह्यङ्क इति स वेदितव्यस्तु।।
    —*N.Ś.*, *Ibid.*, 18/18.

14. पञ्चापरा दशपरा ह्यङ्काः स्युर्नाटके प्रकरणे च। —*N.I., Ibid.*, 18/19.
15. *N.Ś., Ibid.*, p. 143, fn. 3
16. *N.Ś., Ibid.*, 18/21.
17. *N.Ś., Ibid.*, 18/22.
18. न बहुनीह कार्याणि त्वेकाङ्के विनियोजयेत्।
    आवश्यकानां कार्याणां विरोधो हि तथा भवेत्।। —*N.Ś., Ibid.*,18/24
19. *N.Ś., Ibid.*, 18/25.
20. *N.Ś., Ibid.*, 18/26.
21. *N.Ś., Ibid.*, 18/27.
22. *N.Ś., Ibid.*, 18/28-32.
23. अङ्कान्तरानुसारी संक्षेपार्थमधिकृत्य विन्दूनाम्।
    प्रकरणनाटक विषये प्रवेशकः संविधातव्यः।। - *N.Ś., Ibid.*, 18/33
24. (a) एषामेव तु सर्वेषां नायकानां प्रयोगतः।
    कारणव्यपदेशेन प्राकृतं संप्रयोजयेत्।। 17/45
    (b) छन्दतः प्राकृतं पाठ्यं स्मृतमप्सरसां भुवि।
    मानुषाणां च कर्तव्यं कारणार्थ-व्यपेक्षया।। 17-45
    —*N.Ś., Ibid.*, 17/34-45
25. *N.Ś., Ibid.*, 17/48
26. *N.Ś., Ibid.*, 17/27-28
27. *N.Ś., Ibid.*, 18/ 34
28. *N.Ś., Ibid.*, 18/36-37
29. युद्धं राज्यभ्रंशो मरणं नगरोपरोधनं चैव।
    प्रत्यक्षाणि तु नाङ्के प्रवेशकैः संविधेयानि।।38।।
    अङ्के प्रवेशके च प्रकरणमाश्रित्य नाटके वापि।
    न वधः कर्तव्यः स्याद् योऽभ्युदयी नायकः ख्यातः।।39।।
    अपसरणमेव कार्यं ग्रहणे वा सन्धिरेव वा योज्यः।
    काव्यलेसैर्बहुभिर्यथारसं नाट्यतत्त्वज्ञैः।।40।।
    न महाजनपरिवारं कर्तव्यं नाटकं प्रकरणं वा।
    ये तत्र कार्यपुरुषाश्चत्वारः पञ्च वा ते स्युः।।41।।
    कार्यं गोपुच्छाग्रं कर्तव्यं काव्यबन्धमासाद्य।
    ये चोदात्ता भावास्ते सर्वे पृष्ठतः कार्याः।।42।।
    सर्वेषां काव्यानां नानारसभाव-युक्तियुक्तानाम्।
    निर्वहणे कर्तव्यो नित्यं हि रसोऽद्भुतस्तज्ज्ञैः।।43।।
    —*N.Ś., Ibid.*, 18/38-43
30. (a) यन्नाटके मयोक्तं वस्तु शरीरं च वृत्तिभेदाश्च।
    तत्प्रकरणेऽपि योज्यं सलक्षणं सर्वसन्धिसु च।।
    —*N.Ś., Ibid.*, 18/47

(b) Vide *N.Ś.*, Ibid., 18/28,29,39,

(c) Vide ffn. 14., 23 and 29. as placed above.

31. *N.Ś., Ibid.*, 18/25
32. *N.Ś., Ibid.*, 18/12
33. दैवा धीरोद्धता ज्ञेयाः स्युर्धीरललिता नृपाः।
सेनापतिरमात्यश्च धीरोदात्तौ प्रकीर्तितौ।।
धीरप्रशान्ता विज्ञेया ब्राह्मणा वणिजस्तथा।
—*N.Ś.*, op.cit., part-IV (2004), 24/18-19
34. अभिगम्य-गुणैर्युक्तो धीरोदात्तः प्रतापवान्।।
कीर्तिकामो महोत्साहस्त्रय्यास्त्राता महीपतिः।
प्रख्यातवंशो राजर्षिर्दिव्यो वा यत्र नायकः।।
तत्प्रख्यातं विधातव्यं वृत्तमत्राधिकारिकम्।
—*D.R.*, op.cit., 3/22-24
35. *N.Ś.*, op.cit., part-III, 18/38-40
36. *D.R.*, op.cit., 3/24-25.
37. *N.Ś.*, op.cit., part-III, 18/17.
38. यथा छद्मना बालिवधो मायुरराजेनोदात्तराघवे परित्यक्तः। वीरचरिते तु रावणसौहृदेन बाली रामवधार्थमागतो रामेण हत इत्यन्यथा कृतः।
–*D.R.*, op.cit., Chapt.-III, p. 274.
39. मध्यम-पुरुषैर्नित्यं योज्यो विष्कम्भकोऽत्र तत्त्वज्ञैः।
संस्कृत-वचनानुगतः संक्षेपार्थः प्रवेशकवत्।।
शुद्धः संकीर्णो वा द्विविधो विष्कम्भकोऽपि कर्तव्यः।
मध्यमपात्रः शुद्धः संकीर्णो नीचमध्यमकृतः।।
अङ्कान्तरालविहितः प्रवेशकोऽर्थक्रियां समभिवीक्ष्य।
संक्षेपात्सन्धीनामर्थानां चैव कर्तव्यः।।
—*N.Ś.*, op.cit., part-III, 18/54-56.
40. ननु कोहलेन मुखसन्धेरङ्कस्य चायमन्तराते विहितः।
उपलक्षणार्थमेतदित्यदोषः। – ibid., p. 676.
41. आदौ विष्कम्भकं कुर्यादङ्कं वा कार्ययुक्तितः।
अपेक्षितं परित्यज्य नीरसं वस्तुविस्तरम्।।
यदा सन्दर्शयेच्छेषं कुर्याद् विष्कम्भकं सदा।
यदा तु सरसं वस्तु मूलादेव प्रवर्तते।।
आदावेव तदाटः स्यादामुखाक्षेपसंश्रयः।
—*D.R.*, op.cit., 3/28-30.
42. *N.Ś.*, op.cit., part-I (1992), 5/169-77.
43. (a) नृपतीनां यच्चरितं नानारसभावचेष्टितं वहुधा।

सुखदुःखोत्पत्तिकृतं भवति हि तन्नाटकं नाम।।

—*N.Ś.*, op.cit., part-III, 18/12

(b) Also see fn. 9

44. *D.R.*, op.cit., 3/30-31

45. Alaṅkāras and Nāṭya-lakṣaṇas are stated in the chapter –16 of *N.Ś.*

46. न चातिरसतो वस्तु दूरं विच्छिन्नतां नयेत्।
रसं वा न तिरोदध्यात् वस्त्वलङ्कारलक्षणैः।
एको रसोऽङ्गीकर्त्तव्यो वीरः श्रृङ्गार एव वा।
अग्मन्ये रसाः सर्वे कुर्यान्निर्वहणेऽद्‌भुतम्।।

—*D.R.*, op.cit., 3/32-34.

47. *Ibid.*, 3/34-37.

48. *An Advanced History of India*, Majumdar and Raychaudhuri, Mac Millan (Delhi): 1979 (4th ed.) pp. 172-74.

49. *Nāṭyaśāstram*, Part-I, Ed. Tr. Comm. (Hindi) M.S. Shastri, Banaras Hindu University Press, Varanasi, 1971, pp. 53-56.

50. (a) प्रख्याते भारतादौ यद्वस्तु . . . –*N.Ś.*, op.cit., part-III, p. 628.
(b) प्रख्यातग्रहणं प्रकर्षद्योतकं –*Ibid.*, p. 632.

51. यदि तु मुख्यत्वेनैव देवचरितं वर्ण्यते, तत्तावद विप्रलम्भ- करुणादभुत-भयानक-रसोचितं चेन्निबध्यते, तन्मानुषचरितमेव संपद्यते, प्रत्युत देवानामधियाधानं प्रसिद्धिविघातकम्। तत्र चोक्तो दोषः, विप्रलम्भाद्यभावे तु का तत्र विचित्रता, रञ्जनायास्तत्प्रमाणत्वात्। अतएव हृदयसंवादोऽपि, देवचरिते, दुर्लभः, न च तेषां दुःखमस्ति, यत्प्रतीकारोपाये व्युत्पादनं स्यात्। नायिकातु दिव्याप्यविरोधिनी यथोर्वशी, नायकचरितेनैव तद्वृत्तस्योपक्षेपात्।

- Abhinava-bhāratī on *N.Ś.* 18/10, op. cit (Part- III), p. 629.

52. यद्यस्मान्नृपतीनां संबन्धि व्युत्पाद्यानां सामर्थ्यात् नृपतीनामेव नाटकन्नाम तच्चेष्टितं प्रह्वीभावदायकं भवति, तथा हृदयानुप्रवेश-रञ्जनोल्लासनया हृदयं चोपाय-व्युत्पत्ति-परिघट्टितया चेष्टया नर्त्तयति। नटनृतौ इत्युभयथा हि स्मरन्ति तदिति तस्माद्धेतोः नामास्य नाटकमिति। —*N.Ś.*, op.cit., part-III, Abhinava-bhārati on *N.Ś.* 18/12, p. 631.

53. *Ibid*, p. 640.

54. *Abhinava-bhāratī*, on *N.Ś.*, 18/26-27, Ibid., p. 648.

55. *Nāṭya-darpaṇa* (N.D.), Ed. Tr. (Hindi) T.C. Upreti, Parimal: Delhi (1994: 2nd ed.), chapt. (Viveka)- 1/5.

56. *N.D., ibid.*, 1/7-9.

57. *N.D., ibid.*, 1/14.

58. रामादिवत्प्रवर्त्तितव्यं न रावणादिवत् —*Sāhityadarpaṇa* (*S.D.*), ed. trans. Comm. (Hindi) Saligram Shastri, Motilal: Delhi (1992), Chap. – I, p. 9.

59. *S.D., Ibid.*, 6/20, p.172.
60. यथा रामचरिते सुग्रीवादेः, वेण्यां भीमादेः, शाकुन्तले विदूषकस्य चरितम्–*S.D., Ibid.*, 6/67, p.182.
61. *S.D., Ibid.*, Chapt.- 6, p.171.
62. *Ibid.*
63. प्रख्यातवंशो राजर्षिर्धीरोदात्तः प्रतापवान्।
    दिव्योऽथ दिव्यादिव्यो वा गुणवान् नायको मतः।।
    —*S.D., Ibid.*, 6/9.
64. *S.D., Ibid.*, p.171
65. प्रत्यक्ष-नेतृचरितो रसभावसमुज्ज्वलः।
    भवेदगूढ़शब्दार्थः क्षुद्रचूर्णकसंयुतः।।
    —*S.D., Ibid.*, 6/12.
66. नातिप्रचुरपद्यवान्-*Ibid.*, 6/14.

21

The Vīthī and the Vīthyaṅgas

S. Ramaratnam

The Vīthiī is one of the ten types of Sanskrit drama, the other nine being, Nāṭaka, Prakaraṇa, Bhāṇa, Prahasana, Ḍima, Vyāyoga, Samavakāra, Aṅka and Īhāmṛga. The difference between them lies in the theme chosen, the type of hero selected and the *rasa* that is delineated. For example, in Nāṭaka, the theme is either Purāṇic or historical while the Prakaraṇa has a social theme. Bhāṇa is a monologue play. Prahasana has comic as the predominant sentiment while aṅka has *karuṇa* (Pathos) as its main *rasa.* The Vīthī is a one act play with a social theme. There can be just two of three characters in it. The sentiment of love is prominent in it. The Vīthī and its elements have to be studied in relation to other play forms like Nāṭaka.

India's culture is based on its literature and art. The values were imparted to the society through the narration of the epics and the Purāṇas and also through several types of play forms and art forms. The Vīthī is one such play form that is directly connected with the common people and their problems. While major play forms like Nāṭaka and Prakaraṇa have attracted the attention of a number of scholars, the Vīthī has not been studied in detail yet. The elements of

Vīthī that are widely employed in other play forms as well.

The meaning of Vīthī :

The Vīthī literally means street. The play form Vīthī can probably be equated with what we call as street play in the present day context. The advantage of the street play is that it reaches the common people directly and it is free from sophisticated techniques and complicated theatrical devices. The message conveyed is simple and direct. It can be related to socially relevant themes and hence its importance. We may proceed on the hypothesis that the Sanskrit *Vīthī* was also designed with this purpose in mind. It might have taken a different turn over the centuries.

The Vīthī has not been given the attention it deserves in the world of scholars. Not many Vīthīs have been published so far and quite a good number of them are still in manuscript form waiting to see the light of the day.

The definition of Vīthī

The Vīthī has been defined thus in the *Nāṭyaśāstra* :

Vīthī syād anekāṅkā tathaikahāryā dvihāryā vā /
Adhamottamamadhyābhiyuktā syāt prakṛtibhis tisṛbhiḥ//
Sarvarasalakṣṇāḍhyā yuktā hyaṅgais trayodaīabhi[1] *//*

The Daśarūpaka and other dramaturgical texts have added one or two more points. A consolidated account of the Vīthī may be given as follows:

The Vīthī is a one act play. It may have two acts also depending upon the theme of the play. It may have a Purāṇic theme or a social theme. It may consist of higher, middle or lower characters. It may have a touch of all the *rasas* but śṛṅgāra is predominant in it. It is marked by thirteen elements called the 'Vīthyaṅgas.' The Vīthī has only two junctures namely the opening and the denouement. But it has the scope for all the *'arhaprakṛtis'*, the germ, the drop (*bīja, bindu*) etcetera. It contains a 'prastāvanā' and may have a 'viṣkambhaka' in the act proper. It may have just one or two characters on stage but other characters may speak through the '*ākāśa bhāṣita*' or the 'cūlikā' technique.

As for the specimens of this play form, Bhoja in his *Śṛṁgāraprakāśa* mentions one 'Mālatikā Vīthī' which is not traced yet. Mention may be made of *Premābhirāma* of Ravipāthi Tripurāntaka, *Sītākalyāṇa Vīthī* of Veṅkappiah, *Līlāvatī Vīthī* and *Candrikā Vīthī* of Rāmapāṇivāda, all of which belong to the eighteenth century.

The Vīthī and the Prahasana

The Vīthī and the Prahasana have many common features. Both of them are one act plays. They have limited characters and limited *sandhis.* Both of them appeal to the common people. The Prahasana may consist of the Vīthyaṅgas also. Bharata says that the bhāratī vṛtti shall be employed in Prahasana and the Vīthī[2]. Referring to the Prologue, Bharata says,

Bhedās tasyās tu vijñeyās catvāro aṅgatvamāgatāḥ /
Prarocanāmukhaṁ caiva vīthī prahasanaṁ tathā //

It means that the Bhāratī vṛtti, a style of expression will be suitable for Prarocanā part of the Prologue and also the parahasana and the Vīthī.

It the light of its relation to the Vīthī, some aspects of Prahasana may also be discussed here. Prahasana has comic as the predominant sentiment. It ridicules the ways of cheats who exploit the common people in the garb of holy men, ascetics, and Brāhmaṇas. Now, is it not improper to make these noblemen the butt of ridicule on the stage? Abhinavagupta analyses this problem. The activities of the holy men etc. are not by themselves subject to any criticism or disapproval. It is only when they become rogues that we have a case for Prahasana.

ये तु स्वभावतः न गर्हिता भगवत्तापसादिचेष्टाविशेषैस्तेषां प्राकृतपुरुष-संक्रान्तिदौरात्म्योदितां अन्यसम्बन्धदृष्यमानतया प्रहसनीयतां याताः[3] ।

As for the number of Vīthyaṅgs to be employed in a Prahasana, Abhinava says that there is no hard and fast rule.[4] With regard to the number of acts in a *Prahasana,* Abhinava says,— **शुद्धं एकाङ्कं संकीर्णं तु अनेकाङ्कम्, वेश्यादिचरितसंख्याबलादिति केचित्**[5] ।

Abhinava also answers the question whether it is worthwhile to present on the stage a Prahasana, which generally depicts the life of the degraded persons. He says that the Prahasana too has its moral appeal in that it shows how one should not act. If the association of the rogues can corrupt the minds of even the holy men ascetics and the Brāhmaṇas, it is needless to say what effect it would have on common men. On witnessing the Prahasana, a wise man would become wiser and would learn to avoid the wicked.

तद्विषये यः प्रकृष्टो विवादः विरुद्धतया अवभासनेन फलभूतेन सम्पाद्यतया यदुक्तं प्रहस्यमानं तत् तथाभूतचरितावलोकनेन हि संस्कृतमतिः व्युत्पाद्यो न भूयस्तान् वञ्चकानुपसर्पति इति।[6]

Nāṭyadarpaṇa (ND) follows Abhinavabhāratī in interpreting the definition of Prahasana found in the Nāṭyaśāstra. The new point that ND mentions is with regard to the statement, *ārta-strī-bāla-mūrkhādiḥ adhikārī.* Does it mean that the regular connoisseurs of art (*sahṛdayas*) are prohibited from seeing a Prahasana ? Prahasana, being simple in theme and replete with comic situations, will invariably appeal to women, children and the innocent at once. They are thus trained in the art of witnessing dramas and analyzing them critically. In course of time, they too can become full-fledged connoisseurs of art like others and can witness and enjoy the perfec play forms, the Nāṭaka and the Prakaraṇa. The Prahasana, according to ND, marks the first stage in the art of appreciating the popular play form, Nāṭaka.

प्रहसनेन च बालस्त्रीमूर्खाणां हास्यप्रदर्शनेन नाट्ये प्ररोचना क्रियते। ततः सञ्जत-नाट्यरुचयः शेषरूपकैः धर्मार्थकामेषु व्युत्पाद्यन्ते।[7]

The Prahasana Elements

Among other dramaturgical texts dealing with the definition of Prahasana, Rasārṇavasudhākara of Śiṅgabhūpāla deserves special mention. The author gives a list of ten new elements of Prahasana and illustrates[8] them from *Ānandakoṣa Prahasana,* which is yet to be traced. The ten element are:

अवलगितमवस्कन्दो व्याहारो विप्रलम्भ उपपत्तिः।
भयमनृतं विभ्रान्तिः गद्गदवाक् च प्रलापश्च।।

(i) '*Avalagita*' consists in decrying (दूषण) or abandoning (त्यजन) one's earlier decision, out of delusion.

पूर्वमात्मगृहीतस्य समाचारस्य मोहतः।
दूषणं त्यजनं चात्र द्विधावलगितं मतम्।।
यानि घ्नन्ति गलादधः सुकृतिनो लोम्नां च तेषां स्थितम्।
यान्यूर्ध्वं परिपोज्झयन्ति पुरुषास्तेषां मुहुः खण्डनम्।।
कृत्वा सर्वजगद् विरुद्धविधिना सञ्चारिणां मादृशां।
श्रीगीता च हरीतकी च हरतो हन्तोपभोग्यं वयः।।

Since the monk here is presented as decrying his ascetic life, this is an illustration of '*avalagita*' comprising *dūṣaṇa.* Another illustration is from the *Prabodhacandrodaya,*[9] where a Kṣapaṇaka desires to take up another religious order, giving up his own (*tyajana*).

अहो कापालिकदर्शनमेवैकं सौख्यमोक्षसाधनम्। भो कापालिक, अहं तव साम्प्रतं दासः संवृत्तः। मामपि महाभैरवानुशासने दीक्षय।

(ii) *Avasda* : '*Avaskanda*' is the one where several persons offer different and absurd interpretations to a given phenomenon, according to their own bent of mind.

अवस्कन्दस्तु अनेकेषां अयोग्यस्य एकवस्तुनः।
सम्बन्धाभासकथनात् स्वस्वयोग्यत्वयोजना।।

यतिः	:	साक्षाद्भूतं वदति कुचयोरन्तरं द्वैतवादं।
बौद्धः	:	भावो बोधक्षणिकमहिमा सौगते दत्तपादः।
जैनः	:	बाहोर्मूले नयति शुचितामार्हती काचिदीक्षा।
सर्वे	:	नाभेर्मूलं प्रथयति फलं सर्वसिद्धान्तसारम्।।

Here the adherents of different faiths try to read their own philosophical truths, wrongly though, in the physical configuration of a harlot.

(iii) *'Vyāhāra'* is a humorous conversation between two or three persons.

'व्याहारः स्वसंवादो द्वित्राणां हास्यकारणम्।'

बौद्धः	–	(यतिं विलोक्य) कुतो मुण्डः एकदण्डी।
मिथ्यातीर्थः	–	(विलोक्य, दृष्टिम् अपकर्षन्, आत्मगतं) क्षणिकवादी न सम्भाषणीय एव। तथाऽपि दण्डं अन्तर्धाय निरुत्तरं करोमि। (प्रकाशं) अये शून्यवादिन्, अदण्डो मुण्डोऽहं आगलादस्मि।
जैनः	–	(आत्मगतं) नूनमसौ मायावादी। भवतु, अहमपि किमपि अन्तर्धाय प्रस्तुतं पृच्छामि। (प्रकाशं) अये महापरिणामवादिन् बृहद्बीज, लोम्नां समानजातीयत्वेऽपि केशाञ्चित् संकर्तनम्, अन्येषां संरक्षणमिति व्यवस्थितेः किं कारणम्?
मिथ्यातीर्थः	–	जीवदमेध्यमग्धारको नरपिशाचोऽयं अन्तर्धायापि न सम्भाशणीयः।
निष्कच्छकीर्तिः	–	(सादरं) सखे, आर्हतमुने, वादे त्वया अयं अप्रतिपत्तिनाम निग्रहस्थानमारोपितो मायावादी।
मिथ्यातीर्थः	–	(आत्मगतं) नूनमिमावपि मादृशावेव लिङ्गधारणमात्रेण कुक्षिम्भरी स्याताम्।

This humorous conversation between the followers of

different religious schools is an instance of 'Vyāhāra.'

(iv) 'Vipralambha' is frightening and deceiving others of pretending possession by an evil spirit and the like. This is illustrated by another passage from *Ānandakoṣa*, where a gaṇikā pretends possession of a 'yakṣiṇī, and deceives others.

(v) 'Upapatti' is offering a humorous explanation for a well-known phenomenon or concept on the basis of another well-known observation.

उपपत्तिस्तु सा प्रोक्ता यत् प्रसिद्धस्य वस्तुनः।
लोकप्रसिद्धया युक्त्या साधनं हास्यहेतुना।।

For instance:

मिथ्यातीर्थः – (पुरोऽवलोक्य) अये उपसरित्तीरं पिप्पलनामा वनस्पतिः यश्च गीतासु भगवता निजविभूतितया निर्दिष्टः। (विचिन्त्य) कथनस्य तरोः इयं अतिमहिमसम्भावना? (विमयय) उपपद्यत एव—

तत्पदं तनुमध्याया येनाश्वत्थदलोपमम्।
तदश्वत्थोऽस्मि वृक्षाणामित्यूचे भगवान् हरिः।।

अत्र लोकप्रसिद्धेन अश्वत्थदलोरुमूलयोः साम्येन हेतुना लोकप्रसिद्धस्यैव भगवदश्वत्थ्योरैक्यस्य साधनं हास्यकारणं उपपत्तिः।

(vi) '*Bhayam*' is the fear caused by the arrival of the policemen etc.

स्मृतं भयं तु नगरशोधकादिकृतोदयम्।

This *Prahasana* Element is illustrated by a scene from *Ānandakoṣa* again, where the sudden arrival of the policemen throws the pseudo-ascetics out of gear.

(vii) '*Anṛtam'* is an utterance of false praise or flattery.

अनृतं तु भवेत् वाक्यं असत्यस्तुतिगुम्फितम्।
तदेव अनृतं इत्याहुः अपरे स्वमतस्तुतिः।।

e.g.

बालातपेन परिमृष्टमिवारविन्दं
माञ्जिष्टचेलमिव मन्मतमातपत्रम्।
सालक्तलेखमिव सौख्यकरण्डमद्य
यूनां मुदे तरुणि तत्पदमार्तवं ते।।

स्वमतं तु यथा कर्पूरमञ्जर्यां—

रण्डा चण्डा दीक्षिता धर्मदारा
मद्यं मांसं पीयते खाद्यते च।
भिक्षा भोज्यं चर्मखण्डं च शय्या
कौलो धर्मः कस्य नो भाति रम्यः।।

(viii) '*Vibhrānti*' is the elusion caused by the similarity of features between two things.

वस्तुसाम्यकृतो मोहो विभ्रान्तिरिति गीयते।

e.g.

बौद्धः - (पुरोऽवलोक्य)
हेमकुम्भवती रम्यतोरणा चारुदर्पणा।
काऽपि गन्धर्वनगरी दृष्यते भूमिचारिणी।।

जैनः - अयि, क्षणभङ्गवादिन्, एतदुत्पाकलं प्रथमदर्शिनो भवत एवं परिणमते द्धइति लोचने विमीलयति)

बौद्धः - (पुनर्निर्वर्ण्य) हन्त, किमपदे भ्रान्तोऽस्मि।
न पुरीयं विशालाक्षी न तोरणमिमे भ्रुवौ।
न दर्पणमिमौ गण्डौ न च कुम्भाविमौ स्तनौ।।

(ix) 'Gadgadavāk' is faltering of speech due to feigned crying.

असत्यरुदितोन्मिश्रं वाक्यं गद्गदवाक् भवेत्।

e.g. (भगिन्यौ परस्परमाश्लिष्य रुदत इव)

गुह्यग्राही - (आत्मगतं)
अनुपात्तवाष्पकणिकं गद्गदनिः श्वासकलितमव्यक्तम्।
अनयोरसत्यरुदितं सुरतान्तदशां व्यनक्तीव।

(x) 'Pralāpa' is welcoming an unworthy act as a worthy one.

प्रलापः स्यात् अयोग्यस्य योग्यत्वेनानुमोदनम्।

e.g.

राजा - (सौदार्योद्रेकम्) अये विडालाक्ष, अस्मदीये नगरे विषये च
पतिहीना च या नारी जायाहीनश्च यः पुमान्।
तौ दम्पती यथाकामं भवेतामिति घोष्यताम्।।

बिडालाक्षः - देवः प्रमाणम्। (इति सानुचरो निष्क्रान्तः)

गुह्यग्राहि - (सल्लाघवगौरवम्)
नष्टाश्वभग्नशकटन्यायेन प्रतिपादितम्।
उचिता ते महाराज सेयं कारुण्यघोषणा।।
अपि च - मन्वादयो महीपालाः शतशो गामपालयन्।
न केनापि कृतो मार्गः एवमाश्चर्यसौख्यदः।।

The Vīthyaṅgas

Since writers like Bharata and others prescribe the presence of the *Vīthyaṅgas* in the *Prahasana*, a brief description of them may not be out of place here. Bharata has stated and defined them.[10] Other dramaturgical texts like the Daśarūpaka offer illustrations too, mostly culled out from well-known plays. The most striking illustrations and their appropriate definitions chosen from the various texts, are given below. The *Vīthyaṅgas* are thirteen in number. They are:

उद्घात्यकावलगिते प्रपञ्चत्रगते छलम्।
वाक्केल्यधिबले गण्ड अवस्यन्दित नालिके।
असत्प्रलापव्याहारे मृदवानि त्रयोदश।[11]

(i) उद्घात्यक (Speech with a hidden meaning.)

गूढार्थपदपर्यायमाला प्रश्नोत्तरस्य वा।
यत्रान्योन्यं समालापो द्वेधोद्घात्यं तदुच्यते।।[12]

Udghātyaka is of two kinds – (i) a series of successive words with a hidden meaning and (ii) a series of questions and answers.

Illustration for the first kind:

विदूषकः - भो वयस्य, क एष कामो येन त्वमपि दूयसे? स किं पुरुषो अथवा स्त्रीति?
राजा - सखे,
मनोजातिरनाधीना सुखेष्वेव प्रवर्तते।
स्नेहस्य ललितो मार्गः काम इत्यभिधीयते।।
विदूषकः - एवमपि न जानामि।
राजा - वयस्य, इच्छाप्रभवः स इति।
विदूषकः - किं यो यदिच्छति स तत् कामयति?

राजा - अथ् किम् ?
विदूषकः - तज्ज्ञातम्, यथाऽहं सूपकारशालायां भोजनमिच्छामि।

The *Avaloka* wrongly states that this passage is from the Vikramorvaśiya. Prof. Raghavan points out that this is from a *Vīthī* called *'Mālatikā'* which is also quoted by Bhoja in his Śṛṅgāraprakāśa (Sṛ, Pr).[13]

Illustration for the second kind of उद्घात्यक

का श्लाघ्या गुणिनां क्षमा, परिभवः को, यः स्वकुल्यैः कृतः
किं दुःखं, परसंश्रयो, जगति कः श्लाघ्यो, य आश्रीयते।
को मृत्युर्व्यसनं, शुचं जहति के, यैर्निर्जिताः शत्रवः
कैर्विज्ञातमिदं, विराटनगरे छन्नस्थितैः पाण्डवैः।।[14]

अवलगित (Unexpected turn)

यत्रान्यस्मिन् समावेश्य कार्यमन्यत् प्रसाध्यते।
तच्छावलगितं नाम विज्ञेयं नाट्योक्तृभिः।।[15]

'Avalagitam' consists in an unexpected turn in events.

Illustration: Śṛ, Pr. cites the following passage from the चित्रफलक episode in Act II of Ratnāvalī.[16]

सुसङ्गता - सखि, यस्य कृते त्वमागता सोऽयं ते पुरतस्तिष्टति।
सागरिका - (सासूयम्) सुसङ्गते कस्य कृते अहगागता ?
सुसस्रता - (विहस्य) अलं अन्यशङ्कितेन, ननु चित्रलकस्य।

Here the clever Susaṅgatā indirectly refers to the love Sāgarikā has for the king in a way that is quite unexpected.

(iii) *Prapañca*: (Unworthy praise)

असद्भूतं मिथःस्तोत्रं प्रपञ्चो हास्यकृन्मतः।[17]

'Prapañca' is unworthy praise that evokes laughter. The Avaloka quotes the Karpūramañjarī verse, *'raṇḍā caṇḍā . . .'*[18] as an illustration of *'prapañca.'*

Trigata : (Triple Explanation)

श्रुतिसाम्यात् अनेकार्थयोजनं त्रिगतं त्विह।[19]

Regarding the exact nature of a particular sound heard, we have *'trigata.'*

Illustration.

वाणीमुरजक्वणितं श्रुतिसुभगं किं सुधामुचः स्तनितम्।
जलदस्य किमज्ञातं तव मधुरगभीरवाग्विलासोऽयम्।[20]

Here the sweet and resonant words of the *Sūtradhāra* ara variously understood by his assistant as the sound produced by the drum or the cloud or the speech of Sarasvatī herself.

(V) *Chalam*: (Deception)

प्रियाभैरप्रियैर्वाक्यैर्विलोभ्य छलनाच्छलम्।[21]

'*Chalam*' arises from the desire the desire to deceive or mislead others with unfriendly words that seem friendly.

Illustration

विद्वानसौ कलावानपि रसिको बहुविधप्रयोगज्ञः।
इति च भवन्तं विद्मो निर्व्यूढं साधु तत् त्वया सर्वम्।।[22]

These words of the assistant, though apparently praising the talents of the *Sūtradhāra*, are only sarcastic in nature and hence form the illustration for '*Chala.*'

Vākkeli: (Witty retort)

वाक्केली हास्यसम्बन्धो द्वित्रिप्रत्युक्तितो भवेत्।[23]

'*Vākkeli*' arises from a comic dialogue comprising two or more sets of questions and answers.

Illustration : SD quotes the following verse as an instance of वाक्केली

भिक्षो मांसनिषेवणं प्रकुरुषे ? किं तेन मद्यं विना
मद्यं चापि तव प्रियं? प्रियमहो वाराग्नाभिः सह।
वेश्याप्यर्थरुचिः, कुतस्तव धनं? द्यूतेन चौर्येण वा
चौर्यद्यूतपरिग्रहोऽपि भवतो? नष्टस्य काऽन्या गतिः।।[24]

अधिवल (Out vying)

अन्योन्य वाक्याधिक्योक्तिः स्पर्धयाऽधिबलं भवेत्।[25]

'*Adhibalam*' is a dialogue in emulation or battle of wits among persons where each one outwits the other.

Illustration: Viśvanātha cites a passage from his own work 'Prabhāvatī'[26]

वज्रनाभः – अस्य वः क्षणेनैव निर्मथ्य गद्पानया।
लीलया उन्मूलयाम्येष भुवनद्वयमद्य वः।।

प्रद्यूम्नः - अरे रे, असुरापसद, अलममुना बहुप्रलापेनए . . . .

गण्डः (Abrupt Remark)

गण्डः प्रस्तुतसम्बन्धि भिन्नार्थ सहसोदितम्।[27]

'*Gaṇḍa*' is a statement suddenly introduced in the middle of another statement as a sort of dramatic irony, which has some connection with context on hand.

Illustration: Avaloka quotes the following passage from Utrarāmacarita.[28]

रामः - इयं गेहे लक्ष्मीः ....परमसह्यस्तु विरहः।

प्रतीहारी - देव उपस्थितः।

रामः - अयि कः?

प्रतीहारी - देवस्यासन्न परिचारकः दुर्मुखः।

(IX) अवस्यन्दित (Re-interpretation)

रसोक्तस्य अन्यथा व्याख्या यत्रावस्यन्दितं हि तत्।[29]

'*Avasyanditam*' consists in re-interpreting certain words uttered earlier emotionally.

Illustration : The 'Avaloka' cites an illustration from 'Chalitarāma.'[30]

सीताः - जात, कल्यं खलु युवाभ्यां अयोध्यायां गन्तव्यम्। तर्हि स राजा विनयेन नमितव्यः।

लवः - अम्ब, किमावाभ्यां राजोपजीविभ्यां भवितव्यम्।

सीताः - जात, स खलु युवयोः पिता।

लवः - किमावयोः रघुपतिः पिता।

सीताः - (साशङ्कम्) जात, न खलु परं युवयोः, सकलाया एव पृथिव्याः।

Here the statement that Rāma is the father of Lava and Kuśa, made first in an emotional sway, is re-interpreted by Sītā that he is the father of the entire earth.

(X) नालिका (Riddle)

सोपहासा निगूढार्था नालिकैव प्रहेलिका।[31]

'*Nālikā*' is an enigmatic remark with a hidden meaning,

meant for evoking laughter. It is of two kinds- (i) अन्तर्लाप (ii) वहिर्लाप।

Illustration for अन्तर्लाप

प्रत्यङ्कमटुरित-सर्व-रसावतार-
न्नव्योल्लसत्-कुसुमराजिविराजिबन्धम्।
घर्मेतरांशुमिव वक्रतयाभिरम्यं
नाट्यप्रबन्धमतिमञ्जुलसंविधानम्।।[32]

Some of the letters used in this verse combine to give the name of the play, viz., प्रसूराघवम् (syllables underlined.)

Illustration for 'बहिर्लाप'

क्रमवर्धमानविलासं रसातले किं करोति कन्दर्पः।

सूत्रधारः – अये, प्रश्नोत्तरं सेयमस्मत्प्रीतिरिरिति देवादेशः। तत् स्वयमेव वाचयामि।

निर्भरगुरुर्व्यधत्त च वाल्मीकिकथां किमनुसृत्य।।[33]

The answer to the riddle posed in the verse above is 'बालरामायण' which is the name of the play to be presented by the 'सूत्रधार.'

(ix) असत्प्रलापः (Incoherent Talk)

असम्बद्ध-कथाप्रायं असत्प्रलापो यथोत्तरः।[34]

Illustration: ND cites the following verse[35] as an illustration of *'asatpralāpa'*.

अर्चिह्रमन्ति विदार्य वक्त्रकुहराण्यासृक्वतो वासुके-
स्तर्जन्या विषकर्भुरान् गणयतः संस्पृश्य दन्ताङ्कुरान्।
एकं त्रीणि नवाष्ट सप्त षडिति व्यत्यस्तसंख्याक्रमा
वाचः क्रौञ्चरिपोः शिशुत्व-विकलाः श्रेयांसि पुष्णन्तु वः।।

Here the incoherent talk and the wrong way in which child Kumāra counts the cardinal numbers, is an instance of 'असत्प्रलाप.'

(xii) व्याहारः (Humorous Speech)

अन्यार्थ एव व्याहारो हास्यलोभकरं वचः।[36]

'Vyāhāra' is a remark made with a different purpose while

others understands it as having a different motive. This evokes laughter and may have a basis in greed or undue desire.

Illustration : DR cites Vidūṣaka's remark from the *'lāsyaprayoga'* scene of 'Mālavikāgnimitra'.[37]

(मालविका गन्तुमिच्छति)

विदूषकः – मा तावत्, उपदेशशुद्धा गमिष्यसि।

गणदासः – (विदूषकं प्रति) आर्य, उच्यतां यस्त्वया क्रमभेदो लक्षितः।

विदूषकः – प्रथमं प्रत्यूषे ब्राह्मणस्य पूजा भवति, सा तया लल्लिता।

(मालविका स्मयते)

Here what Vidūṣaka meant by *'upadeśaśuddhā'* is that he must be honored first while Gaṇadāsa thought that Mālavikā was wrong in her performance.

(xiii) मृदवम् (Euphemism)

दोषा गुणा गुणा दोषा यत्र स्युः मृदवं हि तत्।[38]

'Mṛdava' is that in which defects become merits or vice versa. Illustration: ND quotes the following verse.[39]

सन्तः सच्चरितोदयव्यसनिनः प्रादुर्भवद्यन्त्रणाः
सर्वत्रैव जनापवादचकितास्तिष्ठन्ति दुःखान् सदा।
अव्युत्पन्नमतिः कृतेन न सता नैवासता व्याकुलो
युक्तायुक्तविवेकशून्यहृदयो धन्यो जनः प्राकृतः।।

Prahasana Elements and the *Vīthyaṅgas* in other forms of literature:

Before going into the question of *Prahasana* elements in other forms of literature, it is necessary to distinguish them from the general *hāsya* elements. A passage may be said to contain a particular *Prahasana* element only if it is *'hāsyaprāya'*. But the contrary is not true. Not all passages, which are *hāsya*-oriented can be said to have a *Prahasana* element. A *Prahasana* element is that, which, while being *hāsya*oriented, is dramatic in nature and is full of action and gesticulations. *Hāsya*, plain and simple, may evoke '*smita*' (gentle smile) or '*hasita*' (smile), but a *Prahasana* element is boisterously farcical evoking *'apaha-sita'* (loud laughter) or *'atihasita'* (reeling laughter). The *Prahasana* element may be based on pun and other types of word play, ridiculing of physical deformities, vain quarrel, improper speech, impertinence, roundabout talk, misquoting of scriptures or well-established sayings, exaggeration, deception and the like. The scene in the Uttararāmacarita (Act I), where Sītā, pointing to Urmilā's picture and asking Lakṣmaṇa, who she is, is plain humour. Such elements of humour should be contrasted with *Prahasana*-elements and the *Vīthyaṅgas* described above.

It may be noted that there are one or two overlapping elements between the *Prahasana*-elements and the *Vīthyaṅgas*, For instance the *Prahasana* element 'anṛtam' is similar to the Vīthyaṅga *'Prapañca.'* False praise is the basis for both. The Karūramannñjarī-verse, *'raṇḍā caṇḍā* . . . . . . etc.' which is offered as an illustration for the Vīthyañga, '*prapañca*', is cited as an instance of his 'anṛtam' by Śiṅgabhūpāla. The *Prahasana* element *'gädgadavāk'*, has its namesake the Vīthyaṅgas but their features differ rent. Thus we have *'avalagita'* in both '*avalagita'* the Vīthyañga is an action taking place unexpectedly while its namesake, as a *Prahasana* element, consists in repenting for an earlier decision. Thus the *Prahasana* elements "*avaskanda* and *vyavahāra*" resemble "*avasyandita* and *vyāhāra*" of the Vīthyañga" respectively.

The origin of the *Prahasana* elements can be traced to the Ùgvedic period. The following conversation between Indra and his wife Indrāṇī from the tenth Maṇḍala of the Ṛgveda[40] may be cited as an illustration of the *Prahasaṇa* element '*vyāhāra,'* which is a humorous conversation between two or three persons.

Indra : They have neglected 'Soma Pressing." They have not praised me in the sacrifice and Vṛṣākapi is rejoicing over this.

Indrāṇi: Though much annoyed at Vṛṣākapi's action, thou haste nest towards him and bestowest on him prosperity. The 'kapi' has spoiled the

	oblations of ghee, may the dog, which chases the boar seize him by the ear and devour him.
Indra:	Why are you angry with our friend Vṛṣākapi ?
Indrāṇi:	This savage beast despises me as one who has no male offspring, though I am the mother of male offspring.
Indra:	I am not happy, Indrāṇī, without my friend Vṛṣākapi.
Indraṇi:	The man who is impotent begets not progeny, but the one who is endowed with vigour.
Indra :	He who is endowed with vigour begets not progeny but he who is an impotent.

The name Vṛṣākapi (male monkey) in the above passage may evoke a sense of humour. The pun on the word '*Kapi*' (ref. to (i) monkey (ii) shortened form of 'Vṛśākapi)', and Indra controvert Indrāṇī on the question of progeny may also be noted for their humour. Coming to the classical period, the Śūrpaṇakhā episode in the Rāmāyaṇa and the Gṛdhra-Gomāyu episode in the Mahābhārata may be cited as instances of humour in the *Prahasana* style.

The *Prahasana* elements find their extensive usage only in the dramatic literature. The *Nāṭaka, Prakaraṇa, Bhāṇa, Prahasana, Vithī* and the *Uparūpaka* varieties, viz., the *nāṭikā* and the *Saṭṭaka* provide a number of instances of the *Prahasana* elements and the *Vīthyaṅgas.* The illustrations of the *Vīthyaṅgas* from the Mālatikā Vīthī, Rāṇḍavānada, Ratnāvalī (a *nāṭikā*), Karpūramañjarī (a *saṭṭaka*), *Mālavikāgnimitra* and *Uttararamācarita* (*Nāṭaka*) and some of the lost Rāma plays like Abhirāmarāghava, *Chalītarāma* have been already referred to. Illustrations for the *Prahasana* elements are also drawn from many plays, majority of them are, of course, from the lost *Prahasana,* Ānandakośa (as given by Simhabhūpāla in his Rasārṇavasudhākara).

The social importance of the *Vīthī* :

Sanskrit is the bedrock of Indian civilization and culture. The drama is a powerful visual medium that can carry a message effectively to the masses. The *Vīthī* is a simple play form and it can be effectively used to impart values and morals to the society. A study of the existing *Vīthīs* will go a long way in showcasing India's cultural tradition to the world at large. The present study may also help to popularize Sanskrit among the masses. Unless the language is taken to the masses, it cannot survive. Based on the study proposed, scholars can be encouraged to write new plays in this type concentrating on socially relevant themes.

The relevance of the *Vīthī* in the present day context:

The country is at the crossroads. There is serious erosion in values and morals for which the country stood for centuries. The Western influence has killed the native intelligence. The Television media has added fuel to the fire. The once powerful theatre is facing its extinction in the country. Under these circumstances, it is necessary for every educated Indian to pay attention to the cultural traditions of India and preserve it for posterity. A study of the *Vīthī* will help the cause in two ways. It can help the revival of Sanskrit dramatic tradition, which in turn will be helpful in popularizing Sanskrit among the masses of this land. Short Sanskrit *Vīthī* will plays will also be helpful in carrying important messages to the common people on socially relevant ideas.

Bibliography

1. *Bhāvaprakāśana of Śāradātanaya*, edn. G.O.S., No. 45, Baroda, 1930
2. *Daśarūpaka of Dhanañjaya*, edn. Parab, N.S. Press, Bombey, 1941
3. *Karpūramañjarī of Rājaśekhara*, edn, Motilal Banarsidass, Delhi, 1963
4. *Līlāvatī Vīthī of Rāmapāṇivāda*, edn. University manuscripts Library, Trivandrum, 1948.
5. *Nāṭakalakṇaṇaratnakośa of Sāgaranandin*, edn.

Chowkhamba,1972.
6. *Nāṭyadarpaṇa of Rāmacandra and Guṇacandra,* edn. G.O.S. 48, 1928.
7. *Nāṭyaśāstra of Bharatamuni,* edn. Kāvyamālā - 42, N.S. Press, 1942, G.O.S., 1926-34 (in four Volumes)
8. *Prabodhacandrodaya of Kṛṣṇamiśra,* edn. Motilal Banarsidass, Delhi, 1971.
9. *Rasārṇavasudhākara of Simhabhūpāla,* edn. TSS, No. L, 1961.
10. R*atnāvalī of King Harṣa,* edn. Bālamanoramā, Madras, 1938.
11. *Ṛgveda,* the, edn. MaxMueller, India Office, London, 1849-74.
12. *Sāhityadarpaṇa of Viśvanātha,* edn. Motilal Banarsidass, Delhi, 1977.
13. *Sṛngāraprakāśa of Bhojam,* edn. Josyer, Coronation Press, Mysore, 1963.
14. *Uttararāmacarita of Bhavabhūti,* edn. Motilal Banarsidass, Delhi, 1971.
15. *Veṇīsamhāra of Bhaṭṭanarāyaṇa,* edn. Motilal Banarsidass, Delhi, 1977.
16. *Works of Kālidāsa,* vol-I, Motilal Banarsidass, Delhi, 1977.

Abbreviations

Abhi.Bhā	-	Abhinavabhāratī
Ava.	-	Avaloka
BP	-	Bhāvaprakāśana
CSS	-	Chowkhamba Sanskrit Series
DR	-	Daśarūpaka
GOS	-	Gaekwad Oriental Series
KM	-	Kāvyamāla Series
Mal	-	Mālavikāgnimitra
ND	-	Nāṭyadarpaṇa
NS	-	Nāṭyaśāstra
NS Press	-	Nirnayasagar Press
Rat.	-	Ratnāvalī

RS	-	Rasārṇavasudhākara
SD	-	Sāhityadarpaṇa
Sr.Pr.	-	Srṇgāraprakāla
TSS	-	Trivandrum Sanskrit Series
URC	-	Uttararāmacarita

References

1. Ch. 18, 163-64, Kāvyamālā edition, Nirnayasagar Press, Bombay, 1943)
2. Kasi edition, Ch. XXI, *śloka* 47
3. Abhinavabhāratī, p. 447 ff. ed. GOS., Vol. II
4. Ibid., तेषां सम्प्रयोगे संख्यायाः क्रमस्य तु न कञ्चिन्नियम इति दर्शयति।
5. Ibid.
6. Abhinavabhāratī, p. 447 ff.
7. ND., ed. GOS, No. XLVIII, vol. I, 1928, p. 128
8. RS., Ch. III, p. 290 ff, ed. TSS, No. L, 1916. The definitions of the *prahasana* Elements given above are from this edition only. All the illustrations given are from Ānandakoṣa *Prahasana* quoted therein, unless otherwise stated.
9. Prabodhacandrodaya, III, bet. śls. 19 and 20.
10. *NS.*, Ch. XVII śls. 104 and 105.
11. *DR.*, Ch. III Ils. 12 and 13a, edn. *NS.* Press.
12. Ibid p. 65 ff.
13. See *DR.*, V. Raghavan, 'Bhoja's Śṛngāraprakāla; pp. 872-873, Ed. Author, 1978.
14. From 'Pāṇdavānanda,' quted in Avaloka, *NS.* Press Edn; p. 65 ff.
15. *Śr Pr.,* edn. Josyer, vol. II, p. 492 ff.
16. Ratnāvalī, ed. C.S.R. Sastry, Madras, p. 61
17. *DR.*, p. 65 ff.
18. See. *Prahasana* element *'anṛtam'*
19. DR., p. 65 ff.
20. Verse from 'Abhirāmarāghava', quoted by RS, p. 238 ff.
21. *DR.*, p. 66.
22. Verse from 'Abhirāmarāghava' quoted by RS, p. 238 ff.
23. *SD.*, p. 218, ed. Motilal Banarsidass, 1977.
24. *SD.*
25. Ibid.
26. Ibid. The full name of the work is probably 'Prabhāvatī-Pradyumna.'
27. *DR.*, p. 65 ff.
28. *URC.*, I. 38 ff.
29. *DR.*, p. 65 ff.
30. Ibid. 'छलितराम' is one of the lost Rāma Plays.

31. Ibid.
32. Quoted in *RS*, p. 238 ff 'Prasannarāghava', I. 7
33. *DR.*, p. 65 ff.
34. *ND.*, p. 133 ff, ed. G.O.S.
35. *DR.*, p. 65 ff.
36. Mālavikāgnimitra, Act II, Dialogue after śls. 5
37. *DR.*, p. 65 ff.
38. *ND.*, p. 133
39. *Rgveda*, X. 86. Translations of the relevant hymns are based on Wilson's edition.

22

The Experience of the Comic in Classical Indian Drama and Dramaturgy

Sudha Gopalakrishna

This paper tries to explore the traditions of the experience of the comic in classical Indian drama and dramaturgy. In spite of the fact that the comic experience is so diverse in matter and spirit across the world that it cannot be treated under a common formula, this paper tries to identify some recurring motifs and themes, as well as some possible variations in its experience, reflected in Indian drama, which may be different from Western drama.

The comic mode in its simplest form may be defined as a response that evokes a feeling of pleasure, expressing the basic impulse of life-affirmation. It offers a temporary escape from the cares and anxieties of everyday life, establishing an atmosphere of celebration and presenting an affirmative approach to the world. As an English word and idea, the origin of the word "comedy" is from the Greek "komos" which is connected to the revelry of Dionysiac worship, which serve to evoke celebratory experiences of liberty, mirth, and vitality. In the Indian context, comedy as we understand in the Western sense of the word encompasses a large sphere of experience; in fact, it is perhaps the only dramatic genre, for tragedy as a rule is avoided in Indian aesthetic theory. The basic demand of the gods to Brahmā for the creation of nāỹa is for "something pleasant to look at and something pleasant to hear[1] ", as a means to refresh the mind, for "those bowed down by sorrow, engaged in ascetic endeavours or weary after long hours[2] ". The aspect of entertainment connects drama to the concept of play on the one hand[3] and as celebration of life on the other. At a higher level, comedy suggests a way of transcending misery by rising above itself, where the joys and sorrows of everyday life are replaced by a serene calmness and blissful repose, a level which may be termed not merely as "comic", but as "comedic", since it arises from a pervasive sense of a deep inner harmony.

During the course of this paper, I would like to dwell on each of these dimensions that comedy evokes. It is usually assumed that comedy is inseparable from laughter, and so discussions of comedy are generally linked with discussions on laughter. Theorists across the world have devoted considerable speculations on laughter and its causes and effects. George Meredith for example, observes that: "the test of true comedy is that it shall awaken thoughtful laughter". The word "thoughtful" in this definition suggests the intellectual quality associated with the mental process by which laughter is derived. Charles Baudelaire says that "human pride, which takes the upper hand, . . . is the natural cause of laughter in the case of the comic. Here laughter is an expression of superiority, which one feels in relation to another object. For example, on seeing the antics of a clown, one is moved to laughter. Freud also says that "a person appears comic to us if, in comparison with ourselves, he makes too great an expenditure on his bodily functions and too little on his mental ones. The idea of the physical when confronted with the mental is a permanent source of comedy in theatres across the world."

I would at this point like to turn to the Indian concept of the comic, which come under discussions on *hāsya-rasa* as it appears in texts like *Nāṭyaśāstra, Sāhitya darpaṇa* etc.

In the *Nāṭyaśāstra*, Bharata defines *hāsa* or laughter as causing amusement through one's own or another's strange appearance, words, attire or action. *Hāsa* is the *sthāyibhāva* of *hāsyarasa*–so *hāsya* is the development of hāsa which is caused by strange appearance etc. Bharata states that *hāsa* or laughter is produced by imitating the actions of others, by indulging in absurd talk, baselessly accusing others and behaving in a ridiculous manner. One is also moved to laughter on seeing weaknesses such as greed, impudence, tendency to quarrel and physical defects. Laughter is also caused by tickling a person but that cannot come under the sentiment *hāsyarasa* as such. These are the *vibhāvas* of *hāsyarasa*-the one at whom people laugh for his strange appearance, etc. become the *ālambana vibhāva* and his actions become the *uddīpana vibhāva* of *hāsya*. The *anubhāvas* of *hāsya* are narrowing of eyes, smiling, throbbing of the lips, the nose, and the check, perspiration, colour of the face and taking hold of sides. In other words, these are the external features by which laughter is manifested. The *vyabhicāribhāvas* of *hāsya* are sleep, indolence, stupor, dream and jealousy. The colour ascribed to *hāsya*, is white and the deities ascribed are the attendants of Lord Śiva.

Thus *hāsa* or laughter is derived out of incongruity – it arises out of comic appearance, speech or manner of a person. This feature makes the concept of *hāsya* in Indian aesthetics equivalent to the concept of laughter in the West. Both relate laughter to the incongruous, or the disconnecting of one idea from another, which produces pleasure and gets expressed as laughter. The *Nāṭyaśāstra* also provides one of the causes by which *hāsya* is produced. Bharata observes that imitation of *śṛṅgāra* becomes *hāsya*. He also states that *hāsya* is derived from *śṛṅgāra*. This implies that the imitation of a lofty subject makes it ridiculous and invariably produces *hāsya*. This fact is especially true in the case of *śṛṅgāra* because it has no trivial associations with it.

Bharata analyses the phenomenon of laughter by its context and its manifestation. According to the situation involved, *hāsya* is classified into two types –*ātmastha* and parastha. If a person laughs by himself, it is *ātmastha*, and if he makes others laugh, it is *parastha*. According to its histrionic manifestation, *hāsa* is classified into six varieties. In smita, the eyes are made wide open and in hasita, the teeth are shown a little. *Vihasita* is followed by a sweet sound, and *upahasita* by the shaking of the head. In *apahasita*, the laughter becomes so intense that tears well up in the eyes. *Atihasita* is uproarious laughter, with the shaking of the whole body. The first two are associated with the higher, the third and fourth with the middling and the last two with the lower characters respectively.

Comedy as a theatrical form has had a great appeal in India. Though there are not too many direct evidence of the origin of drama in India, the *Nāṭyaśāstra* ascribes a divine origin to *nāṭya*, with the staging of a play at the Indradhvaja festival. There are dramatic dialogues in the Veda-s and Purāṇa-s, and then of course there is a wealth of dramatic literature that has come down to us through the contribution of eminent dramatists like Bhāsa, Kālidāsa, Śūdraka and others. In an analysis of the plays written by these great writers, it may be seen that the comic element in them is highly varied and multi-faceted. For example, the three well known plays of Kālidāsa fit into the spirit of the romantic comedy, dealing with courtship and romance, concluding with the happy union of the lovers in the end. In Indian Drama, it is difficult to find sharp satire, sarcasm or invective that characterize some of Western drama. As Wells has noted, "no formulations of specifically comic attitudes, such as Aristophanes's sensualism, Cervantes's romantic dualism, Moliere's urban materialism or Machiavelli's calculated satire." Perhaps an obvious exception is the character of Maitreya, the Vidūṣaka in the *Mṛcchakaṭika*, a keen observer of the society around him, who puts to ridicule established institutions such as prostitution (he says that the love of a courtesan as fickle as an oil-less lamp). As a dramatic category, *prahasana* is a form of drama that is intended to evoke humour. Unlike other forms of drama, the subject matter is the invention of the dramatist, and therefore there is considerable freedom for the writer. The *Dasarūpaka* classifies *prahasana* into three types—*śuddha, vikṛta* and *saṃkīrṇa* according to the characterization, and these plays deal with tricks and comic situations of every kind, though violence in action is avoided. Among the *prahasana*-s in Sanskrit, *Mattavilāsa* and *Bhagavadajjukīya* are perhaps the most popular, for in both there is a deliberate attempt to provoke laughter by the creation of an incongruous situation, which is by its very nature funny, as for example, the exchange of the souls between the Bhagavān and the courtesan in the *Bhagavadajjukīya.*

The *Mattavilāsa* which takes place in Kāñci, ridicules the degenerate religious practices of the time, including those of Buddhism. The Śaivite Kapālin and his wife hold the stage from the beginning to the end, and their drunken revelries constitute the action of the play. The Buddhist mendicant Nāgasena, with his greed for food, a voluptuous life style and for women, Babrukalpa, the Pāśupata, and the madman are portrayed with humour. The language also suits the theme, as for example the comparison of liquor shop to a sacrificial ground. However, *prahasana* as seen from these two plays appear to be embedded with a deeper layer of philosophic meaning, in which the authors seem to question a human being's innermost needs and quests, as for example, in the last part of the *Bhagavadajjukīya* in which the confused Śāṇḍilya asks his guru, after the souls have re-entered the respective bodies, "master, what is all this?" to which he gets no definite answer. Unlike the farce in Western drama, there is a metaphysical dimension here, leaving the spectators in doubt about the fundamental issues of human existence.

The association of comedy with ridicule has had an impact on the way comic characters are judged in drama. Aristotle considers comedy to be interior to tragedy because comedy represents men as worse than they are, while tragedy represents them as better. But once the experience in comedy is accepted as the affirmation of a positive approach to life, a completely different picture emerges. The comic protagonist in drama, who adopts a subversive way of life, by turning established ideas topsy-turvy, becomes a figure not of derision, but of admiration. He attains the stature of a hero, a comic hero. On this point, Robert M. Torrance observes that the concept of comedy as derision was largely adopted by the culturally upper class of society. "But from this altered vantage point of the lower classes, looking at society from the bottom up, a radically different, if largely inarticulate, conception of comedy begins to emerge. The comic opponent of established authority, however knavish or buffoonish his character, however ludicrous or indecorous his activities, is no longer primarily a butt of mockery, but a vessel of sympathetic identification – when the invincible underdog of fantasy enters a world we recognize as our own Ö he assumes the dimensions of a comic hero." His recklessness and libertine fatness become a virtue rather than a flaw in his character, because they bestow on him the license to utter truths that are otherwise canceled.

Another basic feature of the conception of the comic hero is his freedom from restraint. The comic protagonist is not shackled by the ordinary norms of society – he distorts and disrupts the established order of things. He regards the world as patterned to serve his will. William E. Gruber calls him as "anarchist" in the sense that "he represents forces not within any plan; he is the wild man, the being who can never be absorbed even as a scapegoat in any system whatsoever." In short, he is an 'outsider' as far as the established tradition of society are concerned. The institution of the fool in Western theatre and of the Vidūṣaka in Sanskrit theatre has relevance from this perspective, because of their affirmation of a subversive way of life, because it affords them protection for the audacities that others lack.

The problem of the origin of the Vidūṣaka has been a subject of controversy in Sanskrit drama. His origin is traced by Windisch to Greek drama and the Roman mime. According to Lindenau, he is derived from the figure of Vṛṣākapi in Ṛg Veda. A.B. Keith discovers his origin in the

Vedic ritual, that of the Mahāvrata ceremony in which a Brahmin and a courtesan are introduced as engaged in coarse abuse of each other. G.K. Bhat seeks his origin from the evidence in the *Nāṭyaśāstra* of the conflict between the Devas and the Asuras. According to him, the earliest representation of a comic character is the figure of the Asura, a symbol of evil, whose discomfiture became a matter of amusement. I. Sekhar maintains that the forerunner of the Vidūṣaka is the Cakkyar or his type in Dravidian theatre, for in this he is given wide freedom to indulge in the witty, humorous, silly and even vulgar."

The Vidūṣaka appears in Sanskrit drama as a stock character with stock traits. Minute details regarding his speech, manners and dress are recorded in texts like *Nāṭyaśāstra* and *Sāhityadapaṇa,* and the Vidūṣaka should be able to impart *hāsyarasa* by all these means. Bharata describes him as a dwarfish, deformed person.[4] The *Sāhityadarpaṇa* sees his "*svakarma*" as creating comedy through his actions, physical appearance, dress and speech[5]. His fondness for quarrel is also a significant trait. Corresponding to the four types of heroes, there are four types of Vidūṣakas also. The one who attached himself to the Gods is Liṅgī, an ascetic, to the king is *Dvija,* a Brahmin, to the minister is *Rajajivi,* an employee of the king, and to the Brahmin is *Śiṣya,* a pupil. Nārada who appears in Bhāsa's *Bālacarita* and *Avimāraka,* who prides himself as a mischief-maker, instigating quarrels among the Devas and the mortals, is an example of the first type. The Brahmin who appears as a companion *narmasaciva* or minister in sport – of the king in the romantic plays like *Avimāraka* and *Abhijñānaśākuntala* come under the second category. The third division includes Vasantaka, who appears as Yaugandharāyaṇa's friend in Bhāsa's *Pratijñāyaugandharāyaṇa.* Śāṇḍilya, the disciple of the yogin in *Bhagavadajjukīyam,* represents the fourth type of Vidūṣaka.

The humour of the Vidūṣaka is multi-faceted, for he subjects himself and the world around him to ridicule. Self-derision and satire are the two techniques for evoking laughter. The dual role of being a butt and a wit makes him a favourite with audiences.

The institution of the Vidūṣaka as well-established during the time of Aśvaghoṣa, because in his Buddhist play *Sāriputraprakaraṇa*, the Vidṣuṣaka is introduced as a comic character. But Bhāsa's plays seem to establish his traits and fit him as a character. Vasantaka in Bhāsa's *Pratijñāyaugandharāyaṇa* and *Svapnavāsavadatta* and Santuṣṭa in Avimāraka are responsible for much of the humour of the plays. In Bhāsa's *Cārudatta* and Śūdraka's *Mṛcchakaika,* the Vidūṣaka, named Maitreya, serves as a dramatic necessity to balance the sorrowful condition of Cārudatta's poverty. He is also an irresistible epicurean who prefers food, drink and physical well being to a pious life. He is characterized by absolute loyalty to his master even during time of distress. Each of the three plays is to provide fun and advice the king in his romantic dalliances. He offsets the sentimentality of the king by his realistic and even indecorous expressions. In the hands of Harṣa, however, the Vidūṣaka deteriorates to provoke only cheap humour. In Bhavabhuti's plays, the Vidūṣaka is conspicuous by his absence. In the plays dealing with the life of Rāma – *Uttararāmarita* and *Mahāvīracarita* – a vidūṣaka may not be strictly relevant, but his omission in the romantic play *Mālatīmādhava* seems to be deliberate. V.V. Mirashi explains that the dramatist, being a learned Brahmin himself, may not have liked to introduce a clumsy and gluttonous Vidūṣaka, a Brahmin only in name, and a disgrace to his caste. In the same way, Viśākhadatta's Mudrārākṣasa is also too serious to provide any light comedy. In Kulaśekharavarman's *Tapatisamvaraṇa* and *Śubhadrādhanañjaya,* the Vidūṣaka degenerates into a stupid Brahmin with stock characteristics and attempts at evoking humour.

The Vidūṣaka holds a vital importance in Kuṭiyaṭṭam, for his role is even more important than that of the hero. Unlike other characters, he indulges in *Vācika* throughout. In addition to his *Prakrit* speech, he speaks in the local Malayalam and interprets the meaning of Sanskrit *śokas* in Malayalam, giving him access to all levels of spectators. He easily shifts his role as a character inside the play and as a commentator outside dramatic action. He has the license to utter anything on the stage, including criticizing the king in those days, and nobody was given the permission to question him. His parody of the king's exalted *śloka*-s through Malayalam *pratiśloka*-s, mockery of social evils, mockery of his own impoverished condition and the subversion of the idea of puruṣārtha-s make him an all-time favouite.

I would now like to turn my attention from the extraneosly funny and humourous, to a world-view that I argue here as the basis to which all comedy seek to achieve, which is, a broadly affirmative approach to life.

References

1. *NŚ.* I.11.
2. *NŚ,* I.114.
3. Pramod Kale, *The Theatric Universe: A Study of the Nāṭyaśāstra,* p. 45, says: The Nāṭyaśāstra views theatre primarily as a re-creational, leisure-time activity resembling a game or sport."
4. *NŚ.* XIII.110
5. *NŚ.* III.48.

23

Towards a Theory and Definition of Beauty

Bhavatosh Indra Guru

Beauty is a qualitative perception that qualifies primary motives of experience by the effect of concentration in which terms of comprehension are composite and sure. Qualitative, in this regard, is a movement of perception towards concept and assertion. Perception provides a sequence of known objects and puts forth conditions through which every object situates itself on reality and significance. Perception is what is being observed not as an object but as a consequence of object in a temporal space and for that matter presupposing inherence of events is well worth justified. Objects incline formally a unity of contents and distribute realisable models in a path to be traversed. Object's position at time at which distinction is being marked and established is open to addition by the point of view of nearness and proximity. It tends to move closer at the behest of rich consciousness that is there in the making. Beauty is richly a textural feature that defines an object in immediacy of recent perception and therefore no predisposed effect could constitute or graduate itself to the meaning of it. We can divide causative perception into two urgent situations namely the beginning of a resolution and resolution of location into finite sequence in which immediacy could be established. It is now understood that an activity of enriched perception in which figural content and formal meaning are brought to nativity through intersection is the fundamental groundwork of beauty.

I

Constituents of perception regulate optimum concentration of causative determinants and therefore actual performance of harmony and active realisation of order become two important suggestions in the present context. Emotion, feeling, imagination, thought and language primarily motivate performance as well as realisation of both the actual and active aggregates. Emotion, for example, is an intensity of genitive conformity and it redefines emergence of meaning in the total situation. Emotion contemplates will hence warmth is extended to conviction. This to say that emotion suggests an aggregate of causative determinants and therefore it is also the beginning of an appropriate tendency to look into the real that extends beyond the certain and the appearance that is probably reduced at the expense of time. It is for this reason that emotive circumstance continues the meaning of perception. This could be assigned to propriety of the stay of content in a space and for that matter the life of content would be proportional to the period elapsed in constituting assertive conditions in either will or in warmth. What is observed is not available to us until will commences normative distribution of its contents in the recognisable part of the universe. If we could consider an intersection along both the vertical and horizontal scales of meaning formation, nearly all the consequences of harmony of relation, time and order would be found in the conjoint location and the other constituents would graduate them to the associative insertion in the manner of q^1 q^2 q^3. . . . The entire figuration should have the following proximal interrelationship

$$\sum [q^1 + q^2 + q^3 + q^4 + q^5 \ldots\ldots]$$

In a composite form such as this the strength of conformity to the random quotient would be maximum. The primacy of internal form would be quite conveniently maintained and established in as much as each single factor operating in the capacity of standard situation which begets universal form exclusive to itself and for this reason the progress of internalised conformity subjecting that situation to warmth would make model capable of bringing about modification. This situation in due course of time would become multiple of progression. Emotion, in that way, is a tendency to present the consolidated sensory movement to external openings in such a way that immediate externality of random causation of the motives are united and revived. We could presume, atleast, two directions in which we could foresee the consequence of perception being obtained in genitive conformity and total warmth. In the first place, emotions constitnting an autonomous locale in nearly all the inferential and denotative events are demoted and for that matter the concept of exclusive formation reappears. It is now possible to say that emotive circumstance is acquired as an addition to the disintegrated fragments of the enlargements of conformity while each occasion of conformity as a reasonable event assures an equivalent turn of function or expansion of meaning. We can now say that the aberration in whatever is felt and thought would disjoin the selection of conformity. Emotion presents various events in such a way that each event is removed as universal and restored as local model subject to the phenomenon of internalisation. For example, if an upgraded conformity in the form N is operating and constituting conformity in stray events as D, B, C, P, and R, M the genitive situation would be obtained as something subsequent to the division and resultant of the division:

$$N\ [b^1/c^1 = N]\ [c^1/p^1 = N]\ [r^1/m^1 = N]$$

It follows from this that any absolute of genitive form would be brought to the necessary union/synthesis through an intended division between two proximal situations. Emotion interprets the optimum adequacy of context to the external and it also invariably concentrates the content into general richness. For this reason internalised expansion of the content is supposedly brought to an end. Quality of sensation and method of perception condition the apparatus of semiotic configuration in as much as sensation which is elevation of thought in the environment of genitive idealisation. Similarly thought is an expression of contextual content in such a way that both context and content are reinvented in a universal form. Now the question as to how emotive consequence is a subject of perception and therefore of beauty can be quite conveniently answered. The perception is founded upon the event of enlargement of an experience in that what is perceived transmutes nearly all the contents in rarefied space. The nearness of presentation of form conducts and imposes assertive necessity and for the same purpose whatever brings about an enlargement of local contents into universal content becomes emotion itself. The manner described in a location of genitive cause, genitive effect and genitive consequence will appear in the form of absolute harmony. In this regard, the content formation would be nearly maximum, when comprehensible verities of perception are obtained and we could now say that between emotion and perception the effect of relationship is felt along the inverse progression. Our representation of absolute in the manner S and N will carry definite meanings. It is not that one relation disqualifies the other rather a relation has concomittance in the manner of:

$$S/N = SN$$

Perception displaces the synthesis of observed, observable and observation into effective segments in which the content is placed in the position of modifier. For example perception Q will have readjustment in relation to intermediate fragment in the following:

$$Q\ [N_1\ N_2\ N_3\ N_4\ N_5. \ldots \ldots]$$

This form would determine the general nature of perception in the effective circumstances. It is to be understood that observation enables external at comprehension hence there is still a gap between external comprehension and internal association and for that matter extension of observation in a linear commencement is another characteristic of importance. Perception is an event to develop both in the context and medium the meaning and reinvention of content. Now we can say that internal environment in which association has been the richest source of change is now a valid aspect of knowledge (assertion). This situation is in harmony with what external equivalents would make it to be. The method of insistence on a term for emotive adequacy of a perceived situation is largely between ideal mood and relational model of underlying content. The observer's intention at the sight of increased intensity of assertion does benefit to the subsequent rearrangement that comes up almost as a rule if the observer is inclined towards extra-intentional conformity and the strength of both model and content would be remarkably reduced. The observer will have to believe that the external space where finite ordering will have to be commenced in order that the perception could acquire variety and significance in stationary situation, the contents of experience cannot be motivated for that matter assertion could not take place. It is important to remember that evidence of perception and content of emotion are primarily the same hence perception becomes an exclusive method to obtain a ground for meaning of the both. What we see is relational and for this reason seeing is often pursued marginally through symbols and image. Let us consider a situation in which the observer Z associates the random events A, C, Q, R, by implying positive variants for the each and in that case the figural form would be obtained in the following manner:

$$Z\ [A^{A1}/_{C1} + {}^{D1}/P_1. \ldots\ldots {}^{M1}/O_1]$$

The centrality of associated events like A, D, P, and M become committed to a terminal universe at A hence synthesis finally accrues to primary universal Z. Observation dose not stay principally at the necessity of thought or even relative model of experience. It rather forms a conjunct of committance in which thought and experience both become term figures intending simultaneity of division and synthesis. Perception, on that account, approaches the condition of received conjunction with external value within the figural form ensuring growth and expansion of the contents.

II

In order to observe a formal instance in perception a cause is to be established as a method hence observation and perception both are obtained in distinction. For example, Red Rose, White Lily and Blue Primrose invite assertive union and synthesis for a projection of contents and presentation of situation. The colour of Red Rose evokes natural suggestion in that colour (Red) could be experienced as well as comprehended through a planned content arrangement and extensive situational urgency. In the colour of Rose, the contents are recorded in deserved proportion and for this reason; the appearance of a thoroughly impressionistic concept (the meaning that eye attaches to the first visual impression in the form of intensity and magnitude distinction like blue, white, black and the like) is confirmed through positional imminence of approved context and recognised situation. Red is a maturity of figural terms and movement of the contents are externalised on each occasion in which magnitude is recognised to be the distinction. The primacy of existence of Red obviously distinguishes Red (as a content) and Rose (as a context) as being cyclical coordinates whose acceptability is performed substantially on a presentation level. The motive of figural dimension is to indicate a perfect suitability of committed forms to contrived situation therefore location of content is cyclically replaced and cyclically terminated. Rose, by that standard, would be recognition of strength not of the sequence of expended contents within but of outward approval that Red accords to it. In Red relation (s) and position (s) do not acquire stationary ideal and both become extensive external when observer presents a total response to each and means to associate himself in the primacy of form. Red is observer's strength in that observer becomes an index for he transmutes inversion to reversion and reversion to associated cycle. We can, for example, look at the following:

Red	**Observer**	**Rose**		
O	→	O	→	: :
R	→	O	→	R^1

Continuity of consequence of perception develops medial representation and for this reasons each consequence presumes assertive variable for itself. We can understand that Red in which cyclical terms are maximum denotes a beginning of an excellence of intensity in that and the observer has to define the strength of Red not as he comprehends it rather as it reaches him through relative magnitude inherent in Red. The assertion of contents in Red puts the observer in relative adequacy in as much as Red in specific location of the contents and the observer is only a variant in this event of distribution of contents. Rose is significantly resolved as a mutated form without obtaining a strength or adequacy as observable situation. It could be seen that presentation and reception of strength moves

through initial concentration of value and medial dislocation of recreated value. Am Observer's preferences and intensity of resolution offered as index of value to the observer distinguishes primacy of his choice and consequence that the choice would acquire in an action. For the matter the observer is differently placed under these two conditions. Any beginning of cause of perception at the Rose begets extraordinary resolution at the succeeding Nodes and creates performance by the way of multiplication of inward equivalence. For example, look at the following:
Red Rose

Appearance of Red at a conjunct point R revives the method of location and inward deviation along a circle $R^x R^y$ and each is subsequently projected along external equivalents R^a and R^b. The conjunct linear R and external equivalents $R^x R^y$ commit themselves a revived assertion $R^p R^o$ and from this place transformation into content system is actually assured.

III

Movement of perception and improvisation of content assertion are supposedly the end terms for any coherent object placed for effective internalisation by the observer. Perception continues fundamental inception of performable motives in external space and for this purpose sensation is attributed to the worth of operating from of the object and development of this from along a cyclical figure beginning at q and closing at q^n. Object's position is noteworthy in as much as object initiates a deviation of consciousness towards the logic of attitude and action manifestation. A resolution on behalf of observed situation is brought to this point and it makes the consciousness capable of enriching both existence and existing models. The direction occupied by thought in the case of Red Rose, Blue Sky, Yellow Primrose or Pink Bougainvillea is that each creates exceptional synthesis and relational harmony within the definable objects of assertion in the above. For example, Pink Bougainvillea enhances multitude of variants in both – the observer perceiving them and subject creating them for that matter the effect is simultaneously localised in generic and non-generic events of assertion. It could be understood that beauty is achieved at the point at which generic strength of the object is equal to assertive strength consequently the primal notations P and Q will have a representation along with generic and assertive strength in the following manner:

$$P^m = Q^n$$

This is the actual strength of the model. The enrichment is secured not as a measure of exclusive external form rather it comes as an inherent multiplication of contents within the performable variants of the object. In Pink Bougainvillea, the height of generation of the contents brings up necessity of proposing indispensable set of reassertion brought about by the intensity of similar contents. The logic of this argument lies in the fact that the contents are stretched to accord union with synthesis in the underlying attitude in object and for this reason consciousness and perception are modified to find necessity of multiplication, division and addition.

IV

The method to incorporate primary form of perception comprehends a crisis felt in supporting perception as a natural phenomenon in creating the contents of beauty. The position of observer is relational at the extreme centre of universe where the scale of association with organized perception is maximum and absolute. In this regard it is quite convenient to note that beauty is exactly located in the contents at that point. It means that the evolution of observer into purely native and inward content is a matter of conformity to the actual strength hidden in underlying event. If we could take assertion in the following manner:

Marigold on the left is Crimson and Yellow and Rose on the right is Red and Pink.

We will have an opportunity to conduct an enquiry into observer's reception and conception of the event. Observer would like to concentrate dispersion of colour into the universe as being the massive magnitude afforded by enriched content in the universe. For that matter strength of P^m would we obtained in P^n not as a measure of equality but as a cause of multiplication and therefore the perception Q will have the form:

$$Q=P^m P^n$$

This would prove the point that the matter of evolution of an observer into content and content into observer is realisable both as an object and event. It cannot be relegated to the error of resolution of object into illusion. If one keeps an eye on Pink Rose being Pink and Yellow Marigold being yellow one could easily comprehend that excess of resolved content in Pink and Yellow is an extraordinary measure to upgrade contents of generic terms inherent in the above. It is for this reason that observer tends to record the primacy of content magnitude over generic formations containing each of the above.

V

Forms of perception create determinate sequence of assertion and justify the presentation of each assertion in the universe that creates them. Perception could be fully idealised in absolute form and for that matter distinctions which are marked at several points become resolute and high. For example, if an observer places the content in the following statement, he can find adequacy of object's constituents. Look at the following:

Mild air pushes the round Daffodils

In this the observer tends to confirm motive in that sequential form includes convergence at the beginning and at the end. At the beginning one can form an action hence reception of the terms. It grows to what we would like to call cumulative performance because random terms do not find any implication through the contents. It is a process of rearrangement that unites the beginning of evolution. Observer locates and exposes the location into harmonious conduct. "Mild air" brings up all those events which are consciously recognized by the observer and in that way these become observer's ability to make out the norms of reception and approval. In the same manner, in the above utterances, superlative interjections pass a magnitude of activity through proper assortment into the conditioned content hence recognition of beautiful is primarily a case of what is being recorded in the perceptible activity of the whole situation. Here, in this regard, we can allow the observer to position himself at various intermediate levels of approval and intensity. Formation of contents is a matter of intense harmony among the available active situations because of which the observer tries to redefine himself after the absolute content form, hence 'mild' and 'round' are so important in the present context. 'Mild' could be the multiplicity of major attitude formation. Similarly 'round' is an equivalent check of the variants present in the 'mild'. We can understand that comprehensible forms of beauty are open to negotiation by the observer at a time at which perception is being moulded for the sake of coherence and order. The position of object in the perception of superlative function (beauty, beautiful etc.) assures a viability of functional motive that the observer obtains as internal terms for a series of displacements that regulate the radical forms and causes action to continue. It is imminent in the interest of the observer to develop formative notions with regard to extra spatial conjunctions in a form that comprehends spatial assertion associative figures hold maximum strength of the contents. **'Black Rose'** necessitates a style of perception in which consciousness approaches intermediate strength of rebuilding native experiences. At one instance, observer's will disallows rapidity of round external in black 'Black' in that is mounted upon figural abstraction and validity of figures discontinue experiences. Yet recurrent mutation of modelized formation within **black** is, of necessity, an act of approval through consciousness.

An object's capacity to enhance the multiplicity of values is one of the chief occasions of determining the formulation of concept of perception. As we have seen perception is the prolongation of consequence of an observation therefore it purports to bring up the revival of assertion into content. This logic gains ground as observer does not turn his position in relation to object he is observing. What actually happens is that evocation of composite strength in terms of active potential for value is grasped forthwith by the observer. He does not either prolong it or extend it by relating strength to potential and potential to strength. Observer's comprehension of the content is a term granted for revival of necessary action and therefore there is only permanence with regard to the active contents that are obtained in perception. For example, look at the following equation where P, Q, S, T and R are the resolutions:

$$P = M^{I} + N^{II}$$
$$Q = A^{I} + B^{II}$$
$$R = G^{I} + H^{II}$$
$$T = U^{I} + V^{II}$$

In this we can understand that observer's resolutions are necessarily founded upon the imminent permanence manifest in the active potentials (M^{I}. . . .V^{II}) and all the circumstances close to this condition.

Identification of absolutes commences a period of stay in gradual irresolution and cumulative decay of the context therefore when an observer constitutes a definite manner of absolute in two objects carrying the same intensity of resolution he diversifies the strength of the contents indefinitely. The dislocation upholds the primacy of conception and reception and the earliest form of approval of dislocation of absolute is contained in the following figural formation

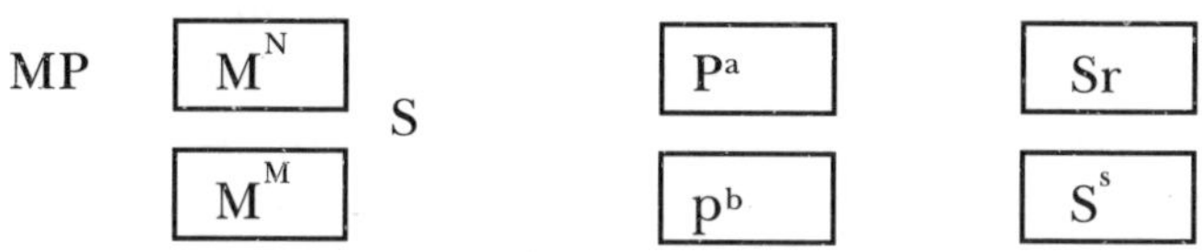

It must now be in our mode of admission that action apparently discontinues the strength of perception by reconstituting formal absolutes at concrete distance. Each absolute occupies continuity of regeneration and for that matter there is an impression of content formation. Multiple variants keep up the association through correspondence of terms (M-P-S) and create harmony amongst approved absolutes and functional forms. Suspended formation occurring to measure the height of supractivated models do not receive any adequate reorientation and for that matter they are ineffective in resolving the proximal dimension of the whole situation. Now the observer upgrades the absolutes to contain the quantum of actual forms resulting a bifurcation in the manner of M^N and $M.^M$ Observer's absolute development into empirical mode of reality by necessitating cohesion of the structures constitutes the meaning. The question now arises as to how commitment of an observer could be the manner of apprehending and dislocating the equivalent of experience in a way in which observer terms it, figures it and forms it? This question can be answered by approving the logic of coincidence of actual forms found within the observer's object and resolved event and for this reason the proximity is continued and intra creation of proximal units is sustained and made meaningful. On the other hand, if we could look at the formation of absolute for the sake of diversion of composite situation, we will have to concede the point that the term for an absolute is primarily in the manner of interchange after the lapse of one observation.

VI

Beauty, therefore, is a mode of comprehension in which the reality of perception is recognized and subsequently brought to cognition and expression. It follows from this that the perception constitutes temporal sequence of both object and subject and for this reason the observer who comes to observe resolves a series of perception into absolute convergences. The manner of resolution, on occasions, is, of necessity, deviant at the sight of the formation of two similar absolutes yet the genitive conformity acting within the observer revives the specific mode of comprehension. The measure of beauty, as an event in perception, is committed to the likelihood of contents associating themselves perceptively or imperceptively for the sake of an ideal structure. The strength provided by the contents to the observation of the observer is also worth attention. The contents enact a union within the universal they create and for that matter they remarkably add to the interaction of such genitive formation as emotion and the feeling and because of this the observer is having strength to dislocate the object into subject or to subject into object. Beauty, on that account, is surely a perception whose terms are composite and sure.

Notes:

1. Perception is a reorganisation, reincarnation and reassertion of sensation in which contents enact a movement from conduction to comprehension. Perception revives the associated motives and therefore becomes determinates of the whole apparatus that enact a method for location of beauty in an event.
2. Beauty is primarily a graduation of perceptible sequence of

comprehensible universals in the space. It is because of this that the observer recognizes realizable modes in their concrete adequacy.

3. Generation of contents for the sake of primordial derivation from the object of experience and its subsequent change into object of perception is a remarkable change of the feature of attending events leading to the formation of beautiful.
4. Beauty, of necessity, is a genitive formation in which figuration of constituents proceed from the observer to object hence absolutes are formed at equidistant notion.
5. Position of the categories (Perception, Experience, Thought and the like) at a time at which the cause of beauty is advance and propagated, is figural and approximate to be movement of geometrical coordinates.
6. The Observer keeps expanding the motives involved in perceiving the object hence in a position to obtain variants and multiples in the from of P, Q, M, N, R, S, T Precisely these encoded figures participating in the event entail and extend the benefit of synthesis to each.
7. Perception may best be defined as a cause to enact motive in observation therefore immediate environment and extended space both become normative ground of extension of observer's judgement.
8. There is no fundamental proposition to sustain the argument that the aggregate and synthesis of the observation continues a period of stay in locating or dislocating the absolute.
9. Antecedents of Perception, in the form of emotion and feeling, largely figure in the process of orientation of a fact into the content.
10. The measure of being qualitative suggests a distinction when operative categories opt for total changes into the medium in which preference and selection are recurrent. Another obvious way of interpreting quality is by indicating enormity of observation.
11. Object is a term appropriate for extreme condensation of formal methods attending causation of any event in perception hence object locates itself through synthesis of the contents. One of the characteristics of object is that it revives the stay of potential in an ideal perception
12. Determinants of beauty appear in the form of graduated intensity of the participating categories and therefore Perception, Will, Emotion and the like obtain genitive figuration.

24

Editing Sanskrit Dramas and the Problem of Prakrit

Rabindra Kumar Panda

The problems and issues relating to the manuscript traditions of the Nāṭyaśāstra, Drama and stage performance, are seriously affecting the Sanskrit studies in general and the drama literature in particular. The problem is more about the editions of the Sanskrit dramas. A cursory survey makes us aware of the fact that most of the Sanskrit dramas are just the Student-editions and they are not critical. Even the best of the dramas like the *Mṛcchakaṭika, Mālatimādhava, Uttara-rāmacarita, Mudrārākṣasa, Veṇisaṃhāra* etc., are not available in the form of critical editions. Many scholars feel that they are to be critically edited as the texts are in need of improvement particularly in the Prakrit portions. The Prakrit portions in the Sanskrit dramas have created problems as adequnate interasts were not token towards the Praket langnage incerporated there.

The question arises: Why is it so? Is it the reason that scholars are under the impression that the manuscript material is completely exhausted? and attempts for preparing the critical editions of the prominent dramas will not produce any significant result. We have to be therefore satisfied with the texts prerently available with us.

- Or is it the reason that we do neither feel the need of their critical editions nor their importance for the study of other aspects of Sanskrit literature?
- Or is it completely a missing point vanished from the minds of the scholars?
- Or the works are underway but I do not have the pertinent information in the absence of any reference source?

These are the questions, which disturbed me and made me motivated to undertake an investigation. The investigation made me fully aware of the fact that it is a thought provoking problem and is to be addressed in some detail. The main problem is about the Prakrit portions, which are not presented, in the proper form. It is evidently clear from the following remark of Prof. A. M. Ghatage:

"In spite of the great number of editions of Sanskrit dramas issued in India, very few show any merit in preparing the Prakrit passages in a critical form."

He, in his illuminating paper, gives a brief account of the good editions with regard to Prakrit. From this we know that in the field of Sanskrit studies, the drama attracted the attention of scholars very early and the study of Prakrit at this stage was chiefly confined to the study of the dramatic dialects. The Prakrit passages comprire a considerable part of Sanskrit dramas and are prerented in a number of dialects. It was mainly the work of Pischel who first brought to light the importance of proper understanding of the Prakrits of Sanskrit dramas. So Pischel published the Bengali recession of *Abhijñāna-śākuntalam* with particular care bestowed on the Prakrit passages. This recension preserves the Prakrit passages in a far better condition than the Devanāgarī recession. Then *Mālavikāgnimitra* and *Vikramorvaśīyam* of Kālidāsa were prepared by S. P. Pandit who presented the Prakrit passages with care. But the other dramas did not get the attention of competent scholars.

Mṛcchakaṭika, as we know, is a creation of outstanding

brilliance, a real drama of life, a remarkable composition with distinct dramatic qualities which deviates from the beaten track. The play as a whole responds so much to the modern taste with its story-element and characters being refreshingly un-stereo-typed, and the stage technique and approach is thoroughly unconventional. A true humanist, a keen observer of men and society, Śūdraka with his rare dramatic genius has drawn his characters from all walks of life, ordinary and downtrodden, so long unheard and unsung in our literary productions. It is significant to note that while occidental critics have all praise for the drama Indian critics have not given the drama its dueimportance and they seem to have paid greater attention to masterpieces of Bhāsa, Kālidāsa and Bhavabhūti. No doubt *Mṛcchakaṭika* has attracted the attention of various scholars and it has been studied from different angles but a critical edition is still a desideratum. The need for preparing a critical edition, therefore, arises particularly for the reason that there are some problems with regard to Prakrit language.

One of the peculiarities of Śūdraka's style, as we know, is an extensive use of Prakrit dialects, on the poet handles with all the ease of a master. Of the thirty characters on the *Mṛcchakaṭika* seven, only six of them speak Sanskrit, while fifteen speak pure üaurasenī, and seven, pure Māgadhī. Of the remaining three, the Dyūtakara speaks Śaurasenī, but in two places he uses the nominative singular form in the Māgadhī, instead of that of Śaurasenī. So also Samvāhaka almost invariably speaks Māgadhī, but in two occasions the Apabhraṃśa ending in 'u' occurs in his speech and the Śaurasenī ending is occasionally to be observed in his speech; while Māthura alone speaks mixed dialect. There is an equally large portion of Prakrit verses in the play, about ninetynine Prakrit verses in a total of about three seventy seven. This shows that the play was written when the Śaurasenī and the Māgadhī dialects were thoroughly understood by the audience and were consequently in vogue in plays.

We have reasons to believe that the Prakrit languages underwent a rapid change after the commencement of the Christian era. We know that the Māgadhī in this play is not quite the same as that is found in the grammar. The ending in *dani* prescribed in it for the indeclinable in *tvā,* the optional forms of *aham,* the nominative singular of nouns in *a,* and the past pass. participle do not occur in the play; while the change of the Sanskrit into and the Apabraṃśa ending in the *'u'* of the nominative singular forms, which occur in the play, are not noticed in the grammar. Hemacandra, a grammarian of 12th century, says that '*ha*' is changed to '*sta*' as is borne out by the Girnar inscription, and the Apabhraṃsa ending in '*u*' is also noticed by him; but on the other hand, almost all the other variations from Vararuci, which are to be seen in his grammar, do not occur in the *Mṛcchakaṭika.* We must therefore suppose either that the last two peculiarities were developments that occurred some centuries after Vararuci, and certainly long before the period to which the dialects of Hemacandra's grammar belong, or that they were provincialisms which were not noticed by Vararuci. The '*u*' is probably peculiar to the Deccan for the old Marāṭhī endis with this. We are not, however, in a position to determine the point. In any case, it is clear that the *Mṛcchakaṭika* dialects belong to a period prior to the sixth century A. D.; for Hemacandra formulated his grammar from his knowledge of the Jaina Prakrit literature, which was written before the sixth century or even earlier. The peculiar language of Māthura is not at all inexplicable. There cannot be two dialects, used in the same part of the country, with a sharp line between them. People over used to speak a language composed of a varying proportion of each of them. The very fact that Savāhaka, Dyūtakara and Māthura speak mixed dialects, which do not conform to any strict rules of Prakrit grammar, shows that Śūdraka moved in the midst of living Prakrit languages and wrote them as he heard them spoken.

It is rightly observed that "various Prakritic dialects used in the piece are free from artificialities noticeable in those of other dramatists. Their evidence is not invalidated by the mere statement of Prof. Levi that the older Prakrit – grammarians take no notice of them. Their works have no pretensions to comprehensiveness. They treat of those words which have regular formation and are well-known."

S. R. Banerjee also rightly remarks:

> "In the whole terrain of Sanskrit dramas, the major dialects which are found used are Sauraseni and Māgadhī. Even Mahārașțrī is not frequently found in the dramas unless it is a verse or a song. It is only in the *Mṛcchakaṭika* we have some sub dialects, such as Dhakki or Takki, Prācyā, Avantī, Cāṇḍālī Śakārī. But unfortunately the features of these sub dialects given by grammarians do not tally with the texts of the *Mṛcchakaṭika*. Though the features of the sub dialects are not very many to form a separate language, they sufficiently represent some features, which characterize them as a separate language. The question is: How these grammarians could collect the features of their sub dialects? In this connection it can also be said that how Vararuci could ignore the sub dialects of the *Mṛcchakaṭika*, when he belonged to the 5th or 6th Cen. A.D. much long after the composition of *Mṛcchakaṭika* we have not yet tried to solve this problem of the features of Prakrit as found in Sanskrit dramas before the advent of Vararuci."

It appears from all these anomalies that a thorough study of all these sub dialects as given by later Prakrit grammarians should be investigated. The features of these used in the *Mṛcchakaṭika* dialects is to be investigated. The use of various types of Prakrits along with their variations as used by Sūdraka is a unique feature. We do not know of any other Sanskrit play exhibiting so many narietis of Prakrit as in Śūdraka's composition which seems intended to illustrate the precepts of the Nāṭyaśāstra in this regard.' The multifarious kinds of Prakrit and the subtle speeches couched in an inimitable

Prakrit appear to have offered different shades of meanings and must have been understood and appreciated by the general audience for whom the drama was intended. Śūdraka's knowledge of wealth of the Prakrits and his skill of using number of unfamiliar local words supposed to be of indigenous origin are perhaps a good sign of the popularity of Śūdraka's drama. There must have been a common tradition of using those among the come across people, which was subsequently lost. We local words in the drama such words and observations in Prakrit which express the intended ideas forcefullgas well as attractinelly. If these words or expressions are not read in their original perspectine none can really relish the charms or the excellence of the same. The usual practice of the dramay teaching of in colleges and universities is to avoid the Prakrit portions and read instead their Sanskrit renderings (*chāyā*). To read Prakrit passages Śūdraka's composition in Sanskrit *chāyā* is to deny oneself of the correct spirit and a real relish of the excellence of such passages. It is a long desideratum to have a standard edition of the text incorporating all possible variant readings to allow the readers to choose the readings themselves for a correct interpretation." The love of the editors for Prakrit is also evidently clear from the following remark of M. R. Kale, who have prepared a good edition of the play.

> "The Prakrit passages, which prove a hindrance to the reader in the class, have been printed bellow the text, as in my other editions of Sanskrit plays, along with the text, only the Sanskrit rendering being given above; the utility of this contrivance has been established in actual use." He further remarks; "His (Śūdraka's) constructions are ordinarily simple and straightforward; the ambiguity that is sometimes met with is frequently due to defective Prakrit renderings as they are found in MSS."

Prof. Ghatage enlightens us by saying that "Fairly good from the Prakrit point of view is the edition of Mṛcchakaṭika (by Godbole, BSS, 1886) though a more critical edition of this all important drama for Prakrits is urgently needed." Similarly "the editions of *Mālatimādhava* by Bhandarkar, *Mūdrārākṣasa* by Telang, *Ratnāvalī* by Cappeller in the second edition of Bohtlingk's Chrestomathie where the usual *chāyā* is replaced by a Prakrit–Sanskrit index. S. Konow has prepared an admirable edition of the *Karpuramañjarī* of Rājaśekhara.

S. R. Banerji brings to light one more problem in connection with the Sanskrit dramas. The names of dialects and sub dialects given by Sanskrit dramaturgists and rhetoricians in their respective treatises are another problem. The problem arises because the names of the speakers used some languages as prescribed by them are not always found in the existing Sanskrit dramas, except a few speaking Śaurasenī and Māgadhī. It is quite obinous that fisherman speaking Māgadhī is not sanctioned by any Sanskrit dramaturgist. But later in the 14th cent. A.D. in Simhabhūpāla's (1330) *Rasārṇavasudhākara* it is said that *dhīvara* will speak in Māgadhī (*dhivara-dūti-niceṣu māgadhī ca niyujyate*). Whether Simhabhūpāla was carried out by Śakuntalā or followed some other grammar is only a speculation. But Bharata in his *Nāṭyaśāstra* has not really mentioned about *dhīvara* speaking Māgadhī. However, it is necessary that these aspects of Prakrit dialects and sub dialects are to be reinvestigated in the light of the documentary evidence.

At the end let me conclude the paper with the following valuable remark of Prof. Ghatage:

> "As compared to the vast number of editions of Sanskrit dramas there are very few good ones for the Prakrit passages, even for the best known plays. It is to be hoped that future editors would give greater attention to this aspect of their work and make up for the deficiency which

is so keenly felt."

BIBLIOGRAPHY

The *Mṛcchakaṭika of Śūdraka*, with the Commentary Rājavīthikā, Edited by Rangacharya B. Raddi, and with introduction and Notes in English V.G. Paranjape, First edition, Nirnaya Sagar Press, 1909

The *Mṛcchakaṭika of Śūdraka* with the commentary of Pṛthvidhara, edited by Pandit Hirananda Mularaja Sarma Sastri and Kasinatha Pandurang Parab, Second Editin, Nirnaya Sagar Press, Bombay, 1910

Mṛcchakaṭika with the commentaries of Laladiksita and Pritvidhara Edited by N.B. Godabole, Bombay, 1896

Mṛcchakaṭika with English Trans. And Notes, R. D. Karmarkar,, Poona, 1956

Mṛcchakaṭika, by Nerurkar,

Mṛcchakaṭika with the commentary of Pṛthiīdhara, Eng. Trans and notes, edited by M.R. Kale, Booksellers' Publishing Co., Delhi, New Edition,1962.

Progress of Indic Studies, Edited by R.N. Dandekar, Bhandarkar Oriental Research Institute, Poona, 1985,p.

Levi, S., Le *Theatre Indian*, Paris, 1890

Banerjee Biswanatha, *Shudraka*, Sahitya Akademi, Delhi,1999, p.

Banerjee, S.R., "*New Vistas in Prakrit Studies*" *in New Horizons of Research in Indology*, Ed. V.N. Jha, Centre of Advanced Study in Sanskrit, University of Poona, 1989, p.

25

Vācika-Performance and the Art of Word and Sense

Gopabandhu Mishra

Stage performance begins with the verbal expressions and physical gestures, i.e. *vācika* and *āṅgika*. They are performed in the very beginning of a drama, i.e. Raṅgadvāra.[1] Although the speech-organ is a part of the body, the verbal expression is counted separately apart from the physical one. This shows the importance of the verbal expression. These *āṅgika* and *vācika* actions along with two others, i.e. *sāttvika* and *āhārya* are performed by the actors according to the need of the play.

Nature of the problem

Among these four performances *āṅgika, sāttvika* and *āhārya* are exclusively related with the actor, however, his dialogues are prepared by a poet or a dramatist and their meanings are intended to be conveyed to the audience. Now the problem is to correlate these three: (i) the performance of the actor, (ii) the thought of the dramatist and (iii) the dialogues composed by the dramatist.

Art, its nature and the art of word and sense

Vācika expressions of a play are the manifestation of

performing art. The words and senses are its constituent parts. So, the art of word and sense plays a key role in composing these expressions.

An art is, according to the Encyclopedia Britannica, a visual object or experience consciously created through an expression of skill or imagination.[2] According to the Chambers Dictionary, it is a practical skill, or its application is guided by principles.[3] It means that an art is an expression which has to be skillfully and consciously dealt with by its creator. While creating an art the artist must be aware of the theories and principles that concern with the intended art. In this way the art of word and sense has to be skillfully oriented by its creator after maslering a deep and thorough knowledge of the principles of the concerned area of thought. This is why the art differs from one branch to another. The art in *Nyāya* philosophy is different from that in *Vyākaraṇa*, poetry or astronomy. Even the art in an audible (*śravya) kāvya* varies from that in a visual drama (*dṛśya kāvya*). Therefore, a dramatist has to be well equipped with the following two types of specialties while composing a dialogue for a drama: (i) the philosophical or natural relation between the word and the sense in general and the grammatical system of the language concerned in particular, and (ii) the basic constituent parts of a drama, i.e. *vastu, netā* and *rasa* in general and the object behind the drama concerned in particular.

Now it is clear that the art of word and sense is based on their philosophical tie with each other. The grammarians advocate the two-fold existence of an object: (i) existence in the external world and (ii) existence in the form of meaning which figures in mind. The former is called primary existence (*mukhyasattā* or *sampratisattā*) and the latter secondary existence (*upacārasattā*). According to Bhartṛhari the words move in the realm of this secondary existence.[4] The basis of this secondary existence is the fact that one determines things in his mind and uses words to express what he has determined. One's mind enjoys a certain amount of freedom in determining things. When someone utters a sentence consisting of nouns and a verb, the things denoted by the nouns and the verb have an existence only in the mind of the speaker. This kind of secondary existence of the objects in one's mind is the basis of the use of all words. Thus says Bhartṛhari –"No meaning of word can go beyond this secondary existence and this is the cause of the use of words to express things."[5] This theory has a support of Patañjali's statement when he says that no meaning of a word is without this secondary existence (न सत्तां पदार्थो व्यभिचरति).[6] It means that the perception of an object takes a shape of word in the very mind of a viewer. So, it becomes immaterial that whether that object has an existence in reality or not. It may be an imaginary one or a non-existent one, but to this *upacāra-sattā* all of them are perceived in the mind and take the forms of words. Kaiyaṭa goes further in saying that until and unless an object is placed in the mind, no word can be uttered. The meaning with image in our mind can be connected with another idea, such as affirmation (*asti*), negation (*nāsti*), created (*jāyate*) so on and so forth.[7] Reflecting on the eternity of meaning he says that the sense of a word is what appears in the mind. Whatever it is uttered, a meaning having the form of some subject arises in the mind. It is the proof that the relation between the word and the sense is eternal.[8] Following this theory we can say that a language needs a thought and a thought needs a language. Bhartṛhari explains 'thought' and 'language' from the standpoint of communicability and says that if this eternal identity of knowledge and the word were to disappear, knowledge would cease to be knowledge; it is this identity that makes identification possible.[9]

Three stages of an art

Observation, cognition (or perception) and expression (or manifestation) are the three stages of an art. When a painter desires to paint a figure having parts like that of a tree, he first observes it gradually in a sequence, then as the object of a single perception and then paints or expresses it on the cloth / canvas or on a wall in a sequence. BhartṢhari sees the same process in the case of the word also.[10] Similarly, the art of word and sense has these three stages too. As it has been discussed above, the observation of an object is perceived in one's mind and then an effort is made skillfully to utter an appropriate word to reveal it.

Vāk and *Vācika*-performance

A poet or a dramatist is called the independent creator of his own world of poetry or drama.[11] His creation comes out in the form of words with their general or special meanings. The formation or manifestation of words has to come across the three stages discussed above. When the cognized or perceived sense gets the form of the word, there lies the seed of art, because here a practical skill of using just words having a justifying sequence is essential to communicate the perceived sense. The sage Bharata thus advises that there should be a skilled effort ('*yatna*' derived from the root *yati prayatne* with the suffix *naṅ* meaning a justifying effort) for the *vāk* or the verbal expression.

वाचि यत्नस्तु कर्तव्यो नाट्यस्येयं तनूः स्मृता ।[12]

Commenting on this verse, Abhinavagupta says that this *yatna* is related with the both (i) the poet who exhibits his skill while composing a dialogue, and (ii) the actor who uses that dialogue skillfully at the time of dramatic performance.

वाचि यत्नस्तु कर्तव्य इति कविना निर्माणकाले नटेन प्रयोगकाले।[13]

But the characteristics of these two efforts differ from each other.

(i) The poet

Before composing a dialogue the poet introduces the whole scene in his mind after placing the characters properly and serially. Then he thinks the appropriate words and their order according to the sequence, the context, the corresponding dialogues and the impact of these dialogues on the desirable consequences. Here he uses both of his skills: (i) the knowledge of dramaturgy, and (ii) the acquaintance with the nature of the language concerned. Explaining this skill Kuntaka says that the poets unfold the exclusive poetic beauty by using the more subtle and artistic words in place of other possible but less attractive one.

प्रथमप्रतिभातपदार्थप्रतिनिधिपदार्थान्तरसम्भवे सुकुमारतरात्पूर्वसमर्पणेन कामपि काव्यच्छायामुन्मीलयन्ति कवयः।[14]

It can be observed in these dialogues between Anasūyā and Śakuntalā in Abhijñāśākuntala.

अनसूया - हला शकुन्तले! इयं स्वयंवरवधूः बालसहकारस्य त्वया कृतनामधेया वनज्योत्स्नेति नवमालिका, एनां विस्मृतासि?

शकुन्तला - तदा आत्मानमपि विस्मरिष्यामि। (लतामुपेत्यावलोक्य च) हला, रमणीये खलु काले एतस्य लतापादपमिथुनस्य व्यतिकरः संवृत्तः।[15]

Here Anasūyā addresses 'Halā Śkuntalā' before reminding her close association with the creeper Vanajyotsnā. But while replying her, Śakuntalā does not address her at first and instantly replies her affinity towards that creeper. Then only she addresses Anasūyā 'Halā' etc. Here the poet could have expressed it otherwise, e.g. **'हला! कथमेवं वदसि'** etc. But showing the close association with the nature might be chief aim of the poet and this composition is able to reveal that. This appropriateness of the word in order to express the proper sense more effectively is the art. Thus, explaining the specialty of word and sense in a kāvya, Kuntaka says that the word, which is capable of expressing the desirable sense, is adorable in a creative art. The poet has to choose the most suitable word amongst all viable words.

शब्दो विवक्षितार्थैकवाचकोऽन्येषु सत्स्वपि । अन्येषु सत्स्वपि = अपरेषु तद्वाचकेषु बहुषु विद्यमानेषु।[16]

(ii) The actor

The skill of the actor has a vital role in connection with the *Vācika*-performance. He goes through the dialogues and predicts the personality intended therein. Then he practices the dialogues along with other *āṅgika* action etc.[17] Here the art of word and sense is transformed in the art of dramatic action and these actions in an audio-visual performance are only the causes of dramatic relish and, therefore, are called *abhinaya.*

विभावयति यस्माच्च नानार्थान् हि प्रयोगतः।
शाखाङ्गोपाङ्गसंयुक्तस्तस्मादभिनयः स्मृतः ॥[18]

Ācārya Bharata reveals that the *vāk* is the body of all *śāstras,* the cause of all and there is nothing beyond this *vāk.*[19] Abhinavagupta also admits that the *vāk* is revealed in the form of Universe according to Bhartṛhari and in case of dramaturgy this theory ought to be accepted here.

वागेव विश्वा भुवनानीति श्रुतेः शब्दविवर्तनादिरूपत्वं च प्रसाधितं तत्रभवद्भिर्भर्तृहरि- प्रभृतिभिरिति तदिहानुसरणीयम्।[20]

Here the solution of the problem cited in the beginning of the discussion may be as follows. The thought of the poet takes place in him according to his experiences, education and deep observations of different objects and aspects. This thought takes the shape of words according to the secondary existence (*upacārasattā*), which has been discussed above. Now the poet composes the dialogues, descriptions and dramatic instructions by using his high intellect and practice of composing prose and poetry after discarding the inappropriate words. This sort of composing is the art of word and sense. These cause of the art have been called *śakti, nipuṇatā* and *abhyāsa* by ācārya Mammaṭa.[21]

Now the actor with the help of the director and others makes a skilled effort to express these dialogues in such a manner by which the intention and conceptual view of the poet is conveyed to the audience perfectly. By virtue of the collective force of these three acts of the art of word and sense, i.e. observation, cognition and expression, the audience gets the opportunity to relish the dramatic performance.

References

1. यस्मादभिनयस्त्वत्र प्रथमं ह्यवतार्यते ।
रङ्गद्वारमतो ज्ञेयं वागङ्गाभिनयात्मकम्।।
नाट्यशास्त्रम् (NŚ.) 5.26
2. Encyclopedia Britannica, 'Art'
3. Chambers Twentieth Century Dictionary, 'Art'
4. व्यपदेशे पदार्थानामन्या सत्तौपचारिकी।
सर्वावस्थासु सर्वेषामात्मरूपस्य दर्शिका।। **वाक्यपदीयम्** 3.3.39
5. प्रवृत्तिहेतुं सर्वेषां शब्दानामौपचारिकीम्।। **वाक्यपदीयम्** 3.3.50
एतां सत्तां पदार्थो हि न कश्चिदतिवर्तते।
सा च सम्प्रतिसत्तायाः पृथग् भाष्ये निदर्शिता।।
वाक्यपदीयम् 3.3.51
6. **महाभाष्यम्,** अ. 5.2.94
7. यावद् बुद्ध्या पदार्थों न विषयीकृतस्तावत् पदस्य प्रयोगाभावः। तस्माद् बुद्धिसत्तासमाविष्टोऽर्थो विधिनिषेधजननादिभिः सम्बध्यते–वृक्षोऽस्ति, वृक्षो नास्ति, वृक्षो जायत इति । **प्रदीपः, मभा**, अ० 5.2.94
8. बुद्धिप्रतिभासः शब्दार्थो यदा यदा शब्द उच्चारितस्तदार्थाकारा बुद्धिरुपजायते इति प्रवाहनित्यत्वादर्थस्य नित्यत्वम् इत्यर्थः । **प्रदीपः, म.भा,** प्रथमाह्निकम्।
9. वाग्रूपता चेदुत्क्रामेदवबोधस्य शाश्वती ।
न प्रकाशं प्रकाशेत सा हि प्रत्यवमर्शिनी।। **वाक्यपदीयम्** 1.124

10. यथैकबुद्धिविज्ञया मूर्तिराक्रियते पटे।
मूर्त्यन्तरस्य त्रितयमेवं शब्देऽपि दृश्यते।। **वाक्यपदीयम्** 1.52
11. अपारे काव्यसंसारे कविरेवः प्रजापतिः । **अग्निपुराणम्** 339.10
12. **नाट्यशास्त्रम्** 14.2
13. **अभिनवभारती, ना० शा०** 14.2
14. **वक्रोक्तिजीवितम्** 1.7
15. **अभिज्ञानशाकुन्तलम्,** प्रथमाङ्कः
16. **वक्रोक्तिजीवितम्** 1.9
17. **काव्यप्रकाशः,** चतुर्थ उल्लासः
'काव्यानुसन्धानबलाच्छिक्षाभ्यासनिर्वर्तितस्वकार्यप्रकटनेन च नटेनैव. . '
18. **नाट्यशास्त्रम्** 7.7
19. वाङ्मयानीह शास्त्रणि वाङ्निष्ठानि तथैव च ।
तस्माद् वाचः परं नास्ति वाग् हि सर्वस्य भूषणम् ।।
नाट्यशास्त्रम् 14.3
20. **अभिनवभारती, ना० शा०** 14.3
21. शक्तिर्निपुणता लोकशास्त्रकाव्याद्यवेक्षणात्।
काव्यज्ञशिक्षयाभ्यास इति हेतुस्तदुद्भवे ।।
काव्यप्रकाशः 1.2

26

The Narrative Technique in Kūṭiyāṭṭam

P.C. Muraleemadhavan

Kūṭiyāṭṭam is the earlier known form of enacting Sanskrit drama in Kerala. It is different from other forms of dramatic representation known to have existed elsewhere. Kerala has produced several Art forms, which can claim a very high antiquity. They are Saṅghakkaḷi, Kūttu, Kṛṣṇanāṭṭaṃ, Muṭiyeṭṭu, Tira, Thuḷḷal, etc. The most ancient and important among them are Saṅghakkaḷi and Kūttu. The Kūttu has three modes of representation, namely Prabandha Kūttu, Naṅgyār-Kūttu and Kūṭiyaṭṭam. Kulaśekhara Varman, an ancient king of Kerala (eleventh Century AD), himself a renowned dramatist and the author of the dramas *Tapatīsamvaraṇa* and *Subhadrādhanañjaya*, has in his plays as well, is credited with the reformation of the Kerala stage by introducing several innovations which are generally observed in Kūṭiyāṭṭam performances. He was assisted by his friend Tolan in his endeanour, by composing manuals on stagecraft generally styled *Āṭṭaprakāra*s and *Kramadīpikas* for staging Sanskrit dramas.

The *Nāṭyaśāstra* of Bharata in the fourth Century BC suggests a flourishing theatre scenario of his time. Bharata's disciples Kohala and Dattila and others kept up this tradition.

Eminent play-writes like Bhāsa, Kālidāsa and Śrīharṣa

visualized the stage and composed drama accordingly. The period from 4th B.C. to 6th A.D. was the golden age of Sanskrit Theatre. This was followed by a period of stagnation. It shows the signs of steady decline of this great tradition.

But the golden age of North India had an impact in Kerala. In the South, The *Mattavilāsa-prahasana* was the first dramatic work written in Sanskrit (seventh AD). The *Āścaryacūḍāmaṇi* is believed to be the first play composed in the Kerala region. Śaṅkara (eighth AD) Nīlakanṭha Kavi's *Kalyāṇasaugandhika* comes next in order. King Kulaśekhara composed two Sanskrit plays, *Subhadrādhanañjaya'* and *Tapatīsamvaraṇa.*' He was not merely a play-write but possessed an uncanny stage sense. Hence, along with the text of the play (*granthapāṭha*), he also composed the texts for performance (*raṅgapāṭha*) entitled *Vyaṅgyavyākhyā*. His innovative ideas of presentation on the stage gave birth to a new technique called '*Nirvahaṇa*' by which the past story of the hero and other characters are narrated to the audience. In the theatre he introduced circular movements for a refined and scientific enjoyment of the most accomplished audience. Later on all the plays even Bhāsa's plays were presented in the newly evolved style of Kulaśekhara. The Cākkyars from Kerala took most of the plays composed by Kerala authors to perent them in the new style. Thus acting became more dance-oriented. Slowly it is known as Kūṭiyāṭṭam. Most of the developments took place immediately after Kulaśehkara, eleventh century AD but it is to be noted that the concept of Kulaśehkara about the theater was a secular one but it gradually changed to the monopoly of higher castes only.

In twelfth and thirteenth century, Malayalam entered the realm of theater. It was the Nampiar, the Sūtradhāra, when first used Malayalam as the medium to convey the plot while introducing the play to the audience. This was known as 'Nampiar Tamil.' But due to the advent of vidūṣaka (jester) he took the role of Nampiar and description began to deviate from those in the texts.

In the *Āṭṭaprakāram* (acting manuals) the sole enactment of vidūṣaka become prominent. Descriptions evolving out of sub-plots and parodies replaced the original text. Vidūṣaka created a meta-theatre of narrative in nature in the place of Sanskrit one. Portrayal of objects and ideas of day-to-day life made this Sanskrit theatre, a contemporary one.

Though it began in the name of '*Nirvahaṇa*' to introduce the story of the play, the Chākkyar modified it to the extent that it has no relation with the main body of the play mostly it will be contrary too. But on an independent stage the Word (*Vāk*) of vidūṣaka come to be known as 'Kūttu'. The old *campūs* and newly composed *prabandhas* have become the basis of this narrative presentation. Thus Cākkyar Kūttu and Prabadha Kūttu become an independent art from Sanskrit theatre. It has originated from Sanskrit theatre and continues to be part of it, and at the same time it is presented as an independent art form. The actresses (Naṅṅyār) also lost their significance throughout drama, since it is enacted in several days. Then they developed another independent art form called 'Naṅṅyār Kūttu' which is also in the form of '*Nirvahaṇa*' of the character Kalpalatikā, the maid of Subhadrā in the play of *Subhadrādhanañjaya.*' Slowly new areas have been traced out by Naṅṅyār, from several Sanskrit dramas, for presenting their acting skills. While Prabandha Kūttu is narrative in nature the Naṅṅyā Kūttu is known for its enactment. By fourteenth century, Sanskrit theatre had to be located in temple institution. The Kūthambalams of Kerala were constructed around fifteenth-sixteenth Centaury AD and the religious elements were introduced in Sanskrit plays only when the staging of these plays started at Kūthambalams.

The Staging of Sanskrit dramas in temple not something peculiar to Kerala. Śāradātanaya in his *Bhāvaprakāśana* mentions his experience witnessing the dramas enacted in front of goddess Śāradā. There were nineteen temple theatres in Kerala with different *lakṣaṇas.*

The narrative techniques in staging, started with king

Kulaśekhara. As stated before, Kulaśekhara wrote several āṭṭaprakāras. (Kramadīpikās) by which he can narrate past story of character in the form of *'Nirvahaṇa.'* Letter Chākyar developed three different modes of presenting *'Nirvahaṇa'* called *Anukrama, Saṃṣkepa* and *Nirvahaṇa.*

In Kerala the Sanskrit dramas were never enacted in full. Only a single act is being enacted, the performance of which extends form 5-18 days or even 21 days. In *mantrāmka* it comes to 41 days. Every act of the drama selected and adapted for conveying the story up the beginning of the act.

The vidūṣaka should recite *maṇipravāḷa* verses in answer to the Sanskṛit speech of the hero. The stanzas are called *pratiślokas* humorous and appropriate to the occasion. In the *Svapnavāsavadatta* the king in separation remembers how Vāsavadattā attended his classes in *Viṇāvādana* thus:

बहुशोऽप्युपदेशेषु यया मामीक्षमाणया।
हस्तेन स्रस्तकोणेन कृतमाकाशभाषितम्।।

Chakyar presents a beautiful parody thus:

बहुशोप्युमिचेरुम्पेल् यया मां नोक्कमाणया।
हस्तेन स्रस्तशूर्पेण कृतमाकाशचेरितम्।।

Thus vidūṣaka must translate and interpret with gestures the speeches of the impotent characters to be on the stage.

The expansion of the function of vidūṣaka and his description of the *puruṣārthas* etc., are to include the narrative aspects in theatre. The four puruṣārthas according to the vidūṣaka are vinodam, vañcanam, aśanam and rājasevā. It is stated in a verse thus :

क्रीडावारवधूजनैर्वरगुणैस्तेषां ततो वञ्चनं
यत्र क्वापि समेत्य भोजनविधिश्चाकण्ठमामन्त्रणे।
भूयः श्रीबकष्ठालिनां कृतधियां राज्ञां च संसेवनं
चत्वारीति विदूषकस्य चतुरैरुक्तानि कृत्यानि हि।।

These are discussed under the pretext of describing the past story of vidūṣaka, these four *puruṣārthas* are discussed in the form of *Nirvahaṇa.* This story is being narrated by Cākkyar for educating The society and to bring it to a righteous path. Several stories are narrated in these contexts. For the description, vidūṣaka uses Sanskrit ślokas and hundreds of maṇipravāḷam verses taken from various texts befitting to be narrated in the context. At the time of narration, the vidūṣaka redicules royal persons and even the kings.

In a kūṭiyāṭṭam performance, the first day is known as 'kūthupurappāṭu.' Nampiar sounds Miḷāvu and Naṅgyar cymbals. She also sings certain verses known as akkitta. Nampiar then retunes to The greenroom and brings some holy water, which he sprinkles on the stage, reciting benedictory verse, specially composed by Cākkyar for the performance. This is known as Araṅṅutalikkuka. Then the sūtradhāra enters and perform the dance as the beginning of action. The second day is the *Nirvahaṇa.* The character mentioned by the sūtradhāra enters, Naṅṅyār recites a verse called Ālāmaśloka to announce his entrance.

The cākkyar acts the portion of the particular act, which is being staged. Thus the early life of the hero prior to thc incidents actually staged is covered. If the portion selected happens to be the sixth or seventh act of a play, the Nirvahaṇa has to include the story of earlier acts. Thus aulience *(sāmājika)* will get a complete picture of the story being presented.

'*Anukrama*' and '*Samkṣepa*' are the two devices used by the Cākkyar for this. The description of incidents in the form of question backward, one by one, is called *Anukrama. Samkṣepa* is describing the story from the beginning up to the incidents of the particular act in a forward direction. After the entrance of the character Naṅṅyār again sings certain stanzas called *purappād ślokas* to the accompaniment of which, dance known as Taṭṭu, is performed by the Cākkyar. Such verses are of narrative nature describing the earlier life of the character. The sense of the *Ālāmaślokas* recited by Naṅṅyar is narrated in verses by the character. He also enacts the sense of the verses sung by the Naṅṅyār too. The story may begin on the third day if vidūṣaka is not in the selected portion for staging Kūṭiyāṭṭam.

The vidūṣaka is there to translate the passages spoken by the character appearing on the scene along with him. In such acts where vidūṣaka is absent, the Nampair who appears as sūtradhāra gives a summary of the story enacted. The narrative aspect of this portion is very brief compared to the presentation of the vidūṣaka in the form of 'Anukrama', 'Saṁkṣepa' and 'Nirvahaṇa'. The portion presented by Nampiar is in Malayalam, full of Sanskrit words. Such texts are referred to as 'Nampiar Tamil' of Mārddaṅgika Tamil. The Nampiar Tamil is an alternative to Vidūṣaka's *nirvahaṇa.* The narrative aspect of the story is fulfilled by 'Nampiar Tamil.' If the particular act selected for Kūṭiyāṭṭam happens to have a Vidūṣaka, the beginning of the story is postponed during these days with humorous action and narrative devices of the story. There is a common verse for Vidūṣaka to start his performance, in all the plays. It is thus:

ब्रह्मा येन कुलालवन्नियमितो ब्रह्माण्डभाण्डोदरे
विष्णुर्येन दशावतारगहने क्षिप्तो महासङ्कटे।
रुद्रो येन कपालपाणिपुटके भिक्षाटनं कारितः
सूर्यो भ्राम्यति नित्यमेव गगने तस्मै नमः कर्मणे।। (भर्तृहरिः)

Explaining the sense and inner sense of the verse: Cākkyar drags the attention of the audience to various stories, mostly humorous, for narrating the vices and virtues of the people, good and bad in the society. Through several humorous narratives, Chākkyar will finally establish the value of Satya, Dharma, etc. which leads to the final goal of human life. The first item of his narration is called 'Vivādu Tīrkuka' putting an end to the dispute between two factions, Mekkāntala and Kizhkkāmtala whose quarrel for the administrative authority of a village temple is brought.

Several quarrels in the world, including that of Śiva and Pārvatī are narrated for exposing the harm done by callous individuals in general for personal benefits.

The verse:

आमन्त्रणं ब्राह्मणानां ही धर्मः
सेवा राज्ञामर्थमूलं नराणाम्।
वेश्यास्त्रीषु प्राप्तिरेवात्र कामो
भूयस्तासां वञ्चनं मोक्षहेतुः।।

Uttered by Vidūṣaka in the beging denotes the decline of Brahmanic culture. In this way, by criticizing himself, he criticizes vehemently, the entire Brahmin folk in particular and human society in general for the deterioration of virtues. Due to the influence of Buddhist philosophy, we can come across several Vidūṣakas criticizing vehemently the Brahmanism and vice-versa. We can see both these in the *Bhagavadajjuka.* Before embarking on a detailed description of *'Aśanam,'* the story of a breakfast offered by Kubera to Gaṇapati is narrated with an invocation to the deity. In *'Vinodam'* both men and women indulging in lustful deeds are vehemently attacked, narrating illustrative anecdotes and making pointed personal references and allusions. The purpose is to dissuade people from unsavory acts prompted by carnal desires. Vañcanam again intended to highlight the vices of the society. The narrations are to persuade one, to turn one's mind away, from the attractions of the world.

At the end the Vidūṣaka finds all other kings of his time as unworthy, and turns to the virtuous one, who is the hero of the play, befitting to the context. Vidūṣaka voices the grievances of the subjects too. Even the crowned and anointed chief is not spared. Thus once the Vidūṣaka is introduced, in the play, he performs his '*Nirvahaṇa*' by narrating his story up to the particular act. He also recalls the dialogues of every character spoken in his presence and explains them in vernacular. While narrating the story, he resorts to a kind of Prakrit-Malayalam diatect. The Vidūṣaka alone uses Malayalam, the local language. This marks a new development in representing Sanskrit drama, since it renders the play enjoyable, even to those who do not understand Sanskrit. After *'Nirvahaṇa'* the Kūṭiyāṭṭam starts on the next day. The Chākyar and Naṅṅyar enact together; hence it is called Kūṭiyāṭṭam. It is also explained as 'Kūṭiya-āṭṭam means superior type of āṭṭam.' Enactment of Kūṭiyāṭṭam may exceed to three more days.

It ends with 'Muṭiyakkitta' some sort of 'Bharata vākya' sung by Naṅṅyar composed by Cākyar, followed by Milāvu and other instruments. The Chakyar dances according to the tune. More than 20 *rāgas* are used in Kūṭiyāṭṭam, most of them are not directly connected with the *rāgas* of Music. Even though *pañcavādya* is mentioned in Kūṭiyāṭṭam, there are six instruments used, such as Milāvu, Edakka, Kompu Kuzhal Thālam and Śaṅkhu. In Karivallūr temple in Malabar, Timila is also used.

The three Rāmāyaṇa plays formed a trilogy in Karala. They are *Āścaryacūdāmaṇi, Pratimānāṭaka* and Abhiṣekanāṭaka. All together there are 21 acts. Since the Character Vidūṣaka in not available in these dramas the description of puruṣārthas has no place in it. As is said, a complete Sanskrit drama is never enacted in a Kūṭiyāṭṭam Theater. One or two acts are being staged.

According to the tradition of the Cākyars, the number of acts in which they can train themselves is seventy-two, out of 24 Sanskrit plays. These include all the thirteen plays attributed to Bhāsa. In other words these plays owe much to the lively stage tradition of Kerala in presenting them to the posterity.

27

Performance Traditions in the *Nāṭyapradīpa*

Radhavallabh Tripathi

Nāṭyapradīpa (NP) is a text on dramaturgy written in sixteenth century by Sundaramisra. The ms. (no. 41618) in Sampurnand Sanskrit University library has 52 folios in the size of 9.2x4.2 written in Devanagari. Each page has 8 lines, and each line has around 30 syllables. It was copied in 1872 VS (1815 AD).

The in Saraswati Bhawan Library of Sampurnanand Sanskrit University belonged to one Piśunaharā Dayānātha Nāgara Vyāsa who purchased it at the cost of one rupee from Premanārāyaṇativāḍī on the seventh day of black fortnight in the month of Āṣāḍha in VS 1972 (1915). It seems that the copyist scribed his own propitiatory verse on the back of title page, and note obviously in a different handwriting, was afterwards added by the owner of the Ms. below it.[2]

NP was composed in 1613 AD. Sundaramiśra had erlier written a play, Abhirāmamaṇi in 1599[3]. This play is no more extant. Dr. V. Raghavan in his "Some Lost Rama Plays" does not refer to this lost Rāma-play.

Sundara has composed this text to simplify and present the principles of dramaturgy in a nutshell, so that those who are not adept in the theory and practice of Sanskrit Drama can grasp the basic tenets of the Śāstra[4]. The unique quality of this text lies in its comprehensive nature, it covers all the topics of Dramaturgy and provides a better understanding of structure of Sanskrit drama than the latter texts like Daśarūpaka, Sāhityadarpaṇa etc.

NP deals with the following topics-Pṝvaraṅga, Nāndī, Prastāvanā or Āmukha, five Sandhis and their sixty four constituents, five Avasthās five Arthaprakṛtis, Patākāsthānakas, Nāṭyālaṅkāras, 21 Anusandhis, Lāsyāṅgas and ten major types of drama (Daśarūpaka) and three minor types–Nāṭikā, Saṭṭaka and Trōṭaka. The Uniqueness of this text lies in exposition of 36 Lakṣaṇas, which the later authors have generally omitted. Sundaramiśra adheres to the Anuṣṭup tradition of Nāṭyaśāstra for definition of the 36 Lakṣaṇas, He frankly criticizes such stalwarts like Dhanika and offers novel interpretations on many subjects.

Besides Bharata, Sundaramiśra also cites Mātṛgupta, Dhanika, Abhinavagupta and Viśvanātha (Sāhityadarpaṇa) and disagrees with such a great commentator like Rāghavabhaṭṭa on identification of Patākā and Prakarī in Abhijñānaśākuntala.

For definitions he mostly depends on Bharata and Dhanñjaya but his Nāṭyapradīpa is a unique text offering practical criticism of about a dozen Sanskrit plays on the basis of various categories and theories of Nāṭyaśāstra. It simultaneously analyses the structure of some major Sanskrit plays like Mudrārākṣasa, Śākuntala, Vikramōrvaśīya Mālavikāgnimitra, Vēṇīsaṃhāra and Ratnāvalī. Many other plays like Svapnavāsavadattā, Mālatīmādhava, Kundamālā, Udāttarāghava Ratnāvalī and Pāṇḍavānanda are also taken up for reference and confirmation of definitions and theories. Of these, the last three are not available. NP is thus the richest storehouse of references to several Sanskrit plays amongst the texts on Sanskrit dramaturgy produced after 12th century AD. It not only brings out the erudition of Sundaramiṛra, but also establishes the fact that the study and performances of these plays were in vogue during seventieenth century AD.

Sundaramiśra has however held the focus on to his own play । ईीपत; उंउंड्डुप, and NP can be said to be the only source for the reconstruction of this play, which has otherwise been lost.

NP on the performance of Nāndī.

In the extensive discussion on Nāndī, Sundara also specifies the articles that should be used on the stage during the performance of Nāndī. These are–Dūrvā or auspicious grass, Kalaśa flowers and Chatra[5], but adds that this is not compulsory just as hinting the theme of the play through Nādī is also not compulsory, because neither Bharatamuni prescribes it nor it is an invariable practice on theatre.

He determines kāvyārthasūcana (hints on the theme of the play to be performed) as Prāyika (not compulsory) but holds that the performance will become much more spectacular if kāvyārthasūcana is also made a part of Nāndī-presentation.[6]

Nāndī may be comprised of eight, ten, twelve or sixteen *padas.* There is very interesting discussion of the connotation of the word *pada* in the adjectives Aṣṭapadā, Dvādaśapadā etc. Besides Bharata and Dhanañjaya, Sundaramiśra here quotes Mātṛgupta also.[7]

Various interpretations are offered with regards to *pada* in Nāndī, viz. :

(i) a *pada* denotes a word to be used in the sentence
(ii) *pada* is a quarter of a verse
(iii) *pada* is half of a verse

Sundara makes a brilliant analysis of Nāndī by profusely quoting the Nāṭyaśāstra of Bharata and also by citing views of savants like Mātṛgupta and Dhanika. He justifies Ṣaṭpadā Nāndī in Vēṇīsaṃhāra and cites the Nāndīs of Mālavikāgnimitra and Ratnāvalī also. [8]

Who performs Nāndī?

Sundara upholds the theory of two Sūtradhāras establishing the second Sūtradhāra as Sthāpaka, but also allows the possibility that the use of the term Sūtradhāra for Sthāpaka may be indicative.[9] He also holds that besides the recitation of Nāndī, the Sthāpaka may recite one or two madhara ślōkas. He also allows the alternative that only one actor can function both as Sūtradhāra and Sthāpaka and he may recite both Nāndī and Madhuraślōka. The Madhuraślōkas may either be combined with or be separated from the Nāndī.[10]

If the alternative of Nāndī combined with the Madhuraślōkas is taken for granted, then the question would arise - why the existing scripts of many of the Sanskrit plays have a Nāndī verse in the beginning apart from the Madhuraślōka? Sundaramiśra provides a suitable answer here. He says that the abrupt beginning with the directive 'nāndyantē tataḥ praviśati sūtradhāraḥ would be inauspicious,[11] therefore a verse is prefixed with it.

Sundaramiśra also holds that references to lotus or moon in Nāndī verses enhances their charm and cites the Nāndī of his own play Nāndī for example.[12]

The Sthāpaka should also perform the Prarōcanā, which is attracting the audience towards the theme of the play through beautiful descriptions of seasons like spring etc. Here also Sundaramiśsra cites the example of his own play.[13]

Sundara justifies the elimination of items like Pratyāhāra, Avataraṇa, Ārambha, Utthāpana etc. from the performance of Pūrvaraṅga on the basis of the use of the word *Nitya* in the definition of Nāndī in Nāṭyaśāstra. His analysis of Āmukha or Prastāvanā is equally important.

A master of theories of dramaturgy, Sundara offers novel interpretations or his own views on performance traditions and various dramatic concepts.

References

1. मातङ्गश्रुतिवातशोषितशचीशृङ्गारपत्रावली

नाहव्यूहविलोलधूलिमलिनब्रह्मासनाम्भोरुहि।
प्रस्थाने तव भैरिभैरवरवव्यालोलसप्तार्णव–
क्लृप्तावस्थितिवैपरीत्यविपदि व्यस्तं समस्तं . . . . (जगत्?)

2. व्यासोपाख्यनागरत्वव्याप्यजातीयपिशुनहरा दयानाथस्येदम्, प्रेमनारायणतिडीसु 1) रुपया एक दे के लीया मिती आषाढ वदि 7 गुरुवार संवत् 1972
3. De S.K.:1988:313.
4. . . . . . अलसशीलशालिनां दक्षतातिजडताजुषां कृते।
नाटकप्रकृतिरूपलक्षणं सङ्क्षिपामि निजनव्यलक्षणम्।। NP folio 1, Verse 2
5. मङ्गल्यं दूर्वाकलशकुसुमछत्रादि।
6. नान्द्यां मङ्गल्यशङ्खचन्द्रब्जाद्यन्यतमग्रहणं काव्यार्थसूचनं प्रायिकं भरतेनानुक्तत्वाल्लक्ष्येऽष्वनियमाच्च। काव्यार्थसूचने परं चमत्कारातिशयः।
7. अस्य व्याख्याने मातृगुप्ताचार्यैः षोडशाब्धि (?) पदापीयमुदाहृता।।
8. अत्राष्टलोकपदं केचित्सुप्तिश्न्तमथापरे।
परेऽवान्तरवाक्यं च पदमाहुर्विशारदाः।।

एषु कार्यो विरामः यदिद्धै (यदर्द्धे) समाप्तेऽर्थे पदेऽपि वेति भरतोक्तो विश्रामो बीजम्। तद्वदर्धे विश्रामाभिधानात् पद्यार्थमपि पदे केचिदूचुः।। अत एव वेण्यां षट्पदापि नान्द्युपपद्यते।

अष्टाभिर्दशभिश्चेयमर्कैः षोडशभिः पदैः।
समैर्वा विषमैर्वापि कार्या नान्दी परे जगुः।

9. भरते नान्द्यवसरे स्थापकाप्रवेशान्नान्दीपाठः प्रथमसूत्रधारस्यैव।। पुनर्भरतः–
त्र्यस्रं वा चतुरस्रं वा शुद्धं चित्रमथापि वा।
प्रयुज्य रङ्गं निष्क्रामेत् सूत्रधारः सहानुगः।।
स्थापकः प्रविश्ोत् तत्र सूत्रधारगुणाकृतिः।
अत्यन्तमधुरैः श्लोकैर्नानाभावसमन्वितैः।
प्रसाद्य रङ्गं विधिवत् कवेर्नाम च कीर्तयेत्।।
अत्रापि भरतानुक्तत्वात् काव्यार्थसूचनं प्रायिकम्। ग्रन्थान्तरे–
अथोपादाय मधुरान् श्लोकान् काव्यार्थसूचकान्।
ऋतुं च कञ्चित् प्रायेण भारतीं वृत्तिमाश्रयेत्।।
प्रायेणेत्युपादानात् मधुरश्लोकोपादानं ऋतूपादानं च प्रायिकम्। प्रथम-सूत्रधारस्य विनिर्गतत्वात् प्रकरणाच्च भरते मधुरश्लोकपाठः स्थापकस्यैव। नान्दीपाठो मधुरश्लोकपाठश्य लक्ष्ये क्वचिदुभयं क्वचिदेकम्। यथा वेणीसंहारेनान्द्यन्ते–
श्वणाञ्जलिपुटपेयं विरचितवान् भारताक्ष्यममृतं यः।
तमहमरागमकृष्णं कृष्णद्वैपायनं वन्दे।।

प्रस्तुतभारतकथासूचके प्रस्तुतो भारतकर्त व्यासवन्दनार्थो मधुरश्लोकोऽपि। एवं मालविकाग्निमित्रादौ। एवं सिद्धे नान्द्यन्ते सूत्रधार इत्यस्यायमर्थः– प्रथमसूत्रधारपठिताया नान्द्या अन्ते प्रथमस्य विनिर्गतत्वाद् द्वितीयसूत्रधारः स्थापकः प्रविश्ाति वदति च। . . . . यद्वा सूत्रधारपदं स्थापके लाक्षणिकम्। यथा पञ्चावयववाक्ये

धूमज्ञानादिति वक्तव्ये। सम्प्रदायानुरोधाद् धूमादित्येव नियमेन लाक्षणिकपदप्रयोगः।

10. द्वितीयस्तु ग्रन्थानन्तर्गतात्यन्तावश्यकप्रथमसूत्रधारपठितनान्द्या अन्ते सूत्रधारः आदित एव मधुरश्लोकादिकं वदतीति धनिकस्यायमेवार्थः सम्मतः। यत्स रङ्गं प्रसाद्य मधुरैः श्लोकैः काव्यार्थसूचकैः। ऋतुं कञ्चिदुपादाय भारती वृत्तिमाश्रयेत्-इत्यस्य व्याख्याने औत्सुक्येन कृतत्वरेत्यादि नान्दीस्थरत्नावली- श्लोकान् मधुरश्लोकत्वेनैव समुदाहृतवान्।

11. अत्र पक्षे अमङ्गलत्वान्नान्द्यन्ते सूत्रधार इत्यादावेव न लिख्यत इति बोध्यम्।

12. अत्र निजकृते प्रकृतेऽभिराममणिनाटके रागस्ते सहजोऽपीत्यादिश्लोकः काव्यार्थसूचकः। कोकनदशंसीवर्णनिष्ठव्यञ्जनया कोकशंसी पद्मानां प्रिय इति व्युत्पत्त्या च चन्द्रशंसी च नान्दीस्वरूपो मधुरलोकस्वरूपो वा।

13. स्थापकेन प्ररोचना विधेया। लक्षणं त्वस्याः

उन्मुखीकरणं तत्र प्रशंसातः प्ररोचना।

कविसभ्यनटनाटकादीनां प्रस्तुतार्थानां प्रशंसनेन श्रोतॄणां प्रवृत्त्युन्मुखीकरणं प्ररोचना। यथा प्रकृते अभिराममणौ-अद्य खलु सुरासुरेत्यादिना कथयन्तु चिन्तायाः कारणमार्य इत्यन्तेन। अग्रे रामप्रवेशावसरेऽभिनेयवसन्तोल्लेखात् सामान्यपरमेवेति पदं वसन्तपरमेव। ऋतुनिर्देशोऽप्यत्र।

28

The Nṛtta Karaṇa of the *Nāṭyaśāstra*

Jayashree Rajagopalan

"Indian contribution to world history of dance is unique. . . a profound admiration for all the perennial flow of artistry this country enjoyed leaves one in a dumb-founded rapture with a sense of passionate devotion. The essence of the contribution seems to be a victory over all that oppresses, a change of body into spirit and an elevation of the creature into creator – thus merging the finite with the Infinite. The solid physical base for all these abstract concepts is the technical virtuosity of the ancient Indian dance, a reflection of which is seen in Bharata's Nāṭyaśāstra a work ascribed to a period when some parts of our Earth still slept in the cradle of civilization. The gross physical technique of Indian Dance was vitalized by the concept of Karaṇas. The Karaṇas were the units of dance on which the foundation as well as the pinnacle was made up."[1]

Dr. Padma Subrahmanyam

Lord Śiva, the originator of the art of the dance, with *karaṇas* and *aṅgahāras* spoke thus, after seeing the *nāṭya* presented by Bharata's disciples:

अहो नाट्यमिदं सम्यक् त्वया सृष्टं महामते।
यशस्यं च शुभार्थं च पुण्यं बुद्धिविवर्धनम्।।
मयाऽपीदं स्मृतं नृत्यं सन्ध्याकालेषु नृत्यता।
नानाकरणसंयुक्तैरंगहारैर्विभूषितम्।।

He praises and congratulates Bharata and the actors for their presentation that brings fame, merit and virtneg Moreover he is reminded of his own *sandhyā nṛtay* adorned with *aṅgahāras* made up of *karaṇas.* He advises Bharata and his artistes to use them in the *pūrvaraṅga* the preliminaries of the play. The *śuddha pūrvaraṅga* would thus be made into *citra pūrvaraṅga.* Śiva directed his disciple Taṇḍu, to teach these *karaṇas* and *aṅgahāras* to Bharata, hence giving the name of Tāṇḍavam for the art of dance. Seeing Śiva dance, Pārvatī joined him, thus showing how the *uddhata* and *sukumāra prayoga* of the *karaṇas* is possible. Seeing this, the *bhūtagaṇas* started dancing, creating the *piṇḍibandhas,* This is the mythological origin of the *karaṇas* described in the beginning of the fourth chapter. Before understanding the *karaṇas,* it would do well to have a brief introduction to Nāṭyaśāstra.

The onehundredand eight *nṛtta karaṇas* are described, defined and enumerated in the *tāṇḍava lakṣaṇa,* in the fourth chapter of Nāṭyaśāstra of Bharatamuni, which is the earliest extant treatise on the art of dramaturgy. Laying down the laws of aesthetics, this work has influenced the allied arts of painting, sculpture and poetics. It was prescribed for Jambudvīpa, which, according to research, covers the entire land mass of Eurasia. This Sanskrit magnum opus, running to 36 chapters, covers a gamut of topics relevant for the creation of *nāṭya.* Its influence can be clearly perceived in the Greek theatre the Japanese and Chinese performing arts, and even in far eastern countries of Indonesia, Bali, Java and Thailand.

The Nāṭyaśāstra is definitely the codification of a tradition in practice well before its time, as Bharata himself mentions the Naṭa-sūtras which already existed, taking the antiquity of dance history even further.

It is believed that this knowledge of the Nāṭya (dramaturgy) was revealed to Bharamuni by Lord Brahmā himself, who, at the behest of Lord Indra, created the Nāṭya Veda by culling recitation (*padya*) from Rik-Veda, music (*gāna*) from Sāma-Veda, histrionics (*abhinaya*) from the Yajur-Veda and sentiments (*rasa*) from the Atharva-Veda.[2] Bharata systematically codified this knowledge (*vid-*) to create a science of the art of theatre, calling it the Nāṭyaśāstra.

The 36 chapters of this *śāstra* can be realized as the answers to the five questions asked by his *Rṛsi* disciples. The questions put forth are

1. How did this Nāṭya-Veda come into existence ?
   — **नाट्य वेदं कथं ब्रह्मन् उत्पू:?**
2. For whom was it meant ?
   — **कस्य वा कृते?**
3. What are its limbs—**कत्यंग:?**
4. What are its means or sources ?
   — **किम् प्रमाणश्च?**
5. How is it reduced to practice ?
   -**प्रयोगश्चास्य कीदृश:?**

The answers spread with cross – reference over the 36 chapters can be analysed thus.

1. Brahmā created the Nāṭya-Veda from the four Vedas in the beginning of the *Tretā-yuga*, as an audio-visual source of entertainment to raise the moral standards of the people.
2. It was meant for the poet and the actor.
3. Its limbs are *rasa, bhāva, abhinaya, dharmī, vṛtti, pravṛtti, siddhi, svara, ātodyam, gānam and raṅga.*
4. There are three *pramāṇa* or sources–*Veda, Loka* (the perceivable world) and *ādhyātmika* (personal experience).

5. The *nāṭya* is put into practice by varied kind of productions elucidated. But these have to be learnt properly under the guidance of a guru.

There is enough evidence through a number of sculptures and literature to prove that this art of Nāṭyaśāstra was well understood and practiced in Bhārata varṣa till the 12th Century AD in the North and the 14th Century AD, in South. There is also literary evidence that the path shown by Bharata was referred to, as *'mārga'* and the regional practices were known as *'deśi.'* It is evident that the *deśis* having their roots in the Nāṭyaśāstra, and developed and interpreted the concepts of Nāṭyaśāstra following the regional preferences, i.e. *'parvṛtti'*. Thus we had the *deśi* form of *Odissi, Bharata-nāṭyam, Kathak* etc., donce co-existing with their *mārga* technique, just as Sanskrit Language coexisted with the other Prakrits and regional dialects. In course of time, due to political and sociological reasons, the technique of the Nāṭyaśāstra went into oblivion.

We do owe to the Westerners the discovery of the manuscripts of the Natyaśāstra. But the Indians took no time to identify their roots, and soon there was a resurgence of literary activity. Manuscripts from all regions of the country were collected, even if in fragments, they were preserved, deciphered, studied in depth, annotated with cross reference, and finally the four volumes of Nāṭyaśāstra with the Abhinavabhāratī, the commentary of Nāṭyaśāstra by Abhinavaguptācārya were brought out.

In the study of the *karaṇas* in particular, the Abhinavabhāratī is of great help as it is very difficult to visualize the movement through the sutra of the Nāṭyaśāstra. For instance, the Nāṭyaśāstra explains the '*karaṇa*' as '*hastapādasamayogaḥ nṛttasya karaṇam bhavet.*[3] This would simply mean, the combination of the hand movement creates the *karaṇas.*' It is Abhinavaguptācārya who clearly explains that *'hasta'* here refers to the actions pertaining to the upper part of the body and *'pāda'* refers to movement of the lower limbs of the body. *Hasta* implies *śākhā, aṅga* and *upāṅga* and *pāda* endnotes the sides, waist, thighs, shank and feet.

हस्तोपलक्षितस्य पूर्वकायवर्तिशाखांगोपांगोदिः पदोपलक्षितस्य च अपरकायगतपार्श्व- कद्‌युरूजङ्‌घाचरणादेः[4]

Etymologically, the word *'karaṇa'* is derived from the root *'kṛ-'* meaning a doer, maker, causer, doing, making, causing, producing, helping, promoting, the act of doing and the doer. The word '*kara*' also has the above meaning.[5] The word *karaṇa* also suggests the idea of being an instrument, an element, a part of something and in dance it is a unit of action.

Karaṇa should be understood as a unit of dance movement made up of three major constituents i.e. a *sthāna* or a static posture, *cāri* or a dynamic movement of the leg, and *nṛtta hastas* or hand movements which are vibrant and mobile as the entire hand moves and are particularly used for *nṛtta karaṇas.* There are 108 *karaṇas* mentioned in the IVth chapter of the Nāṭyaśāstra. These are referred to as *nṛtta karaṇas* because they belong to the realm of dance. There are four *hasta karaṇas* mentioned in the IXth chapter which are rotating movements of the wrists serving as *vyāyāma* or exercise as well as *recaka* or subtle embellishment. In the Xth Chapter there is a mention of a *karaṇa* made up to two *cāris*. Thus in dance we have the *nṛtta karaṇa, hasta karaṇa* and *karaṇa* pertaining to *cāris*. The word *karaṇa,* is used in the *āthodya* chapters with reference to playing of the instruments.

The *nṛtta karaṇas* incorporate in them the concept of *sthiti* (a fixed position) and *gati* (motion) according to Abhinavagupta. *Karaṇa* includes *avasthāna* and *gati.*[6] The *sthāna* is the specific posture of body which define certain lines for the body. There are six *puruṣa sthānas* (male postures) described in the Xth Chapter and three *strī sthānas* (female postures) in the XIIth chapter, Abhinavagupta explains that the *gati* of the *karaṇa* is in its *cāri* only[7] . But we can explain that while in motion or in stationary, the body has to maintain a certain posture, which is a *sthāna.* So the *sthāna* gets galvanized into motion through the *cāri*, maintaining the same posture.

The term *cāri* has its root in the word '*car-*'which means to move go, walk, roam about, pervade, go along, follow, stir to spread, and to continue performing[8]. Bharata defined *cāri* as the simultaneous movements of the thigh, shank and feet. The thigh follows the way in which the feet are moved; these two together cause the *cāri* of the feet[9]. Therefore, the *cāri* is movement which engages the correlated movements of the feet, shanks, thighs and waist at a time[10]. 32 *cāris* have been defined by Bharata in the Xth Chapter. There are 16 *bhū-cāris* where both the feet are constantly in contact with the ground and 16 *ākāśa cāris* in which one leg is constantly lifted in the air. These *cāris* have to be mastered in order to give the vibrant dynamism to the *karaṇas,* from the subtlest to the acrobatic.

The *sthānas* and *cāri*s are the outcome of a logical combination of the movement of the *aṅgas* and *upāṅgas.* The *āṅgikābhinaya* or physical expression is three fold namely *śākhā, aṅkura* and *nṛtta. Sākhā* literally means branch, and all movements come under this. Aṅkura, means, primarly sprout, lrit in this context it means, hand gestures used to elaborate a concept, supplementing the idea just represented. For instance, Lakṣmī, who is depicted with *kapitta hasta* at the shoulder level is further shown as emerging from the sea, shown as consort of Visnu, then that becomes Ankura. The Third element *nṛtta* represents dance involving *aṅgas* (major limbs) and *upāṅga*s (minor limbs) evolving into *karaṇas* and *aṅgahāras.*

Bharata analyses the body into six *aṅgas* (*Saḍaṅgas*) or major limbs – head (*śira*), hand (*hasta*), chest (*uras*) sides (*pārśva*) waist (*kaṭi*) and feet (*pāda*). There are six *upāṅgas* of the face (*mukha-upāṅgas*), eye (*netra*), eyebrow (*bhrū*), nostril (*nāsā*), lower lip (*adhara*) cheeks (*kapola*) and chin (*chibuka*). Apart from these, there are other *upāṅgas* of the body (*śarīra-upāṅgas*) referred to as *pratyaṅgas* in later texts.

These are neck, shoulder, belly, thigh, knee, shank, ankle, heel, sole and toes. There are *ślokas* of enumeration, which help learning and have to be exercised to reach a level of co-ordinated precision when employed in the *karaṇas*.

Abhinavagupta defines a *karaṇa* as '*kriyā karaṇam*'[11]. Action is *karaṇa*, that is through the graceful throw of the limbs '*gātrāṇām vilāsakṣepasya*.'[12] He says that there should be no inhibition in throwing the limbs. There should be a free flow of body movements maintaining the *sauṣthava* or the erect back. But all these movements should be well connected and embellished through the *recakas*. Bharata says the subtle beauty of the *recakas* of the feet (*pāda*) waist (*kaṭi*) hand (*hasta*) and neck (*grīvā*), can make the most difficult movements look easy and light.

Abhinavagupta says combining the *gati* and *sthithi* can give rise to innumerable *karaṇas* but Bharata has codified those which are relevant for creating the *aṅgāharas*.[13]

The *nṛtta karaṇas* have a logical development, the first few are based, more on *bhū-cāris* and graceful hip movements, after that more *ākāśacāris* are used, then combination of two karaṇas creating *nṛtta mātṛkās* become particular *karaṇas* (like *vikṣiptam* = *vihdhutōdbhrānta* + *daṇḍapāda*), and the last few become extremely acrobatic.

Though they are termed *nṛtta karaṇas*, they can be used to convey emotions, and concepts through *vākyārthābhinaya*. *Karaṇas* like *añcita* for *adbhuta* and *unmattam* for haughty pride are already mentioned.

The *karaṇa* by itself is too small a structure to form a dance sequence. Hence combinations of these called *aṅgahāras* are prescribed in the IVth chapter. There are 32 *aṅgahāras,* which create an astonishing variety of movements. The combination of *karaṇas* is named differently, and two *karaṇas* make a *nṛtta mātṛkā,* three makes a *kalpa,* four a *ṣaṇḍaka,* five *saṅghaṭaka,* and six, seven and eight make *aṅgahāras. Nṛtta mātṛkās* and *aṅgahāras* are used in *piṇḍībandhas* or group formations.

According to Dr. Padma Subrahmanyam, who has truly given a meaningful place for *karaṇas* in our dance today, by reconstructing and reviving these *nṛtta karaṇas* with a co-related study of the *karaṇa* sculpture of our temple, the word 'Karaṇa' could well be defined as coming from *anukaraṇa.* Many of the *karaṇas* are *imitation* of movements of animals, birds, creepers. As *nāṭya* itself is *anukaraṇa* of the *loka,* the *karaṇa,* which is an essential element of *Nāṭya,* could well have derived its name thus.

Today, if I am able to write with understanding, on a technical topic of the Nāṭyaśāstra which some years back was still a puzzle to scholars, and find that these words, these pages are inadequate, it is only guru Dr. Padma Subramanyam has Nāṭyaśāstra and her word shown how World Dance can be identified against the backdrop of the Nāṭyaśāstra, and *karaṇas* in particular.

As I offer my salutations to my Guru who has made me realize the divinity of this art, I will conclude with this śloka from the *tāṇḍava lakṣaṇam* of Nāṭyaśāstra which says the one who practices the art given to us by Maheśvara will attain Śivaloka.

महेश्वरस्य चरितं य इदं सम्प्रयोजयेत्
सर्वपापविशुद्धात्मा शिवलोकं स गच्छति।।326।।

References

1. Karaṇas–Common dance codes of India and Indonesia Vol. I, by Dr. Padma Subrahmanyam, M.A.PhD.
2. *Nāṭyaśāstra* of Bhratamuni with the Abhinavabhāratī of Abhinavagupta. vol. I, Chap. I, Edited by Dr. R.S. Nagar., Parimal Publications.
3. *Ibid* – Vol. I, Chap. IV.
4. *Abhinavabhāratī,* (G.O.S.), p. 90.
5. Sir M.M. Williams – A Sanskrit – English Dictionary.
6. *Abhinavabhāratī* – Chap. IV.
7. *Ibid*
8. Sir M.M. Williams – A Sanskrit – English Dictionary.
9. *Nāṭyaśāstra* of Bharat Muni – Chap. IX. – Dr. R.S. Nagar.
10. *Ibid* – Chap. X.
11. *Abhinavabhāratī* – Chap. IV.
12. *Abhinavabhāratī* – Chap. IV.
13. *Ibid.*

29

Orissan Texts on Dramaturgy and the Performance of Plays at Śrī Jagannātha Temple, Puri

Prafulla K. Mishra

It is quite curious to mark the natural stage with amphitheatre like gallery surrounded by caves at Khaṇḍagiri in Bhubaneswara. This gives an impression of a rock-cut natural stage with all green rooms and the place for the musicians. Rāṇīgumphā and the other beehive caves meant for Jaina *sādhus* and other attendants, guards and mendicants. An amphitheatre like place was probably used for religious discourses and performances of plays and devotional musical concerts. King Khāravela restored music and dance that were banned by the Buddhists during the conquest of Ashoka. The Hāthigumphā (elephant cave) inscription of Khāravela at the same place testifies this event. There is a carving of hunting which is similar to the events of Duṣyanta hunting after a deer. But this carving might be a picture of the Mahābhārata or of any local event of pre Christian era. Well, the enactment of plays was not ruled out as the king, queen and monks were residing together in the *vānaprastha* life. It is needless to say how plays are religious at the outset. In this context it is quite natural to expect a manual on dramaturgy. But to the utter surprise of the scholars no such text is available until the dramaturgy portion of the *Sāhityadarpaṇa,* during early fourteenth century. After the *Sāhityadarpaṇa* a good number of texts are written for dance and music. They are as follows :

1. *Sāhityadarpaṇa*	Viśvanātha
2. *Sāhityabhūṣaṇa*	Raghunātha Dāsa
3. *Abhinayadarpaṇaprakāśa*	Jadunātha simha Mahāpātra
4. *Gītaprakāśa*	Kṛṣṇadāsa Baḍajenā
5. *Tālasarvasva*	Raghunẓtha Ratha
6. *Nāṭyamanoramā*	-do-
7. *Saṅgītakalpalatā*	Haladhara Mishra
8. *Mṛdaṅgavādya*	-do-
9. *Saṅg takaumudī*	-do-
10. *Sagītadāmodara*	-do-
11. *Saṅgīta nārāyaṇa*	Jagannātha Nārāyaṇa Deva
12. *Abhinayacandrikā*	Maheśvara Mahāpātra.
13. *Unknown*	Harināyaka

The time of these works (except *sāhityadarpaṇa)* is after seventeenth century. The text on dramaturgy and musicology belongs to a later period. Dramatic theories are commonly discussed in the above mentioned texts. Besides there is mention of their own opinion even though the impact of *Nāṭyaśāstra, Daśarūpaka* and *Sāhityadarpaṇa* is distinct. The distinction is quite significant for the most popular classical dance and music of Orissa known as Odissi dance. The elements of dramaturgy are therefore discussed at the outset[1]. The basic elements of Odissi dance emerge with their own way of distinction in *cauka* posture symbolizing Lord Jagannātha. Jagannātha is the centre of dance, drama, music and all other arts. The art form of poetry of Gītagovinda of Jayadeva is being sung every day in the opening and closing ceremony of Lord Jagannātha everyday. The melodrama of Rādha and Kṛṣṇa and the popularity have encouraged other poets to write for the entertainment of Lord Jagannātha. The *Nāṭyaśāstra* holds how the plays should be performed at the instance of festivals of the local deity like the *dhvaja utsava* of Indra (I.55) Even the Oriya form of *Śrīmadbhāgavata* was composed in front of Gaṇeśa under a banyan tree in the in the Jagannātha temple premises. Puri being the most sacred place in the South-eastern sea-coast was centre of attraction for all the ācāryas and devout Hindus. Hindus deem this place as one among the four dhāmas. So they aspire to come to this place at least once in lifetime. Naturally devout writers and poets used to flock together to offer their work to Lord Jagannātha on different festive occasions. Besides, it was a pleasure to make a premier show of their play in different occasions of the temple festivals. Śrīharṣa couldn't resist his temptation of describing the *mahājyeṣṭhī* bath festival of Sri Jagannātha (Naiṣadhīya XV.89). Similarly Kṛṣṇmiśra in *Prabodhacandrodaya* refers to the beautiful seashore of Puri.

It is another curious thing to mark a missing link in Orissan history. There is no text on *kāma śāstra, śilpa śāstra* and *nāṭya śāstra* contemporary to the building of the famous Sun temple at Koṇārka. But the cluster of temples and the images holding or playing with musical instruments and the dancing postures, the amorous postures and different *nāṭa maṇḍapa*s create puzzles in the mind of a connoisseur. How come these performing arts were reflected without any text? Was there any living tradition or oral tradition thereof? The legends of Koṇārka temple speak of the extant of texts by which Dharmapada was educated.[2] In addition to this there was an oral tradition handed down from generation to generation. The village artisans were no less than immortal sculptor, musical maestros, dancers, actors and other artists of sixty-four branches. It might so happen that the heavy flood, fire and white ants have eaten away the texts in palm-leaf form. On the other hand the temples become mute teachers for art, craft, painting, music, dance, war-craft, *kāmaśāstra, yogaśāstra* and other social learning. *Śilpaprakāśana* is a text edited and reconstructed by Alice Burner and Sadasiva Ratha and R. P. Das. No original manuscript is available so for.

There are a number of plays composed and enacted in temple premises. In the places of festival like Jagannātha-ballava-maṭha, Dolavedi, Narendra puṣkariṇī, Guṇḍapa, maṇḍicā, Snānamaṇḍapa etc., plays were enacted. The festivals were *dayana-cori, dola-yātrā* (holi), *candana yātrā, ratha-yātrā* and *snānayātrā* respectively. An attempt is made to appreciate such a patronization for performing art and other information.

Plays on different themes:

1. *Anargharāghava–nāṭaka*—Murari Mishra–11c. AD *(Nāndyante) sūtradhāra–alam ativistareṇa/ bho bhoḥ lavanodavela–vanāli-tamālataru–maṇḍalasya tribhuvana-mauli-maṇḍana-mahānīlamaṇeḥ kamalā-kuca-kalaśa-kasturikā-patrāṅkurasya bhagavataḥ puruṣottamasya yātrāyām upasthānīyāḥ sabhāsadaḥ/*

   Here *mahānīlamaṇi* happens to be the epithet of *puruṣottama Jagannātha.* The place is near the seashore and is testified by Mahiar inscription.[3]

   In another manuscript it is said as follows :
   bho bho ! Śrīpuruṣottama-kṣetra-sambandhini bhagavati Jagannāthasya yātrā-mahotsave guṇḍicādrau upasthānīyāḥ upasthitāḥ sabhāsadaḥ/
   samudre majjanan nūnam uḍresu purusottamam/
   dṛṣṭvā tavāntike bhūyaḥ puro gacchaty ayam śiśuḥ//
2. *Veṇīsaṃhāra-nāṭaka*—Bhaṭṭanārāyaṇa
3. *Paraśurāma-vijaya*-nāṭaka—Kapilendradeva- 1435-1466 *(nāndyante) sūtradhāra–alam ativistareṇa/. . . tribhuvanodita apratima-pratāpa-pramudita-varalakṣmī-svayamvareṇa rājādhirāja-navakoṭi-karṇāṭādhipati-gajapati-gaḍeśara-pratāpavīra-Kapilendradeva-mahārājena/ nīlakanda-ranāthasya mahotsava sabhāsadaḥ/ mat–kāvyābhinayenādya vinodaya kusīlavāḥ//*
4. *Bhaktivaibhava-nāṭakam*—Kavi-ḍiṇḍmajīvadevācārya

sūtradhāra;
dolāmahotsavakṛte puruṣottamasya
kolāhalaiḥ pikagirāṃ dhvanayan digantam /
lokākalad-vahala- kuṃkuma-dhūli-siktāḥ
celāñcala-dvijavarair–madhurujjihīte //

5. *Utsāhavatī Rūpakam* *Hallīsa* AD 1497-1535
asmin vasantasamaye puruṣottamasya
prāsādapārśva-maṇimaṇḍapa-maṇḍalīṣu/
ete haranti hṛdayāni mahājanānām
nānāvidhair abhinayai rasikāvanīndrāḥ //
This play was enacted in spring festival of Jagannātha at *dolavedi.*
6. *Piyuṣalaharī goṣṭhī*—Jayadeva –II (son of Jivadeva)
Sūtradhāra :
aho bhagavataḥ janasītamayūkhasya nīlācala-mauli-maṇḍana-maṇeḥ garuḍadhvajasya prāsāde prasādamilitaḥ sāmājikāḥ /
7. *Samṛddha-mādhava-nāṭaka*—kavibhūṣaṇa Govinda Sāmantarāy, the Court poet of Vīrakiśoradeva. 1778 AD
Sūtradhāra : *ārya paśya paśya nīlācalaṃauli-lilācala-jaladhara-maṇḍalāmbarasya pralaya-samayāparākūpā-rāntalāntarantaritapaya manasāyām kalpavaṭa–viṭapi-kiśalaya-nilayavilāsana–lālasa-matta-madhusūdanasya Śrīmadhusūdanasya jivātukṛtatvāc–caraṇa–rājivam ājananaṁ bhaktajanānāṁ hṛdayam ārādhayāmaḥ/*
8. *Jagannātha-ballava-nāṭaka*—Rayarāmānanda, fifteenth cent.
9. *Chandrakalā nāṭikā*—Visvanātha, fourteenth cent.
10. *Dānakhaṇḍa nāṭikā*—Gopālabhaṭṭa, sixteenth cent.
11. *Maṇimālā nāṭikā*—Ānadī Mishra, 1746
12. *Rasagoṣṭhī* rūpaka *goṣṭhī*—Ānadī Mishra, 1746
13. *Bhañjamahodaya nāṭaka*—Narasimha Mishra, 1650-1660 AD.
This *nāṭikā* was composed by Narasimha Mishra and was staged in Puri in front of Gajapati Balabhadra Deva a king of Khurdha kingdom, in the presence of Śiva

Nārāyaṇa Bhañja, the ruler of the Kendujhara state as evident from the *prastāvanā*,

nāndyante sūtradhāra : asti tatra dakṣiṇa-pārāvatatīre sakalapāpakṣayadakṣa-kṣmādharamaṇḍala-maṇḍana. . . Śrīpuruṣottamābhidhaṁ pūṇyakṣetram /

14. *Caitanyacandrodaya nāṭaka*—Kavikarṇapūra Paramānandadāsa This play was enacted in Jagannātha temple in the presence of Gajapati king Pratāparūdra on the occasion of car festival.
15. *Pārijāta-haraṇa-nāṭaka*—Gopaladasa, fifteenth cent
16. *Abhinava veṇisamhāra nāṭaka*—Markaṅdeya Mishra, fifteenth cent.
17. *Śrīpuruṣottama—nāṭaka*, Madhavi Dasi (woman devout)sixteenth cent.
18. *Guṇḍicā mahotsava*
19. *Bhañjamahodayanāṭaka,* Historical drama—Kavi Nilakantha Mishra edited by Banambara Acharya, and published in 1946.

Plays on the Rāmāyaṇa theme:

1. *Rāma-Vināyaka-vyāyoga* is written by Vṛhaspati Paṇḍita, the court poet of Gajapati Purusottama Deva (1467-1497 A.D.). The theme of the *vyāyoga* is based on *uttarakāṇḍa* or Rāmāyaṇa on the basis of Śambuka vṛtānta. In this *vyāyoga* Oriya language is used. This play was enacted in the temple premises of Puri.
2. *Śrī-Rāmacandra-Nandodaya-vyāyoga,* composed by Nārāyaṇa Nanda, the court poet of Gajapati Purusottama Deva. Uttararāmacarita influences the plot, where Candraketu moves with horse. But the author Nanda uses Śatrughna in place of Candraketu.
3. *Rāmābhiṣeka, Ullapya* type of play composed by Rāma Dāsa the court poet of Gajapati Pratāparūdra Deva.
4. *Triśiro-vadha-vyāyoga* is composed by Cintāmaṇi Miśra, the court poet of Cakreśa or Cakrapratāpa, the son of Gobinda Vidyādhara in between 1549-1557 AD.The theme of this *vyāyoga* is on the basis of Āraṇyakāṇḍa.
5. Śrī-Rāmakauśikāṅka

Sūtradhāra: Śrīnīlasundaramahīdhar āvasthitasya padābjapūjako daya daśātmajena vṛhaspati–paṇḍitena viracitābhinavavyāyogena rāma-vinayākhyena pariṣadas–toṣayitavyaḥ. . . .

Plays based on the Mahābhārata

1. *Abhinava Pṛtijñā Vyāyoga*: Puruṣottama Dāsa, the court poet of Kapilendra Deva 1435-67 A.D, composed *Abhinava pratijñā*. The theme is based on *drona parva*, the story of *cakravyūha*.
2. *Abhinava Veṇīsaṁhāra*: Gajapati Puruṣottama Deva himself composes *aṅka* type of play.
3. *Candrāvatī-haraṇa*, Gopīnātha Ratha the court poet of Gajapati Kapilendra Deva and his successor Gajapati Śrī Puruṣottama Deva had composed the play.
4. *Śrīkṛṣṇa-bhakta-vātsalya-carita*, Gajapati Rāmacandra Deva-1 otherwise known as Abhinava Indradyumna had composed the one act play in 1574-1575 A.D.
   Sūtradhāra: kamalanirviśeṣa-caraṇakamalasya kamalamukha-kamalatulamādhvika-lubdha madhuvrata-sya nīla–śaila–śiromaṇeḥ bhagavata Śrī-purusottamasya kenāpi kāraṇena'vasara-rasaprayukta-hṛdayasya sāmpratam-abhinava–indradyumne gajapate Śrī-rāma-caraṇa–kamalārolamba-rāmacandradeva-koṭi-janmārjita-sukṛta–prabhāvavati kṛpā-vasataḥ pratātadārumaya-madhuramūrte puṇḍrikākṣasya guṇḍicā-mahotsavo'yam tadanantara-saṁsthaṁ bhagavantam anādimadhyāntam anantam ālokya janma saphalayāmi.
   atra kila guṇḍicā-mahotsave nānādig-deśa-gata nānārya-vidagdha-miśrān kena prabandhāhinayenārādhayāmi, (vicintya) tatas tenaiva nīpati-tilakena śrīrāmacandra-devena kṛtaṁ Śrī Kṛṣṇa-bhakta-vātsalyaṁ caritaṁ abhinetavyam/
   This play was enacted in Guṇḍicāmahotsava, the car festival of Jagannātha
   Ambarīṣadurvāsāṅka, Vāṇīnātha Pattanaik the court poet of Gajapati Śrī Mukunda Deva (1560-1568 AD) has

composed this *aṅka*-type of one act play.

5. *Śrīkṛṣṇavijaya* and *Bhagavatāyana*, the Vaiṣṇava poet Rāma Dāsa the court poet of Gajapati Prātaparudra Deva has composed these two one act plays in between 1497 and 1540 AD.

Prafulia K. Mishra

Śrīkṛṣṇavijaya:

māriṣa . . . . ādiṣṭosmi bhagavatā nīlādrināthena bhaktamukhena guṇḍicā-mahotsavena etat samāyojitavyam kimapyuparū pakam abhinetavyam . . .

Bhagavatāyanam : in the *prastāvanā* of *Bhagavatāyanam* the same author indicates;

bhagavat-puṇḍarika-nayanasya dolamahotsave padāravinde prakīrṇa-paṭṭavasa-pūñja–piñjarita maulinā bhakta-samūhena.

6. *Śyamantaka-haraṇa*, Vāsudeva Ratha the court poet of Gajapati Ramacandra Deva-1 has composed this one act play.

   Sūtradhāra: are nartaka akhilajanamanollāsakṛta- Śrījagan-nāyakasya vivāhayātrā darśanotsuka bhūpasamūha ete evābhivartate nūtana–prabandhābhineya ānadayaty aha /

7. *Pracaṇḍa-vṛkodara*, Kaviratna Puruṣottama Mishra, the court poet of Bīrakeśarī Deva king of Khurda (eighteenth century) has composed the play.
8. *Madhurāniruddha-nāṭakam*, Cayani Candrasekhara18th C.
9. *Pramudita-Govinda Nāṭakam*, Kaviratna Purohita Sadasiva Udgata (Ms. vol, p. 7)

The citations and references of the above plays enacted in the temple premises and around are quite self-explanatory. Yet, some of the interesting features need to be discussed.

Though the theme of the above plays are from the Rāmāyaṇa, Mahābhārata and other devotional and regional tradition, yet Lord Jagannātha becomes the centre of depiction. All of them praise the holy shrine and the holy place.

Secondly, Jagannātha in not found to be addressed in any of the invocatory stanzas in any inscription. But the poets are devoted enough to pray him and that tendency is noticed onuard fortheenty century. The benedictory stanzas normally addressed to lord Śiva is replaced by the benediction of Lord Jagannātha. All play-rights express their gratitude to lord Jagannātha in different words. Sri Jagannātha is referred as *tribhuvana mauli, puruṣottama-kamala, nīlakandaranātha, puruṣottama, nīlācala-maulimaṇḍanamaṇi, kṣmādhara–maṇḍala-maṇḍana, Nīlasundara-mauli* etc.in various plays like *dola utsava, guṇḍicā utsava, vasanta utsava, varalakṣmī svayamvara, vivāha yātrā* etc. *Dola yātrā* and *vasanta utsava* etc. were used to take place on the *maṇḍapa* inside the temple premises in those days.

The singing of Jayadeva's *Gitagovinda* everyday also encouraged poets to sought royal patronage where Gajapati Pratāparudra Deva, Kapilendra Deva, Rāmacandra Deva were present.

Study of more than one manuscript of the same plays would reflect more interesting facts. The place of festival was all over Puri in different places. The car festival is popularly known as *guṇḍicā yātrā* which is locally called even today. Many Oriya poets mention this as *guṇḍicā yātrā.*

References

1. See P. K. Mishra, *Sanskrit poetics: with Orissan contributions* Delhi 1988 pp 285-328.
2. *Dharmapada, Gopabandhu.*
3. Exa. Ind. Vol.xxxv, p-171.

Bibliography

Hota Trinatha, Different names of Lord Jagannatha depicted in Sanskrit plays; Vasundhara, Vol.I, Orissa

Sanskrit Academy,Bhubaneswar,June 2003,pp-43-56

Mishra P.K., Sanskrit Poetics: Orissan Contribution. Delhi, 1988, pp 285-325

Mohapatra K.N. Descriptive Catalogue of Sanskrit Manuscript of Orissa, Vol.II, Orissa Sahitya Academy, Bhubaneswar, 1960.

30

The Critical Edition of the *Prabhāvatī-Pradyumna-Nāṭaka:* An Overview

Sweta Prajapati

While preparing a paper on the play *Prabhāvatī-pariṇaya* of Harihara Upadhyaya, also known as Harihara Jha, I developed an interest to investigate the unpublished Sanskrit plays composed on the same theme with a view to edit them if they deserve edition and publication. Fortunately, in course of my investigation of the manuscript sources preserved at the Oriental Institute of Baroda, I found out a play entitled *Prabhāvatī-pradyumna-nāṭaka,* one manuscript of which is available in our institute in good condition. It is a mythological play of appreciable merit. Its author is Rāmakṛṣṇasūri, a little known literary figure of 17th century. After checking the *New Catalogues Catalogurom* and other relevant sources, I was confirmed that the play has not attracted the attention of any competent scholar and has still remained unpublished though two manuscripts of this play are available. One is deposited in the Oriental Institute, Baroda and the other is in the Raghuvir Sanskrit Library, Jammu. The details of these MSS are as follows:

Ms. Name	Ms.B (Baroda)	Ms.J (Jammu)
Acc. No.	12975	645
Material	Paper	Paper
Folios	46	33
Granthas	730	1450
Size	25.5 9	27.5 10
Age	Samvat 1644	Saka 1650

The colophon of the Ms. B reads: संवत् 1644 समये फाल्गुणवदि 5 बुधे पुस्तक लिषी वाराणसीनगर श्रीअकबरसाहिराज्ये महाराजाधिराज श्रीरामचन्द्रदेवात्मजयुवराजश्रीमान्वीरभद्रदेवज्ञया।

It is interesting to say that the manuscript of the Oriental Institute bears the stamp of *Mahārājādhirāja-śrīrāmacandradevātmaja.* The stamp contains both Persian and Devanāgarī scripts. The colophon of this Ms reads that this was copied at Varanasi in the territory of the king Akbar by the command of the Prince Vīrabhadra, the son of the king Rāmacandra.

The colophon of the Ms. J reads:

इति श्रीवैष्णवाग्रगण्यभगवतीदासोत्तेजितरामकृष्णसूरिसूचिते प्रभावतीप्रद्युम्ननाम्निनाटके पञ्चमोऽङ्कः। अथ हालाद्गते काले खबाणरसभूमिते सिताश्विनद्वितीयायां कृष्णानंदोऽलिखत्सुधीः।। शुभमस्तु ।।श्रीः।।

Manuscript Observation

The Mss. have their own peculiarities. Between the two Mss. of this play, the Jammu Ms. is more authentic than that of the Baroda one. Baroda Ms. has many spelling mistakes and is full of; corrections and additions in the margin Moreover it has repetitions and omission of lines in some places. While comparing the variants it is observed that the Jammu Ms. contains better and authentic variants though there are a few exception in such a situation both the manuscripls are complementary to each other. However, overall estimation is that the Jammu Ms. is couridered better than the Baroda one. As far as better readings are concerned, the Baroda Ms. is written in Jain Devanāgarī style. The scribe's name and the place of its copying are not found. But, in the colophon it is mentioned that this Ms. was copied at the order of Bhadradeva, the son of king Rāmacandra who ruled over Gujarat during the reign of Mughal King Akbar. The king Ramacandra was a Jain and this may be the reason that this Ms. is written in Jain style. The Jammu Ms. gives the numbers at the end of every verse with red ink and every name of the speaker of dialogues are darkened with red ink. Hence it becomes easy to differentiate the dialogues. The technical elements like the prastāvanā, viṣkambhaka and praveśakas are also marked separately with red ink. This effort of the intelligent and sincere scribe helps in easily reading and understanding the text. These features are not found in the Baroda Ms.

Author

Unlike most of the Sanskrit writers, Ramakrishna has given some pertinent information about his personal life and of ancestors. The Sūtradhāra in the Prastāvanā speaks the names of his father and forefathers. His father was Gopālācārya who was a learned and expert in disciplines of knowledge. He himself was a profound scholar, amd has thoronghly studied the Sāhityaśāstra as it is evident from his writing. He had sound knowledge of metrics and Purāṇas etc. and was a devotee of Nārāyaṇa or Viṣṇu and Lakṣmī.

Details of the Play

From the title of the play it is understood that it is a mythological one and based on the *Prabhāvatī-Pradyumna* episode on which many kāvyas like *Prabhāvatī-pariṇaya* by Harihara, *Pradyumnacarita-Mahākāvya* by Mahāsenācārya, *Pradyumnābhyudaya,* etc are found to be composed. The theme is derived from the *Harivaṃśa* (*Adhyāya* 91-97).

However, the theme is found also in the *Viṣṇupurāṇa* and the *Nepala-māhātmya.* However, the play of Ramakrishna has its own merits. Though written on very well known plot, the playwright has displayed his creative talent while presenting the theme in an appealing manner.

There are five acts as we find in the traditional compositions. The play begins with two benedictory verses followed by a very long prastāvanā. The verses, which speak out the poetic brilliance of the author, are in the form of Prahelikā written in praise of Goddess Lakṣmī[1] in Śārdulavikrīḍta and Śikhariṇī meters having the alaṃkāra Praśna. The verses also speak of the author's sense of humour.

Though the nature elements are given less scope for description in the present play, some of the verses related to rain are worth noting.[2] The dramatist successfully describes Prabhāvatī's beauty,[3] passion of hero and heroine in the second and third act by applying various beautiful *alakāras* like *Dīpaka.*[4] Some verses remind us the well known verses of Kālidāsa and Bhavabhūti.[5,6] The poet-dramatist has nicely depicted the love in separation.[7]

It is known that the author was a talented poet well versed in different Śāstras. He has given vent to his poetic caliber by composing verses both in Sanskrit and Prakrit. Even in the first act there are thirty-nine verses, and in second, thirty four. The dialogues are mostly short; the language is easy and clear.

The author has made use of the different motifs like the *Bhramaravadhaprasaṅga* as we find in the *Abhijñānaśākuntalam.* One of the interesting features of this play is that it contains a garbhanāṭaka by name *Rambhābhisaraṇa.* In the third act, *patralekhana,* the technique of message sending is given rending of messages.

Summary of the Play

Act I

In the first act after benedictory verse to goddess Lakṣmī

there occurs a very long prastāvanā, in which through the dialogue between sūtradhāra and naṭī we are informed about dramatist Rāmakṛṣṇasūri's personal account, his scholarship and staging of this drama in Varanasi before the intelligent audience. The act starts with dialogues between Indra and Hansī, a divine lady. They discuss about the plan to kill the demon Vajranābha by way of establishing the relation of Pradyumna with Prabhāvatī, the daughter of Vajranābha. They want to take the help of Bhadra. Indra goes to meet Lord Kṛṣṇa to discuss the plan.

Act II

In the Praveśaka through we are informed the dialogues of Pradyumna and his friends about the dream of Pradyumna that he saw one beautiful lady. Then enters Prabhāvatī's friends Madhuvāṇī and Sarvajñā thinking for the removal of her pitiable condition occurred due to pangs of love. The month of Vasanta is adding to her pain. Sarvajñā narrates the story of divine birth of Pradyumna and his qualities. Hansī has been sent to Dvārikā to inform Pradyumna about Prabhāvatī's love and to bring Bhadranaṭa. Then in the Viṣkambhaka, the dialogues between Taralikā and Prabhāvatī informus that Hansī has been sent to Dvārikā to bring Bhadranaṭa. Taralikā narrates Bhadra's talent, then all of them go to Dhavalagṛha to wait for Hansī's arrival from Dvārikā with some good news. Now, Hansī is in the Dvārikā, where she sees the same pitiable condition of Pradyumna. Hansī hands over the love-letter of Prabhāvatī to Pradyumna and explains about the condition of Prabhāvatī. She also explains her plan how Pradyumna will enter the Vajrapura with Bhadranaṭa, the friend of Pradyumna. She also informs him about the divine birth of Prabhāvatī. Hansī departs to meet Prabhāvatī and Pradyumna departs to take the permission of his father for further action.

Act III

In the Viṣkambhaka, we are taken to Vajrapura, where the demons are talking with Vajranābha about Bhadranata's dramatic talent. Vajranābha then proceeds towards the theatre with his minister Śuddhasena to watch the drama *Rambhābhisaraṇa* to be performed by Bhadra and other actors. Then Sarvajñā, Madhuvāṇī and Taralikā enter. They all proceed towards dhavalagṛha to see Prabhāvatī who was about to jump from the height to end her life, but she was saved by Taralikā and Sarvajñā. Sarvajñā hands over the letter of Pradyumna to her. Taralikā also informed her about the drama performed by the group of actors invited by her father Vajranābha. Being highly pleased by their talent the king Vajranābha honored them with lots of wealth and now they enjoy the royal hospitality. There Hansī come and inform that Pradyumna is waiting for Prabhāvatī in the garden. Prabhāvatī was taken to the garden by Taralikā and other friends. Here Pradyumna became the bee by means of his magical power and enjoyed the company of Prabhāvatī. After some time Pradyumna reveals his original form and takes Prabhāvatī to the palace for marriage.

Act IV

In the fourth act, Prabhāvatī and Pradyumna are tied with the sacred thread of marriage. In the Praveśaka, we are informed about Candrāvatī and Guṇavatī's love with Gada and Samba, two brothers of Pradyumna. Then enter Sarvajñā and Taralikā. From their talk we are informed about the three children born by the marriages of three couples. It has become now difficult for them to hide three children from the king Vajranābha. There comes Madhuvāṇī crying with news that Vajranābha is enquiring about the parents of these children. Hansī goes to Indra seeking his help. Indra departa an his chariot along with Mātali and inspired. Pradyumna for war with Vajranābha.

Act V

Lord Kṛṣṇa, Purandara, Mātali and Hansī are observing the war between Pradyumna and Vajranābha. Pradyumna kills Vajranābha's elder son. Gada and Śamba also help Pradyumna in gadāyuddha and kill many soldiers. Gada kills Candrasena. In the mean time, from behind the curtain it is known that Prabhāvatī, Candrāvatī and Guṇavatī wish to end their life along with children and friends in the fire. Lord KṢÓĨa stops them doing so. Then comes Nārada and tells that Pradyuma kills Vajranābha. Then enter Pradyumna, Gada and Sāmba. The drama ends with the Bharatavākya, in which Nārada blesses the three couples for well being, and prosperity of the nation.[8]

Dramatic Techniques

The dramatist has strictly observed the dramatic techniques to make the play a successful one. All the arthakriyās, arthopakṣepakas, sandhis, nāndī, bharatavākya etc. are used following dramatic rules. There are two Praveśakas (Introductory scenes) and two viṣkambhakas (supporting scene).

The author has made proper use of culikā (intimating speech from behind the curtain) to provide the information of the entry of the new characters with some special intension on the stage. At the end of the first act the dialogue of and Haṁsī and Indra ruggest the theme of the second act. This is a case of aṅkāsya (Anticipatory scene). In the viṣkambaka of the third act, we are informed about Vajranābha enjoying the play, Rambhābhisaraṇa. This episode is not so interesting but cannot be avoided also as it partakes in the development of main theme. So it has been described in the Viṣkambhaka.

At the end of the third act, the conversation between Prabhāvatī and Pradyumna theres us some light on the matter of the fourth act, in which the gāndharva-vivāha is going to take place in the palace. The fourth act starts with the entry of the same characters. This is a case of aṅkāvatāra (transitional scene). The author has also made use of two praveśakas, in which Candrāvati's and Guṇavati's love with Gada and Sāmba respectevely and is shown gradnally developing which to culminetes in the birth of their children and their efforts to hide the children from Vajranābha etc. is included in the Praveśakas. Here the patākā (subordinate story), the love story of Candrāvatī and Guṇavatī with Gada and Sāmba, which is helpful to the main theme, is described by Praveśaka.

Among the 21 sandhyantaras, (distinction of the segments) the author has used *sāma (*sweet speech), *pradāna* (to give something as identity, Prabhāvatī gives her necklace as an identity to Pradyumna), *vadha,* (killing of demon Vajranābha,) *dūta, lekha, svapna, citra,* etc. are very skillfully described by the author in developing the theme.

As Śṛṅgāra is the main sentiment of this drama, the kaiśikīvṛtti is nicely dealt with. For this the dramatist has employed, narma and narmasphoṭa techniques of kaiśikīvṛtti in the dialogues of Prabhāvatī and Pradyumna. The fifth act deals with the description of vīrarasa and therefore sāttvatīvṛtti is also found by employing saṅlāpaka (serious dialogues between Vajranābha and Pradyumna, Sāmba and Candrasena), utthāpaka (one character motivates the other for war; Pradyumna has been motivated by Lord Kṛśṇa and Indra). In the description of two person's attacking each others *sampheta,* one of the elements of *ārabhaṭīvṛtti* is also found.

Observations on Prakrit language

In the present play, there is ample use of Prakrit language in Nāṭakas. Apart from the small dialogues many verses and long passages are found in the play. This speaks of the playwright's command over the Prakrit language. The Sanskrit *chāyās* are not given. It may be the reason that the author wants them to read in Prakrit so that one can relish their linguistic peculiarities. There are many women characters namely, Prabhāvatī, Haṁsī, Madhuvāṇī, Taralikā,

Sarvajñā et. al. Among them Prabhāvatī and Madhuvāṇī speak Prakrit only while the elderly and motherly characters like Sarvajñā and Taralikā and Haṁsī speak Sanskrit. But Haṁsī is a divine character and she speaks both Sanskrit and Prakrit as per the need. For example, she speaks in Sanskrit with Pradyumna and in Prakrit with others.

Originality and Innovations

1. The detailed exposition of birth of Pradyumna is made for showing the high family tradition and heroic attributes of the hero Pradyumna.
2. In the original source, the plan of entering into Vajrapura is made by Lord Śrī Kṛṣṇa. But, in this drama, the work is done by Naṭa named Bhadra. The reason may be to retain the importance of the main character.
3. The dramatist has also proved his skill of imagination in order to an atmosplow of sending the picture of Pradyumna to Prabhāvatī and of Prabhāvatī to Pradyumna creat attraction Pra and Pra for each other by means and his a rignificance to have Vajrapura and to kill the demon Vajranābha.
4. One more appreciable trait of the dramatist is to be noted that in the theme of the rorignent to play, Pradyumna enters into the Harem in the form of a bee with the helpof his magical power *māyā* or. While in the present play that episode has been developed nicely to create a scope for the description of Śṛṅgārarasa. Here Pradyumna in the form of bee observes all the passionate and sensual behavior of Prabhāvatī. The author seems to have been inspired by the Śakuntalā of Kālidāsa, though Pradyumna here is the active participant and not the passive observer like Duṣyanta. This change deserves appreciation. But it should not be interpreted as lack of herosm of the hero because he used to know with all the technique of māyāvidyā as he was born and brought up with a demon. It is in fact the consequence of vidyā, which

helps in achieving the goals impossible by any other means.

5. The love-letter episode is also a creation of author's mind.
6. Prabhāvatī's attempt suicide in the third and fifth acts is shown.

Comparative Observations

This theme of Prabhāvatī and Pradyumna of the *Harivaṃśa* has attracted many poets and dramatists. The occurrence of staging of *Rambhābhisaraṇa-nāṭaka* by kapaṭa-natas in Vajrapur in the same adhyāyas as in the Harivaṃśa is considered as one of the earliest evidence of the origin of the drama. But some scholars do not consider this as more important since Harivaṃśa is a later composition of second or third century.

When we compare the three dramas-*Pradyumnābhudaya*, *Prabhāvatī-pariṇaya*, and *Prabhāvatī-Pradyumna*-certain dramatic changes come to our notice:

1. The role which Sucimukhī plays in *Prabhāvatī-Pradyumna* and *Prabhāvatī-pariṇaya* is played by Bhadranaṭa in *Pradyumnābhyudaya-nāṭaka*. Bhadranaṭa narrates the beauty of Pradyumna to Prabhāratī interest to arouse for Pradyumna. In Prabhāvatī-pariṇaya Ital her Lord Kṛṣṇa's character is omitted.
2. The theme of the *Pradyumnābhyudaya* is centered around the killing of the demon Vajranābha and the victory of Pradyumna, while both *Prabhāvatī-pariṇaya* and *Prabhāvatī-Pradyumna* deal much with *Śṛṅgārarasa* and foucs at the union of Prabhāvatī and Pradyumna.
3. The characters of Indra, Sucimukhi do not exist in *Prdyumnā-bhyudaya*. *Prabhāvatī-Pradyumna* drama centers around the victory of Pradyumna over Vajranābha.
4. Rambhābhisaraṇa is suggested in *Prabāvatī-Pradhyumna* and *Prabhāvatī-pariṇaya* but it is acted in as *garbhanāṭaka*

in the *Pradyumnābhyudaya.*

5. Marriages of Gada and Sāmba occur the *Praveśaka* of *Pradyumnābhyudaya* and *Prabhāvatī-Pradyumna* but in *Prabhāvatīpariṇaya* the entire fifth act is devoted to this episode.
6. The birth of three children happened to be known after the war in *Pradyumnābhyudaya* while in other two plays it is the cause of the war.

The comparison of all these three dramas reveal many notable points. It gives an opportunity to understand different perspectives of all these three dramatists, Harihara Jha (*Prabhāvatī-pariṇaya*), Ravivarma Kulaśekhara (*Pradyumnābhyudaya*) and Ramakrishna Suri (*Prabhāvatī-Pradyumna).* It is interesting to study their techniques like the inclusion of the episodes either in *Praveśaka* or *Viṣkambhaka* or as the part of the actual act. Replacement, omission and addition of the characters are noticeable features. It is enjoyable to see how one dramatist has excelled in describing certain episodes while depicting in Śṛṅgāra and Viṣrarasa and how the other has achieved less success in doing so. This shows, how the genius of one dramatist makes the drama interesting and the same becomes less interesting at the hand of other. This type of comparative study helps in understating the traits of application of the dramatic techniques adumbrated by the age-old dramatists. This also facilitates in knowing the subtleties of practical utility of dramatic elements. I presume that there are more plays on this theme.

Conclusion

A critical edition of the present play is under preparation. and the work will bring to light some other valuable points.

References

1. पादान्तप्रणतोऽपि कान्तवचनप्राचुर्यचातुर्यभा-
ग्दष्ट्वा मानपरां श्रियं नतमुखीं बाष्पाक्तनेत्रां विभुः।
किं ते पृष्ठतले सरोजवदने सर्पः समुत्सर्पती-
त्याख्यानेन चमत्कृतामवतु वः संदर्श्य वेणीं हसन्।।91।। (Act. I)

2. गतास्ताराहारा इव विरहिणो वक्षस इमे
नभसश्चन्द्रोऽयं तिलक इव भालाद्यपगतः।
नभो जातं कृष्णं मन इव समन्तादिव दिशो
निरुद्धा संगाशा घननवघनैराधिभिरिव।।95।। (Act. I)

3. तस्या मुखं विजितफुल्लसरोजकान्ति
पश्येयमीङ्गदपवर्त्तितलोचनां ताम्।
यस्याः कथाश्रवण एव मनो मदीय-
मुद्भ्रान्तवद् भ्रमति चक्रमिवातिरूढम्।।96।। (Act. II)

4. दलति हृदयं देहः कामं महानलचुम्बितो
ज्वलति विकलं चेतो मोहं प्रयाति च जीवितम्।
व्रजति तदलंकारक्षेपैर्विधेहि मनोरथं
मम किल यतस्तातेन त्वं प्रकल्पितमीदृशम्।।24।। (Act. II)

5. इदं कञ्जं चेदं किसलयमिदं चन्दनमिदं
हिमं चेदं पाथः शिशिरकमलिन्या दलमिदम्।
अयं चायं शीशो मम भवति सर्वं हि वडवानलः
प्रायं प्रायः सुखयति विधिर्नाथ निचयः।।26।।

6. गतं शून्यं चेतो भ्रमति नयनं निश्चलतरं
वपुः कम्पोद्भिन्नं हसति परिपक्वं च पटलम्।
मुखं प्रातश्चन्द्रद्युति वहति कारुण्यमनसां
प्रतापं देहोऽयं शितिशिवतियीन्दुप्रभ इह।।22।।

7. ज्वरं ब्रूते कश्चित् पवनविकृतिं कोऽपि गदति
ब्रवीत्यन्यः पाण्डुं वदति पुनरागप्रचयजम्।
गदं नो जानीते विरहदहनोत्थं बत भिषक्
कथं शान्तिर्भूयात्कथय सुतनोस्त्वां किल विना।।30।।

8. शासन्तां वसुधाधिपा भुवममी भूमी सुराणां परा
वाचः काव्यकृतां भवन्तु सुरसा लोकाः सुखं प्राप्नुयुः।
लाभस्स्याद्वणिजां क्रयव्यवहृतैर्दौर्जन्यहानिर्भवेत्
दुष्टानां रसिका भवन्तु सुखिनः श्रीरागिणीस्ताद्गुरोः।।

Bibliography

1. Prajapati, Sweta, "Prabhāvatī-pariṇaya: Eka Āsvādya-natyakṛti", *Sabdākhyajyoti*, Prof. Vijay Pandya Felicitation Volume, Ahmedabad, 2005: Hariharakṛta Prabhavatī-pariṇayanāṭaka, Journal of G.N. Jha Kendriya Sanskrit Vidyapeetha, 2006, Allahabad.
2. *Prabhāvatīpariṇaya of Harihara*, ed. Ramachandra Mishra, Chowkhamba Sanskrit Series, Varanasi, 1959.
3. *Pradyumnacarita (Mahākāvya) of Mahāsenācārya.*
4. *Pradyumnābhyudaya, of Raja Ravivarma* ed. T.G.Shastri, Trivandrum Sanskrit Series, Trivandrum, 1910.

31

The Changing Perspectives of Contemporary Sanskrit Dramas

Banamali Biswal

The famous Sanskrit maxim: '*Kāvyeṣu nāṭakaṁ ramyaṁ*' outclasses the dramas from other genres of creative writings (prose and poetry both). Kālidāsa's *Abhijñānaśākuntala*, however, excels the dramas written till the time of the present maxim. It is a different fact that in *Abhijñānaśākuntala* also the fourth act and there also the four specific verses are underlined as most fantastic. Though there were many famous Sanskrit dramatists in ancient times still the great dramatists like Bhāsa, Aśavaghoṣa, Kālidāsa, Bhavabhūti, Śudraka, Śrīharṣa etc., excelled others for their superb creations of dramas. The Sanskrit plays written by the above writers, used to be staged in ancient times all over India. However, now the only surviving ancient Sanskrit drama theatre is Kuḍiyaṭṭam where almost all major Sanskrit plays are being performed in their original forms. The noted Nāṭyaśāstra-scholar and the authority of Kuḍiyaṭṭam, legendary actor Mani Madhava Chakyar choreographed and directed plays like Kālidāsa's *Abhijñānaśākuntala*, *Vikramorvaśīya*, *Mālavikāgnimitra*, Bhāsa's *Svapnavāsavadattā* and *Pāñcarātra* etc. for the first time in the history of Kuḍiyaṭṭam. He not only popularised Kuḍiyaṭṭam but also rejuvenated the only surviving Sanskrit drama theatre in India. During Kālidāsa-samāroha at Ujjain in 2006, I had the opportunity to see the staging of *Mālavikāgnimitra* the in the Kuḍiyaṭṭam style directed by Kavalam Narayan Panikkar and enacted by the Theatrical team 'Sopan', Trivandrum. However, the drama containing six acts in original was staged in two acts in a musical drama form.

The *Nāṭyaśāstra* written by Bharata literally means 'Scripture of Dance' though it is technically translated as 'Science of Theatre.' This is a key-work for regulating the subject of stagecraft, which specifically describes the proper way one should go about staging a Sanskrit drama. It also addresses a wide variety of topics including the proper occasions for staging a drama, the proper designs for theatres, the types of people who are allowed to be drama-critics and above all specific instructions or advice for actors, playwrights as well as the producers. Though the Nāṭyaśāstra primarily deals with stagecraft, it has come to influence music, dance and literature as well. Thus, it can be stated that the *Nāṭyaśāstra* is the foundation of the fine arts in India. However, today's Sanskrit dramas do not completely come in the framework of *Nāṭyaśāstra* since they differ from the ancient dramas in many aspects such as theme, character and above all the stage-performance. An attempt is made to analyse the changing perspectives of contemporary Sanskrit dramas from different angles.

Indian dramas - The origin and development

If we look back to the origin and development of the Indian dramas we can see that our country has a long and enriched tradition of theatrical arts. It is certainly much longer than that of the western world. It is not true as believed by many scholars that the theatrical tradition of India has come out of the Greek invasion. Theatre has existed here as an indigenous institution at least since the Vedic period. However, the Hellenistic influences cannot be denied on Sanskrit theatre in the later period.

The earliest forms of theatrical arts might have existed in the form of dance-dramas as evidenced by iconographies available in the Indus Valley Civilisation, which might have died out with the Civilisation itself. However, the dramatic forms of the Vedic age later took its place. Vedic dramas also owed its origin to religion just like the Greek dramas, For example, the Yama-Yamī episode in the Ṛgveda, presents one of the earliest forms of drama in Indo-European literature. This drama is believed to be enacted by the Brahmins as a part of Vedic rituals in ancient time. Similar trends can be found in other Vedic as well Upaniṣadic dialogue hymns (i.e. Samvādasūkta-s) such as Nadī-Viśvāmitra, Yama-Naciketa and Satyakāma-Jābāla etc.

In the course of time, drama developed into an independent tradition by setting aside the religious rituals. Because of Alexander's invasion of India, the Hellenistic influences also greatly enriched Sanskrit dramas. The term *yavanikā*[1] used for curtain in Sanskrit theatre might have been derived from the word '*yavana*' i. e. the Sanskrit word used for 'Greek'. However, despite the Hellenistic influences, Sanskrit-plays substantially differed from their Greek counterparts. The nature of the plays changed from tragedy to light comedy. Dramatists often worked on pre-existing mythological or historical themes that were familiar with the common mass or rather the audience. Thus, many ancient plays, derived there plots from the Rāmāyaṇa, Mahābhārata and the other great epics of India.

Besides the vedic references, one can find the mention of the term drama as well as other dramatic terms along with the related instruments in later works such as Mahābhārata, Rāmāyaṇa, Harivaṃśa, Kāmasūtra, Arthaśāstra, Mahābhāṣya and also some of the Buddhist- texts like Lalitavistara etc.

In the Mahābhārata, Arjuna learnt dance and songs from Gandharva and he imparted such knowledge to the prince of Virāṭa also. The Prekṣāgṛha and Nāṭyaśālā etc. might have come to use in the Mahābhārata-period. In Rāmāyaṇa references are available with regard to the staging of drama.

The terms like Naṭa, Nartaka, Raṅgāvataraṇa and Raṅgastrī are used in the Mahābhārata. In Harivaṃśapurāṇa there is a reference to Nāṭaka based on the Rāmāyaṇa. Kṛṣṇa originated a Naṭa named Bhadra. He with other Yādava-s headed by Pradyumna as hero, played the Rāmāyaṇa in the city of Vajranāma. Here Sāmba played the role of Viduṣaka.

In Pāṇini's time (700-600 BC.) the term Nāṭya was in very much use as he derives the term from the root Naṭ- with the addition of Nya by P. 4.3.129. Till Buddhist age (600 BC) the dramaturgy was quite developed. In Buddhist texts we find references to Nāṭakas based on the biograph of Buddha played in the court of Bimbisara. Upto Kauṭilya's period Nāṭakas used to be played by professional teams. In Kāmasūtra (2nd century BC), Mahābhāṣya (third century BC) etc. Nāṭakas seem to be available in a developed form. It seems that by the time when these texts were written the dramas were in a well-developed form and most probably presented by the professional teams. The tradition of composing Sanskrit dramas did not stop in the age of classical Sanskrit literature since it continued till the age of modern Sanskrit literature. The tradition of writing modern Sanskrit dramas started before independence i.e. from the last decades of nineteenth century, which continues till the date. The writers, enriching the tradition with their substantial contributions are: Ambikadatta Vyasa, Amiyanatha Chakravarty, Balaganapat Bhatta Sudharma, Bhalachandra Bhide, Bhima Bhatta Nirpaje, B.R. Shastri, Chajjuram Shastri, Chudanatha Bhattacharya, Durgadatta, Haridas Siddhanta Vagisha Bhattacharya, Jatindra Bimal Chaudhururi, Jivanyaya Tirtha, J.T. Parikh, Kalipada Tarkacharya. Kshitish chandra, Lakshman Shuri, Lila Rao, Mathuradatta Pandey, Mathura Prasad Dikshita, Mahidhar Shastri, Venkataram, Maheshvar Shastri, Mulashankar Maniklal Yagnik, Medhavrata, Nityananda, Rama Choudhuri (wife of Jatindra Vimal Chaudhururi), Siddheshvar Chattopadhyaya, S.R. Lila, Sudarshan Tripathi, Tejanath Jha, Vasudev Dvivedi, Virendra Kumar Bhattacharya, Vishnudatta

Bhattacharya, Vishnudatta Tripathi, Vishnupada Bhattacharya, Vishvanath Keshav Chhatre, Vishveshvara Vidyabhushana, Ramkumar Malaviya, Ramanujacharya, R. Ganesh, V. Venkataraghavan, Vyasaraja Shastri, Y. Mahalinga Shastri, Shridhara Bhaskar Varnekar, Shrirama Velankar, Jaggu Vakula Bhushana, Janak Shankar Dave, Kapildev Dvivedi, Ramaji Upadhyaya, Reva Prasad Dvivedi, Radhavallabh Tripathi , Rajendra Mishra, Ogeti Parikshita sharma, Kriparam Tripathi, Krishnadatta Sharma, Ramakanta shukla, Ramakishore Mishra, Haridatta Sharma, Harshadeva Madhav, Keshav Chandra Dash, Banamali Biswal, Prashasyamitra Shastri, Janardan Pandey and others.

Classification of contemporary Sanskrit Dramas:

Before going into the details of the works of the contemporary Sanskrit dramatists mentioned above let me classify the available dramas. Usha Satyavrat has reviewed around fifty plays in her 'Sanskrit dramas of Twentieth century.'[2] She has classified them into seven groups on the basis of their themes. The groups are: Biographical plays,[3] Historical plays,[4] Humorous plays,[5] Mythological plays and legendary plays,[6] Political plays,[7] Social plays[8] and Miscellaneous plays.[9] From the observation of her list it is clear that in the beginning Mythological, Historical and Biographical plays dominated Political as well as Social plays. However, the scenario has been certainly changed in recent times.

In the similar pattern S.R. Ranganatha has also classified into six classes in his 'Post Independence Sanskrit Drama.[10] The divisions are: Mythological plays,[11] Historical plays,[12] Social plays,[13] Symbolic plays,[14] dance-drama[15] and Miscellaneous plays.[16] If we compare between the divisions accepted by Usha Satyavrata and S. Ranganath then we find that the latter has dropped a couple of categories like Humourous and Political plays. At the same time he has added two categories, namely, Symbolic plays and Dance-drama. However, it is not clear why S. Ranganath has concentrated mainly on a single author for his study. Out of the forty-one plays he has dealt in his book, a large nuber of plays (atmleast twenty six in number) belong to a single playwright, i.e. Ogeti Parikshita Sharma. Though Usha Satyavrata's work is comparatively exhaustive still in my opinion the Sanskrit dramas accepted for the study in both the books are not sufficient.

Contemporary Sanskrit Dramatists and their main contributions:

In the present assignment by Contemporary Sanskrit Dramas, I mean the dramas written in the the post-independent period i.e. the later half of the twenteth century but of course including the period covered yet in the twentyfirst century. It is believed that Haridasa Siddhanta Vagisha was the first Sanskrit playwright of twentety century. What I observed during this study that hundreds of dramas have been written during this period. Some new genres have entered to the creative world of dramaturgy in addition to the existing ten varieties of *rūpaka*, namely, Nāṭaka, Prakaraṇa, Bhāṇa, Vyāyoga, Samavakāra, Ḍima, Īhāmṛga, Aṅka, Vithī and Prahasana etc.[17] and the eighteen varieties of Upa-rūpakas, namely, Nāṭikā, Troṭaka, Goṣṭhī, Saṭṭaka etc.[18] The new genres are mostly Laghunāṭaka, Ekāṅkī, Reḍio-Rūpaka,Vīthināṭaka, Udyānanāṭaka etc. Today's playwrights are busy in writing Laghunāṭaka-s as well as Ekāṅkī-s and publishing them in the form of Laghu-nāṭaka-sağraha and Ekāṅkīsağraha etc. However, a few dramatists like Ramaji Upadhyaya and Rewa Prasad Dvivedi etc. are still writing dramas following the well-accepted traditional norms.

As it is not posrible to incorporate all the plays here therefore, I have prepared it on the basis of the dramas available in my personal library, Institute library and the reviews published in some periodicals like DṢk,[19] Sāgarikā,[20] Nāṭyam[21] etc. In the process of preparing the paper, I have gone through the works like 'Saṇskrit Dramas of twentieth century' by Usha Satyavrat, 'Post Independent Sanskrit Drama' by S. Ranganatha and 'Ādhunika Saṃskṛta Nāṭaka

(Naye Tathya-Nayā Itihāsa)' by Ramaji Upadhyaya and I found them useful so far as my topic is concerned. However, these books cannot be considered to be updated, because, many available dramas are not included and many recent dramatical works are also written after these books are published.

In the following pages a brief outline of the contemporary Sanskrit dramas is presented. The order adopted here has nothing to do either with its chronology or its quality. It is neither claimed that all the Sanskrit dramas and their authors have got a due place in my paper.

Haridas Siddhanta-Vagisha Bhattacharya has written a mythological play titled Virājasarojinī published from Calcutta in the Śaka-year 1879. The drama deals with the love affair of King Haridaśva, the ruler of Malwa with Sarojini, a Gandharva princess. The author is competent in composing verses in spoken language:

Ekasya mithyāvacanasya rakṣaṇe
sahasramithyāvacanaprayojanam.
Vihaṅgamaṃ Cālayituṃ vihāyasi
vihitrimam vastu bahu apekṣate. . . .

In addition to that he has written three historical plays: Mivārapratāpam (of six acts), Śivājīcaritam (of ten acts) and Vaṅgīyapratāpam (of eight acts). Music and songs are abundantly available in all of his four above said dramas. In Virājasarojinī the patriotic feelings and *Vīrarasa* are expressed through the songs of Bhīlatroups. One can get acquainted with life style and activities of the army in this play. In the first act of Śivājīcaritam through the child song by the friends of the hero the devotion towards the country is well expressed. In the second act Śivājī in disguise of a hermit engages his arms as Nartakī-s and thus he succeeds to Karimbax, the luxurious president of Toraṇadurga. Prākṛta-songs presented by the Dhīvara-s before the Viṣkambhaka in the third act of Vaṅgīyapratāpam shows author's concern for vernacular language.

Jatindra Bimal Chaudhuri is a prolific dramatist who has written at least twentyone dramas in Sanskrit. Besides he has written a drama in Pali too. Jatindra Bimal being a Bengali has made use of Bengali music and songs in several contexts of Sanskri dramas. Some of his Sanskrit dramas are: Mahimāmayabhāratam (1960), Melanatīrtha, Bhāratavivekaḥ, Subhāṣa-Subhāṣaḥ, Deśabandhu, Deśapriyaḥ, Rakṣakaśrīgorakṣaḥ, Niṣkiñcana, Yaṣodharaḥ, Śaktiśāradaḥ, Muktiśāradaḥ, Annadarāghavaḥ, Prītiviṣṇupriyaḥ, Bhaktiviṣṇupriyaḥ, Amarasamī, Bhāratalakṣmī, Mahāprabhuharidāsam, Vimala-yatīndram, Dīnadāsaraghunātham, Bhāratahṛdayāravindam, Bhāskarodayam and Amaramīram (Rūpaka). In the second act of the Mahimāmayabhāratam, the central character Rāgarāgiṇī is depicted as handicapped. This suggests that the status of music goes down without the praise of the audience. On the request of Rāgarāgiṇī the lord Śiva sings and the lord Brahmā listens to it. After hearing this song Rāgarāgiṇī gets back her limbs and becomes normal. In the beginning of the third act, Jahāñārā, the daughter of Śāhajahā¯praises Yamunā-river, which not only increases the beauty of drama, but it proves the utility of the rivers in human life. In addition to that, instigates us for the preservation of our environment.

Jivanyaya Tirtha earns a respectable position amongst the playwrights of twenteth century. He has written around thirty plays in Sanskrit. One can see many songs included in these plays out of which some are presented in the background and some others on the stage. Some of his plays are: Kālidāsa, Śaṅkarācārya, Kumārasambhava, Raghuvaṃśa, Nāmavistāra, Śrīkṛṣṇakautuka, Caṇḍatāṇḍava, Rāgavirāgam, Puruśaramaṇīyam, Daridradurdaivam, Vanabhojanam (Prahasanam) etc. As the name suggests, the play Rāgavirāga is full of music and songs. In this play a young couple is allowed to sing in the court of a king with a condition that no one will give them any gift without the permission of the king. However, being overjoyed with the performance, some people violate the order and a hermit presents them a blanket, the prince a ring and the princess a necklace. The king asks clarifications for violating the order and they present their views. The king was impressed by their explanations and finally, he himself awards the young artists with thousands of coins.

J.T. Parikh wrote a one-act play *Chāyāśākuntala* and had published it in 1957. Though it play is based on an old theme but the author has shown enough innovations in it. The author might have been influenced by the third and fourth acts of Bhavabhuti's *Uttararāmacarita* when he introduces the shadow of Śakuntalā in his play. In fact, both Sītā and Śakuntalā suffered alike in their life. The only difference is that the separation in case of Sītā and Rāma was permanent whereas the separation of Śakuntalā and Duṣyanta was temporary one. The language of the author is very lucid and idiomatic. He befits the maxims like "crying in the wilderness (Araṇyarodana)" in the following verse:

Svayaṃ gehe lakṣmīr iva samupalabdhā tava punar-
vimohādāsīdvā kimapi hṛdayaṃ tatra virasam.
Svayam tyaktā kāntī tava katham idānīm tu Sulabhā
vidhau kaṣṭam vāme virama viramāraĪyaruditāt. (Verse 17)

Kalipada Tarkacharya wrote four Nāṭaka-s, namely, Naladamayantīyam (1926), Māṇavakagaurava, Praśāntaratnākaram (1939), Syamantakoddhāraḥ. One can see the dominance of music, dance and songs in some of his above said plays. In Praśāntaratnākara one can see the women being exploited in the form of the main woman character of the drama named Līlāvatī, who was a prostitute in profession. In the second act she is being trained with music, songs and dance so that she can entertain people in a better way. In the sixth act during Kaumudīmahotsava, Līlāvatī is seen presenting songs and dance. Syamantakoddhāra is based on the mythological theme i. e. the marriage of Kṛṣṇa and Jāmbavatī where one can find music and dance abundantly especially the devotional song and the dance presented by the devotees of Kṛṣṇa just after his marriage with Jāmbavatī.

Kapildev Dvivedi wrote a social drama entitled as Parivartana published from Lucknow in 1952. The drama consists of four acts and the published book contains only thirtyfour pages. The present title deals with a burning problem of our present society in the form of dowry. Author's style, throughout the drama, is suggestive. He creates humour through the technique of suggestive language.

Lila Rao Dayalu, the daughter of Kshama Rao, wrote at least twentyfour plays as noted below: Girijāyāḥ Pratijñā, Bālavidhavā, Holikotsava, Kṣaṇikavibhramaḥ, Gaṇeśacaturthī, Mithyā-grahaṇa, Kaṭuvipāka, Kapotālayaḥ, Vṛttaśaśichinna, Svarṇapuṣpa, Asūyinī, Vīrabhā, Tukārāmacarita, Jñāneśvaracarita, Mīrācarita, Jayantaḥ, Kamāunīyā. Out of these plays Bālavidhavā is a modern one-act play where the authoress effectively brings out the social malady of child-widow and the injustice done to her by the society at large. Here though the hero of the play Anup wants to marry the widow who has lost her husband in the childhood, the society does not co-operate with him to do so. His friend says: *aśakyaṃ asambhavametat punarvivāho vidhavānāṃ na jātu lokapriyatā.* At the same time the priest says:

Nūnaṃ dharmaviruddhaṃ smṛtigarhitaṃ ca etat kṛtyam.
Na kutrāpi samarthito vidhavodvāhaḥ
Kathaṃ dharmamaryādollaṅghanam vidhīyate.

The hero is attracted to the natural beauty of the widow girl and says :

Keśapāśavihīnā'pi na lāvaṇyād viyujyate.
Ko vā nisargasaundaryaṃ yauvanasya vilopayet.

Mathura Prasad Dikshita plays a leading role among the Sanskrit dramatist of twenteen century. Seven of his plays are available today, which find a prominent place in the galaxy of the contemporary Sanskrit dramas. They are: Bhāratavijaya-nāṭaka (1953), Bhaktasudarśana-nāṭaka (1954), Bhūbhārod-dharaṇa (1960), Vīrapratāpanāṭaka (1961), Vīrapṛth-virājavijayanāṭaka, Gāndhīvijaya and Śaṅkaravijaya His Bhāratavijayanāṭaka is a historical patriotic drama in which the bad aspects of the British rule is presented along with the great efforts of our freedom fighters to free Mother India from the claws of British rulers. One can see the beauty of patriotic expression in the seventh act (7.11-12) through the statements of Jawaharlal Nehru and Dr. Sampoornananda. The comparision of the Europeans who attacked our country, with Jarāṣandha, is really interesting:

Bhīmo yathā jarāsandhaṃ tathā tvāṃ pāṭaye kṣaṇāt
Druhyataṃ bhāratabhuve kṣaṇam apy adya na kṣame.
Mumūrṣur asi nīcas tvaṃ jighāśan deśamātaram
Are paśya kṣaṇenaiva karomi tvāṃ yamātithim.

In the fifth act he inspires the freedom fighters to be united to fight against the British oppression and tortures:

Re re jāgṛta jāgṛta kṣitibhṛta śauryaṃ samāśriyatām
Gaurāṅgā dhanalolupā bhṛśam ime luṇṭhanti sarvātmanā.
Rājyaṃ ye'paharanty asādhuniyamaṃ kṛtvā tu dāyādakaṃ
Dharmaṃ cāpi haṭhāt tata katham ime tiṣṭhantu māyāvina.

Mulashankar Maniklal Yagnik was not only a playwright but a musician also. Pratāpavijaya (1931), Saẏogitāsvayamvara and Chatrapatisāmrājya (1929) are his main contributions to the field of Sanskrit dramas. In Saẏogitāsvayamvara one can find beautiful examples of music. The fourth act of this play begins with the songs of *Kedārarāga* in *tritāla* presented by *Vīṇika*-s whereas in the beginning of the fifth act a song is presented in Gauṇḍamallārarāga, which appeals the audience most. Thus, music can be accepted as one of the dramatic specialities of *yājñika*, because he is able to create a unique atmosphere through music.

Rama Choudhuri (wife of Jatindra Vimal Chaudhururi) has written at least twenty five Nāṭakas titled Abhedānanda (Dhvani-rūpaka), Agnivīṇā (rūpaka) Agnivīranāṭaka (rūpaka), Śaṅkaraśaṃkara, Deśadīpa, Pallīkamala, Kavikulakamala, Bhāratācārya, Gaṇadevatā, Bhāratatāta, Yatīndra-Yatīndra, Prasannaprasāda, Deśajanaka, Leninavijaya, Bhāratavirāma, Tanatanuḥ, Meghamedura, Medanīya, Yugajīvana, Nivedita-nivedita, Rasamayarāsamaṇi, Rāmacaritamānasa, Caitanya-caitanya, Saṃsārāmṛta and Nagaranūpura etc. The dramatist has applied the rules of dramaturgy like *prastāvanā, arthaprakṛti, avasthā* and *sandhi* along with *arthopakṣepaka vṛtti*-s in his dramas. In Pallīkamala, the birth of the heroine Kamalakalikā is shown in flashback technique. In Niveditā-nivedita she has applied some modern film technique when the letter of Vivekananda is presented in his original voice.

Ambikadatta Vyasa has written a drama titled Sāmavata. The author himself says that he has borrowed the plot from the Sāmavataprakaraṇa of the Skandapurāṇa known as Brahmottarakhaṇḍa. Amiyanatha Chakravarty contributed two dramas, namely, Harināmāmṛta, Dharmarājya. Balaganapat Bhatta Sudharma composed a *rūpaka* called Ātmanā Ātmāna. Bhalachandra Bhide wrote a Nāṭaka titled Athāto Jñānadevo'bhūt. Bhima Bhatta Nirpaje's two plays Kāśmīra-sandhāna-samudyama (1954) and Haidrābādavijaya can also prove themselves as welcome additions to the tradition of contemporary Sanskrit dramas.

B. R. Shastri has written two short plays, namely, Yāminī and Devayānī. Yāminī is an one act play published in the Maṇimañjarī in 1962. The drama depicts the life of Bilhaöa and his love affair with Yāminī. The present author is bold enough to deviate from the rules of dramaturgy at times. For example sneezing on the stage is not allowed. However, he allows it in the following statement: *etadapi vijñāpya*- *yadahaṃ strībhyo bibhemi* (*kṣauti*). For the expression *svagatam* the author uses a modern word *nīcai* i.e. slowly, not in an audible form. He does not follow the rules of *sandhi* in the verse as he writes: *Cāruśīle kṣipram ehi udayatyeṣa candramā.* The other play Devayānī is also published in the same collection (Maṇimañjarī in 1962). The mythological story is based on Mahābhārata's popular theme Yayāti and Devayānī.

Pt. Chajjuram Shastri has written a drama called Durgābhyudaya published from Delhi in 1931.The drama consisting of seven acts deals with the greatness of the goddess Durgā. Pt. Chajjuram was a scholar of Navyanyāya and a poet too. He himself reveals this fact and says:

Karkaśe nyāyaviṣaye komale kāvyavastuni.
Samaṃ līlāyate tasya Chajjurāmasya bhāratī.

He is proud of his own scholarship and poetic talent and, therefore, says:

Chajjurāmakṛtau naikaḥ sa ślokaḥ paridṛśyate.
Kalpānalpāthavā Kācid yatra naiva camatkṛti.

In my opinion the following verse praising the glory of the goddess can prove his claim:

Yā bhīkarī śubhakarī paramā ca māyā
tāṃ jñātum icchāmi yadi tvam anantaśaktyā.
Bhaktyā svabhaktaduritaughavikhaṇḍikāyāḥ
pādāravindayugalaṃ smara caṇḍikāyā.

Chudanatha Bhattacharya of Nepal has written a social drama titled Pariṇāmaḥ consisting of seven acts. The title is published from Kathamandu in Sambat 2016. The style of author is very lucid which can be experienced in many of his expressions including the following one: *madayati madirā, taralayati tāruṇyam, andhayati dhanam, utpathayati manmatha, virūpayati rūpābhimāna, kharvayati garvaḥ.* His language is highly idiomatic as it is seen in the following statements: *kṣamāsārā hi sādhava, gṛhadāhe nahi vahnir aparādhyati* etc.

Virendra Kumar Bhattacharya has written seven Nāṭaka-s, namely, Kavikālidāsa, Śārdūlaśaṅkara, Siddhārthacaritam, Veṣṭanavyāyogaḥ, Gītagaurāṅgaḥ, Śaraṇārthīsamvādaḥ, ŚrpaĪakhābhisāraḥ. The author has applied dance, music and songs in all of his dramas.

Nityananda has written many rūpaka-s like Meghadūta, Prahlādavinodana, Sītārāmāvirbhāva, Tapovaibhava etc. His Meghadūta is a song-dominated drama where you can find prose compositions rarely. The theme of Prahlādavinodana is a biography of the mythologically famous character Prahlāda. In this play Nārada and Prahlāda are shown singing songs in many contexts.

Vishnupada Bhattacharya has three plays to his credits: They are: Kāñcanakuñcikā, Kapālakuṇḍalā, Anukūlagalahastaka (Prahasana). Songs have been incorporated in all of his dramas. In AnukÒla-galahastaka the personality of Bhojpuria Ramavatara has been naturally displayed in a humorous way.

Vishveshvara Vidyabhushana has written around fifteen plays. Some of his important plays are: Cāṇakyavijaya, Kaumudīmahotsava, Vālmīkisamvardhanam, Prabuddhahimācala. Music and songs play important role in these plays. King Vikramavardhana is the hero of Prabuddhahimācala, which is full of patriotic contexts.

H.V. Narayan Shastri wrote a social play titled Guṇaparīkṣaṇa. One can see the influence of Kālidāsa, Bhāsa, Śūdraka, etc. on the dramatist. He has the modern people their dresses as well as along with their hair style: *kecana kṛttakeśāḥ, kecana luñcitakeśāḥ, apare baddhakeśāḥ, kecana lambaśmaśrava, kecana muṇḍitamaśravaḥ, anye tanu-śmaśrava, kecana uṣṇiṣadharāḥ, apare saśirastrāṇāḥ.*

Ramakishore Mishra has written at least six dramas in Sanskrit. They are: Aṅguṣṭhadāna, Ekāṅkāvali, Ekāṅkamālā, Dhruva, Tyāgapatranirāsa, Abhiśaptada-śaratha.

Lakṣmaṇasūri has written three plays Dillīsāmrājya, Paulastyavadha and Ghoṣayātrā. Panchanana Tarkaratna has written two plays, namely, Amaramaṅgala and Kalaṅkamocana. These plays are also important from the point of view of songs and music.

Janak Shankar Dave (1911-1990) has written a play titled Mahāvīranirvāṇa, containing eighteen scenes but not divided into acts. R.I. Nanavati names it as chronic play (Post Independence Sanskrit literature: A critical survey, A. M. Prajapati Felicitation volume, pp 259-263). The play, which can be called a historical play, administers the life of lord Mahāvīra as found in a number of Jaina works.

Jaggu Vakula Bhushana has written a humorous play called Anaṅgadāha-prahasana. He also has written another short play titled Pratijñākauṭilya, which is published in 1968 and forms the Pūrvavastu of Viśākhadatta's Mudrārākṣasa. As the author says: *Mudrārākṣasā-valokanalitotsāhena mayā tāvat tatpūrva-vastutayā tādṛśaṃ vastu savidhānavaicitryagumphitaṃ pratijñākauṭilyaṃ nāma nāṭakam arīracam.*

S.B. Velankar has written more than twenty plays in Sanskrit most of which are published from Devavanimandira, Mumbai between 1961-91. Saṅgītasaubhadra (1961); Kālidāsa-carita, Megadūtottara, Hutātmā Dadhīci, Rāṣṭrasandeśa, Rājñī Durgāvatī, Kālindī, Kailāsakampa, Svātantryalakṣmī (all 964); Madhyamapāṇḍava, Svatantracintā (1967); Svatantramṇiḥ, Tanayo Rājā Bhavati Katham Me, Janma Rāmāyaṇasya, Tatvamasi, Āṣāḍhasya Prathamadivase (all in 1972); Chatrapatiḥ Śivarājaḥ (1974); Tilakāyanam, Lokamānyasmṛti (1977); Bālagīta Rāmacarita (1982); and Meghadūtānvita (1991) etc.

V.P. Bokil of Maharashtra has written three plays, namely, Śivavaibhava, Ramāmādhava and Śrīkṛṣṇarukmiṇīya. He has taken interest in in the use of rare forms like Niravitta, Carīkaroṣi, Sañcecīyate, Cokṣubhīṣi. One can find some artificial ornate poetry in his dramas. For example in Śrīkṛṣṇarukmiṇīya, Śrīkṛṣṇa descibes the princess Rukmiṇī as noted in the following verse:

kalaṇkaḥ kulasyāpi kopa kaṭhoraḥ
durakṣo duruktir-duradhvo durīhaḥ.
viṣākto viṣāsyo viṣānto visarpī
bhujaṅgo bhavādhir bhidākṛd bhajasva.

V.Venkataraghavan has written more than ten dramas in Sanskrit. They are: Rāsalīlā, Kāmaśuddhi (both in 1963); Vimukti (1964); Prekṣaṇakatrayī, Vijjikā, Vikaṭanitamvā, Avantīsundarī, Lakṣmīsvayamvara, Punarunmeṣa, Āṣāḍhasya Prathamadivase, Mahāśvetā, Pratāparudravijaya, Anārakalī. Out of them his Prahasana drama *Vimuktiḥ* is a symbolic play published in one of the issues of Saśkṛtapratibhā, Delhi, in 1964. Here all the characters are symbolic in nature. The Brahmin symbolises Jīvātmā, his eldest son symbolises mind and his five other children symbolise the five sense organs. His wife represents Prakṛti, mother-in-law Māyā, sister in law Guṇa-s. Thus, it proves a Prahasana of *Alaukika*-type as Sūtradhāra says in the beginning. Vyasaraja Shastri's Vidyunmālā also contains many songs.

Y. Mahalinga Shastri has earned unchallenging fame in the field of Sanskrit dramas. He has written a number of plays in Sanskrit. Some of those plays are: Ādikāvyodaya, Śṛṅgāra-nāradīya, Bhāratavijaya, Kauṇḍinyaprahasana (1930), Kaliprādrībhava (1956), Pratirājasūya (1957), Ugātṛdaśānana (1958), Ubhayarūpaka (1962), Markaṭamārdalika (1951) and Ayodhyākāṇḍa (1963). In the sixth act of Ādikāvyodayam, which is a Prakaraṇa, Shastriji has introduced puppet dance in the royal outdoor of Kauśalyā.

Prof. Ramaji Upadhyya is considered as one of the well known writers of Bhaṭṭa-yuga. He has written several Sanskrit dramas, namely, Aśokavijaya, Kaikeyīvijaya, Sītābhyudaya, Nandagautamīya, Śambukacarita and Sundarīnanda etc. Kaikeyī-vijaya which consists of five acts, is based on Kaikeyī, one of the neglected character of Valmiki's Rāmāyaṇa who is generally blamed by the people for being a principal cause in Rāma's forest dwelling for fourteen years. The author has applied many changes in the drama. His main aim is to present Kaikeyi as flawless, because, she has become harsh to Rama only for the benefit of people. Had Rama not been sent to the forest, he could not have become the killer of the great demons like Rāvaĺa, Kumbhakarṇa etc. His Aśokavijaya is also consisting of five acts, based on the life of the king Aśoka the great who conquered Kaliṅga in a most dreadful war. In fact, the consequence of the war changed the nature of Ashoka and he turned Dharmāśoka from Caṇḍāśoka. The author succeeds in depicting the pathetic condition of a family who has lost his sons in the Kalinga-war. In Sītābhyadaya one can find the depth in the scholarship of the author along with his creative as well as imaginative talent. The author has tried to improve the shortcomings present in the story of the Rāmāyaṇa after the victory over Laṅkāvijaya. He has shown his novelty in adding Sītā's auto-biography. The drama, consisting of six acts, pleases the audience through its innovation. Here the statement of Nārada for Sītā is very significant and worth mentioning: *Sītā na kevalaṃ pātālavāsinaḥ api tu sarvān lokān saccāritryeṇa prakāmaśaktyā ca pravartyamānāsīt. asti bhaviṣyati ceti trikāladarśinā brahmaṇā'tra bhavatyai nivedayitum preṣito'smi.* (Aṅka 5)

His Sundarīnanda contains five acts. The theme of this play depicts the detachment of Nanda and Sundari (the brother and sister in law of Gautama Buddha) from royal enjoyment. However, Gautama Buddha has played the key role in their detachment. Seeing the tendency of people blindly following the way of materialistic enjoyment, the present play can be considered as a great contribution.

Prof. Ogeti Parikshita Sharma is a versatile Sanskrit dramatist who has contributed substantially to the field of contemporary Sanskri a drama. His famous mythological dramas are : Śrāvaṇa (based on the Rāmāyaṇa), Parikṣita (based on the Bhāgavata), Nartanaśīlā (based on the Mahābhārata), Vajraṃ Vajreṇa Bhidyate (based on the Mahābhārata), Prabodhana (based on the Mahābhārata), Gurudakṣiṇā (based on Kālidāsa's Raghuvaṃśa), Uttaragograhaṇa (based on the Mahābhārata), Svapnaniruddha (based on Bhāgavata), Indrāya Svāhā (based on the Mahābhārata, closer to Bhāsa's Karṇabhāra) Dhanurbhaṅga (based on Rāmāyaṇa), Bhīṣmapratijñā (based on the Mahābhārata), Sāvitrī (based on the Mahābhārata), Kanyāvataraṇa (based on the origin of the Rāmāyaṇa). He has also written six historical plays.

They are Rakṣābandhana (the central theme based on the confrontation between Alexander and the Sindh king Puruṣottamadeva), Varāhamihira (the central theme based on the famous astrologer and one of the nine jewels adorning the royal court of Vikramāditya), Vilhaṇīya (the central theme based on the Kashmir poet Vilhaṇa who falls in love with the princess Yāminī), Rāṣṭrāyedam (the central theme based on the history of Hampi, the founding Vijayanagar empire), Ātmārpaṇa (the central theme based on the conquest of Singhagarh from Maratha king) and Parivartanam (the central theme based on Purandara Das of Karnatak who from a Brahmin merchant became devotee of Krishna). His social plays includes Pānaśālā, Premaparīkṣā, Pariṇītā, Aparājita, Matibhramaṇa, Vayaṃ *Pañcādhikaṃ śatam* and *Na Strī Svātantryam Arhati* each of which deals with a social incident or problems. In his Pānaśālā he rejects the cabaret dance, because, he feels that there is no Āṅgika, Āhārya, Vācikābhinaya in this dance. This only exhibits one's lust and therefore, it is not a dance at all. Here the dancer only tries to sell her body. The cabaret dance has been narrated by the dramatist as follows:

> *Paśya paśya me kucabhāram, sparśa sparśa me kacabhāram.*
> *Paśya paśya me ūrubhāram, bhrama bhrama me pādapīṭham.*

In all he has written at least twenty-six dramas which can be treated as a marvellous effort.

Prof. G.B. Palsule has written several short plays and Samānamastu Vo Manaḥ is one of them. This drama consists of three acts and depicts the sense of National Unity and National Integration. In the first act, a boy narrates the speech of his headmaster: *Adhunā vayaṃ svatantrāḥ. Asmābhi tathā vartitavyaṃ yathā asmākaṃ rāṣṭram balavad bhaviṣyati. Kaścid asamīyo vā bhavatu, Vaṅgīyo vā bhavatu, Mahārāṣṭrīyo vā bhavatu, Āndhrīyo vā bhavatu sarvair api bhāratīyai saha bhrāṛvad vartitavyam iti.*

In addition to this, to his credit he has a collection of

dramas titled as Rūpakacatuṣṭaya which consists of four Rūpaka-s, namely, Yadā Rāyadurgo Jāgarti, Atra Mṛtyur Vilajjita (both translated from original Marathi by Vasant Kanetkar), Andhaṃ Yugam (translated from original Hindi by Dharmveer Bharati) and Uttiṣṭha Kaunteya. He has also written another two original Nāṭaka-s, namely, Dhanyo'haṃ Dhanyo'ham and Bhāso'hāsaḥ. His other translated Sanskrit dramas are: Athāto Jñānadevo'bhūt, Dhanyeyaṃ Gāyanī Kalā and Bhrātṛkalaham.

S.B.Varnekar has written two historical plays titled as Vivekānandavijaya and Śrīlokamānyasmṛti. Vivekānandavijaya is treated as Mahānāṭaka by the author himself, which is accepted as a separate type of drama having ten acts and dealing with the life of Mahāpuruṇa. Śrīlokamānyasmṛtiḥ has no plot as such and the main does not appear on the stage except in the last scene.

Prof Rewaprasad Dvivedi is a good scholar, and a good poet too. He also has written some plays like Yūthikā (1976) based on Shakespear's Romio Juliyaṭa (An Italian love story of two youths belonging to two different royal family) and Saptarṣikaṅgresa. In Yūthikā the author has inducted Viṣkambhaka in the beginning of the first act to inform about the actual conditions of the states. Saptarṣikaṅgresa is a political play of ten acts, which can be rightly called a Samavakāra. The word Sapta and Ṛṣi both denote the nuber seven which means seventy seven if put together. Thus, the whole title means 1977 congress. The story of the drama is mainly based on 1977 Parliamentary Election where National Congrss was defeated for the first time after independence. The play starts with the rejection of the election of Indirā Gāndhī by Allahabad High court followed by the emergency meeting by the Congress working committee and the revolution by Jayaprakash Narayan. With the introduction of two imaginary characters, namely, Januka and Sundaraka the drama depicts the then political atmosphere by incorporating the reactions and speeches of Jagajivan Ram, Hemavati Nandan Bahuguna and Moraraji Deshai etc. Here the main aim of the playwright seems to be the upliftment of the nation:

Rāṣṭronnītau prathayatitarāṃ svacchatā śikṣaṇasya.
Prajñākoṣocchvasita-hṛdayodanvadutthāmṛtasya. (3.14)

Since ours democratic country the kings or rulers are made by the common people. The great poet and the best dramatist prof. Dvivedi says that in our country which is existing on the back of the mountain Meru, the heaven is also supposed to serve.

Yatra prajāyate rājā rājānati tathā prajā.
Merupṛṣṭhāyamāne'smin rāṣṭre svargo'pi dāsati. (10.45)
Sāmapratam vayam eva smo netāro bhāratāvanau.
Svadharmapālanam rājyam rājāno'pi tato vayam. (10.46)

Since prof. Dvivedi himself is a good rhetorician, the author of Kāvyālaṅkārakārikā and Nāṭyānuśāsanam he tries to solve many unsolved dramatic problems through this Samavakāra-type of play.

Prof. Radhavallabh Tripathi has written many dramas in Sanskrit, namely, Premapīyūṣa, Prekṣaṇasaptaka and Taṇḍulaprasthīya etc. and he has published some of them with Hindi translation. Besides, he has translated many famous ancient Sanskrit plays into Hindi, which are published in several issues of Nāṭyam, a Publication of Sagar under his able editorial guidance. His Prekṣaṇasaptakam is a collection of seven Prekṣaṇaka-s or Ekāṅkikā-s i.e. one act plays. This collection centres around several social problems and opens new possibilities of the development of Indian dramatic tradition. In fact, Prekṣaṇaka is more of street plays for which the term Vithināṭaka (Nukkaḍa Nāṭaka in Hindi) is being used in the present time. Earlier the Prekṣaṇaka-s used to be played in the religious fair etc. to bring certain problems to the notice of a common man. Prof. Tripathi and other dramatists of present time apply this technique in an innovative way with newer themes including dowry death, non-discrimination between male and female child and so on.

In *Prekṣaṇasaptaka* his Prekṣaṇaka-s are titled as *Megha-sandeśa, Dhīvaraśākuntala, Mukti, Maśakadhāni, Gaṇeśapūjana* and *Pratīkṣā* etc. They display the social discriminations in some way or other. In *Meghasandeśa* the cloud is invited through letters. *Mukti* hints at the duty of *Gṛhastha* and *Maśakadhāni* presents the selfish acts of the political leaders. In *Maśakadhāni* the four persons substitute the bamboo stands in four corners and manage the mosquito net to be placed on the stage. The characters create humour by their activities in the form of falling and again standing up in regular intervals. In *Gaṇeśapūjana* the bad tendencies of the misutlization of money collected in the name of worship is described. *Pratīkṣā* describes the mental agony of a father whose young daughter goes out for job.. Thus through these dramas Dr. Tripathi gives a new direction to the science of stage performance of Sanskrit plays.

His Premapīyūṣa contains seven acts and the theme is based on the biography of Bhavabhūti. Here some characters are historical whereas some are imaginative. He has incorporated a number of interesting incidents in it. His Taṇḍulaprasthīya was published in 1999 which is a Prakaraṇa-type of Rūpaka containing ten acts. Here, the struggle of a poor boy is depicted who of life problems in every stage in our society, full of current problems multifaceted contradictions. The boy is in great pain to see the injustice done to his father. The in our educational system, the water crisis along with the monopolies of Jamindars are well depicted in this Prakaraṇa. The developments of the characters are shown its real fervur. The characters of this play either represent their class or their tendency.

Prof. Rajendra Mishra has maintained a balance between quality and quantity so far as the Sanskrit dramas are concerned. He has written around fifty Ekāṅkī-s and a good number of Uparūpaka-s. His plays are generally based on the themes related to social as well as psychological problems. He has written some historical as well as mythological dramas too. One can refer to his eight collections of Ekāṅkī-s, namely, *Rūparūdrīya. Catuṣpathīya, Nāṭyasaptapada, Nāṭyapañcāmṛta, Nāṭyapañcagavya. Nāṭyanavagraha, Rūpaviṃśikā* and *Akiñcanakāñcana.* His three Nāṭikā-s are *Pramadvarā, Vidyottamā* and *Līlābhojarāja.*

In his short play *Phaṇṭūsacaritabhāṇa* compiled in *Nāṭyapañcagavya,* Dr. Mishra has cut a Vyaṅgya on the modern student society by depicting the immoral as well as undisciplined surrounding pervading in University campus. Phaṇṭūsa, the hero of the play, falls in love with his maternal uncle's daughter. In Indian society (except south India) marital permission is not granted to such relationship and in no way such relationship can be legalised through marriage. Therefore, Dr. Mishra has depicted it as a social problem. In fact, the main character Phaṇṭūsa represent the contemporary youth. Therefore, the psychological feelings of Phaṇṭūsa reflected in the following statement is worth-mentioning: *Yāvat karomi paṭhane'bhiruciṃ sutīkṣṇaṃ dhairyaṃ nidhāya kalayāmi ca yāvadaṅgaṃ vātāyanānti-kapathena tu tāvad eva yāntī chinatti hṛdayaṃ mama kāpi bālā.* In Chalitādhamarṇa appearing in *Nāṭyapañcāmṛta,* he has expressed concernes about the greediness for dowry by the parents of the groom. His other social plays Indrajāla, Nṛgṛhaghaṭṭa, Vaidheyavikraya (Catuṣpathīya), and Punarmelana (Rūpa-rudrīya), Sākṣātkāra (Nāṭya-saptapadīyam) also deal with certain social problems like call girl profession, the workless culture of offices, the uncontrolled family, the self surrender by the decoits to come back to the main stream of society and the corruption in the process of appointment etc..

In his Vāṇīghaṭakamelana, one can see the naming of the characters in an interesting way. The characters are named as Yaṇluk, Yaṅanta, Kṛdanta etc. In his *Dehalīpari-devanam* Delhi is depicted as an old woman crying for the harm caused to her in different periods. Flash back system has also been used in his plays like *Ekaṃ sad viprā bahudhā vadanti* etc.

Harshadeva Madhava is not only a modern poet but a novel dramatist also. He has presented three collections of dramas in Sanskrit, namely, Mṛtyurayam Kasturīmṛgo'sti, Parīkṣā and Kalpavṛkṣa. Mṛtyur ayam Kasturīmṛgo'sti (1998) is the collection of absurd dramas, two street plays and seven articles. He accepts a novel path in his dramas throughout. He narrates death through various characters. The audience becomes spellbound to see two ghosts or rather spirits exchanging their views on death. The other important character of the drama is a girl a waiting death very closely. The playwright has chosen the path of the absurd drama of the western style, in which nothing of the characters, stage, dialogues etc. are traditional. We can also see revolutionary trends in the field of Sanskrit play writing through his contributions.

Kalpavṛkṣa (2002) is his second collection of dramas presenting seven one-act plays named as Kalpavṛkṣa 1, Kalpavṣkṣa 2, Kạlpavṛkṣa 3, Kalpavṛkṣa 4, Kalpavṛkṣa 5, Kāmadhenuḥ and Vartamānaḥ. Some of the plays of this collection are staged in the cities of Madhya Pradesh and Gujarat. In the last play of Kalpavṣkṣa the playwright has risen the issues like dowry problem and female foeticide. The following verse in Kalpavṣkṣa -5 shows the tendency of Harshadeva casting satiristic views of the present problems on the traditional background :

Yatra nāryastu dahyante ramante tatra rākṣasāḥ
Yatra hyetāś ca pīḍyante ramante tatra dānavāḥ.
Rudanti yatra nārya hā hasanti tatra prāṇinaḥ
Kasmād vahati gaṅgeyaṃ kasmāt sthito himālaya.

The absurdity of the present age, Indian philosophical mystery, novel experiments of stage, new style and new thinking are the features of this collection. The playwright is a new approach to myths. In the Kalpavṛkṣaḥ-5, the characters are numbered as 1, 2, 3 etc. instead of being named. However, in Kalpavṛkṣaḥ -1, the characters are named in one letter just as Kṣa, Ya etc. Parīkṣā is another modern short play of Madhaa. This play along with his Kalpavṛkṣa are written in the style of Līlānāṭya. In Līlānāṭya-style the characters are neither decorated nor costumed as per character's requirement. The actors bring the characters into life through their marvellous acting. This practice is mostly seen in in the street plays of present time.

Keshab Chandra Dash has applied himself mostly to dramas and short stories. He has rarely shown interest on writing plays. In this position his only short play titled as Samānī deserves a mention. This play is written as a series of drama, which can be presented as tele serial since he has given dramaturgical instructions for audio-visual presentation.

Haridutta Sharma has written *Tripathagā* consisting of three Nāṭaka-s published in 1987. His *Ekrandanam* is the collection of four Radio-dramas titled Pañcanadapīḍanam, Ekam eva Raktam, Bṛkavikrośanam and Abalābalam of which many have been broadcasted from All India Radio, Allahabad. Pañcanadapīḍanam and Ekam eva Raktam deal with the problem of terrorism in India. Pañcanadapīḍanam concentrates on terrorism in Punjab whereas Ekam eva Raktam has a say about terrorism in Kashmir. Bṛkavikrośan-am deals with the problem of corruption along with several scams. On the other hand, he raises voice against women-exploitation in Abalābalam.

Ramakanta Shukla has written some short plays. His Reḍio Rūpaka : *Kacadevayānī,* based on the mythological characters Kaca and Devayānī, was published in 1985. His other play Paṇḍitarājīyam deals with the love affair of Panditaraj Jagannath with the Muslim beauty Lavaṅgī. His *Abhiśāpam* is a successful Dhvanirūpaka. *Saśkṛtanāṭyavallarī* of Devarshi Kalanath Shastri is also an example of Dhvaninātya where he has provided instructions for necessary stage arrangements.

Banamali Biswal has written two historical short plays in Sanskrit: *Dehi Padapallavamudāram* which has been awarded with a prize in All India short play competition arranged by Delhi Sanskrit Academy in 2006 is based on the theme of Jayadeva and Padmāvatī. His other short play named *'Dharmapadasya Pitṛbhaktiḥ'* is published in the Saṃskṛta-laghunāṭakasaṅgraha of Delhi Sanskrit Academy (year of publication not given). The story is related to the construction of famous sun temple Koṇārka. Bishu Maharana heads the team of twelehundred Architects engaged in the construction work of Koṇārka. The artists could build the temple in almost twelve years. However, they could not complete its top, because, surprisingly the only knower of this technique Bishu Maharana has forgotten the technique. The king ordered life punishment, if the work is not completed within twelve more days. In the twelfth night the twelve yearold Dharmapada, reaches the spot in search of his father whom he has not yet seen. After knowing the fact from a starving vulture talking to her son, Dharmapada completes the work at night when all the twelvehundred architects were passing a sleepless night to welcome the decided death. In fact, Dharmapada has learnt this technique when he was in mother's womb as his father narrated the technique before departing home for twelve long years. The climax of the play takes the audience to a tragedy as Dharmapada commits suicide by jumping to the sea from the top of the temple. He has preferred death to save the artists from life punishment and to save his father from the blame as well. In the morning the artists were happy to see that the temple was complete and they were saved. They thought that the fantastic job has been done by Bishu Maharana and therefor, they took no time to felicitate him. The king also awarded him psumptuously for that great job. However, the awardee was in a dillema, as he knew the fact that he does not deserve all he is earning. The play ends with Bishu Maharana's confusion by seeing the sweet berries of his courtyard scattered there. Though he guesses the presence of his wife and son there but he fails to find none. No body was there to answer him. He asks questions to himself. Bishumaharana's last few sentences keep the audience spell-bound: *Kim aham vastuto'bhinandyaḥ? Harṣaviṣādayo katara matkṛte spṛhaṇīya? Mandiram nirmitam astīti tu satyam ! parantu kena nirmitam, kva gato me putraḥ? ka mama praśnasyottara dāsyati? Eṣaḥ samudraḥ? Iyam nadī? Idam navanirmitam mandiram athavā sarvopari virājamānaḥ sūryadeva* ? Besides, Biswal has written two social dramas (yet to be published) titled *Unmattaḥ* and *Jagataścakṣuṣi Para* based on certain social problems related to corruption and our family system.

Kriparam Tripathi has written a mythological drama titled Madhyamarāmacaritam based on the story of the Rāmāyaṇa. The complete *Vanavāsa* of Rama is briefly depicted in all the six acts and in the last act the Mokṣa of Māṇḍakarṇa is described. In the 11th canto of Āraṇyakāṇḍa of Valmīki's Rāmāyaṇa and the thirteenth canto of Raghuvaṃśa the Māṇḍakarṇa is depicted as trapped in the youthful cage of five beautiful damsels. Kriparam has tried to free Māṇḍakarṇa forever from such imprisonment.

Rāṣṭrāya Śarīraviśrāṇanam is a small patriotic drama by Kṛṣṇadatta Śarmā which is published in the June issue of *Viśvasaśkṛta* in 1999 from V.V.R.I., Hoshiarpur (Punjab). Nalini Shukla has written a couple of music dramas or dance dramas called Saṅgītanāṭikā. Her *Pārvatītapaścaryā* and *Rādhānunaya* may find a mention in this context. In her unique drama *Rādhānunaya* (published from Kanpur with English translation), the *Rāsalīlā* of Krishna and Radha is depicted which resemble the ancient division of Uparūpaka called *Rāsaka.* The first scene is devoted to Maṅgalācarana whereas in rest of the four scenes the Rāsalīlā of Krishna in spring season along with the separation song of Rādhā is well depicted. The authoress has adopted Katthak-style in her drama as she expresses:

Kandarpa kandarpa tatta theī theī.
Dhumakiṭa dhaka dhakiṭa dhakiṭa .

Taka taka taka takiṭa takiṭa.
Naṭavara harirajaya jayati vijitakāla vijitakāla
(Rādhānunaya 2/8)

Vanamala Bhavalkar's mythological drama *Rāmavanagamanam* is a dance ballet in three scenes published by Sanskrit Parishad, Sagar. Her other music dramas are *Pārvatīparameśvarīya* and *Sītāharaṇa.* Her *Padadaṇḍa* is a social drama, dealing with the rehabilitation of a war-hero who returns home after having lost his one leg in war. The heroine accepts him with the same love and devotion.

Dr. Mithilesh kumari has written a historical play titled Āmrapālī where the well accepted dramaturgy rules are partially applied. R.Ganesh's Rūpaka: Anveṣaṇam is a symbolic play where the hero is a Mechanical Engineer by *Vṛtti* and a poet by *Pravṛtti.* Sūtradhāra himself in the beginning declares that it is a symbolic play:

Ājñapto'smi pariṣadā gaṇeśena viracitaṃ rasikalokavinūtanam anveṣaṇam mayā sāṅketikam rūpakam pradarśayitavyam iti.

Paropakārī is a short play written by Dr. Suryamani Rath containing six scenes based on the story of the Mahābhārata. The theme is based on the killing of Vakāsura in the city of Ekacakra. The play begins with the declination of Duryodhana refuring to give even a tip of land, which can be measured by the point of the needle. It also depicts the agony of Pāṇḍava-s as well as their feelings of love towards each other. The depiction of the Brahmin family tormented by the demon and finally the killing of Vakāsura by Bhīma are the other attractive scenes of the drama. The poetic ability of the dramatist is well expressed in many contexts:

Sroto'mbhasāṃ bhramayituṃ prakharaṃ nadīṣu
Cakram rathasya yavaniś ca yathā vibhāti.
Jyotirgaṇaḥ pratidinaṃ parito dineśam
Rakṣo'pi bhīmakarayugmagataṃ tathā'bhūt.. (p. 22)

The author has tried to strictly follow the rules of dramaturgy in his play.

K.S. Nagarajan wrote a play titled *Unmattakīcakam,* which was published in 1960 from Pune. The drama in five acts depicts Kīcaka in a different form. He is depicted not as a wicked. but a good natured one who loves Draupadī immensely. N. Ranganatha Sharma wrote a play titled Ekacakra based on the story appearing in the first parva of the Mahābhārata. Bāhubalivijayam is the other drama written by him. Jaggu Singaracharya has written a drama named Śaurīśauryam, the story of which is based on the Viṣṇupurāṇa and Bhāgavata. Samba Dikshita has written a mythological play titled as *Bhūkailāsanāṭaka.* The author has written a beautiful stanza in the favour of drinking liquor through Nikumbha:

Citte śāntir jāyate madyapānāt
śānte citte sāma gāyanti mattāḥ.
Gānaṃ kṛtvā sadgatiṃ yānti vīrā
tasmāt peyam madyaṃ evāśu bhṣuri.

Vande Mātaram is a short play of Surendra Nath Sarangi, which has been awarded in the All India Muli-language drama competition because of its dramatic qualities. This is a patriotic play where characters are presented both in traditional and modern ways. The same author has written another drama titled *Abhijñānaśākuntala* divided into five scenes. Though the story of this drama is the same as that of Kālidāsa, still it has some originality, brevity as well as simplicity too. The new adopted here in many contexts helpea to make the drama interesting and attractive.

Janardan Prasad Pandey has written a short play titled as *Abalāsāmarthya,* which also goes against the tradition of male domination. Here the woman character proves its ability at the end and has been staged in a number of occasions. His other short play *Raghudāsasya Patra* is also a welcome addition so far as the trend of social dramas are concerned.

Prashasyamitra Shastri's *Saśkṛtavarṣe Maharṣi-Pāṇine Svargād Bhārate Samāgamanam* is publihed in Saṃskṛta-laghunāṭakasaṅgraha of Delhi Sanskrita Akadmi (PP.). Though the play is very short, it appeals to the audience because of its humorous presentation. Similarly Bholārāmasya Jīva is a drama by Jiyalal Sharma. The theme of this short play is based on the short story of Hari Shankar Parasayi.

Vishvanatha Satyanarayan who is a Jñānapīṭha-award winner in Telugu and a Padmabhūṣaṇa-winner too wrote two dramas in Sanskrit, namely, Guptapāśupatam and AmṢtaśarmiṣṭham published by Andhra Mahasabha, Mumbai in 1975.

P.M. Bhatkhande the Sanskrit playwrght of Maharashtra has written more than fifteen one-act plays, a ballet and some other compositions too. Some of these are published in three of his collections, namely, Mukta, Mahādāna, Lalanākhyāna. His Mukta contains three one-act plays: Mukta, Vṛkṣarakṣaṇa, Ehi Mṛtyo Svāgata Te, in Mahādānam, however, there are four dramas : Mahādāna, Kara, Dhanam Vā Śīlam Vā and Aśmabuddhiḥ. Similarly, Lalanākhyāna contains three plays, namely, Lalanākhyāna, Śilpaguḍha and Itimānavīya. The playwright has handled variety of themes with variety of forms. His themes are mostly modern and the forms have been experimented variedly from traditional Sanskrit dramas to *Lokanāṭya.* He has also written a fantasy and a detective story as well. However, he has managed all these by maintaining the atmosphere of typical classical Sanskrit plays by including Nāndī and Bharatavākya etc.

Durgadatta has written a Rūpaka titled Abhimanyor vīratā which depicts the bravery of Abhimanyu. Mīśakavaiduṣya is a Prahasana, written by Rajakishore Mani Tripathi, which casts satiristic expressions on the present set up of our society, be it in office, politics, army or any thing else. According to him, today the philosophy of every body's life resemble that of a mouse:

Yasmin gehe bhaved vāsa tatra chidraṃ samācaret.
Dhanam tena pathā nītvā mūṣakavad dhanī bhavet. (4)

Acharya Madan Mohan Joshi has written a collection of short plays named as Rūpakapañcaka, published with the financial assistance of Delhi Sanskrit Academy. The five Rūpaka-s which are published with their Hindi renderings are Gṛhalajjam, Nīrasā Sarasā Dharā, Sākṣaratā, Īśvarasya Kāryam and Prerakam. In his Sākṣaratā, a Sanyāsī teaches the fourteen Pratyāhāra-sūtra-s of Pāṇini in an interesting way:

A I U Ṇ	Dhyānena śṛṇu
Ṛ Ḷk, E OṄ, Ai Ouc	Paṭhanāya Mā śuca
Ha Ya Va Ra Ṭ	Pāṭham śīghram Paṭha
Laṇ, Ña Ma Ṅa Ṇa NaM	Gurave Namaḥ
Jha BhaÑ, Gha Ḍha DhaṢ	Uccair mā hasa
Ja Ba Ga Ḍa DaŚ	Paṭhan Mā'lasa
Kha Pha Cha Ṭha Tha Ca Ṭa TaV	Ājñām Pālaya
Ka PaY	Veṣṭanam ānaya
Śa Sa SaR, HaL	Paṭhanāya Cala

Sudarshan Pathi has written some plays titled Sim-halavijaya, Karuṇāpārijāta, Pādukāvijaya, Rucirācarita and Amarabhāratīnāṭaka. His Simhalavijaya (1951) is based on Orissan History where songs are accomodated in Orissan style. Pundarikaksha Mishra (Subhadrāharaṇa, Sudhāharaṇa, Bālaharaṇa, Samādhāna and Cetanā), Sudarshanacharya (Sīmāntapraharī, Navajanma), Harekrishna Mahatab (Cāṇakyavijaya), Dayanidhi Mishra (Paraśurāmapratijñā or Mātṛhatyā), Basudeva Mahaptra (Sāvitrīpariṇaya) and Yatindracharya (Mādhavavilāsa) are other Orissan contributors to the branch of contemporary Sanskrit Dramas. Bhavdeva Bhagavati of Assam has written a short play, namely, Nūṭanam Nāṭakam (1982), which deals with the double standard of the so-called educated people who are at the helm of affairs. The events are arranged in four scenes and only two characters are engaged in conversation. Siddheshvar

Chattopadhyaya of West Bengal has written four Nāṭaka-s: Dharitrīpatinirvācanam, Atha Kim (Prahasana), Nanāvitāḍana, Svargīyahasana. Besides, S.R. Lila (Amaranāyaka), Sudarshan Tripathi (Amarabhāratī), Medhavrata (Prakṛtisaundarya, 1934), Krishna Kumar (Asti Kaścid Vāgviśeṣaḥ) Mathuradatta Pandey (Dyāvā Pṛthivīyam), Mahidhar Shastri Venkataram (Sarojinīsaurabha, 1960), Maheshvar Shastri: Asti Kaścid Viśeṣa), Kshitish chandra (Andhairandhasya Yaṣṭi), Prashasyamitra Shastri (Navaḍhāvadhū varaś ca), Ramkumar Malaviya (Tīrthayātrā), Ramanujacharya (Anyāyarāja), B.K. Limaye (Pṛthivīvallabha), V.D. Gangal (Bhartṛharīya), S.N. Tadpatikar (Viśvamohana), Tejanath Jha (Ayānī), Vasudev Dvivedi (Kautsasya Gurudakṣiṇā) Vishnudatta Tripathi (Anasūyācarita) and Vishvanath Keshav Chhatre (Apūrvaśāntisaṅgrāma) have enriched the field of Sanskrit with their valuable contributions.

In addition to that, Several short plays are published by Sanskrita Bharati (Delhi, Bangalore): Navarūpaka, Kavikopakalāpa, Jāgarūko Bhava (Vithīnāṭaka), Sākṣiśīlā (Janapadarūpaka) and Lokabhāṣāpracārasamiti (Puri, Bhadrak): Ādiśaṅkarācārya, Bhagavān Vādarāyaṇa, Madhulipsā (Nāṭikā), Lokalīlā (Laghunāṭakasaṅgraha) and Lokanāṭya (Laghunāṭakasaṅgraha). Limited scope of the paper does not allow me to go into the detail.

The changing perspectives of contemporary Sanskrit dramas

Sanskrit Drama has an uninterrupted history of continity more than two thousand years. The twentieth century Sanskrit playwrights, who live in an age of science and technology, are well disposed to make experiments and to introduce certain changes in their plays as per the demands If we analyse the tendencies thrusted into the modern Sanskrit dramas, there are certain clear trends and tendencies, that point out the singns of lixity. It is interesting to note that in spite of incorporating many changes Sanskrit dramas confined to Sanskrit dramas no longer remain physical or spiritual and slowly it is moving towards social, ethical and intellectual. No longer it represents the mind in repose, instead venturing to represent the mind in action. It no longer maintains an ideal isolation since it has started coming closer to the society in its trials and tribulations, joys and sorrows, hopes and aspirations. The changing perspectives of contemporary Sanskrit dramas can be experienced in the contexts of language, expression, technique, themes, songs, etc. Some of the examples are given below:

Language: The modern dramatists prefer simple Sanskrit than the *Ojaḥsamāsabahulā* language. In this context the other important issue is the absence of Prakrit in modern dramas. Bharata suggests the use of Prakrits in a play by certain characters like women, jester, menial etc. In obedience to this rule Sanskrit playwrights made prakrits an essential and inseparable part of their plays even long after Prakrit ceased to be effective media of expression. Of late a tendency is visible in Sanskrit drama either to avoid Prakrits or to replace them with modern vernaculars. For example we may mention the Bhūbhāroddharaṇam of Mathura Prasad Dikshit where the author puts Hindi in place of Prakrits. In one of his plays titled Bhāratavijayanāṭakam[22] he uses Newari (the language of Nepal). In addition to that, in Pāṇinīyanāṭakam[23] Gopal Shastri Darshan Keshari employed Bhojapuri in place of Prakrits.

Changes in expression: Today's dramatist does not believe in so called puritanism of language.The tendency is increased either to adopt certain foreign words as it is or to Sanskritise them. It is not uncommon to find the use of some English words like badminton, tennis, police, radio, station, bus etc. in the language of modern Sanskrit plays. Examples can be many in this context. However, I will quote a few examples from one or two plays.

R.Ganesh in his play Anveṣaṇa uses plenty of English words both in the verses and dialogue. In the verse for example:

Bisket bred cāklet ca carvaṇakam ity atyantahīnāny aho.

Ślāghyāny eva samāśrayanti sulabhārambhāṇi kaṣṭāni tai.
In the dialogue for example:

Eka—Siksara, (sixer) hā
Apara—Nahi Boḍ
Anya—Katham
Anyataraḥ - Suviditam, Phora
Anya—Naiva, Kaṭ, Miḍ-Vikeṭ
Ekaḥ—Ela-Bī-Ḍablyū
Aparaḥ—Iniṅgsa Ḍiphīṭa
Sarve—Nayanayo Ānanda
Señcurī

Changes in Technique: The contemporary Sanskrit dramas vary in the technique also. They present a break with the past. Like the western plays the acts are now being divided into scenes. The Nāndī, Bharatavākya, Prastāvanā, Praveśaka, Viṣkambhaka and Patākā-Prakarī etc. are being discarded. Some dramatists are still trying to incorporate those traditional techniques in their Sanskrit plays. Sometimes they are ruccessful in doing that and some times they are not. The Sanskrit stage is slowly deviating from its old elaborate form to a new simplified look. It is not uncommon that Sanskrit plays are being performed in the open air or under the shade of a tree.

On account of the increasing pre-occupations of the modern age the playwrights are inclined to write shorter plays, especially one-act plays, in order to entertain the audience. The Sanskritist too is affected by this tendency. The one act plays, once non-existent or very rare in Sanskrit, have become more frequent. Radio plays are being written to be broadcast on the various stations of the All India Radio. The Shadow plays like Chāyāśākuntala[24] by J.T. Parikh have also come to existence.

The credit for introducing western style operas on the Sanskrit scene goes to the inefatigable Dr. Raghavan, the famous author of a number of works. His Rāsalīlā[25] (Sanskrita

Ranga Annual, Madras 1963) PrekṣaĪakatrayī[26] (published by the author, Madras 1956), Lakṣmīsvayamvara[27] (Sanskrita Ranga Annual, Madras 1959), Kāmaśuddhi[28] (Sanskrita Ranga Annual, Madras 1963), and Vimukti[29] (Sanskrita Pratibhā, New Delhi, Vol. IV, No. 2 1964) can as landmarks in the field of Sanskrit Plays. One can observe the absence of Viduṣaka in today's plays. The Dhīrodātta, Dhīralalita Nāyaka-s are being replaced by most common characters.

Changes in Themes: Gone are the days when Sanskrit play-wrights looked to the Rāmāyaṇa, Mahābhārata and Purāṇa-s for their themes. There is a growing tendency among the Sanskrit writers to adopt the burning problems of day-to-day life, on the problems of terrorism, dowry-death and the killing of female foetus etc. They are also dealing with the problems of down trodden society.

Introduction of Songs: Sanskrit playwrights of late have shown an increasing tendency of incorporating songs in their plays. Such tendency has been started in the medieval age when a particular type of dramatic composition named Saṅgītaka-s was being composed. As the name suggests these compositions were full of songs and music. In ancient plays, as per the dramatic rules, verses have been included. However, the contemporary playwrights do not follow that technique strictly, though some of them are still using verses in their dramas. a-days contain lengthy songs some dramas mention of rāga on the coutrary, in which they are to be sung. On the contrary, very good musical dramas like Saṅgītasaubhadra and Kālidāsacarita by the famous Maharashtrian plawright and scholar S.B. Velankar.

The Baroda dramatist Mulshankar Maniklal Yajnik in his three historical plays Saṃyogitāsvayamvara, Chatrapatisāmrājya and Pratāpavijaya has given the technical details about the songs their in *Tāla, Sthāyī* and *Antarā,* their notes etc. at the end. In his *Rāsalīlā* the great musicologist Dr. Raghavan has clearly indicated that his verses should be sung on a particular *Rāga* and interestingly he has shown that *Rāga* along with other directions preceding them. In the drama called Parivartana (published by the author from Lucknow) Kapila Dev Dwivedi has modelled his songs in language as well as on the mode of singing on the songs of famous Gītagovinda of Jayaeva. J.B. Chaudhuri's plays are full of devotional songs, which resemble old Stotra-s in character, form and approach.

There is a noveltly in the songs of Sanskrit plays also. For example, special type of songs like a marshal song as in Chatrapatisāmrājyam (fourth act) or a fishermen's song as in Vaṅgīyapratāpam (third act) or a Bhils' song as in the Mevāḍapratāpam (first act).

Most of the songs available in Sanskrit plays are in free style. They can be called muktakas not having particular metre. In fact, the poetry in *muktaka*-style is comparatively of recent origin, which gained more popularity in the vernaculars. Its application in Sanskrit is, no doubt, very interesting.

Application of Dance: The dramas where dance is introduced, are technically called as dance drama or Nṛtyanāṭikā. Now a day such dramas are also being written and played in Sanskrit. S. Ranganath in his "*post Independence Sanskrit Drama*" has discussed dance drama and he has given one example i.e. Vanamala Bhavalkar's Rāmavanagamana which consists of three scenes. Here South Indian and North Indian music is ably demonstrated with the kind of Rāga-s to be employed for singing the stanzas such as Yamanarāga, Hamīrarāga, Kāphīrāga, Sāraṅgarāga, Vasantarāga etc. Nṛtyanāṭikā meaning dance drama is famous in Orissa. The Oriya dramatist Vaishnav Pani has the credit of creating this genre in the tradition of Oriya drama and he became very much successful in his effort. Being influenced by him Pt. Vaikunth Vihari Nanda has applied this technique in Sanskrit drama also. His Abhiśaptacandra, Madanadahana, Mātṛśakti, Kārtavīrya-nigraha, Dakṣayajñ, Jalandharavadha, Bhakta-prahlāda, Jagannāthavijaya, Meghanādavadha and Dānavīrahariścandra or Rājavaibhavam may find a place in this context. These dramas have been staged in several occasions of Rashtriya Sanskrit Sansthan.

S.B.Velankar's ballet Nṛtyanāṭyaśakuntalā based on Kalidasa's masterpiece is worth mentioning in this context. The Nāndīpāṭha of the drama speaks loud about the work:

Śrīnaṭarājapade praṇatam
śakuntalācarita gītam.
Kālidāsakavivarapraṇītam
bhūpatiduṣyantenācaritam
Daivagativṛttam citrajivitam..
kavinā nāṭye yathāviṣkṛtam
Prekṣadhvam bharatānvayanāṭyam
prastutanṛtyam sarvaninditam
Sahṛdayasujanāḥ śṛṇutāvahitam
nṛtyam nāṭyam gītasahitam
Śrīrāmakave rasikasammatam.

New Themes: Gone are the days when a Sanskritist looked towards the Rāmāyaṇa, Mahābhārata or the other Purāṇa-s for their themes. Sanskrit dramatists with their creative intellect freed themselves from the shackles of tradition. By the very force of the age they are constantly in quest of newer themes. There is a growing tendency among them to adopt the burning problems of the day-to-day life as their themes. As a result, now we have the plays *Kāśmīrasandhāna-samudyama* and *Haidrāvādavijaya* by the Andhra dramatist Nirpaje Bhima Bhatt on the problems of Kashmir and Hydrabad respectively. In addition to that, we have a play on the irrigation policy of India by the Calcutta playwright J. B. Chaudhuri. Similarly, on the social problem of dowry there is a very good play titled *Vidhiviparyāsa* by the West Bengal dramatist Śrījīvannyāyatīrtha, a prolific writer and the author of about twenty plays in Sanskrit, all of which have had the credit of being staged in several occasions. The periodic news in the newspaper about the change of sex too has tickled the imagination of the Sanskrit Playwright. *Sṃavatam* of Ambikādatta Vyāsa, *Puruṣaramaṇīya* of Śrījīvannyāyatīrtha and

Śṛṅgāranāradīya of Y. Mahalinga Shastri are fine examples in this context. In Bhāratavijayanāṭakam one can find a complete history of India including the rule of East India Company and the attainment of independence in 1947.

Conclusion

What I observed during my present study that till eighties social plays were being written less in comparison to the other categories like mythological, historical etc. However, after eighties in last three four decades or so, more social plays are being written in the form of Ekāṅkī-s. In fact, in the contemporary period, Ekāṅkī-s are being preferred to the Nāṭaka, Prakaraṇa and Samavakāra etc. which contain more acts and naturally require more time to be staged. The tradition of Ekāṅkī is not new. One can see one act plays in the form of some Rūpaka-s and Uparūpaka-s like Bhāṇa, Prahasana, Vyāyoga, Vīthī, Aṅka, Goṣṭhī, Ḍimbha etc. However, the modern one act plays are inspired and influenced either by western dramas or the dramas written in the other Indian languages. Now the Ekāṅkī-s are being written on the basis of realism and not the idealism. The reasons for which the Ekāṅkī-s are being preferred now is: In this fast going dynamic age the people are so busy that they do not have time to enjoy the long dramas occnpying more time. Because of their busy shedule, the audience want to witness life and problems in a shorter time. The Ekāṅkī-s present a partial picture of life they are to be based on certain interesting incidents and challenging problems. This sort of drama as restricted to one act, the theme should be interesting and the language should also be of compact nature. In Ekāṅkī-s the incidents are arranged in such a manner that they leave a permanent impression on the audience. Many dramatists now prefer to write Ekāṅkī-s because they are of high demand.

Acting is the principal essence of modern dramas. In this respect it differs from ancient dramas where emphasis is given on the *Kāvyatva* - aspects than the *Abhinayatā*-aspects. The earlier dramatists used to avoid certain scenes, because. However, no such problems can arise now-a-days becase of advanced techniques. Therefore, it is a high time now to introduce new rules and to modify the existing ones in certain contexts to justify the changes occurring in contemporary Sanskrit Dramas.

1. The theory of *yavanikā* meaning curtain having been derived from the word *'yavana'* as postulated by some western scholars has been proved to be worng, as the correct word for curtain in Nāṭyaśāstra is *'javanikā'* derived from the verbal root *'ju'* (to move) and *'yavanikā'* [Editors]

References

1. *Kāvyeṣu nāṭakaṁ ramyaṁ tatra ramyā śakuntalā/*
   Ramyas tatra caturtho'ṅka tatra ślokacatuṣṭayam // (This is a famous floating verse available in the praise of Kạlidāsa and his drama *Abhijñānaśākuntala*)
2. Sanskrit Dramas of twentieth century by Usha Sayavrat, Meherchand Lachhmandas, Daryaganj, Delhi, 1971
3. *Ibid.*, pp. 3-78
4. *Ibid.*, pp. 81-170
5. *Ibid.*, pp.172-99
6. *Ibid.*, pp. 203-33
7. *Ibid.*, pp.336-50
8. *Ibid.*, pp. 353-406
9. *Ibid.*, pp. 409-30
10. *Post Independence Sanskrit Drama,* S.R. Ranganatha, NMKRV College for women, Jaynagar, Bangalore 560011, First Edition 1994.
11. *Ibid.*, pp. 1-61
12. *Ibid.*, pp. 63-79
13. *Ibid.*, pp. 81-124
14. *Ibid.*, pp. 125-35
15. *Ibid.*, pp. 137-43
16. *Ibid.*, pp. 145-56
17. *Nāṭakamatha prakaraĪam bhāṇa-vyāyoga- samavakāraḍimā/*
    Īhāmṛgā'ṅkavithyaḥ prahasanamiti rūpakāṇi daśa
    Sāhityadarpaṇaḥ, 6.3

18. *Nāṭikā troṭakam goṣṭhī saṭṭakam nāṭyarāsakam/*
Prasthānollopyakāvyāni preṣkhaḷam rāsakam tathā//
Samlāpakam śrīgaditam śilpakam ca vilāsikā/
Durmallikā prakaraṇī hallīśo bhāṇiketi ca//
Aṣṭādaśa prāhuruparūpakāṇi manīṣiṇaḥ/
Vinā Viśeṣam sarveṣām lakṣmanāṭakavan matam..//
Sāhityadarpaṇaḥ, 6.4-6
19. *Dṛk* (criticism on contemporary creative Sanskrit literature), *Drig-Bharati,* 1/32, MIG Avas Vikas Colony, Yojana - 3, Jhunsi - 211019
20. *Sāgarikā, Sāgarikāsamiti,* Sagar University, Sagar
21. *Nāṭyam,* Ed. R.V.Tripathi, Sanskrit Department, Sagar University, Sagar
22. Published by the author, available from MLBD, New Delhi
23. Chowkhambha Vidyabhavan, Varanasi, 1964) Gopal Shastri Darshan Keshari
24. Published by the author, (J.T.Parikh) Surat 1957
25. *Rāsalīlā,* Sanskrita Ranga Annual, Madras 1963)
26. *Prekṣaṇakatrayī* , published by the author, Madras 1956
27. *Lakṣmīsvayamvara,* Sanskrita Ranga Annual, Madras 1959
28. *Kāmaśuddhiḥ,* Sanskrita Ranga Annual, Madras 1963
29. *Vimuktiḥ,* Sanskṛta Pratibhā, New Delhi, vol. IV, No. 2 1964

Bibliography

Sanskrit Dramas of 20th century by Usha Satyavrat, Meherchand Lachhmandas, Daryaganj, Delhi, 1971

Ādhunika Saṃskṛta Nāṭaka (*Naye Tathya Nayā Itihāsa*) by Ramaji Upadhyaya, Chowkhambha Vidyabhawan, Varanasi, 1991

Post Independence Sanskrit Drama, S.R. Ranganatha, NMKRV College for women, Jaynagar, Bangalore 560 011, First Edition 1994

Dṛk 1-16 , *Drig Bharati,* M.I.G. Avas Vikas Colony, Yojana-3, Jhunsi-211019

Nāṭyam, ed. R.V. Tripathi, Sanskrit Department, Sagar University, Sagar

Post Independence Sanskrit Literature: A critical survey, ed. by M.K. Prajapati, publ. by A.M. Prajapati Sanman Nidhi, Patan, 2005

Nāṭyaśāstra, ed. Shribabulal Shukla, Chowkhambha Sanskrit Series Office, Varanasi, 1972

Sāhityadarpaṇaḥ by Viśvanāthakavirāja, ed. by Durga Prasad Dvivedi, Meher Chand Lachman Das, New Delhi, 1982

Arvācīna Saṃskṛta Sāhitya - Daśā Evam Diśā, ed. by Manjulata Sharma and Pramod Bharatiya, Parimal Publication, Delhi, 2004

Rūpakapañcakam by Acharya Madan Mohan Joshi, published by the financial assistance of Delhi Sanskrit Academy

Lokanāṭakam, compiled by Suryanarayan Nanda, Lokabhasha Prachara Samiti, Puri, 1999

Saṃskṛtamañjarī-9.3, (Saśkṛtalaghunāṭakaviśeṣāñka), Dillī Saṃskṛta Akādamī,

Ānandarādham: Jatindra Bimal Chaudhururi, Prachyavani (JBC-P), Calcutta, 1962

Bhāratahṛdayāravindam: (JBC-P), Calcutta, 1953

Bhāskarodayam: (JBC-P), Calcutta, 1961

Dīnadāsaraghunātham: (JBC-P), Calcutta, 1962

Mahāprabhuharidāsam: (JBC-P), Calcutta, 1960

Mahimāmayabhāratam: (JBC-P), Calcutta, 1960

Śaktiśāradam: (JBC-P), Calcutta, 1960

Vimalayatīndram: (JBC-P), Calcutta, 1962

Virājasarojinī: Bhattacharya Haridas Siddhanta Vagisha, pub. by Shashishekhar, Vidyasagar, Calcutta, Shaka Era 1879

Baṅgīyapratāpam: Bhattacharya Haridas Siddhanta Vagisha, published by Shashishekhar, Vidyasagar, Calcutta, Bengal Era- 1352

Mivārapratāpam: Bhattacharya Haridas Siddhanta Vagisha, published by Hemachandra Tarkavagish, Calcutta, Bengal Era- 1354

Śivājīcaritam: Bhattacharya Haridas Siddhanta Vagisha, published by Bhavesh Chandra Bhattacharya,, Calcutta, Bengal Era- 1361

Pariṇāmaḥ Chudanath Bhattarai, published by Nutan Shri, Kathamandu, Nepal, 1960

Bhāratavijayanāṭakam, Mathura Prasad Dikshita, published by the author, Jhansi, 1953

Bhaktasudarśananāṭakam, Mathura Prasad Dikshita, published by the author, Jhansi, 1954

Bhūbhāroddharaṇam, Mathura Prasad Dikshita, published by the author, Varanasi, 1960,

Vīrapratāpanāṭakam, Mathura Prasad Dikshita, published by the author, Varanasi,1961

Vīrapṛthvirājavijayanāṭakam, Mathura Prasad Dikshita, published by the author, Jhansi, 1961

Parivartanam, Kapildev Dvivedi, published by the author, Lucknow, 1952

Kautsasya Gurudakṣiṇā, Vasudev Dvivedi, published by Sarvabhauma Sanskrit Prachar Karyalay, Varanasi, 1954

Praktisaundaryam, Medhavrata, published by Satyavrat, Yeola, Nasik, 1934

Kāśmīrasandhānasamudyamaḥ, Bhima Bhatta Nirpaje, Amritavani, Bangalore, 1954

Haidrābādavijayam, Bhima Bhatta Nirpaje, Amritavani, Bangalore, 1954

Chāyāśākuntalam, J.T. Parikh, published by the author, Surat, 1957

Rāṣṭrāya Śarīraviśrāṇanam-Kṛṣṇadatta Śarmā, Viśvasaṃskṛtam, June, 1999

Rādhānunayaḥ (*Saṅgītanāṭikā*), Nalini Shukla, Prabuddha Prakashan, 110/51, Ramakrish Nagar, Kanpur - 208012

Madhyamarāmacaritam, Kriparam Tripathi , Abhiram Prakashan, Nilabagh Palace, Balarampur 271201, U.P., 1994

Mṛtyurayaṃ Kasturīmṛgo'sti, Harshadev Madhav, Parshva Publication, Ahmedabad, (1998)

Kalpavṛkṣaḥ, Harshadev Madhav, Parshva Publication, Ahmedabad, (1998)

Nṛtyanāṭyaśakuntalā by S.B.Velankar, Devavanimandira, Mumbai - 400 004

Mūṣakavaiduṣyam by Rajakishore Mani Tripathi, Sanskrita Seva Sansthan, 133, Khurrampu, Gorakhpur

Paropakāra, Suryamani Rath, published by Kavita Rath, Chudanga Sahi, Matamath Lane, Puri - 752001

Kaikeyīvijayam by Ramaji Upadhyaya, Chowkhmba

Surabharati Prakashan, Varanasi, 1999
Aśokavijayam by Ramaji Upadhyaya, Bharatiya Sanskrit Sansthan, Varanasi
Ākrandanam by Haridatta Sharma, Anjaneya Prakashan, Allahabad, 1998
Saṃskṛtalaghunāṇakasaṇgraha, ed. Shrikrishna Semaval, Delhi Sanskrit Academy
Catalogue of 20th century Sanskrit works: ed. by Rajendra Mishra, Akshayabata Prakashan, Allahabad, 2002
Ādhunika Saśkṛtasāhitya Sandarbhasūcī, ed. Radhavallabh Tripathi and others, Rashtriya Sanskrit Sansthan, Delhi, 2002.